グラフィック経営学ライブラリ ⑥

グラフィック
経営史

佐々木　聡 編著

中西　聡・渡邉恵一・大島久幸・板垣　暁
菅原　歩・黒澤隆文・ピエール=イヴ・ドンゼ
鳩澤　歩・宇田　理・湊　照宏・島本　実 著

GRAPHIC

新世社

ライブラリ編者のことば

　社会においては，自治体，企業，その他の組織体が中心となって動いており，多くの人々がこれらに関わり，その生活は成り立っている。これらの組織体の運営を効率的・効果的に行うための考え方・原理を究明する学問が経営学であり，いわゆる社会科学の一分野となる。経営学の主な対象は企業だが，それと関わる人々も対象となっている。最近では経済学も行動経済学など類似領域が登場して来ているが，経営学の方が扱う範囲に多様性があり，かつ実践的だと言えよう。

　経営学のより具体的な内容としては，企業などが事業の継続に必要な，人，モノ，カネ，情報などの経営資源をうまく配分し，製品やサービスなどを生み出し，それを市場において対価と交換して，再び経営資源に変えることにより，永続しようとするための考え方が中心である。

　なぜ経営学を学ぶかというと，混沌とした状態を解明し，その構造を明らかにし，どう対応すれば良いかの方針を指し示してくれることが多いからだ。卑近な例えでは，料理をするにしてもどうすれば美味しくなるかには一定の知識が必要である。つまり，過去の料理の歴史やどのように料理を作れば美味しくなるかの理論がいる。そして料理を食べる人々の好みを知る必要がある。費用がいくらかかるかを整理する必要もあるなどだ。そしてこれらをうまく組み合わせることにより，食べる人の喜ぶ美味しい料理を，想定内のコストや時間で作り出すことができる。料理と同様に経営にも多様な領域がある。企業などを対象として，これらの領域をミックスして組織体を管理・運営するものだ。何も知らずに管理・運営に関わっていくことは可能だが難しい。経営学の基本を学べば正しい判断を時間効率よく行える可能性が高まっていくのである。

　この「グラフィック経営学ライブラリ」の特徴は，わかりやすく，楽しく学べるが統一的な視点となっている。見開きページの左側に解説があり，右側に図，表が来ていて，直観的な理解を促進してくれる。解説を読み，理解する左脳と図表で直観的に把握する右脳，両方のサポートで理解を促す。ただし図表を多用し，理解しやすいテキストを書くのは執筆者にとって実は大変なのである。読者対象となる学生やビジネスマンなどの方々は，各執筆者と編者の努力の結実をしっかり楽しみ，かつ学んで頂ければ幸いである。

上田　隆穂

はしがき

　本書は，日本と外国の経営史を学ぶテキストとして編集された。本書の編者が各章の執筆をお願いしたのは，日本と世界の経営史研究の場で実績を残している研究者である。

　まず第1部では，日本の江戸時代から現代までの主な経済史的流れと経営史的なトピックスを，全7章各8節で解説している。第2部は外国編として，主要先進国のイギリス，フランス，ドイツ，アメリカと，成長の著しいアジアについての全5章とし，これも各章8節で構成している。第3部は，グローバルな視点からの経営史（国際関係経営史）とテーマごとにみる世界の経営史（国際比較経営史），経営史の方法（経営史学の発展と新たな経営史研究の動向）を扱う3つの章を配置し，これらも各章8節の構成とした。

　『グラフィック経営史』の書名に表されるように，左頁の解説と関連する図表（数値表，リスト，グラフ，写真，系譜図，地図など）を右頁に配置しており，解説の内容を視覚的に理解するうえでの補完的資料として活用することができよう。また，各章には，適宜コラムを置いて，人物・企業や事実および歴史的用語などの解説も施している。

　第1部の日本の各章の1節では，その時期の日本の社会・経済史的な概況を解説しており，第2部の各章の1節では，その国や地域の社会と経済の歴史と現況（経営風土）を概説している。したがって，第1部の1節を通読することによって日本の社会・経済史の概略を学ぶことができるし，第2部の1節を通読することによって，主要先進国とアジア地域の社会と経済と経営の概要を学ぶことができる。また第3部を通読することによって，グローバルな視点からの各国の経済と経営の特徴と，経営史の方法と視点を概括的に学ぶことができよう。

　以上のような構成と内容の本書が，日本と世界の社会・経済・経営に関心を持つ多くの方々に活用され，日本と世界の歴史的理解の一助となり得ることができれば，執筆者一同，望外の喜びとするところである。

　2021年9月

執筆者を代表して

佐々木　聡

目 次

第 3 部　グローバル経営史と経営史研究の展開

第 1 部
日本経営史

第 1 章

江戸時代

1.1 江戸時代の経済と経営

　江戸時代の社会システムの特徴として，「兵農分離」「石高制」「鎖国」が強調されるが，それを経済的に読み替えると，「経済活動の範囲が身分によって決まる社会」「年貢を基本的に米で納める社会」「貿易が幕府によって管理される社会」となる。それを念頭に置いて，江戸時代の経営を考えてみたい。

　経済活動の範囲が「士・農・工・商」の身分によって決まることは，いわば「営業の自由」が保障されないことを意味する。それゆえ，江戸時代では営業する権利＝株を持つことが非常に重要であった。株仲間が江戸時代の経営を理解するうえでのキーワードとなる。そして年貢が基本的に米で納めることになったために，米が最重要商品となり，江戸時代の市場での最大の取引品が米で，物価水準は米価で評価されることになった。また貿易が幕府によって管理されたために，中世や近代と比べて外国品が流通する余地が少なく，米を基軸とした比較的シンプルな全国市場が近世当初は成立した。その年貢米を販売する過程で，商人が領主経済に深く関わることになり，領主への金融（大名貸）を行う商人も登場した。

　ただし，農民のなかにも，年貢を納めてもまだ自分が消費する分以上に生産が行えた者は，それを販売するであろう。商人も仕入れたものをそのまま売るのではなく，加工して付加価値を付けて販売する者もいると思われる。こうした株による営業範囲を越えて経済活動を行う者＝仲間外の商工業者が登場することで市場は流動化する。また，年貢が米中心であっても，領主層の生活には米以外の商品も必要となり，それゆえ，米以外の生産も認められ，場合によっては米以外の年貢を納めた地域もあった。特に，他地域よりも品質の良い産物が生産されれば，それを他地域へ販売して貨幣を獲得できるため，領主が米以外の商品生産を奨励した場合もあり，多種類の商品が市場に出回ることで市場は流動化した。そして幕府に管理されていた貿易が，幕末開港で民間商人にも開かれたため，貿易品を扱う新興商人が多数登場してやはり市場は流動化した。

　このように，江戸時代当初は，比較的シンプルで幕府が統制し易かった全国市場が流動化するにつれ，多様な経営主体が登場し，幕府の支配の及ばないところで資金蓄積が進むことになった。第1章では，江戸時代にどのような経営主体が登場してどのような経済活動を行っていたかを，時代順にみていきたいと思う。右欄には，第1章で取り上げた経営主体に関わる事項を年代順にまとめた年表を掲げた（図表1-1-1）。第2・3節では主に17世紀の商人，第4～6節では主に18世紀の商工業者，第7・8節では主に19世紀（幕末まで）の商人と海運業者を取り上げる。各節の記述を読む際に適宜立ち戻って参考にしてほしい。

■図表 1-1-1　江戸時代経営史関連年表

年	和 暦	事 項	歴史的意義
1604	慶長 9	松前藩がアイヌ交易の独占権を得る	松前藩が北方との交易窓口に
1627	寛永 4	菱垣廻船問屋成立	大坂―江戸廻船整備
1635	寛永12	参勤交代制・妻子在府（江戸）制開始	幕藩制的市場の特徴をつくる
1636	寛永13	寛永通宝鋳造開始	三貨制度成立へ
1639	寛永16	ポルトガル船来航禁止	貿易管理体制成立
1641	寛永18	オランダが商館を平戸から長崎へ移転	長崎が対外管理交易の拠点
1655	明暦元	糸割符制度廃止	生糸貿易の転換
1658	万治元	樽廻船問屋成立	酒造輸送の転換
1668	寛文 8	銀輸出禁止令（一時的）	次第に「鎖国」状況へ
1671	寛文11	東廻り航路の整備	年貢米輸送の整備
1672	寛文12	西廻り航路の整備	年貢米・特産物輸送の整備
1685	貞享 2	糸割符制度復活，「御定高」決定	貿易量の低位安定
1686	貞享 3	江戸で木綿問屋仲間結成	荷受問屋中心から仕入問屋中心へ
1694	元禄 7	江戸十組問屋結成	仕入問屋仲間が菱垣廻船支配
1698	元禄11	長崎会所成立	長崎貿易への幕府の介入強化
1715	正徳 5	正徳新例（海舶互市新例）	貿易船の隻数・積高が制限
1730	享保15	堂島米市場の帳合米取引公認	米価安定を目指す
1736	元文元	元文改鋳（新旧貨交換方式）	旧貨に増歩を付けて新貨流通促進
1743	寛保 3	長崎貿易定高制開始	貿易量の低位安定
1769	明和 6	幕府が摂津国西宮一帯を幕領化	特産物流通の掌握を目指す
1770	明和 7	明和仕法	絞油業の統制強化
1772	安永元	南鐐二朱銀発行	銀貨の計数貨幣発行
1785	天明 5	大坂と長崎で俵物役所設置	俵物貿易品の幕府直接仕入
1813	文化10	願株の株仲間が広範に成立	株仲間を通した幕府流通統制
1818	文政元	文政改鋳（旧貨に増歩なし）	巨額の改鋳差益取得，急激なインフレ
1832	天保 3	菜種油の仕法改正	畿内村落での自由取引認める
1841	天保12	問屋・仲買仲間廃止令	株仲間批判への対応
1851	嘉永 4	問屋仲間再興令	流通混乱への対応
1854	安政元	日米和親条約	アメリカ合衆国と初めて条約締結
1858	安政 5	日米修好通商条約	その後ヨーロッパ諸国とも条約締結
1860	万延元	五品江戸廻送令	横浜貿易への幕府の介入
1869	明治 2	維新政府が営業自由の方針布達	株仲間廃止の方向性
1871	明治 4	日清修好条規	中国とも自由貿易→「開国」の完成

（注）　和暦欄は機械的に西暦を和暦に変換したため，実際には年次が前後する場合がある。
（出所）　中西聡編『日本経済の歴史』（名古屋大学出版会，2013 年）などをもとに作成。

1.2 「鎖国」体制と糸割符仲間

　前節で述べたように，江戸時代は幕府が長崎で管理貿易を行ったが，例外的に対外交易を認められた藩があった。豊臣秀吉時代の朝鮮出兵によって，江戸時代初期の日本は朝鮮・明と関係断絶状態にあったが，対馬は朝鮮半島と九州の間に位置し，対馬藩主は朝鮮国との関係が深く，対馬藩を窓口に朝鮮と講和して通交（つうこう）を再開した。そのため江戸時代も対馬藩は，朝鮮との通交が認められた。また琉球征服を行った薩摩藩に対して幕府は，琉球との交易を許可し，琉球を通して明との関係修復をはかろうとした。また，蝦夷島（えぞがしま）(現在の北海道) の松前藩に対しては，先住民のアイヌとの交易権を与え，江戸時代の日本の対外関係の窓口は，長崎・対馬藩・薩摩藩・松前藩の4つになった (図表1-2-1)。

　このように江戸時代は「鎖国」ではなかったが，その後の貿易はあまり進展しなかった。長崎での管理貿易を始めてからまもなく明は滅亡し，清が中国を支配したが，幕府は清との通交を結び，長崎での管理貿易は，清とオランダが相手国となった。そこでの日本の最大の輸入品は生糸であり，代わりに銀が輸出されたが，国内の銀の産出量が激減したため，幕府は銀輸出抑制策をとり，そのため生糸の輸入量も減り，輸出入量ともに減少したため結果としての「鎖国」状態となった (図表1-2-2)。

　輸入された生糸は，糸割符（いとわっぷ）という輸入生糸の国内専売特権を持つ商人（糸割符仲間）により独占的に取引された。糸割符仲間が輸入生糸の価格を決定し，幕府がその価格で全輸入生糸を一括購入し，それらを仲間構成員に分割配布した（糸割符制度）。糸割符仲間は独占的利益を得るために国内での生糸販売価格を高く設定したため，日本国内でも生糸生産が行われるようになると，絹織物産地は輸入生糸ではなく国産生糸を利用するようになった。前述のように生糸輸入が減少した背景には，糸割符制度の問題もあった。

　その後18世紀になると，財政が悪化した幕府が，長崎貿易を拡大して財政収入を増やそうと試み，中国向けの海産物（俵物（たわらもの））を特権商人に集荷させて長崎へ運んで輸出しようとした。しかし特権商人が俵物仕入資金を幕府に頼ったため，幕府は1785 (天明5) 年に長崎俵物役所が直接俵物を集荷して輸出するようになった。このような幕府による貿易統制の強化は，諸藩や民間商人らの反発を招き，彼らは対馬藩や薩摩藩を介して俵物の対外交易を行うようになった。こうして19世紀に入ると幕府の貿易独占体制は内部から崩壊し始めた。1853 (嘉永6) 年のペリー来航の翌年に日米和親条約が結ばれ，1858 (安政5) 年の欧米5か国との修好通商条約で日本は「開国」した。そして，幕府の貿易独占体制はなくなったが，1871 (明治4) 年に清と1876年に朝鮮とも日本は修好条規を結び，この「開国」は欧米に対してのみならず，アジアへの「開国」でもあった。

■図表 1-2-1　４つの口概念図

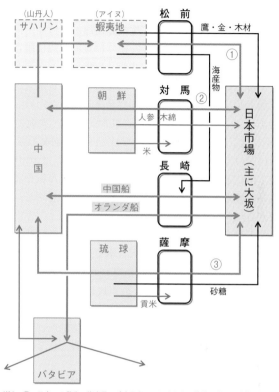

(注)　① 日本への移入：海産物，毛皮など　　日本からの移出：米・日用品など
　　　② 日本への輸入：生糸，絹織物，薬種など　　日本からの輸出：銀，銅
　　　③ 日本への輸入：生糸，絹織物，薬種など　　日本からの輸出：銀，銅，海産物
　　長崎での貿易については本文と図表 1-2-2 を参照。
(出所)　荒野泰典『近世日本と東アジア』（東京大学出版会，1988 年）6 頁の図 1 をもとに作成。

■図表 1-2-2　唐船主要輸出入品数量

期　間	輸　入				輸　出					
	隻数	生糸（斤）	縮緬（反）	砂糖（斤）	隻数	棹銅（斤）	銀（匁）	煎海鼠（斤）	干鮑（斤）	昆布（斤）
1641 年度	97	67,935	53,800	約 575 万						
1661・1～10	33	198,924	1) 274,273	約 99 万						
1682・10～83・11	26	11,291	2,021	約 276 万	25	約 283 万	約 290 万	10,055	5,900	2,250
1704 年度	41		59,846	約 164 万						
1725 年度	8			約 59 万	21	約 156 万	40,100			
1750 年度	8	13,050	17,516	約 80 万	8	約 124 万	4,030	24,000		22,200
1773 年度	16	840	16,886	約 258 万	11	約 114 万		202,260	133,960	約 199 万
1800・11～01・10	14		4,490	約 239 万	13	約 130 万		356,750	168,540	約 134 万
1831 年度	6	4,263		約 113 万	6	約 60 万		138,000	88,620	約 375 万

(注)　輸入は，唐船の長崎への入港。輸出は，唐船の長崎からの出港を示す。生糸は白糸を含む。砂糖は，白砂糖・黒砂糖・氷砂
　糖の合計。昆布は刻み昆布も含む。1) 絹織物として。
(出所)　永積洋子編『唐船輸出入品数量一覧　1637-1833』（創文社，1987 年）より作成。

1.3　三都の両替商と大坂——江戸為替

　1.1 で述べたように江戸時代には年貢の大部分を米で納めることになったので，領主層は生活のために年貢米を売却して生活必需品・奢侈品を得る必要があった。ただし，そうした商品生産は，江戸時代初頭では畿内周辺に限られていたため，年貢米を大坂へ廻漕して大坂で売却し，諸商品を購入する必要があった。また参勤交代制のもとで藩主の屋敷が江戸に置かれたため，年貢米を江戸に運ぶ必要もあった。そして加工業は室町時代から京都で発達していたため，農産加工品は主に京都で購入されることとなり，17 世紀に江戸・京都・大坂の三都を中心としてそれらと諸藩の城下町を結ぶ全国市場が成立した（図表 1-3-1）。年貢米は幕府・諸藩が大坂に設けた蔵屋敷に主に運ばれて売却され，代わりに購入された諸商品が諸藩の城下町に運ばれたが，同時に売却代金は江戸城や諸藩の江戸屋敷に送られた。諸藩の屋敷が置かれたため江戸の武士人口は急増し，彼らの生活を支えるため，大坂から江戸へ大量の諸商品も送られた。

　こうした商品取引は，貨幣を媒介として行われたが，江戸時代では主に大坂・京都を含む西日本で銀貨が，江戸を含む東日本で金貨が通用した。また，金貨・銀貨は高価であり日常的な少額取引に向かないため，価値の低い銭貨（銅貨）も鋳造されて通用した（三貨制度）。もともと徳川氏は，幕府を開く前に関東を領有していた時代に金貨を発行していたが，西日本で盛んに行われていた貿易は銀貨で取引されていたため，その影響からこのような通貨制度になったと考えられる。そのため，大坂問屋が商品を江戸問屋へ販売した場合，代金を金貨で支払うか銀貨で支払うかが問題となった。

　こうした金貨圏と銀貨圏にまたがる取引を円滑に進めるために，金貨と銀貨を両替する両替商（本両替—銭両替）が登場した。幕府は三都を直轄地とし，鋳造した貨幣を市中へ流通させる役割を両替商に担わせ，両替商は三都の有力商人となった。また，両替商は江戸と大坂にそれぞれ支店を設けることで，大坂問屋から商品を購入した江戸問屋がその代金を大坂問屋へ支払う際に生じる江戸—大坂間の送金業務も担うことになり，それと，前述の領主層が大坂から江戸へ送金する需要とを組み合わせて相殺することで，大坂—江戸間の取引がスムーズに行われることになった。その仕組みを図解したのが図表 1-3-2 である。

　すなわち大坂問屋が江戸問屋に商品を販売するとともに，江戸問屋を支払人とする為替手形を大坂の両替商に買ってもらい，幕府・諸藩の蔵屋敷がその為替手形を大坂の両替商から購入して江戸城・江戸藩邸へ送り，江戸城や江戸藩邸は為替手形を江戸の両替商へ持ち込んで換金することで，幕府・諸藩の大坂から江戸への送金が完了する。そして江戸の両替商は，それを江戸問屋に示して代金を受け取って，大坂問屋から江戸問屋への商品売買も完了したのである。

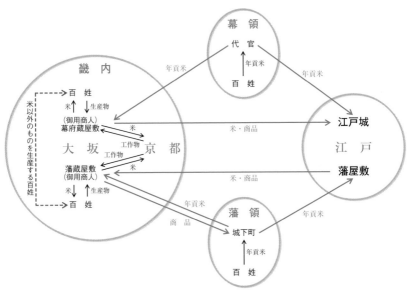

■図表 1-3-1　幕藩制的全国市場の概念図

（出所）　筆者作成。参考文献：中井信彦『幕藩社会と商品流通』（塙書房，1961 年）。

■図表 1-3-2　大坂・江戸間の為替決済の概念図

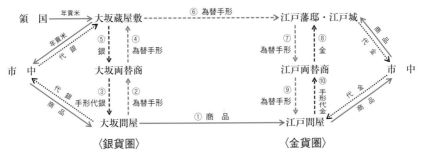

（注）　①から⑩は取引の流れを示す。
（出所）　竹中靖一・作道洋太郎編著『図説経済学体系 7　日本経済史』（学文社，1979 年）66 頁の図をもとに作成。

1.4　大規模呉服店の販売革新

　両替商と並んで三都の有力商人となったのは呉服商であった。特に江戸は武家の人口が多く，武士家族のための呉服（絹織物）需要が多く，近江国（現滋賀県）や伊勢国（現三重県）出身の商人が京都に呉服仕入店，江戸に呉服販売店を設けるようになった。たとえば，近江長浜の白木屋大村家が1652（慶安5）年に京都，1662（寛文2）年に江戸に開店して呉服・木綿を商った。伊勢松坂の越後屋三井家も1673（延宝元）年に京都に呉服仕入店と江戸に呉服販売店を設けた。そして18世紀になると，近江国・伊勢国以外の地域からも呉服商が三都に進出するようになった。17世紀後半に名古屋で呉服小間物問屋を開業した伊藤次郎左衛門家は，1745（延享2）年に仕入先の京都に仕入店を，1768（明和5）年に江戸に販売店を開店した。18世紀初頭に京都で古着の行商を行った下村家も，18世紀前半に伏見に呉服店を開くとともに，大坂・名古屋に呉服小売店を開いた。下村家はさらに京都に仕入店を開店して伏見から京都に移転し，江戸に小売店を開いた。

　これら三都に新たに進出した呉服・木綿商は，2つの販売革新を行ったと言われる。一つは仕入方法で，17世紀の江戸問屋は，主に湊に立地して大坂などから船で運ばれた積荷を引き受けて販売する荷受問屋であった。ところが，新たに登場した呉服・木綿商は産地の伊勢国・近江国・京都などに仕入店を持っており，みずから産地で仕入れてそれを江戸へ運んで販売した。そのため仕入問屋とよばれたが，販売商品の確保の点では，荷受問屋よりも仕入問屋の方がはるかに有利であり，荷受問屋に代わって仕入問屋が江戸市場の商権を握った。もう一つは販売方法で，従来の呉服店は主に商品を武家屋敷に持参して商売を行っていたが，江戸での町人人口が増大するにつれ，町人相手の商売を店舗で行うようになり，この場合，武家屋敷では代金後払いの掛売りであったのが，町人相手の店舗販売のため，代金をその場で現金で受け取る販売方式を採用した。ただし，掛売りではないので，販売代金に後払い分の利子を付ける必要がなく，その分を割り引いて安く販売できたため，町人にはとても好評であり，いわゆる「現金掛け値なし」として市中に喧伝された。

　江戸での現金売りは，越後屋三井家が小売店を開店した際に始めたのがはじまりと言われるが，18世紀前半には，江戸の大規模小売店ではそれが一般的になった。そして顧客が殺到したためこれら呉服店は店舗の大規模化を進めた。図表1-4-1は，伊藤次郎左衛門家の江戸での呉服小売店（松坂屋）の様子である。これら現金売りを行った大規模呉服店は，近代に入ると店舗を近代的なものに改築し，さらなる販売革新を通して百貨店となった。越後屋三井家がのちの三越，大村家が白木屋，伊藤家がいとう呉服店（松坂屋），下村家が大丸であり，大規模呉服店の歴史を図表1-4-2で簡単にまとめた。

■図表1-4-1　松坂屋上野店の店内図

(注)　1772（安永元）年頃の様子と思われる。
(出所)「安永元年上野店店内見取り図」（円志）より。一般財団法人 J. フロントリテイリング史料館蔵。

■図表1-4-2　大規模呉服店の歴史

年	越後屋三井家（伊勢国松坂）	伊藤屋伊藤家（尾張国名古屋）	大文字屋下村家（山城国伏見）
寛文期	伊勢国松坂で開業		
1659		名古屋で呉服小間物店開業	
1673	京都仕入店・江戸呉服店開店，現金売採用（江戸）		
1683	江戸両替店開店		
1686	京都両替店開店		
1687	幕府呉服御用達		
元禄期	大坂両替店・呉服店開店，江戸綿店・京都糸店開店，江戸本両替仲間加入，幕府金銀為替御用達		
1706			伏見で開業
宝永期	京都綿店・大坂綿店開店，大元方設置		
1710			
1710～15			京都仕入店・大坂・名古屋呉服店開店
1717			京都呉服店開店
1718		名古屋藩御用達	
1736	（18世紀前半，京都紅店・江戸糸店開店）	呉服太物小売業兼業，現金売採用	（この頃京都に総本店開店，現金売採用，糸割符仲間株取得）
1740		名古屋藩呉服御用達	
1741			京都染物店開店
1743	（この頃呉服商売順調，和歌山藩御用達金負担）		江戸店開店（小売・関東物仕入）
1745		京都仕入店開店	江戸十組問屋仲間加入（1743年）
1750年代			大坂北店開店，江戸繰綿問屋株取得
1759			京都東店（小売）・京都金物店開店
1768		江戸呉服店開店（松坂屋として）	
1771			大元方設置
1778			京都で両替株取得
1781			京都絹店（仕入）開店
1793		岡崎店開店	
1798		名古屋藩御勝手御用達	
1805		江戸木綿問屋開店	
1815			大坂両替店開店，大坂本両替仲間加入
1819			兵庫店開店，大坂両替店質屋仲間加入
1826			京都両替店開店
1834		苗字帯刀，名古屋藩より土地拝領	江戸店が蔵岡替を兼業
1853			江戸小間物株取得，大坂紙店開店
1856		名古屋木綿問屋開店	
1859	横浜店開店		開港とともに生糸を扱う（幕末期）
1869	新政府為替方	名古屋通商会社総頭取	西京通商・為替会社（総）頭取

(注)　近世の大規模呉服店として，越後屋三井家，伊藤屋伊藤家，大文字屋下村家を取り上げた。藩名は城下町の所在地で示した。
(出所)　三井文庫編『三井事業史』本篇第1巻（三井文庫，1980年），林董一『名古屋商人史』（中部経済新聞社，1966年），大丸二百五十年史編集委員会編『大丸二百五拾年史』（株式会社大丸，1967年）より作成。

1.5　江戸十組問屋と菱垣廻船

　前節で述べたように 17 世紀後半以降に江戸へ進出した商人は，産地で直接商品を仕入れて江戸へ運んで販売したが，そのために産地から江戸への輸送に強い関心を持つにいたった。このような仕入問屋は，呉服・木綿のみでなく様々な商品別に専業問屋として組仲間を形成したが，そのなかで代表的な 10 組が共同歩調をとって大坂問屋と交渉した（1694（元禄 7）年に江戸十組問屋仲間成立）。大坂でも同様に江戸積問屋が結成され，後に大坂二十四組問屋と称し，江戸十組問屋と共同して大坂—江戸間の廻船業者である菱垣廻船を支配下に置いた。江戸十組問屋は菱垣廻船の新造・修理費用を援助する代わりに，菱垣廻船を十組荷主の「手船定雇」として運航への直接的監督を行った。

　もともと菱垣廻船は，大坂に集められた木綿・油・酒・醤油などを江戸へ定期的に廻漕していたが，大坂周辺の伊丹・灘地域で作られた酒類は，菱垣廻船とは別に樽廻船で輸送されるようになり，酒造仲間が樽廻船を運営した。そのため江戸でも当初は酒問屋が十組問屋仲間に加入していたが，十組問屋より分離独立し，上方—江戸間の酒輸送は専ら樽廻船が担うこととなった。図表 1-5-1 は，1714（正徳 4）年時点の大坂への主要移入品を示したものである。

　18 世紀になると問屋が物価を釣り上げたため諸物価が上昇したとの認識から，幕府が商人の組織化をはかるようになった。8 代将軍徳川吉宗は，物価を統制する仕組みとして取扱商品別に商人に株仲間を作らせ，相互監視させようとしたが，逆に問屋株仲間は，高価格で共同歩調をとり，幕府の意図は挫かれた。18 世紀前半の江戸では関東周辺での商品生産は未発達で，その一方全国各地から年貢米が流入したため，江戸では米が過剰であり，「米価安の諸色（諸商品）高」状況であった。そのため米を俸禄で受け取る武士の暮らしは苦しくなり，吉宗は米価を上げようとしたものの失敗に終わった（図表 1-5-2）。

　18 世紀後半の老中田沼意次は，発想を転換し，株仲間（独占的営業権）を積極的に認める代わりに株仲間商人から運上金や冥加金を徴収した。そして都市のみでなく村落部の商人も株仲間に組織して在方からも冥加金を徴収した。田沼の政策は，商品生産の発展と年貢米以外の市場の拡大を念頭に置いたものであったが，従来の石高制を動揺させるものでもあり，反発も強かったため田沼は失脚した。それゆえ松平定信による寛政の改革では，農業重視の政策が採られた。ただし，全体的な流れとして幕府が商人を統制しようとする方向性は強まり，19 世紀初頭には村落部でも願株が広範に認められ，株仲間商人が商品流通を支配することになった。逆にそのことが，余剰生産物を販売したい百姓や仲間外の商人の反発を買い，自由販売を求める畿内百姓・商人らが連帯して幕府に訴え（国訴），幕府も菜種油の畿内村落での自由な販売と江戸への直送を認めた。

■図表 1-5-1　1714 年における大坂への主要移入品

種　類	数　量	銀高（貫匁）	種　類	数　量	銀高（貫匁）
米	282,792 石	40,814	絹	35,573 疋	3,013
菜　種	151,226 石	28,049	焼　物		2,876
材　木		25,751	畳　表	1,102,907 枚	2,866
干　鰯		17,760	嶋毛綿	236,923 端	2,832
白毛綿	2,061,473 端	15,750	苧	145,875 貫	2,815
紙	148,464 丸	14,465	唐薬種		2,788
鉄	1,878,168 貫	11,804	炭	767,814 俵	2,504
掛　木	31,092,394 貫	9,125	鰹　節		2,178
銅	5,429,220 斤	7,171	京織物		2,066
木わた	1,722,781 斤	6,705	木　蝋	42,786 貫	1,915
たばこ	3,631,562	6,496	餅　米	12,294 石	1,829
砂　糖	1,992,197 斤	5,614	七島莚	1,485,460 枚	1,729
大　豆	49,931 石	5,321	古　手	135,744	1,717
塩	358,436 石	5,230	結　木	17,485,464 把	1,606
小　麦	39,977 石	4,586	藍	320,460 貫	1,466
塩　魚		4,156	煎　茶	1,478,010 斤	1,460
胡　麻	17,143 石	4,129	唐織物		1,293
綿　実	2,187,439 貫	3,920	干　魚		1,244
生　魚		3,475	和　漆	27,626 斤	1,164
毛綿繧	116,647 貫	3,430	奈良晒布	22,821 疋	1,087
布	310,558 端	3,401	椀折敷	96,383 束	1,064

（注）　銀高 1,000 貫匁以上の移入品について示した。小数点第 1 位を四捨五入。
（出所）　本城正徳「近世の商品市場」（桜井英治・中西聡編『新体系日本史 12　流通経済史』（山川出版社，2002 年）表 2 より作成。

■図表 1-5-2　18 世紀の米価の推移

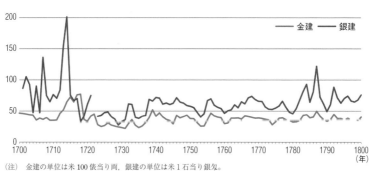

（注）　金建の単位は米 100 俵当り両，銀建の単位は米 1 石当り銀匁。
　　　　金建の米価は東日本，銀建の米価は西日本の米価をそれぞれ示すと思われる。
　　　　原史料は，金建は「米暦」，銀建は「三貨図彙」。その年に米価が判明した時期の米価の平均値を示した。
（出所）　中沢弁次郎『日本米価変動史』（柏書房，1965 年）（原著は 1933 年刊行），216～242 頁より作成。

1.6　特産物生産と醸造経営

　18世紀になると前述の図表1-5-1のように多様な商品が大坂へ移入されるようになったが，その背景に特産物生産の進展があった。17世紀の日本では開墾が進展して米の生産量が増大するとともに人口も増加し，城下町での生活必需品の需要が増大した。そのため各地で自然条件の利点を活かした生産が中央市場向けに行われるようになり，諸藩もそれらの特産物を領外へ販売することは，領内に富が入ることになるため，特産物生産を奨励した。中央市場では，「越前蠟」・「日向炭」など産地と商品名が組み合わされてそれら特産物の相場が立てられ，それらを比較した番付も作成された（図表1-6-1）。

　三都に向けての代表的特産物として醸造品があり，酒については前節で触れたので，ここでは醤油を取り上げる。畿内ではもともと京都が加工品の産地で醤油も京都で醸造されていたが，18世紀には播磨国龍野で醤油醸造が盛んとなり，代表的醸造家の円尾屋は，18世紀中ごろに京都店を開店し，直接醤油を京都で販売した。また関東では，17世紀末に廣屋濱口家が銚子で味噌・醤油醸造業を始め，その後江戸への出荷を増大させ，江戸に醤油問屋を開店した。上総国野田でも髙梨家が醤油醸造を開始し，やはり江戸向けに醤油生産を増大させ（図表1-6-2），その後，茂木家など多くの醤油醸造家が野田に誕生して日本最大の醤油醸造産地となった。

　三都とともに地方の特産物生産地へ進出した遠隔地間商人も登場した。たとえば，近江国大溝に総本家のあった小野家は，分家善助が17世紀末に陸中国盛岡で開店して，東北産の紅花や絹糸を京都へ持ち込んで販売し，18世紀初頭に京都に問屋を開店した。近江国日野の中井家も，18世紀前半に日野産売薬の関東行商を開始し，18世紀後半に仙台店と伏見店を開き，上方から古着・木綿・繰綿を関東・東北地方へ運んで販売し，東北産の絹糸・紅花・青苧を上方へ運んで販売する「産物廻し」を行った。近江商人にはこのほか，蝦夷島（現北海道）へ進出した者も多く，図表1-6-3で江戸時代の代表的近江商人とその出店を一覧した。これらの近江商人は，出店を多数設けたものの，出身地元で丁稚を採用し，数年ごとに本店と支店を移動させる在所登り制度など独特の雇用形態をとっていた。それゆえ営業範囲が広がっても，ある程度経営管理がうまく行えた。

　俵物貿易が拡大するとともに蝦夷島が俵物の産地として注目され，幕府は18世紀後半に御用商人による蝦夷地開発を進めた。たとえば，江戸の材木問屋栖原屋は18世紀後半に松前藩城下の福山に開店し，18世紀末に幕府が東蝦夷地（太平洋岸）を直轄すると幕府用達となり物資調達を担った。兵庫に本店を持つ廻船業者の高田屋も，幕府の意を受けて蝦夷島奥地の択捉島への航路を開発して幕府定雇船頭となり，蝦夷地場所を請け負って漁業経営を行った。

■図表 1-6-1　諸国産物の番付

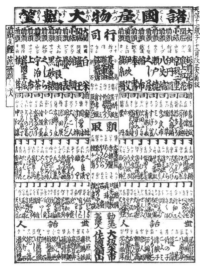

（出所）　大阪万番附総集帳（1841（天保12）年）。大阪府立中之島図書館所蔵。

■図表 1-6-2　高梨兵左衛門家と濱口儀兵衛家の江戸への醤油送り樽数の推移

①高梨家			②濱口家		
年	樽　数	受入問屋	年	樽　数	受入問屋
1777	16,384	10 軒	1773	4,879	11 軒
1785	23,829	12 軒	1782	5,348	8 軒
1791	19,674	18 軒	1789	7,795	5 軒
1799	32,625	21 軒	1798	11,887	10 軒
1810	45,011	26 軒	1811	21,914	10 軒
1828	46,447	24 軒	1825	19,688	6 軒
1839	49,067	24 軒	1839	6,315	5 軒
1846	56,570	30 軒	1846	8,834	3 軒
1854	51,805	20 軒	1854	7,834	4 軒
1869	49,445	13 軒	1869	9,722	2 軒

（出所）　高梨家については、森典子「高梨家の江戸店」『近江屋仁三郎店』の成立と展開」（公益財団法人高梨本家監修、井奥成彦・中西聡編著『醤油醸造業と地域の工業化─高梨兵左衛門家の研究』慶應義塾大学出版会、2016 年、および各年度『両蔵醤油送分帳』（高梨本家文書、上花輪歴史館蔵）、濱口家については、篠田壽夫「江戸地廻り経済圏とヤマサ醤油」（林玲子編『醤油醸造業史の研究』（吉川弘文館、1990 年））より作成。

■図表 1-6-3　近世期主要近江商人とその出店

屋号（姓）	郡	町村	主要出店場所（開業年・業種）
井筒屋（小野）善助	高島	大溝	盛岡（1689）、京都（1708）、江戸（1708）、大坂（18 世紀後半）
山形屋（西川）甚五郎	蒲生	八幡	江戸（1615）、下総国佐原（17 世紀末）、京都（1750）
住吉屋（西川）伝右衛門	蒲生	八幡	渡島国福山（17 世紀後半）、大坂（19 世紀前半）、渡島国箱館（1844）
麻屋（市田）清兵衛	蒲生	八幡	上野国高崎（1707）
谷口兵左衛門	蒲生	八幡	仙台（18 世紀中葉）、大坂（1840 年代後半）
中井源左衛門	蒲生	日野	下野国越堀（1740 年代）、下野国大田原（1749）、上野国小泉（1757・酒造）、仙台・山城国伏見ほか（1769）、武蔵国押立（1788・醤油醸造）、江戸（1791）
山中兵右衛門	蒲生	日野	駿河国御殿場（1718、1800・酒造）、駿河国沼津（1770）、相模国関本→相模国池上（1807→19）、伊豆国韮山（1836・醤油醸造）
吉村儀兵衛	蒲生	日野	下野国久下田（1749・酒造、1793・醤油醸造）、常陸国下妻（1765・酒造）、下総国恩名（1796・酒造）、下野国鷲巣（1821・酒造）
辻善兵衛	蒲生	日野	下野国真岡（1755・酒造・醤油醸造）、下総国蓼沼（1776・酒造）
高井作右衛門	蒲生	日野	上野国藤岡（1736・酒造）、津（1865・酒造→醤油醸造）
松居久左衛門	神崎	北五個荘	京都（18 世紀前半）
塚本定右衛門	神崎	南五個荘	甲府（1812）、京都（1839）、東京（1872）
外村与左衛門	神崎	南五個荘	大坂（1822）、大坂（1836）
外村宇兵衛	神崎	南五個荘	江戸（1841）、京都（1866）
丁字屋（小林）吟右衛門	愛知	豊椋	江戸（1831）、京都（1842）、大坂（1861）
柏屋（藤野）四郎兵衛	愛知	日枝	渡島国福山（1800）、渡島国箱館（1833）、大坂（幕末期）

（注）　近世期に支店を開設して広域に活動した有力近江商人を取り上げ、主要支店開設年と商業以外の業種の場合はその業種を示した。郡・町村は出身地で町村名は 19 世紀末時点の町村名で示した。支店場所で後の府県庁所在地以外は国名を付した。
（出所）　末永國紀『近代近江商人経営史論』（有斐閣、1997 年）、上村雅洋『近江商人の経営史』（清文堂出版、2000 年）、中西聡『近世・近代の商人像』桜井英治・中西聡編『新体系日本史 12　流通経済史』（山川出版社、2002 年）、中西聡『海の富豪の資本主義』（名古屋大学出版会、2009 年）、松元宏編『近江日野商人の研究』（日本経済評論社、2010 年）、上村雅洋『近江日野商人の経営史』（清文堂出版、2014 年）、大豆生田稔編『近江商人の酒造経営と北関東の地域社会』（岩田書院、2016 年）より作成。

1.7 藩御用商人と専売制

18 世紀後半以降の幕府による流通統制の強化は，諸藩や仲間外の商人や百姓の反発を招き，有力諸藩は領内の特産物を藩が集荷して領外へ販売する藩専売制を進めて流通過程に介入し，仲間外の商人や百姓は国訴などで流通独占の廃止を訴えた。また流通独占が諸物価の高値につながり，都市民の暮らしが困窮する状況を受け，幕府は 1841 (天保 12) 年に株仲間解散令を出し，流通独占を廃して物価引下げを目指した。しかし株仲間解散が逆に市場の混乱を招き，物価引下げは失敗に終わり，その後新興商人も含めた流通統制を図るため，1851 (嘉永 4) 年に幕府は株仲間再興令を出した。再興された仲間は新興商人も加入自由で「特権」色の弱い同業者組織となったが，諸藩のなかには株仲間解散令に従わず，株仲間の特権を容認しつつ独自に流通統制を行った藩もあった。

こうした藩の流通統制は，天保改革のなかで諸藩の専売制を中心に進められ，19 世紀前半には，姫路・尾張 (名古屋)・広島藩で木綿，彦根藩で蚊帳，佐賀・尾張藩で陶器，盛岡・八戸・徳島藩で塩の専売制が実施され，薩摩 (鹿児島) 藩は奄美大島で生産させた砂糖を大坂へ独占的に販売した (図表 1-7-1)。そしてこれらの専売制を引き受けた藩御用商人が 19 世紀前半には活躍した。たとえば，加賀 (金沢) 藩では領主米の大坂への廻漕を 18 世紀は上方の船主に依存したが，19 世紀には地元の船主が担った。そして若狭小浜藩の古河家や加賀藩の銭屋など，出身藩のみでなく日本海沿岸の複数の藩の御用を受けて経営規模を急拡大した船主も存在した。そして徳島藩では，特産物の藍の江戸での販売を藩が支援し，それを背景に藍屋三木家が江戸と姫路に開店して藍を販売した。

一方，19 世紀初頭に蝦夷島全域を直轄した幕府は，蝦夷地開発に予想外の資金がかかり行き詰まったため，蝦夷島を旧松前藩主に再封した。そのため，幕府の後ろ盾を失った高田屋は没落し，新たに蝦夷島に進出した近江国下枝の柏屋藤野家が高田屋の請負場所を代わって請け負い，蝦夷島最大の場所請負商人へと成長した。柏屋藤野家は，松前藩への御用金を負担しつつ，大坂に店を設けるとともに自ら 20 隻近くの和船を所有し，商品の流れに沿って生産から輸送・集散地での販売までを一貫して行う垂直統合経営を進めた (図表 1-7-2)。

諸藩の専売制の一定の成功により，三都を集散地とした遠隔地交易の担い手が，次第に幕府御用商人から藩御用商人へと転換した。そのなかで諸藩の城下町や湊町を中核とする地域市場の発展が見られ，全国市場のなかでの三都の地位は次第に下がっていった。ただし，大坂への米や諸品の移入量が減ったわけではなく，上方地域への商品移入量の増えた分が，大坂周辺の湊に直接移入されるようになった。とは言え，それらの商品取引に伴う決済は依然として大坂の両替商を通して行われており，金融セクターとしての大坂は重要であり続けた。

藩　名	開始年	内　　　容	その後の経過
盛　岡	1847	産物会所・藩札会所設置	1849 年鉱山直営（鉄専売）
仙　台	1782	国産会所設置	1790 年中止，1852 年仙台御国産仕法実施
秋　田	1791	産物方設置（蚕種統制）	1813 年絹方役所設置
庄　内	1798	酒田に米会所設置	1819 年蚕方・漆役所設置
米　沢	1779	荷物改会所設置（移出入統制）	1829 年産物会所設置（産業統制強化）
会　津	1793	江戸国産会所設置	1810 年産物会所設置，陶器の藩営製造
水　戸	1767	江戸米会所設置	1801 年江戸産物会所・02 年京都国産会所設置
金　沢	1818	産物会所設置	1828 年江戸産物会所設置（領内品の江戸直送）
福　井	1774	紙会所再興	1799 年糸会所設置，1858 年物産会所設置
名古屋	1802	窯方御蔵会所設置（瀬戸焼仕法）	1804 年有松絞会所再興，1842 年国産会所設置
彦　根	1799	国産方設置（縮緬・生糸・布など）	1829 年江戸国産会所・30 年御産御用蚊帳会所設置
和歌山	1730	和歌山湊御仕入役所設置	19 世紀初頭に江戸・京都・大坂に仕入設置
姫　路	1821	江戸産物会所設置（木綿直送）	1836 年国産長束木綿会所設置
岡　山	1844	木綿会所設置	1846 年塩会所・大坂売捌会所設置
広　島	1817	諸品方役所設置（大坂移出）	1843 年木綿改所設置
鳥　取	1795	国産方設置	1818 年国産会所設置（木綿・鉄）
松　江	18 世紀末	鉄山を藩営	1811 年人参の専売開始
萩	1763	撫育局設置	1840 年下関越荷方の権限強化（領外交易規制）
徳　島	1705	藍方設置（藍の移出統制）	1825 年江戸産物売捌会所・40 年塩改会所（江戸）設置
高　知	1805	製糖所設置	1835 年大坂での砂糖「蔵物仕法」実施
福　岡	1826	国産方仕組開始（蠟など）	1837 年生蠟会所設置
佐　賀	1770	出島陶器改方設置（輸出統制）	1801 年「見為替仕法」（三都での陶器販売独占）
熊　本	1763	藩営製蠟所設置	1831 年産物方設置
鹿児島	1810	唐物方設置（琉球貿易品長崎販売）	1830 年代藩政改革で砂糖・藍・煙草などの専売強化

（注）　石高 15 万石以上の諸藩で，専売制の経過が比較的はっきりした諸藩について長期的に安定して専売制が開始した年，その内容およびその後の経過について示した。藩名は城下町の所在地で示した。

（出所）　吉永昭『近世の専売制度』（吉川弘文館，1973 年）より作成。

屋号（姓）	出　身	主要請負場所	年間運上金（両）	手	船
柏屋（藤野）四郎兵衛	近江	根室・国後・宗谷・斜里・利尻・礼文	3,950		○
伊達屋（伊達）林右衛門	江戸	増毛・浜益・択捉・樺太・山越内	3,162		○
栖原屋（栖原）角兵衛	江戸	留萌・苫前・天塩・択捉・樺太・山越内	2,895		○
山田屋（山田）文右衛門	箱館	厚岸・勇払・沙流	1,400		○
萬屋（佐野）専左衛門	箱館	静内・浦河・様似	1,048		
阿部屋（村山）伝兵衛	能登	石狩	1,039		○
恵比寿屋（岡田）弥三左衛門	近江	小樽内・古平・絵鞆・幌別	875		○
福嶋屋（杉浦）嘉七	箱館	幌泉・十勝	818		
住吉屋（西川）伝右衛門	近江	忍路・高島	617		○
米屋（佐野）孫左衛門	越後	釧路	560		
竹屋（林）長左衛門	福山	余市	560		
仙北屋（佐藤）仁左衛門	福山	岩内	515		
升屋（佐藤）栄右衛門	福山	歌棄・磯谷	430		
岩田屋（岩田）金蔵	福山	積丹・美国	401		
小林屋（小林）重吉	箱館	三石	310		
※高田屋嘉兵衛	兵庫	根室・幌泉・択捉			○

（注）　高田屋嘉兵衛家は 1820 年代に取り潰されたが参考までに主要請負場所を示した。出身は，国名か湊名で示し，福山は松前藩城下の福山湊のこと。手船欄は大型和船所有に○を付した。連名での請負場所の運上金は人数で配分し，年間運上金 300 両以上納めた場所請負人を挙げた。

（出所）　中西聡『近世・近代日本の市場構造』（東京大学出版会，1998 年），第 3-2 表，第 4-2 表，第 6-16 表などより作成。

1.8　新興海運業者と幕藩制市場の動揺

　前節で述べたように，1851（嘉永4）年に再興された株仲間は「特権」色の弱い
ものであり，19世紀後半には幕府・諸藩の特権から相対的に自立した新興海運
業者が遠隔地間取引で活躍するようになった（図表1-8-1）。たとえば，瀬戸内海
から山陰・北陸を経由して日本海沿岸を蝦夷島にいたる西廻り航路では，商業も
行う廻船業者の北前船主が活躍するようになり，瀬戸内産の塩を北陸・蝦夷島へ
運んで販売するとともに，蝦夷島産魚肥を買い付けて北陸・瀬戸内・畿内へ運ん
で販売した。大坂—江戸間の太平洋航路でも尾張国知多半島の廻船業者の活動が
活発になり，大坂湾岸や瀬戸内で多様な商品を買い付けて江戸へ運んで販売した
り，知多半島の醸造品を江戸へ運んで販売して，帰りに関東産干鰯を買い付けて
知多半島へ積み戻るようになった。

　これらの新興海運業者は，大坂や江戸の問屋に雇われた運賃船（運賃を受け取っ
て決められた湊間を輸送する船）ではなく，自由に取引湊を選んで自ら買い付けた商
品を別の湊に運んで販売すること（買積）で，三都を通さない商品流通を発展さ
せた。また，1858（安政5）年に欧米諸国の圧力で行われた開港は，貿易品の新た
な流通ルートを創り出し，ますます三都を通さない商品流通が展開した。そして
開港場での取引が新たな商人のビジネス・チャンスとなり，特に生糸が重要な輸
出品となったため，生糸を扱う商人が成長した。

　たとえば武蔵国渡瀬の原善三郎は，1865（慶応元）年に開港場の横浜に開店して
生糸を外国商人に売り込む「売込商」を始めた。三都商人もこうした動きに乗り，
越後屋三井家は1859（安政6）年に横浜店を開店し，下村家もこの時期に生糸を扱
うようになった。しかし他の商品を主に扱っていた三井家や下村家は生糸取引が
あまりうまくいかず，横浜での外国商人との生糸取引は，生糸を専門に扱う新興
商人に主に担われることになった。その代わり，三都商人は横浜の売込商や輸入
品を扱う引取商を金融面で助けており，開港場における「商人的対応」は，新興
貿易商人と三都の特権商人との協力のもとに進められた（図表1-8-2）。

　前節で大坂が江戸時代末期まで金融セクターとして重要であったことを述べた
が，三都の特権商人の金融面での役割は重要であり，それゆえ明治期に入り大阪
では，新旧商人が協力して新たな会社設立に乗り出して産業革命の中心となった。
また，藩御用商人は幕末期の御用金負担が大きかったため経営的に苦しく，廃藩
置県で特権も失ったものの，廃藩置県で御用金負担がなくなったことがプラスに
はたらいた面もあった。そのため藩御用商人のなかには，近世来の商取引ネット
ワークを活かして近代期も地域有力商人であり続け，地方資産家として各地の会
社設立の担い手となったものもいた。その意味で，19世紀日本は江戸時代と明治
期を通して「地方の時代」であった。

屋号（姓）・廻船名／[本拠地]	主な活動航路／[所有船数]	主な取扱品／[取引形態]
野村屋（野村）治三郎 [陸奥野辺地]	野辺地—瀬戸内—大坂・貝塚 [6隻程度]	大豆・魚肥・木綿・銅 [買積・運賃積]
平塚八太夫 [陸奥田代島]	蝦夷地—箱館—金華山—那珂湊—江戸	蝦夷地海産物 [買積]
栖原屋（栖原）角兵衛 [江戸]	蝦夷地—福山—江戸・大坂 [10隻程度]	蝦夷地海産物 [自分荷物積]
内田佐七 [尾張内海]	大阪湾岸—知多半島—江戸内湾 [6隻程度]	大豆・塩・米 [買積]
新宮廻船 [紀伊新宮]	大坂—新宮—江戸 [50〜60隻]*	炭・木材 [運賃積・自分荷物積]
日高廻船 [紀伊日高]	兵庫・大坂—日高—江戸 [30隻程度]*	蜜柑・江戸十組問屋荷物 [運賃積]
比井廻船 [紀伊比井]	灘五郷・大坂—浦賀・江戸 [30隻程度]*	酒・米穀・江戸十組問屋荷物 [運賃積]
柏屋（藤野）四郎兵衛 [大坂]	蝦夷地—福山・箱館—大坂・江戸 [20隻程度]	蝦夷地海産物 [自分荷物積]
辰馬吉左衛門 [摂津西宮]	灘五郷—江戸 [5隻程度]	酒 [自分荷物積]
高田屋嘉兵衛 [摂津兵庫]	蝦夷地—箱館—江戸 [38隻程度]	蝦夷地海産物 [自分荷物積]
奥藤研蔵 [播磨坂越]	赤穂—江戸 [3隻程度]	塩 [買積]
山西庄五郎 [阿波撫養]	九州—撫養—大坂・江戸—蝦夷地 [10数隻程度]	塩・藍玉・肥料・米穀 [買積・運賃積]
住吉屋（西川）伝右衛門 [近江八幡]	蝦夷地—福山—敦賀—大坂 [8隻程度]	蝦夷地海産物 [買積]
古河嘉太夫 [若狭小浜]	福山・箱館—秋田—小浜・兵庫・大坂 [11隻程度]	米・蝦夷地海産物・塩・木綿 [買積・運賃積]
右近権左衛門 [越前河野]	福山—敦賀—兵庫・大坂 [10隻程度]	蝦夷地海産物 [買積]
銭屋五兵衛 [加賀宮腰]	福山—青森—金沢—大坂 [15隻程度]	材木・米・魚肥・大豆 [運賃積・買積]
木屋（木谷）藤右衛門 [加賀粟ヶ崎]	鯵ケ沢—金沢—大坂 [22隻程度]	材木・米・大豆 [運賃積・買積]
西村屋（西村）忠兵衛 [能登一ノ宮]	蝦夷地—箱館—撫養—大坂 [4隻程度]	蝦夷地海産物 [買積]
綿屋（宮林）彦九郎 [越中放生津]	酒田—伏木—赤間関—大坂 [9隻程度]	綿・米 [買積・運賃積]
鞍谷（伊藤）助右衛門 [越後鬼舞]	箱館—新潟・今町—兵庫・大坂 [9隻程度]	米・昆布・塩 [買積]

（注）　本拠は本宅・本店所在地を示し、江戸・大坂以外は旧国名を付した。取引形態の運賃積は運賃を受け取って輸送のみ行う。買積は船主が自ら積荷を売買、自分荷物積は船主が自ら生産したものを運んで販売。所有船数は近世期の最多時期を示し、＊は廻船集団全体の隻数。

（出所）　柚木學『近世灘酒経済史』（ミネルヴァ書房、1965年）、上村雅洋『近世日本海運史の研究』（吉川弘文館、1994年）、斎藤善之『内海船と幕藩制市場の解体』（柏書房、1994年）、斎藤善之『東廻り航路と奥筋廻船』藤田覚編『日本の時代史 17　近代の胎動』（吉川弘文館、2003年）、中西聡『海の富豪の資本主義』（名古屋大学出版会、2009年）、中西聡『北前船の近代史（2訂増補版）』（交通研究協会発行、成山堂書店発売、2021年）、森本幾子『幕末・明治期の廻船経営と地域市場』（清文堂出版、2021年）より作成。

■図表 1-8-2　商人的対応の概念図（幕末開港期）

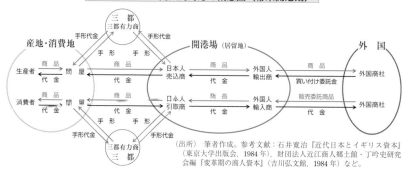

（出所）　筆者作成。参考文献：石井寛治『近代日本とイギリス資本』（東京大学出版会、1984年）、財団法人近江商人郷土館・丁吟史研究会編『変革期の商人資本』（吉川弘文館、1984年）など。

Column 1-1 ● 江戸の通貨

江戸の通貨を現代のお金に換算すると　本文 8 頁にあるように，江戸時代は金貨・銀貨・銭貨（銅貨）と 3 種類の金属貨幣が使われていた。金貨の単位は，1 両＝4 分＝16 朱，銀貨の単位は，1 貫匁＝1,000 匁，銭貨の単位は，1 貫文＝1,000 文で，1700（元禄 13）年に金 1 両＝銀 60 匁＝銭 4 貫文の換算比率が決められた。

落語に出てくる「二八そば」は，屋台のかけ蕎麦が一杯 16 文であることから付けられたと言われるが，そのかけ蕎麦の値段から，銭 1 文が現代のお金に換算して 10〜20 円とすると，金 1 両は 4〜8 万円，銀 1 匁は 667〜1,333 円となる。金の最小単位の 1 朱でも 2,500〜5,156 円なので，もし金貨と銀貨しかないとすると，とても不便な生活となる。現代の 10〜20 円玉にあたる 1 文銭が必要になったことがよくわかる。

江戸の高田屋嘉兵衛の資産規模を推定して現代のお金に換算すると　司馬遼太郎の小説『菜の花の沖』の主人公となった高田屋嘉兵衛は，本文 14 頁で述べたように 18 世紀末に幕府定雇船頭となり，19 世紀初頭に根室・幌泉・択捉場所を請け負う巨大場所請負人となった。その資産規模を推定して現代のお金に換算してみたい。

19 世紀前半の根室場所の漁獲量は約 1 万石，幌泉場所の漁獲量は約 5,000 石であったので，択捉場所も合わせて，高田屋は年間約 2 万石程度の漁獲物を得ていたと考えられる。高田屋は自ら船を所有しており，それらの漁獲物を大坂へ運んで販売したとすると，当時の北海道産魚肥の大坂価格からみて銀 2,000 貫匁程度になる。上記の換算で金に直すと，金約 33,333 両となり，それを高田屋蝦夷地漁場の資産とみなす。また高田屋は 1820 年代に大船 38 隻を所有しており，1 隻の建造費 1,000 両程度なので船の価値を金 38,000 両とみなす。その他，各地の高田屋の店の資産を合わせると，約 10 万両程度の資産があったと推定され，上記の換算で現代の通貨価値にすると，40〜80 億円の資産規模があったと考えられる。

Column 1-2 ● 江戸の奉公人制度

越後屋三井家には江戸時代にどれくらい店員がいたか　本文 10 頁の越後屋（現在の三越の前身）は，1840（天保 11）年末時点で，京都に 3 つの店と 1 つの部署（京本店・京上之店・京紅店・京勘定場），江戸に 4 つの店（江戸本店・江戸向店・江戸芝口店・江戸糸店），大坂に大坂本店があったが，奉公人の数は，江戸本店 277 人，大坂本店 203 人，江戸向店 160 人，江戸芝口店 142 人，京本店 133 人と続いた。それ以外の店や部署も合わせた奉公人数合計は 1,020 人に上った。現代からみても，かなり大規模な商家であった。

奉公人制度とは　上記の越後屋の大勢の奉公人は男子に限られ，基本的に店に住み込んで働き，炊事・雑益なども男子が担っていた。ただし，越後屋京本店では，これらの奉公人は入店から数年間で 4 割ほどが辞め，ごく少数のものが丁稚から手代そして番頭（支配人）へと出世した。そして住込みを脱して別宅居住の重役店員になるものは奉公人全体の 4％程度であった。現代も江戸時代も組織のなかでの出世競争は厳しいものがあったと言える。もっとも住込みとはいえ，丁稚にも盆や正月の休暇（藪入り）に祝儀金と仕着せを与えられ，一時帰郷することもあり，特に，近江商人や伊勢商人には「登り」という，奉公の年数に従って一定期間の休暇を与え，帰郷させる制度があった。この「登り」の際には，いったん退職したかたちをとり，再雇用の際に店内での格付けは上がったが，なかには再雇用を認められなかった場合もあり，主家側からみると，奉公人を選抜・淘汰する制度としても機能した。

第 2 章

明治前期

2.1 明治前期の経済と経営

　明治政府は，幕藩制という一種の分権的国家体制を解体し，欧米列強と肩を並べる中央集権国家の確立をめざした。経済面では，通貨や税制の改革，近代産業の移植などが実施されたが，新しい制度やシステムの導入は，試行錯誤の連続であった。1880 年代後半になると，後発国であった日本でも産業革命の時代を迎え，資本主義経済への移行が本格化する。そのような変化のなかで，各産業のビジネスモデルとなる会社企業や新しいタイプの経営者も登場した。

　この時期の日本経済の推移を全体的にみてみると（図表 2-1-1），粗国民総支出（GNE，名目）の 5 年ごとの平均値は，1885（明治 18）年からの 20 年間に約 3 倍の成長をみせており，各期間の成長額に対する寄与率はいずれの時期も個人消費支出が 7 割以上を占めている。個人消費支出の増加は GNE とほぼ同じ 3 倍であり，日本の産業革命は国内における消費需要の拡大を伴いつつ進展したことがうかがえる。もっとも，19 世紀末段階における有業人口の 8 割近くは農林業に従事しており（図表 2-1-2），日本経済が自給的な側面をなお多く残していた点には，留意しなければならない。

　産業革命の開始は，民間の粗固定資本形成が構成比および寄与率を高めていったところにもあらわれている（図表 2-1-1）。しかし，1900〜01 年に発生した日清戦後恐慌を含む期間には一転してマイナスになるなど，その振幅の大きさは経済成長の加減速に大きな影響を与えるものであった。産業革命の進展と並行しつつ輸出の構成比と寄与率も拡大しており，この時期の持続的な経済成長には，国外市場も大きな役割を果たしていたことがうかがえる。

　国内生産の動向をみてみると，1885 年に 7 億 5000 万円であった合計額が 1900 年に 21 億 7700 万円へと 3 倍近く増加するなかで，鉱工業の割合が徐々に拡大していった（図表 2-1-3）。その大半を占める製造業の業種別構成は，1875 年時点では清酒，味噌，醤油などに代表される在来的な食料品工業が 40％を占めていた（図表 2-1-4）。しかし，1890 年になると紡績業や製糸業の発展などを反映した繊維工業がトップに立ち，95 年には製造工業生産額の 47.3％を占めるにいたった。化学工業も 2 桁以上の構成比を維持しているが，その中身は肥料（魚肥），食塩，植物油，製紙などの軽工業であった。

　これらに対し，重工業部門の発展は緩慢であった。造船奨励法（1896 年）などの政策的支援を得た造船業を含む機械工業の生産額構成比は 1900 年に 4％に達するが，鉄鋼業は 1％に満たない状況であった。「鉄は産業の米」と言われるように，近代産業の発展に不可欠の素材であり，国内生産の不足を補う輸入増は貿易赤字の要因となった。1901 年に操業を開始する官営八幡製鉄所の建設は，こうした状況のなかで鉄鋼自給率を引き上げるための国家的な対応策であった。

■図表 2-1-1　粗国民総支出（GNE）の推移（当年価格）

（単位：百万円）

期　間	民　間		政　府		輸出と海外からの所得	輸入と海外への所得（控除）	粗国民総支出（GNE）
	個人消費支出	粗固定資本形成	政府経常支出	粗固定資本形成			
(A) 1885〜89 年	676	94	61	20	62	64	849
	(79.6)	(11.1)	(7.2)	(2.4)	(7.3)	(7.5)	(100.0)
(B) 1890〜94 年	928	137	78	34	96	101	1,171
	(79.2)	(11.7)	(6.6)	(2.9)	(8.2)	(8.6)	(100.0)
(C) 1895〜99 年	1,518	256	132	96	187	254	1,937
	(78.4)	(13.2)	(6.8)	(5.0)	(9.6)	(13.1)	(100.0)
(D) 1900〜04 年	2,032	238	275	129	331	372	2,632
	(77.2)	(9.0)	(10.4)	(4.9)	(12.6)	(14.1)	(100.0)
	増減寄与率（%）						増減額
(A)→(B)	78.3	13.1	5.2	4.2	10.7	11.6	322
(B)→(C)	77.1	15.6	7.0	8.2	11.8	19.9	766
(C)→(D)	73.8	△ 2.6	20.6	4.7	20.7	17.1	695

（注）　各期間の平均値。（　）内は構成比（単位：%）。増減寄与率は粗国民総支出の増減額に対する各項目の増減額の割合。△はマイナス。
（出所）　大川一司・高松信清・山本有造『長期経済統計 1　国民所得』（東洋経済新報社，1974 年）178 頁，184–185 頁より作成。

■図表 2-1-2　有業人口の構成

（単位：千人）

期　間	農林業	非農林業	合　計
1875〜79 年	17,074	4,603	21,678
	(78.8)	(21.2)	(100.0)
1880〜84 年	16,859	5,202	22,061
	(76.4)	(23.6)	(100.0)
1885〜89 年	16,636	5,964	22,600
	(73.6)	(26.4)	(100.0)
1890〜94 年	16,458	6,926	23,384
	(70.4)	(29.6)	(100.0)
1895〜99 年	16,422	7,639	24,061
	(68.3)	(31.7)	(100.0)
1900〜04 年	16,362	8,328	24,690
	(66.3)	(33.7)	(100.0)

（注）　各期間の平均値。（　）内は構成比（単位：%）。
（出所）　中村隆英『戦間期日本経済成長の分析』（岩波書店，1971 年）付表第 3 表より作成。

■図表 2-1-3　産業別国内生産の推移（当年価格）

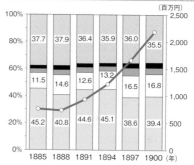

□農林水産業　　□鉱工業
■建設業　　■運輸・通信・公益事業
□商業・サービス業　◇国内生産合計額（右目盛）

（出所）　大川一司・高松信清・山本有造『長期経済統計 1　国民所得』（東洋経済新報社，1974 年）202 頁より作成。

■図表 2-1-4　製造工業生産額の業種別構成比（当年価格）

（単位：%）

年	食料品	繊維	製材	化学	窯業	鉄鋼	非鉄金属	機械	印刷製本	その他	総生産額（百万円）
1875 年	40.2	22.3	4.6	19.0	2.1	1.0	2.2	2.1	0.2	6.2	174
80	33.7	27.9	5.2	20.0	2.5	0.7	2.1	2.7	0.3	5.1	341
85	41.5	28.4	3.7	13.9	1.3	0.4	2.5	1.8	0.4	6.2	289
90	35.2	36.1	2.6	13.5	1.8	0.6	2.6	2.1	0.3	5.3	444
95	27.9	47.3	2.7	10.6	1.7	0.5	1.6	2.2	0.3	5.1	784
1900	35.9	35.8	3.9	10.7	2.0	0.5	2.2	4.0	0.6	4.6	1,196

（注）　鉄鋼，非鉄金属，機械は B 系列を使用。
（出所）　篠原三代平『長期経済統計 10　鉱工業』（東洋経済新報社，1972 年）140–141 頁より作成。

2.2　商家・企業家の連続と断絶

　江戸時代から明治期にかけてしばしば作成された各種のランキング表である「見立番付」には，富豪や企業を取り上げたものもあり，その当時にどのような資産家や大企業が存在し，格付けされていたのかを知る目安となる。

　図表2-2-1は，1849（嘉永2）年から1902（明治35）年までに作成された「長者番付」を素材に，幕末から明治期なかばにかけての商家・企業家の盛衰を概観したものである。たとえば，1849年の番付に掲載された231家は幕末開港前の有力な商家であったと思われるが，1864（文久4）年の番付に引き続き掲載されたのは102家，継続率としては44.2％にとどまった（図表2-2-2）。反面，後者における新規登場の割合は55.1％となっており，この間における開港＝自由貿易開始と新興商人の台頭が，著名商家ランキングの新旧交代に及ぼした影響をうかがい知ることができる。

　ところで，1849年の番付に掲載された商家は，1875年の番付でもなお89家を確認できるが，1888年になると34家に激減し，1902年には20家しか残っていない。減少幅の大きい1870年代後半から80年代にかけて発生した経済的変動といえば，松方正義大蔵卿が推進した緊縮財政を契機とするデフレ不況であり，江戸期以来の商家にとっては幕末開港期と並ぶ激動の時代であったことがわかる。松方デフレ期を間にはさんだ継続率の大幅減少は，1864年や1875年の番付に掲載された諸家にも共通するが，それは1888年や1902年の番付にみられる新規登場率が7〜8割近くに達するのと表裏の関係にあった。

　幕末から明治前期にかけての経営環境の激変をくぐり抜けた商家の代表例は，三井と住友であった。両家もまた深刻な経営危機に直面するが，才覚ある「大番頭」の采配が功を奏し，時代の荒波を乗り越えていった。

　三井は幕末開港後，財政難の幕府から巨額の御用金上納を命じられるが，交渉の伝手を求めて登用した三野村利左衛門（図表2-2-3）の活躍で，御用金の減免と新しい御用請負に成功した。これを機に三井家の経営幹部として抜擢された三野村は，最幕末期には倒幕側に転じて新政府成立後も密接な関係を維持し，1874年の官金抵当増額令への対応でも機敏な情報収集で三井の破綻回避に貢献した。その後も三野村は，三井の事業再編や家政改革に手腕を発揮する。

　住友の家業は金融業と銅の採掘・製錬業であったが，幕末維新期には銅山や製錬所などの資産を官軍に差し押さえられ，事業は存亡の危機にあった。この事態を新政府との交渉によって打開したのが，奉公人出身で別子銅山総支配人の広瀬宰平（図表2-2-4）であった。広瀬はその後も銅山の近代化を進める一方，1877年には住友家の経営権限を持つ総理代人（のちに総理人）に就任し，家政の改革を断行した。

■図表 2-2-1 「長者番付」に掲載された家数とその後の推移

発行年	「長者番付」の名称	合計	その後の推移				
			1849 年	1864 年	1875 年	1888 年	1902 年
1849 年 （嘉永 2）	『大日本持丸長者鑑』	231 (100.0)	231 (100.0)				
1864 年 （文久 4）	『大日本諸商売分限者繁栄鑑』	227 (100.0)	102 (44.9)	125 (55.1)			
1875 年	『明治八春 大日本持丸長者委細調大新板』	270 (100.0)	89 (33.0)	52 (19.3)	129 (47.8)		
1888 年	『大日本長者鏡』	277 (100.0)	34 (12.3)	13 (4.7)	20 (7.2)	210 (75.8)	
1902 年	『日本全国五万円以上資産家一覧』	353 (100.0)	20 (5.7)	13 (3.7)	6 (1.7)	35 (9.9)	279 (79.0)

（注） 1. 1888 年の番付に採録されている人数（延べ 293 名）を基準とし，75 年以前は番付上位から 293 名に近い人数を，1902 年は資産額 80 万円以上の人数を採択したのち，同一家系とみられる人数を除いたもの。
　　　 2. 青字は新規登場の家数。（ ）内は構成比（単位：%）。
（出所） 宮本又郎『日本の近代 11 企業家たちの挑戦』（中央公論新社，1999 年）53 頁より作成。

■図表 2-2-2 「長者番付」における新規登場率と継続率

（単位：%）

	1864 年	1875 年	1888 年	1902 年
新規登場率	55.1	47.8	75.8	79.0
継続率				
1849 年起点	44.2	38.5	14.7	8.7
1864 年起点		41.6	10.4	10.4
1875 年起点			15.5	4.7
1888 年起点				16.7

（出所） 図表 2-2-1 より作成。

■図表 2-2-3 三野村利左衛門

（出所） 公益財団法人三井文庫所蔵。

1821（文政 4）～ 1877（明治 10）年
25 歳で江戸商人・美野川利八の婿養子となり，家督を継いで利八を襲名する。1866（慶応 2）年，三井に課せられた幕府御用金の減免交渉を成功させて三井御用所に迎えられ，三野村利左衛門と改名した。

■図表 2-2-4 広瀬宰平

（出所） 住友史料館所蔵。

1828（文政 11）～ 1914（大正 3）年
近江国野洲郡八夫村の医師の二男として生まれ，11 歳から別子銅山の勘定場（住友では勘場）に奉公する。1855（安政 2）年に住友の別家である広瀬家の夫婦養子となり，維新後に宰平を名乗った。

2.3　会社制度の移植と定着

　最初に産業革命が起こったイギリスの場合，企業形態の中心は，数人程度の共同出資企業（partnership）であった。これは一種の合名会社であり，当時のイギリスにおける企業家層の自己資金の豊かさ，出資者ネットワークの存在を示している。それに対し，長く続いた封建社会のもとで企業家層の資本蓄積が相対的に乏しかった日本では，広範囲に多数の出資者を募って社会的資金を集中できる株式会社制度が，先進国とのギャップを埋める役割を果たした。

　株式会社の重要な特徴の一つに，すべての出資者の有限責任制（倒産などの際に債務を弁済する責任は出資額の範囲内に限られること）が挙げられる。大蔵省は 1871（明治 4）年に『会社弁』および『立会略則』を刊行し，会社制度の概略を紹介するが，有限責任についての意識的な叙述はみられなかった。1872 年制定の国立銀行条例にもとづく国立銀行は有限責任制を明記し，株式会社としての形式を備えていた。しかし，他方で 1880 年以前に設立された 71 社を対象とする調査によれば，責任制を明示している会社は 30 社（42%）にとどまっており，有限責任制の会社はわずか 11 社（16%）であった（図表 2-3-1）。また，有限責任ではあるが，その限度が出資額を超えるような事例も存在した。

　1880 年代に入ると，日本鉄道（1880 年設立），大阪紡績（1882 年設立）などのように株式会社本来の実態を備えた企業が成功を収めるようになり，有限責任制も広く普及するようになった（図表 2-3-2）。ただし，その法的効力は脆弱であり，たとえ大企業が定款で有限責任を規定していたとしても，場合によっては出資者に無限責任が及ぶ可能性は残っていた。そのようななかで，渋沢栄一（章末 Column 2-1）のような有力財界人が筆頭発起人として多くの会社企業の設立にかかわることは，資本市場が未発達で投資情報が限られていた当時において，出資者に一定の信用と安心感を与える役割を果たしたと思われる。

　以上のように日本の会社法制は立ち遅れ，投資家は不安を払拭しきれない状況に置かれていたが，それでも松方デフレが終息した 1880 年代半ば以降になると，会社数は急増した（図表 2-3-3）。これを業種別にみてみると，会社数では当初優勢であった商業（金融業を含む）に代わり，工業が過半数以上を占めるようになった。しかし，その多くは紡績業のような軽工業であったため，資本金では巨額の固定資本投資を要した鉄道を含む運輸業の割合が高かった。

　1890 年，会社に関する最初の法規である商法（旧商法）が公布されたが，施行はただちになされず，立法が急がれていた会社，手形および小切手，破産の各篇が 1893 年から先行して実施された。その後，商法は 1899 年に全面改正され（新商法），会社の法人格がより明確に規定されるとともに，設立にあたっては旧法の免許主義に代わって準則主義が採用されることになった。

■図表 2-3-1　企業の責任制（1869 ～ 1880 年）

（単位：社）

設立年	無限責任	有限責任	出資者によって異なる	無規定
1869 年	1			
71	1			
72	3	1		4
73	1			8
74		1	1	4
75	2	1		3
76	2	2		3
77	2			13
78	3	2		
79	1	1		6
80	1	3		
計	17	11	2	41

（出所）　Vichian Chakepaichayon「明治初期の会社企業―81 社の定款分析―」（『大阪大学経済学』第 32 巻第 1 号，1982 年 6 月）80 頁より作成。

■図表 2-3-2　企業の責任制（1881 ～ 1892 年）

（単位：社）

設立年	無限責任	有限責任
1881 年		3
82		4
83	2	2
85		3
86		2
87		12
88		9
89		8
90		3
91		1
92		1
計	2	48

（出所）　宮本又郎・阿部武司「明治の資産家と会社制度」（同編『日本経営史 2 経営革新と工業化』岩波書店，1995 年）270 頁より作成。

■図表 2-3-3　会社数・資本金と業種別構成比

年	会社数	資本金	1 社平均	会社数構成比				資本金構成比			
				農業	工業	商業	運輸業	農業	工業	商業	運輸業
	社	千円	円	%	%	%	%	%	%	%	%
1884 年	1,298	22,161	17,073	4.7	29.2	50.4	15.7	5.6	22.8	40.6	31.1
85	1,279	50,659	39,608	6.1	38.8	48.9	6.3	2.9	15.3	31.3	50.5
86	1,655	50,486	30,505	5.1	66.3	19.0	9.5	2.1	29.2	19.7	49.1
87	2,038	67,855	33,295	7.1	66.8	18.4	7.8	4.3	29.5	28.4	37.8
88	2,593	117,669	45,379	7.9	65.3	21.0	5.8	5.1	33.2	18.2	43.6
89	4,067	183,615	45,148	10.6	55.5	26.5	7.4	4.4	38.2	19.3	38.0
90	4,296	225,477	52,485	10.8	53.2	28.0	8.1	3.6	34.4	16.0	46.0
91	4,306	199,588	46,351	9.3	57.6	25.4	7.7	3.2	35.2	14.1	47.5
92	4,507	198,746	44,097	8.0	60.9	24.0	7.1	2.2	34.7	15.4	47.7
93	4,133	209,865	50,778	4.1	70.6	20.5	4.7	1.2	37.3	18.5	43.0

（注）　商業には金融業を含む。
（出所）　日本銀行統計局『明治以降本邦主要経済統計』（1966 年）324-325 頁より作成。

2.4 金融機関の整備

　日本における最初の近代的銀行は，1872（明治5）年制定の国立銀行条例にもとづき設立された国立銀行である。これは，アメリカのナショナル・バンク（国法銀行）に範をとった民間の銀行で，明治政府が発行していた不換紙幣（太政官札，民部省札，新紙幣など）に代わる兌換銀行券を発行させようとする計画であった。しかし，正貨（金貨）兌換を保証する国立銀行の設立条件は厳しく，1873年から74年にかけて第一（東京），第五（大阪），第四（新潟），第二（横浜，前身は横浜為替会社）の4行が開業するにとどまり，国立銀行券もほとんど流通しなかった（図表2-4-1）。1876年，法定資本金の引下げや金禄公債証書の出資充当を認める国立銀行条例の改正が行われ，国立銀行券も政府紙幣兌換＝不換紙幣となった。この規制緩和を受けて国立銀行の新設ブームが起こり，1879年の第百五十三国立銀行をもって設立は締め切られた（図表2-4-2）。しかし，銀行数の急増と不換紙幣化した国立銀行券の発行は，西南戦争（1877年）の戦費捻出のために乱発された政府紙幣とあいまって，紙幣価値の下落，すなわちインフレ発生の原因となった。

　1881年，政変を経て大蔵卿に就任した松方正義は，だぶついた不換紙幣の整理と中央銀行設立による兌換銀行券の発行を目指し，翌1882年に日本銀行条例を制定して日本銀行（日銀）が開業した。日銀は政府紙幣の償却がある程度進んだ1885年より銀貨兌換の日本銀行券（図表2-4-3）を発行し，翌年からは政府紙幣の銀貨兌換も開始した（事実上の「銀本位制」確立）。中央銀行である日銀が銀行券を一元的に発行することで，各地の国立銀行を通じた分散的な紙幣発行制度は廃止され，1883年の国立銀行条例再改正で，国立銀行券の新規発行禁止と開業後20年以内の普通銀行転換（99年に完了）が定められた。

　国立銀行条例によらない私立銀行は三井銀行（1876年開業）が最初であったが，国立銀行の新設が打ち切られた1879年以降に設立が急増した（図表2-4-2）。私立銀行の認可は大蔵省の内規にもとづいて行われたが，1890年に銀行条例が制定され，商法とともに1893年に施行された。同年には貯蓄銀行条例も施行され，零細な貯蓄を受け入れる銀行に制度的な基礎が与えられた。

　国立銀行条例に準拠して1880年に開業した横浜正金銀行は，1887年の横浜正金銀行条例制定によって，貿易金融・外国為替を扱う特殊銀行の地位を確立した。独自の根拠法にもとづく特殊銀行は，1890年代後半に設立が相次ぎ，日本勧業銀行（1897年），農工銀行（1898〜1900年，各府県に1行），台湾銀行（1899年），北海道拓殖銀行（1900年），日本興業銀行（1902年）など，50行を超える特殊銀行が開業した。しかし，それらの活動領域は既存の銀行の利害にも制約され，「銀行分業主義」の構想と現実は大きく乖離していった。

■図表 2-4-1　各種紙幣の流通高

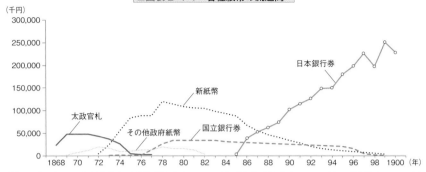

（千円）

太政官札　新紙幣　その他政府紙幣　国立銀行券　日本銀行券

（注）　1．各年末。その他政府紙幣は，大蔵省兌換証券（1871～74年），開拓使兌換証券（1872～74年），予備紙幣（1872～82年）の合計。
　　　　2．このほかに台湾銀行券が発行されている（1899年：933.3万円，1900年：266.6万円）。
（出典）　日本銀行統計局『明治以降本邦主要経済統計』（1966年）166頁，183頁より作成。

■図表 2-4-2　銀行数の推移

年	国立銀行	私立銀行	貯蓄銀行	特殊銀行	年	国立銀行	私立銀行	貯蓄銀行	特殊銀行
1872年	①				1888年	135	211		1
73	2 ②				89	134	218		1
74	4				90	134	217 ⑩		1
75	4				91	134	252		1
76	5 ③	1 ④			92	133	270		1
77	26 ⑤	1			93	133	545	23	1
78	95	1			94	133	700	30	1
79	151	10			95	133	792	86	1
80	151	39		1 ⑥	96	121	1,005	149	1 ⑪
81	148	90		1	97	58	1,223	221	2
82	143 ⑦	176		1	98	4	1,444	260	43
83	141 ⑧	207		1	99		1,561	333	48 ⑫
84	140	214		1	1900		1,802	419	50 ⑬
85	139	218		1	01		1,867	441	50
86	136	220		1	02		1,841	431	51
87	136	221		1 ⑨					

（備考）　①国立銀行条例，②第一国立銀行開業，③国立銀行条例改正，④三井銀行開業，⑤第十五国立銀行開業，⑥横浜正金銀行開業（国立銀行条例準拠），⑦日本銀行条例（10月，日本銀行開業），⑧国立銀行条例再改正，⑨日本銀行条例改正，⑩日本銀行条例（1893年施行）・貯蓄銀行条例（同），⑪日本勧業銀行法・農工銀行法，⑫北海道拓殖銀行法，⑬日本興業銀行法。
（注）　各年末現在の行数。国立銀行は153行設立されるが，1880年中に2行が開業する一方で2行が吸収合併されたため，年末の行数は最大で151行となる。
（出所）　日本銀行統計局『明治以降本邦主要経済統計』（1966年）196～205頁より作成。

■図表 2-4-3　最初の日本銀行券（1885年）

　大黒の像が描かれ，「大黒札」とよばれた。10円札の券面には，「此券引かへに銀貨拾円相渡可申候也」と記され，銀貨との兌換を保証している。

（出所）　日本銀行金融研究所貨幣博物館所蔵。

2.5　殖産興業政策と官業払下げ

　殖産興業政策とは，1870〜80年代なかばにみられた政府主導型の産業振興政策のことである。日本のような後発国がイギリスをはじめとする先進資本主義国へキャッチアップするためには，政府みずからが工業化の開始を誘導することが必要とみなされ，そのような「上からの工業化」を担当する官庁としてまず発足したのが，1870（明治3）年設立の工部省であった。

　工部省時代の官営事業を国庫支出金の構成比でみてみると，鉄道が37％，鉱山が32％，電信が17％を占め，工場部門は15％にとどまった（図表2-5-1）。上位の3事業は，いずれも幕末から明治初年にかけて外資の進出やその可能性が存在し，日本の主権を確保する必要性に迫られていた分野であった。結果として，工部省の官営事業は体系性や採算性を欠くものとなり，発足したばかりの明治政府の財政を圧迫した。各種の機械類や資材の多くを先進国からの輸入に頼ったことも，貿易赤字や外貨不足を招く原因となった。

　このような初期の殖産興業政策は，岩倉使節団の一員として欧米を視察した大久保利通の帰国後に転機を迎える。民間の資本家によって担われる諸外国の工業化の姿を目の当たりにした大久保は，1873年に内務省を設立し，在来産業の近代化ならびに輸出産業化による外貨獲得を目指した。内務省は西洋式農業の研究施設や，近代的な製糸業の模範工場（富岡製糸場）を整備したほか（図表2-5-2），2000錘規模の綿紡績機械をイギリスから購入して民間へ払い下げるなど，先進国からの技術移転を仲立ちする役割を担った。また大久保は，建設資金の不足に陥っていた官設鉄道に代わり，沿岸海運によって国内運輸網を整備しようとした。このとき，土佐出身の海運業者である岩崎弥太郎の三菱は，船舶の無償下付など政府の手厚い保護を受けた。

　内務省の参入で殖産興業政策の範囲は拡大し，財政負担はさらに重くなった。旗振り役であった大久保が1878年に暗殺されたことも，政策の転換を促す要因となった。1880年，工場払下概則が制定され，各種の官営事業は鉄道・電信など軍事にかかわる分野を除き，民営化する方針が決まった。1881年には，民営化された事業の監督官庁となる農商務省が設立され，工部省は1885年に廃止された。当初，政府は投下資金の回収を意図し，払受人に厳密な条件を課した。そのため，払下げはなかなか進展しなかったが，その後大蔵卿に就任した松方正義による財政整理の一環として，払下げ条件の大幅緩和をともなう官営事業の処分が急速に進められた（図表2-5-3）。各種事業の払下げ価格やその支払条件は，投資額と比較すれば破格のものとなり，払受人には政商と呼ばれた人物が名を連ねた。その代表的存在である三井や岩崎（三菱）は，払い受けた鉱山や造船所などをもとに，各方面に産業基盤を持つ財閥へと成長していった。

■図表 2-5-1　工部省事業への国庫支出金と営業収支（1870 ～ 85 年度累計）

部局名		国庫支出金			営業収支
			興業費	営業費	欠損補填	
		千円	千円	千円	千円	千円
鉱山	佐渡鉱山	2,811	1,257	1,520	33	1,049
	生野鉱山	2,673	1,601	1,016	56	650
	三池鉱山	3,084	736	2,327	21	811
	阿仁鉱山	3,212	1,606	1,539	67	399
	院内鉱山	1,329	675	626	28	222
	小坂鉱山	1,461	547	914	–	305
	釜石鉱山	3,218	2,200	842	176	△318
	中小坂鉱山	142	74	56	12	△22
	その他	245	219	26	–	88
	小計（32）	18,175	8,915	8,867	393	3,183
工場	赤羽工作分局	1,656	610	1,043	3	74
	深川工作分局	381	93	279	8	14
	品川硝子製造所	530	190	236	105	△149
	兵庫造船所	2,499	774	1,682	42	183
	長崎造船所	3,322	629	2,693	–	5
	小計（15）	8,387	2,296	5,933	158	127
鉄道	東京-横浜間	6,386	2,980	3,406	–	3,185
	大津-神戸間	11,291	8,110	3,181	–	4,673
	敦賀-大垣間	3,099	2,898	201	–	59
	高崎-上田間	235	235	–	–	–
	その他	70	70	–	–	1
	小計（37）	21,081	14,293	6,788	–	7,917
電信	電信局（17）	9,503	3,788	5,666	49	1,732
合　計（100）		57,147	29,293	27,254	600	12,960

（注）　（　）内は構成比（単位%）。△はマイナス。
（出所）　大蔵省『工部省沿革報告』1889 年（大内兵衛・土屋喬雄編『明治前期財政経済史料集成』改造社, 1931 年）432～434 頁, 471～472 頁より作成。

■図表 2-5-2　内務省勧業寮・勧農局の各所経費（1875 ～ 80 年度合計額）

名　称	経費（円）
内藤新宿試験場	318,836
駒場農学校	394,519
駒場種畜場	986
下総牧羊場	586,597
下総香取種畜場	
安房嶺岡種畜場	3,639
三田育種場	82,800
蚕種稲原紙売捌場	236,156
千住製絨場	63,946
関口製絲場	43,239
新町紡績所	167,940
堺紡績所	45,891
内山下町試験場	52,243
新小川町試験場	2,222
築地製茶所	488
米国博覧会事務局	3,360
富岡製糸所	67,112

（出所）　三和良一・原朗編『近現代日本経済史要覧』（補訂版, 東京大学出版会, 2010 年）60 頁。

■図表 2-5-3　主要官営工場・鉱山の払下げ状況

払下年月	物件（道府県）	払下価格	払受人	譲渡先（譲渡年）
1874 年 11 月	高島炭鉱（長崎）	550,000	後藤象二郎	三菱（1881 年）
82 年 6 月	広島紡績所（広島）	12,570	広島綿糸紡績会社	海塚紡績所（1902 年）
84 年 1 月	油戸炭鉱（山形）	27,943	白勢成煕	三菱（1896 年）
7 月	中小坂鉄山（群馬）	28,575	坂本弥八	廃止（1908 年）
〃	摂綿篤製造所（東京）	61,741	浅野総一郎	
〃	白煉瓦石製造所（〃）	12,121	西村勝三	
8 月	小坂銀山（秋田）	273,659	久原庄三郎	
10 月	梨本村白煉瓦石製造所（静岡）	101	稲葉来蔵	
12 月	院内銀山（秋田）	108,977	古河市兵衛	
85 年 3 月	阿仁銅山（秋田）	337,766	古河市兵衛	
5 月	品川硝子製造所（東京）	79,950	西村勝三・磯部栄一	廃止（1892 年）
6 月	大葛・真金金山（秋田）	117,142	阿部潜	
86 年 11 月	愛知紡績所（愛知）		篠田直方	焼失（1896 年）
12 月	札幌麦酒醸造所（北海道）	27,672	大倉喜八郎	札幌麦酒（1887 年）
87 年 3 月	紋鼈製糖所（北海道）	994	伊達邦成	札幌製糖（1895 年）
5 月	新町紡績所（群馬）	141,000	三井	浅羽靖
6 月	長崎造船所（長崎）	459,000	三菱	
7 月	兵庫造船所（兵庫）	188,029	川崎正蔵	
12 月	釜石鉄山（岩手）	12,600	田中長兵衛	釜石鉱山（1924 年）
88 年 1 月	三田農具製作所（東京）	33,795	子安峻ほか	東京機械製造
3 月	播州葡萄園（兵庫）	5,377	前田正名	数年後閉園
8 月	三池炭鉱（福岡）	4,590,439	佐々木八郎	三井（1889 年）
89 年 11 月	幌内炭鉱・幌内鉄道（北海道）	352,318	北海道炭礦鉄道	
93 年 9 月	富岡製糸所（群馬）	121,460	三井	原合名（1902 年）
96 年 9 月	佐渡金山（新潟）	2,560,926	三菱	
〃	生野銀山（兵庫）			

（注）　金額は円未満切捨て表示。
（出所）　小林正彬『日本の工業化と官業払下げ―政府と企業―』（東洋経済新報社, 1977 年）をもとに, 大蔵省『工部省沿革報告』（1889 年）, その他によって補正。

2.6　企業勃興から産業革命へ

　1880年代前半の日本経済は，1881 (明治14) 年に大蔵卿となった松方正義による紙幣整理に端を発したデフレ不況下にあったが，1886年下半期以降は一転して企業の設立ブームが生じた (第一次企業勃興)。1885年末における会社数は2382社，公称資本金は1億3727万円であり，諸産業に先立って整備された国立銀行を中心とする銀行業の割合が高かったが，1889年末になると，会社数は5116社，公称資本金は2億7769万円に倍増した (図表2-6-1)。ほぼ現状維持の銀行業を除けば，会社数で3.2倍，公称資本金で3.6倍の増加であった。この企業設立ブームは1890年の恐慌発生で中断を余儀なくされるが，日本における産業革命の開始を告げるものであった。会社企業の立地は中央都市である東京および大阪が中心であったが，北海道，兵庫，福岡なども大きく躍進しており (図表2-6-2)，企業勃興は地方を含めた広範囲にわたる現象であった。

　第一次企業勃興期に顕著な発達をみた産業は，紡績業 (綿糸生産) と鉄道業であった。前者はこの間に増加した公称資本金額の8%，巨額の固定資本を要する後者は23%の割合を占めた (図表2-6-1)。

　紡績業は，1886年の時点では大阪紡績 (1882年設立) が3万錘という隔絶した規模であったが，大部分の紡績会社は殖産興業政策の過程で育成された2000錘規模工場にとどまっていた (図表2-6-3)。しかしその後，大阪紡績の成功に刺激された大規模経営の紡績会社が次々と参入し，1889年には1万錘規模の紡績会社が31社中8社，錘数で全体の66%を占めるようになった。多くは大阪などの都市部に立地したが，その他の地域でも1万錘未満の工場を中心に紡績会社が勃興した。綿糸の生産高は1890年に早くも輸入高を凌駕して国内市場を掌握し，輸出高が輸入高を超えた1897年には，64社中28社，全体の82%が1万錘規模以上の紡績会社となった。

　鉄道は，明治初年以来，官営事業として進められてきたが，財政難のために建設はなかなか進捗しなかった。1881年，最初の私設鉄道 (私鉄) である日本鉄道の設立が認められ，利子補給・配当保証などの政府保護も受けた。日本鉄道株が株式取引所に上場されると，鉄道会社の設立と免許出願が，投機的なブームをともないながら相次いだ。1888年には山陽鉄道，関西鉄道，九州鉄道が，1889年には払下げによって北海道炭礦鉄道が設立され (日本鉄道とともに五大私鉄と呼ばれる)，私設鉄道の営業キロは1890年度末に官設鉄道を上回るようになった (図表2-6-4)。五大私鉄のような幹線鉄道のみならず，地方的な路線となる中小規模の私設鉄道も全国各地に建設された。以後，1906～07年に鉄道国有化が実施されるまで，産業革命期の陸上輸送の主役となる鉄道網は，私設鉄道が大きな役割を担っていた。

<table>
<tr><th colspan="5">■図表 2-6-1　第一次企業勃興期における会社数と資本金</th></tr>
</table>

部　門	1885 年末 社　数	1885 年末 資本金(千円)	1889 年末 社　数	1889 年末 資本金(千円)
農業	78	1,450	430	8,119
鉱工業	496	7,771	2,259	70,199
紡績	11	905	41	12,616
製糸	136	985	711	5,438
鉱業・精錬	…	…	130	6,790
運輸業	80	25,585	299	69,859
鉄道	3	12,460	15	44,683
水運	…	…	136	17,553
商業	625	15,854	1,079	35,438
小　計	1,279	50,660	4,067	183,615
銀行業	1,103	86,613	1,049	94,075
合　計	2,382	137,273	5,116	277,690

(注)　…は不明。資本金は公称資本金。
(出所)　高村直助編『企業勃興―日本資本主義の形成―』(ミネルヴァ書房, 1992 年) 9 頁より作成。1885 年末の鉄道は, 中村尚史『日本鉄道業の形成―1869 ~ 1894 年―』(日本経済評論社, 1998 年) 7 頁。

■図表 2-6-2　第一次企業勃興の地域構成

府　県	1890 年 社　数	1890 年 資本金(千円)	対 1886 年比 社　数	対 1886 年比 資本金
東　京	347	84,214	2.1	3.1
大阪・奈良	375	21,319	3.3	4.1
北海道	88	12,915	3.0	10.8
青　森	38	231	38.0	77.0
山　形	75	2,570	4.4	15.8
茨　城	59	1,856	6.6	53.0
栃　木	53	2,851	7.6	24.8
千　葉	61	1,340	12.2	20.6
石　川	80	4,716	3.1	17.3
山　梨	133	6,454	1.7	27.2
三　重	56	5,638	3.1	14.2
兵　庫	249	19,980	5.9	35.8
鳥　取	52	282	13.0	14.8
福　岡	169	19,938	3.1	30.6

(注)　1. 東京, 大阪・奈良以外は対 1886 年比が 10 倍超の県を掲出。
　　　2. 1886 年の大阪府に奈良県が含まれるため, 両者を合算。
　　　3. 各年末現在。資本金は公称資本金。銀行は含まない。
(出所)　中村尚史『地方からの産業革命―日本における企業勃興の原動力―』(名古屋大学出版会, 2010 年) 46 頁より作成。

■図表 2-6-3　紡績会社の規模と立地

規　模	1886年 社	千錘	1889年 社	千錘	大阪 社	千錘	東京・愛知 社	千錘	その他 社	千錘	1893年 社	千錘	1897年 社	千錘	大阪 社	千錘	東京・愛知 社	千錘	その他 社	千錘
4 万錘以上			1	61	1	61							3	187	1	50	1	80	1	57
2 万錘以上 4 万錘未満	1	31	1	31			1	31			4	132	11	295	5	144	2	55	4	96
1 万錘以上 2 万錘未満			6	77	3	37	1	13	2	27	12	167	14	188	7	104	2	21	5	62
5 千錘以上 1 万錘未満			5	36			1	9	4	27	7	48	10	68	1	9			9	58
3 千錘以上 5 千錘未満	4	14	7	28	1	5			6	23	8	32	12	50	1	4	1	4	10	42
3 千錘未満	16	31	11	21	1	2	1	2	9	17	11	21	14	27	2				13	25
合　計	21	77	31	254	6	105	4	54	21	95	42	400	64	814	16	314	6	160	42	340

(注)　1893 年に 4 万錘以上の紡績会社がないのは, 大阪紡績が前年の火災で 3 万錘台に減少したため。
(出所)　高村直助『日本紡績業史序説　上』(塙書房, 1971 年) 112 頁, 208~209 頁より作成。

■図表 2-6-4　鉄道の営業キロと貨物輸送トンキロ

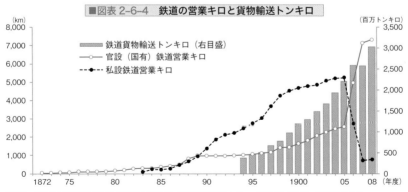

凡例：
- 鉄道貨物輸送トンキロ(右目盛)
- 官設(国有)鉄道営業キロ
- 私設鉄道営業キロ

(出所)　近代日本輸送史研究会編『近代日本輸送史』(運輸経済研究センター, 1979 年) 432 頁, 464 頁より作成。

2.7　三大財閥の形成

「財閥」という語は，通俗的に用いられることもあるが，ここでは「同族の支配下にあり，独占的地位を持つ企業群を多角的に経営する事業体」と定義しておく。なかでも，三井，三菱，住友のいわゆる三大財閥は，明治の前半期から複数の事業へ進出し（図表2-7-1），鉱業（炭坑・金属鉱山），輸送機械（造船）などの産業では，早くからその中心的存在となった（図表2-7-2）。

三井家は，明治初年における破綻の危機を何とか切り抜け，1876（明治9）年に最初の私立銀行である三井銀行を開業した。同年には三井物産が非直営の事業として設立され，官庁の御用貿易や官営三池炭鉱の石炭輸出を手掛けた。1888年には政府から三池炭鉱の払下げを受け，1892年には三井家所有の諸鉱山と統合して三井鉱山が発足した。一方，産業革命が本格化した1890年代には，三井銀行へ抜擢された中上川彦次郎（元山陽鉄道社長）のリーダーシップのもとで三井工業部が設置され，芝浦製作所，富岡製糸場などを直営したほか，鐘淵紡績，王子製紙も三井銀行を通じて経営権を掌握した。しかし，中上川の工業化路線は三井内部からの反発や業績の低迷で見直しを迫られ，1900年代以降は三井銀行，三井鉱山，三井物産（1892年直営化）の三事業が経営の柱となった。

三菱は，土佐出身の岩崎弥太郎（章末 **Column** 2-2）が幕末維新期の動乱のなかで藩営事業を引き継いだ海運業に端を発する。1874年に本店を東京へ移し，三菱蒸気船会社と改称した頃から明治政府との結びつきを強め，台湾出兵や西南戦争における軍事輸送を契機に手厚い保護を受けた。1875年には，解散した日本国郵便蒸気船会社の事業を継承して社名を郵便汽船三菱会社と改め，上海航路にも進出するなど，独占的地位を築いた。しかし「明治14年政変」の後は，それまでの反動で政府出資の共同運輸会社に競争を仕掛けられるなど，経営環境が一変する。1885年，両社は合併して日本郵船が発足するが，岩崎家は祖業である海運業を事実上失い，創業者である弥太郎もそれと前後して病没した。実弟の弥之助は，1886年に三菱社を創立，買収や官業払下げなどによって鉱業，造船業，銀行業，不動産業へ進出，多角化をともなう「海から陸へ」の転換をはかった。

三井と同じく幕末維新期の危機を経験した住友家は，その後も「番頭経営」が続いたが，かつての立役者であった広瀬宰平は独裁的な経営姿勢を批判されるようになり，1894年に辞職した。後継となった甥の伊庭貞剛は重役合議制を採用し，そのもとで住友銀行（1895年開業），住友伸銅場（1897年），住友鋳鋼場（1901年）など，本格的な多角化が展開されるようになった。

三大財閥の発展はそれぞれ個性的なものであったが，19世紀末には日本の高額所得者リストの最上位に三家がランキングされるようになり，多角化した傘下事業から膨大な利益が同族へもたらされる構造が定着した（図表2-7-3）。

■図表 2-7-1　三大財閥系企業の投資分野（1896 年）

（単位：千円）

	三　井	三　菱	住　友	備　考
鉱　業	8,129	6,638	6,222	
金　属			357	
機　械		2,056		
窯　業	＊ 295			＊小野田セメント製造
紙パルプ	＊ 1,230			＊王子製紙
繊　維	＊ 3,284			＊鐘淵紡績
海　運		＊＊ 18,330	＊＊＊ 3,865	＊＊日本郵船，＊＊＊大阪商船
商　事	5,447	730	348	
銀　行	34,257	11,114	5,989	

（出所）　武田晴人『日本経済史』（有斐閣，2019 年）130 頁より作成。

■図表 2-7-2　鉱工業上位 100 社の総資産に占める三大財閥系企業の割合（1896 年）

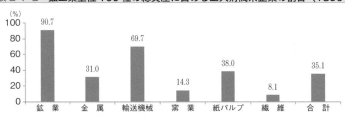

（出所）　武田晴人『日本経済史』（有斐閣，2019 年）131 頁より作成。

■図表 2-7-3　1898 年の高額所得者

（単位：円）

順位	氏　名	府　県	所得額	業種・属性
1	岩崎家（久弥・弥之助）	東　京	1,213,935	銀行，鉱山，造船
2	三井家（11 家）	東　京	657,038	貿易，銀行，鉱山
3	前田　利嗣	石　川	266,442	華族
4	住友　吉左衛門	大　阪	220,758	鉱山，銀行
5	島津　忠重	鹿児島	217,504	華族
6	安田　善次郎	東　京	185,756	銀行
7	毛利　元昭	山　口	＊ 185,069	華族
8	大倉　喜八郎	東　京	143,152	貿易，土木
9	徳川　茂承	和歌山	132,043	華族
10	松平　頼聡	香　川	125,856	華族
11	浅野　長勲	広　島	120,072	華族
12	徳川　義礼	愛　知	116,323	華族
13	雨宮　敬次郎	東　京	110,196	株式投資家
14	松本　重太郎	大　阪	110,076	銀行
15	鍋島　直大	佐　賀	109,093	華族
16	細川　護成	熊　本	104,712	華族
17	山内　豊景	高　知	99,804	華族
18	渋沢　栄一	東　京	93,460	銀行
19	阿部　彦太郎	大　阪	90,453	米穀商
20	原　善三郎	神奈川	87,538	生糸売込商
21	黒田　長成	福　岡	87,215	華族
22	占怐　巾兵衛	東　京	83,291	鉱山
23	茂木　惣兵衛	横　浜	76,493	生糸売込商
24	尚　泰	沖　縄	76,042	華族
25	鴻池　善右衛門	大　阪	75,537	銀行

（注）　＊印は 1897 年の数値。
（出所）　阿部武司・中村尚史「日本の産業革命と企業経営—概説—」（同編『講座・日本経営史 2
　　産業革命と企業経営 1882 ～ 1914』ミネルヴァ書房，2010 年）28 頁より作成。

2.8　持株会社の設立

　社会的資金を広く募集する一般の株式会社企業と異なり，財閥の出資は同族の
みで閉鎖的に行われるという特徴を持っていた。その一方，多角的な事業が発展
し，傘下にある会社・部門の規模や投資額がしだいに大きくなってくると，家産
の保全をはかりながら閉鎖的な所有を維持し，かつ事業の全体を統括する必要性
が出てくる。こうして典型的な財閥は，同族の全額出資による持株会社を設立し，
それを頂点とするピラミッド型の組織を築いていった。

　最も早く持株会社を設立したのは，三井である。三井家は 1872（明治5）年に不
振の呉服店を三越家として分離し，しばらくのあいだ直営事業は三井銀行および
三池礦業所（1892 年に三井鉱山合資会社となる）のみであったが，1892 年に三井物産
と三越家の呉服店を回収し，翌 93 年には三井銀行，三井鉱山と合わせた 4 事業
を合名会社に改組して（呉服店は三井呉服店となる），出資者である三井同族 11 家か
らなる三井家同族会と事務機構である三井元方の支配下に置いた。1895 年には
中上川彦次郎の経営改革を反映して，三井工業部と三井地所部も元方の事業と
なった。その後，三井工業部の廃止（1898 年）と傘下事業の売却，三越呉服店の
分離独立（1904 年）などの曲折を経て，三井家は 1909 年に出資を各家当主に限定
した三井合名会社を設立し，三井銀行，三井物産，東神倉庫，三井鉱山は，1911
年までに三井合名が株式を 100％所有する株式会社に改組された（図表 2-8-1）。
このような三井財閥の発展にあわせて 1902 年に完成した三井本館は，同族会，
三井合名，直系企業の本拠であり，その威容を世に示した（図表 2-8-2）。

　三菱では 1893 年，本家の岩崎久弥（故・弥太郎の長男）と分家の弥之助が 250 万
円ずつを出資して三菱合資会社を設立し，銀行業（1885 年，第百十九国立銀行の経営
を継承）を除くすべての事業を社長（岩崎久弥）の下に統括した。銀行部，鉱山部
の設置にみられるような組織化が順次進められたのち，1908 年に三菱合資会社
は事業部制を導入し，資本金を設定した銀行部（100 万円），造船部（1000 万円），鉱
業部（1500 万円）と地所課，庶務課から構成される組織となった（図表 2-8-3）。そ
の後，4.6 でも述べるように，1917〜19 年にかけて各事業部は，三菱造船，三菱
製鉄，三菱鉱業，三菱商事，三菱銀行などの株式会社に分社化され，三菱合資会
社はそれらの株式を所有する持株会社となった。

　三菱合資が持株会社となる第一次世界大戦前後の時期には，同じように同族の
支配下で事業を巨大化させた資産家たちが，相次いで持株会社を設立した（図表
2-8-4）。そのなかには，個人経営の住友総本店を住友合資会社へ改組した住友の
ように，三井・三菱を追いかけてピラミッド型の管理統括組織を構築するケース
もあったが，財閥本社としての機能を持たず，法人化による税制面での優遇や単
なる資産保全を目的としたものも少なくなかった。

■図表 2-8-1　三井財閥の事業組織

事業部門の合名会社化後（1895 年）

```
          三井家同族会
          三井元方
 ┌────┬────┬────┬────┬────┬────┐
三井   三井   三井   (名)   三井   三井
鉱山   物産   銀行   三井   工業   地所
(名)   (名)   (名)   呉服   部     部
                    店
```

三井合名会社の設立後（1911 年）

```
          三井家同族会
          三井合名会社
 ┌────┬────┬────┬────┬┄┄┄┄┬┄┄┄┄┐
三井   三井   三井   東神   (株)   (株)
鉱山   物産   銀行   倉庫   芝浦   三越
(株)   (株)   (株)   (株)   製作所 呉服店
```

（注）　（名）は合名会社，（株）は株式会社を示す。
（出所）　中村尚史「日本における近代企業の生成」
（阿部武司・中村尚史編『講座・日本経営史 2 産業
革命と企業経営 1882 ～ 1914』ミネルヴァ書房，
2010 年）148 頁より作成。

■図表 2-8-2　旧三井本館

（出所）　公益財団法人三井文庫所蔵。

　1902（明治 35）年竣工。設計は横河民輔。
　地上 4 階・地下 1 階からなる日本初の鉄骨鉄
筋建築で，外装には花崗岩と化粧煉瓦が用いら
れた。関東大震災（1923 年）で罹災し，1929
年に地上 7 階・地下 2 階の三井本館ビル（国重
要文化財として現存）へ建て替えられた。

■図表 2-8-3　三菱財閥の事業組織

三菱合資会社設立後（1895 年）

```
          社  長
          支配人
 ┌───┬───┬───┬───┬───┬┄┄┄┐
事務  各支  長崎  各炭  各鉱  第百十九
所    店    造船  坑    山    国立銀行
            所
```

事業部制の導入後（1909 年）

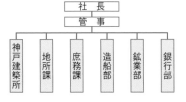

```
          社  長
          管  事
 ┌───┬───┬───┬───┬───┐
神戸  地所  庶務  造船  鉱業  銀行
建築  課    課    部    部    部
所
```

（出所）　中村尚史「日本における近代企業の生成」
（阿部武司・中村尚史編『講座・日本経営史 2 産業
革命と企業経営 1882 ～ 1914』ミネルヴァ書房，
2010 年）153 頁より作成。

■図表 2-8-4　持株会社の設立

（単位：千円）

設立年	社名（資本金）
1909 年	三井合名（50,000）
12	合名会社保善社（10,000）
15	渋沢同族（3,300）
17	三菱合資（30,000）
	古河合名（20,000）
	合名会社大倉組（10,000）
	合名会社藤田組（6,000）
	森村同族（5,000）
18	浅野同族（35,000）
20	山口合資（10,000）
	合資会社川崎総本店（10,000）
	大川合名（10,000）
	合名会社久原本店（10,000）
21	住友合資（150,000）
	鴻池合名（17,000）
22	野村合名（20,000）

（注）　保善社は安田家の持株会社。
（出所）　武田晴人「資本蓄積（3）財閥」（大石嘉一郎編
『日本帝国主義史 1 第一次大戦期』東京大学出版会，
1985 年）247 頁より作成。

Column 2-1 ● 渋沢栄一（1840（天保11）年〜1931（昭和6）年）

武蔵国榛沢郡血洗島村の農家の長男に生まれる。1864（元治元）年に一橋家の家臣となり，1867（慶応3）年にはパリ万博に出席する徳川昭武に随行して渡欧，その後も各国を回って西洋の産業・金融事情を目の当たりにする。明治政府発足後は官僚に転身し，大蔵大丞として『立会略則』（1871年）の刊行に携わるが，1873年に下野し，第一国立銀行の総監役（のち頭取）に就任した。1878年，東京商法会議所を設立して会頭に就任，その後は東京海上保険，大阪紡績など，各界の代表的企業の設立にかかわり，事業の成功を導いた。

（出所）渋沢史料館所蔵。

Column 2-2 ● 岩崎弥太郎（1834（天保5）年〜1885（明治18）年）

土佐国安芸郡井ノ口村の地下浪人の長男に生まれる。土佐藩営の貿易商会を経て，1870（明治3）年より藩船を借り受けた海運業・九十九商会に携わる。廃藩置県とともに同商会の資産を継承し，1872年に三川商会，1873年に三菱商会へ社名を改称した。同年には実弟・弥之助も入社し，副社長として兄を補佐することになった。

「三菱」の名称は岩崎家の家紋（三階菱）にちなみ，スリーダイヤのマークは，同家の家紋と土佐藩主山内家の家紋（三つ柏）を組み合わせたものである。

（出所）三菱史料館所蔵。

第3章

明治後期

3.1 明治後期の経済と経営

　明治後期の時期も鉱工業を中心に紡績業における大企業の成長など安定的な経済成長が実現し，また重工業部門でも民間企業の自立化と規模拡大には制約もみられたものの明治末にかけて一定の成長がみられた。

　この時期の日本経済の推移を全体的にみると，粗国民総支出の5年ごとの平均値は1900（明治33）年からの10年間で2632（百万円）から4853（百万円）へと1.7倍に成長し，各期間の成長額に対する寄与率は，個人消費支出がいずれの時期も6割以上を占め，特に1910年代前半期にかけては政府経常支出が減少したこともあって，その寄与率は8割を超えた（図表3-1-1）。明治前期に引き続き，日本の産業発展は消費需要の拡大をともないつつ進展したといえる。

　明治前期（1874–1890年）と明治後期（1890年から1913年）の実質労働生産性を産業ごとに比較すると，明治前期には第一次産業，第二次産業ともに緩やかだが，着実に労働生産性は上昇（第一次産業は年率0.98%，第二次産業は1.52%）がみられた。明治後期には労働生産性上昇が加速し，とりわけ第二次産業の労働生産性上昇が高かったため（第一次産業は年率1.25%，第二次産業は年率4.04%），両産業間の労働生産性の乖離をもたらした。また有業人口構成でみても1906年から1910年までの間に第一次産業の伸び率が▲1.9%であったのに対し，第二次産業は9.7%と最も高い伸び率を示した（図表3-1-2）。こうした労働生産性上昇の主因は，海外からの技術導入や先端的な技術の先進地域から地方への波及，農家間や企業間での資源配分の効率性や技術普及，そして教育の普及など労働の質の向上によって生じたとされている。

　国内生産の動向をみてみると，1900年に21億7700万円であった合計額が，1915年には44億4600万円へと2倍に増加するなかで，鉱工業の割合が大幅に増加した（図表3-1-3）。その大半を占める製造業の業種別構成は，1895年時点で中核的地位を占めた在来的な食料品工業が，1915年時点でも依然として3割弱を占め続ける一方，紡績業や製糸業の発展を反映して繊維業も約3割を占めていた。最も大きな変化がみられたのは，鉄鋼，非鉄，機械，化学などの重化学工業の比重であり，1895年時点で15%程度であった比重が1915年には30%程度と倍増した（図表3-1-4）。明治前期に比して，明治後期には政策的な支援を受けた重工業の発展など産業構造の変化が進展していたのである。他方，この間，鉱工業の発展にともない輸出も大幅に増大し，輸出と海外からの所得は1900年から1904年までの間に3倍に増加したものの資本財や原材料輸入などの増加もあって，貿易収支は慢性的な入超状態で自己完結的に維持し得るものではなかった。

■図表 3-1-1　粗国民総支出（GNE）の推移（当年価格）

（単位：百万円）

期　　間	民　　間		政　　府		輸出と海外からの所得	輸入と海外からの所得（控除）	粗国民総支出（GNE）
	個人消費支出	粗固定資本形成	政府経常支出	粗固定資本形成			
(A) 1900〜04 年	2,032 (77.2)	237.6 (9.0)	274.6 (10.4)	129.4 (4.9)	330.82 (12.6)	372.06 (14.1)	2,632 (100.0)
(B) 1905〜09 年	2,628 (74.3)	393.6 (11.1)	415.2 (11.7)	197.2 (5.6)	520.5 (14.7)	618.94 (17.5)	3,535 (100.0)
(C) 1910〜14 年	3,487 (76.1)	533.2 (11.6)	361.6 (7.9)	282.8 (6.2)	715.4 (15.6)	795.86 (17.4)	4,583 (100.0)
(D) 1915〜19 年	6,447 (68.6)	1440.4 (15.3)	522.6 (5.6)	290.4 (3.1)	2252.84 (24.0)	1675.12 (17.8)	9,405 (100.0)
	増減寄与率（%）						増減額
(A)→(B)	66.1	17.3	15.6	7.5	21.0	27.3	903
(B)→(C)	82.0	13.3	△5.1	8.2	18.6	16.9	1,048
(C)→(D)	61.4	18.8	3.3	0.2	31.9	18.2	4,822

（注）　各期間の平均値。（　）内は構成比（単位：%）。増減寄与率は粗国民総支出の増減額に対する各項目の増減額の割合。△はマイナス。

（出所）　大川一司・高松信清・山本有造『長期経済統計1　国民所得』（東洋経済新報社，1974 年）178 頁，184-185 頁より作成。

■図表 3-1-2　有業人口の構成

（単位：千人）

年	第一次産業	第二次産業	第三次産業	合　計
1906 年	16,707 (66.7)	3,729 (14.9)	3,618 (14.4)	25,061 (100.0)
1910 年	16,383 (64.3 ▲1.9)	4,089 (16.1 +9.7)	3,943 (15.5 +9.0)	25,475 (100.0 +1.6)
1920 年	14,344 (52.9 ▲12.4)	6,225 (23.0 +52.2)	5,320 (19.6 +34.9)	27,125 (100.0 +6.5)

（注）　各期間の平均値。（　）内は構成比，前年増減比（単位：%）。

（出所）　中村隆英『戦間期日本経済成長の分析』（岩波書店，1971 年）付表第 3 表より作成。

■図表 3-1-3　産業別国内生産の推移（当年価格）

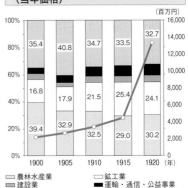

（出所）　大川一司・高松信清・山本有造『長期経済統計1　国民所得』（東洋経済新報社，1974 年）202 頁より作成。

■図表 3-1-4　製造工業生産額の業種別構成比（当年価格）

（単位：%）

年	鉄鋼	非鉄金属	機械	化学	食料品	繊維	製材	窯業	印刷製本	その他	合計	鉄鋼・非鉄・機械・化学合計	総生産額（百万円）
1895 年	0.5	1.6	2.2	10.6	27.9	47.3	2.7	1.7	0.3	5.1	100	14.9	784
1900	0.4	2.2	4.0	10.7	35.0	36.8	3.9	2.0	0.6	4.6	100	17.3	1,196
05	1.5	2.5	7.1	11.6	34.4	31.9	3.7	1.9	1.0	4.5	100	22.7	1,437
10	1.8	1.6	6.5	11.4	34.0	33.6	2.9	2.5	1.1	4.6	100	21.3	2,083
15	4.5	3.8	9.3	11.7	27.1	32.9	2.4	2.4	1.6	4.3	100	29.3	2,899
20	4.5	1.9	14.2	12.2	23.4	33.6	2.6	2.9	1.4	3.3	100	32.8	9,779

（注）　鉄鋼，非鉄金属，機械は B 系列を使用。

（出所）　篠原三代平『長期経済統計 10　鉱工業』（東洋経済新報社，1972 年）140-141 頁より作成。

3.2　専門経営者の登場と役割

　工業化の初期に活躍した冒険的な企業家の行動は，工業化の進展につれて，より慎重なものへと変化していったが，当初その多くは複数の企業の兼任重役であった。しかし20世紀初頭には大企業において専門経営者が頭角をあらわすようになっていった（図表3-2-1）。とりわけ財閥系企業では，高等教育機関を経た専門経営者の登用に積極的であった。岩崎弥太郎社長時代の三菱では慶應義塾出身の荘田平五郎や東京大学出身の近藤廉平など多数が採用された。三井でも2.7で述べた中上川彦次郎が三井改革を進めた時代に藤山雷太や武藤山治など慶應義塾出身者を多く採用し，彼らはのちに各社の役員として活躍した（図表3-2-3，図表3-2-4）。また益田孝が率いた三井物産でも高等商業学校（のちの東京高等商業学校。現在の一橋大学）出身者を多数採用して，重役への登用の道を開いた（図表3-2-2）。

　紡績会社など非財閥系企業の場合，有力出資者がトップマネジメントの地位を占有して，専門経営者の登用を阻止する傾向が強かった。そのため専門経営者の進出は，往々にして株主の強い反発をよんだ。たとえば，工部大学校卒の菊池恭三（章末 **Column** 3-1）は，平野紡績，尼崎紡績，摂津紡績で同時に支配人・工場長を兼務し，1893（明治26）年に尼崎紡績で取締役に登用され，業界で初めて管理職社員から昇進した取締役となった。しかし，多くの大株主重役からの抵抗があり，特に平野紡績社長の反発は強く，同社の支配人・工場長を辞職せざるを得なかった。1897年には摂津紡績の取締役に就任したが，そこでもしばしば排斥を受けたとされる。そのほか，1895年に大阪紡績の取締役に登用された山辺丈夫も就任2年後に兼任大株主重役から中傷・攻撃を受けて，一時辞職寸前にまで追い込まれた。しかし，こうした抵抗も兼任大株主重役だけでの経営の難しさに直面するなかで次第にその登用が進んでいった。明治後期までに活躍していた富士紡績の和田豊治，三重紡績の齋藤恒三，関西鉄道の白石直治，第一銀行の佐々木勇之助，日本生命の片岡直温，三井銀行から移った大日本製糖の藤山雷太，明治製糖の相馬半治などもこうした専門経営者であった。

　明治期の専門経営者の全般的特徴としては，その就任が明治後期に集中していたこと，社外からの移籍者が多く，特に中途採用社員から重役に昇進したケースが多かったこと，移籍者のうち官庁出身者が多かったことなどが指摘できる。また，重役就任時の年齢は時期を遡るほど若く，異例の若さで登用された学卒の技術者も多かったこと，総じて学歴が高く，特に帝国大学卒業生の比重が時期を下るほど増加したこと，財閥系の場合は官僚機構とそれに適した文系学卒者の管理者群が多く登用され，他方非財閥系の場合には技術者が強く求められていたことなどが指摘されている。

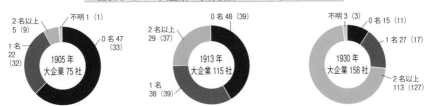

■図表 3-2-1　大企業の取締役会における専門経営者数

1905年
大企業75社

2名以上 5 (9)
不明 1 (1)
0名 47 (33)
1名 22 (32)

1913年
大企業115社

0名 48 (39)
2名以上 29 (37)
1名 38 (39)

1930年
大企業158社

不明 3 (3)
0名 15 (11)
1名 27 (17)
2名以上 113 (127)

（注）　括弧内は天下り官僚も含めた人数。大企業とは，以下の合名会社・合資会社・株式会社。1905年：払込資本金100万円以上（銀行のみ200万円以上。）1913年：払込資本金150万円以上（銀行・電力・鉱山のみ300万円以上。1930年：払込資本金1,000万円以上。（銀行・電力のみ2000万円以上。）
（原典）　森川英正『トップマネジメントの経営史』（有斐閣，1996年）75頁。
（出所）　宇田川勝・中村青志『マテリアル日本経営史』（有斐閣，1999年）56頁より作成。

■図表 3-2-2　高等商業学校（1897年発足）卒業者の就業状況（1899年）

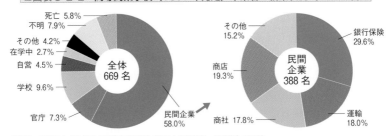

全体
669名

死亡 5.8%
不明 7.9%
その他 4.2%
在学中 2.7%
自営 4.5%
学校 9.6%
官庁 7.3%
民間企業 58.0%

民間企業
388名

その他 15.2%
銀行保険 29.6%
商店 19.3%
商社 17.8%
運輸 18.0%

（原典）　天野郁夫『近代日本高等教育研究』（玉川大学出版部，1989年）197頁。
（出所）　宇田川勝・中村青志『マテリアル日本経営史』（有斐閣，1999年）25頁より作成。

■図表 3-2-3　中上川彦次郎　略年譜

（出所）　公益財団法人三井文庫所蔵。

1854年	豊前中津川藩士中上川才蔵の長男として生まれる。母婉は福沢諭吉の姉
1869年	上京し，慶應義塾に学ぶ
1874年	福沢の援助で英国留学　ロンドン滞在中に井上馨の知遇を得る。
1878年	井上の推薦で工部省に入る
1881年	明治14年の政変に際し，官を辞す
1882年	時事新報の社長となる
1887年	山陽鉄道社長に就任
1891年	井上の推薦で三井銀行理事に就任
1894年	工業部を設置
1901年	死去

■図表 3-2-4　中上川彦次郎の三井銀行在籍時入行し，後に活躍した主な人物

武藤山治（1867（慶応3）年～1934（昭和9）年）
鐘淵紡績社長。衆議院議員
1884年慶應義塾大学卒。1893年三井銀行入行。
和田豊治（1861（文久元）年～1924（大正13）年）
富士紡績社長。貴族院勅選挙議員
1884年慶應義塾大学卒。1893年三井銀行入行
日比翁助（1860（万延元）年～1931（昭和6）年）
三越百貨店専務。
1884年慶應義塾大学卒。1896年三井銀行入行
藤山雷太（1863（文久3）年～1938（昭和13）年）
大日本製糖社長。藤山コンツェルン創立者
1887年慶應義塾大学卒。1892年三井銀行入行。
池田成彬（1867（慶応3）年～1950（昭和25）年）
三井合名理事。日本銀行総裁。大蔵大臣
1888年慶應義塾大学卒。ハーバード大留学後，1805年三井銀行入行
小林一三（1873（明治6）年～1957（昭和32）年）
阪急東宝グループ創立者。商工大臣
1892年慶應義塾大学卒。1892年三井銀行入行

3.3 日清戦後の大規模経営

　日清戦後の時期には移植産業を中心に大規模経営が成立したが，その成立の論理は産業によって異なった。日本の基軸産業となった紡績業の場合，1890年代には規模拡大をともなった企業参入が進んだが，1900年代になると企業数の減少と規模の拡大が並行して進展した（図表3-3-1）。紡績業では，単純労働を多く用いることが可能なリング紡績機が導入された。これによって女工比率を高めつつ，昼夜二交代制の導入によって相対的に高価な工場設備の稼働率を高める一方，インド棉花の安定供給を実現することで国際競争力を高めた。こうして大規模化にともなう生産性の向上によって，紡績業では，1890年代には綿糸の輸入代替が，1890年代後半には輸出国化が実現した。

　他方，重工業部門では，固定資本の巨額さや技術的な格差の大きさから民間企業の自立化と規模の拡大は困難をともなった。製鉄業の場合，1885（明治17）年から1914（大正3）年に日本が使用した鉄鋼材の自給率は，銑鉄換算で2割弱に満たなかった。鉄鋼品の輸送コストの高さという参入障壁をもってしても，国産鉄鋼製品は品質および価格面で欧米品への対抗は困難であった。しかし，1901年に操業を開始した官営八幡製鉄所によって日本国内での鉄鋼生産は急速に増大し，1912年頃には国際的なコスト競争力を持つにいたり，1914年には鋼材の自給率は45％に達した。技術的にはドイツ人技師に代わった野呂景義らの日本の技術陣の学理修得と経験が，出銑成功の鍵となった。しかし，製鉄所経営として採算が取れるようになったのは1910年度のことであり，生産効率の面でのキャッチアップには時間がかかった（図表3-3-2）。その間を支えたのは，官営の名のもと，政府からの事実上の補助金であった。

　他方，代表的な機械工業に位置付けられる造船業については，官業払下げを契機に民間造船所が成立した。しかし，その経営の安定にいたるには，1896年の造船奨励法の制定と輸入船への奨励金支給を半額に切り下げた1899年の航海奨励法の改正（制定は96年）が大きな意味を持った（図表3-3-3）。前者は国内建造船に奨励金が支給される政府の補助金政策であり，後者は政策的に海運企業の国内船購入を促すことで，国内造船所の発注を支えた。奨励金総額と同時期の造船企業の営業利益はほぼ等しかったとされるように，造船業の経営の安定はこれら助成金によって支えられていたのである。ただし，1890年代以降の長崎および兵庫造船所の設備投資が，岩崎家，川崎松方家の封鎖的な出資に支えられていたことを考慮すれば，製鉄業に比して民間の役割は相対的に大きかったともいえよう。しかし，重工業部門では，造船業や製鉄業などで大規模な近代的作業場が成立する一方，機械生産などでは小規模な企業が重層的に存在していた。

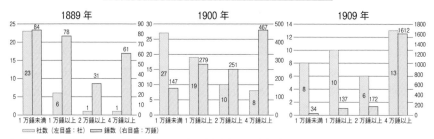

■図表 3-3-1　紡績企業の企業規模と規模別分布

（原典）　西村はつ「産業資本（1）綿業」大石嘉一郎編『日本産業革命の研究（上）』（東京大学出版会，1975 年）141 頁。
（出所）　武田晴人『日本経済史』（有斐閣，2019 年）116 頁より作成。

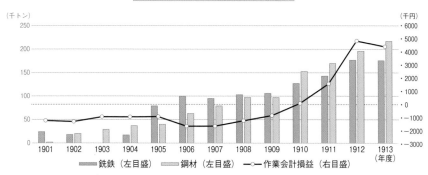

■図表 3-3-2　八幡製鉄所の拡張

（出所）　三和良一・原朗編『近現代日本経済史要覧　増補版』（東京大学出版会，2007 年）81 頁。

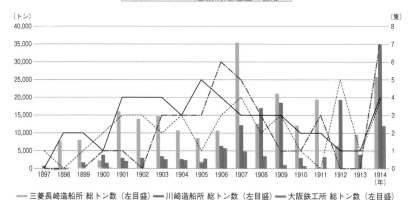

■図表 3-3-3　造船所建造量の推移

（原典）　日本工学会編『明治工業史　造船編』（1925 年）および歙川鎮夫『海運興邦史』（海事彙報社，1927 年）。
（出所）　柴孝夫「造船業の生成」宇田川勝・中村青志編『マテリアル日本経営史』（有斐閣，1999 年）40 頁より作成。

3.4 在来産業の変容

　製糸業や織物業，醸造業など近世に発展の起点を持つ在来産業は，移植産業としての性格を持つ近代産業の定着以後も独自の成長を遂げた。

　製糸業では，1880年代後半から90年代にかけて諏訪の器械製糸結社がその発展を主導した。1880年代以降，フランスへの生糸輸出が停滞的に推移する一方，大衆市場向け絹織物の増産を進めていたアメリカ機業家の経糸市場向け輸出が拡大した。その際，力織機の操作によっても糸切れを起こしにくい均一な生糸の大量生産が必要となり，結社を通じた出荷糸斉一化に努めた。しかし，座繰大製糸結社の製品は，出荷量の増大にともなって品質の向上と統一に限界を来たすようになった。他方，1890年代後半には片倉組を代表とする諏訪系の有力製糸家が結社から独立した大規模工場を設立し，あるいは中小規模の加盟製糸家が糾合して岡谷製糸を設け，自らの商標の下で製糸販売を志向していった（図表3-4-1）。その際，賃金総額の抑制と生産性（労働生産性・原料生産性）の向上を両立させる手段として機能した等級賃金制度が，製糸の斉一性を高めるための罰金制度とともに1900年代にかけて広く普及したことが重要であった。他方，製糸企業の一部にイタリー糸と対抗し得る優等糸を生産する企業群もあらわれた。

　在来綿織物業と，紡績会社の兼営綿布として発達した綿織物業では，在来綿織物業が1890年代以降輸入綿糸から国産機械製綿糸へ原料を切り替え，拡大する国内市場を販路として生産を伸ばした。他方兼営綿布では厚地の木綿が多く，1900年代に朝鮮・中国への輸出が主な販路となり，生産形態ごとの市場のすみわけが進んだ。絹織物でも京都西陣や桐生，足利など近世来の有力産地がその地位を維持する一方，新興の石川県や福井県の生産地が輸出向け平織り・羽二重の生産を増加させた。また縦糸に綿糸を用いる，絹綿交織物も新たに生産された（図表3-4-2）。

　日露戦後期になると和泉，知多，遠州など一部の綿織物産地では，欧米に比して比較的安価な国産力織機の導入を図る織元が叢生し，問屋制家内工業から機械制工場への変化が進んだ。力織機の国産化は木綿用の豊田式（図表3-4-3）や輸出羽二重向けの津田式をはじめ多くの種類が開発された。

　酒造業の場合，明治初期の農村市場の拡大は地方酒造家に発展の可能性をもたらしたが，その後の不況と酒税増徴が自家醸造を誘因し，農村清酒需要を縮小させ，1880年代後半以降，灘などの専業的大酒造家が発展した。

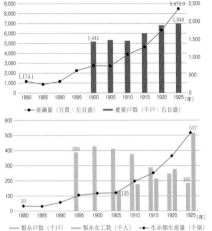

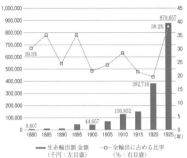

■図表 3-4-1　製糸業の発展

養蚕戸数と産繭量の変化（左上），製糸戸数・製糸女工数と生産量の変化（左下），生糸輸出額と全輸出に占める割合の変化（右）。

（出所）　安藤良雄『近代日本経済史要覧　第 2 版』（東京大学出版会，1996 年）76 頁より作成。

■図表 3-4-2　織物生産の推移

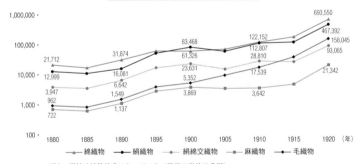

（注）　縦軸は対数目盛になっている（数値の単位は千円）。
（出所）　武田晴人『日本経済史』（有斐閣，2019 年）40 頁より作成。

■図表 3-4-3　豊田佐吉
（1867（慶応 3）年〜1930（昭和 5）年）

　豊田佐吉は，1907（明治 40）年に二幅力織機を完成し，さらに翌年には国産初の鉄製幅広織機となった豊田式鉄製広幅動力織機（H 式）を完成させ，国産広幅織機の普及のきっかけとなった。その後，杼替え自動織機の開発を進め，1024（大正 13）年に無停止杼替式豊田自動織機（G 型）を完成させた。この織機の高性能に注目したプラット社は，多額の特許料を支払い，この特許料がトヨタ自動車の創業者豊田喜一郎の自動車開発資金の一部となった。

（出所）　株式会社豊田自動織機。

3.5　経営管理の近代化

　数千人を超える労働者を抱えるようになった大規模紡績会社では，その労務管理が重要な意味を持った。紡績業が発展した大阪での労働者の募集地域は，当初の近傍から次第に遠隔地へと代わっていった。中心的な工程である精紡は女工によって担われ，寄宿舎か契約下宿に収容された。紡績会社の増加にともなって経験女工の引き抜きは激しくなり，労働移動は非常に激しかった（図表3-5-1）。紡績工場は24時間操業で2交代であり，労働条件は厳しく，病気となって退社する労働者も少なくなかった。こうしたなかで先進的な紡績企業では，共済組合，病院，学校（学校の補習や裁縫などの家事）などの福利厚生施設を整え始めた。特に鐘淵紡績は会社を一家族とみなし，労働者の福利厚生を充実させるとともに労使の一体化と共存共栄を追求する経営家族主義を提唱して有名となった（図表3-5-2）。

　また経営管理に必要な近代的な会計システムの導入も進められた。福沢諭吉が翻訳した日本初の簿記の解説書である『帳合之法』（1873〜74年刊）をはじめ，お雇い外国人シャンド（A.A.Shand）に執筆させた原稿を翻訳編集した『銀行簿記精法』（1873年刊）などによって各種の啓蒙活動が進められたが，とりわけ，簿記の普及に大きな役割を果たしたのが国立銀行であった。大蔵省は全国に設立された国立銀行の財務状態を把握するため，統一的な簿記システムの導入をはかり，シャンドに銀行制度とともに銀行簿記の指導を行わせたのである（図表3-5-3）。

　また工業化にともない工場設備を中心とする固定資本の規模が大きくなると減価償却も大きな課題となった。国立銀行は，シャンドの指導によって建物の償却を実施していたが，工業会社の減価償却会計の採用は，減価償却が一種の利益金処分と考えられていたうえに，株主が一般に高配当を要求したことなどにより容易に進まなかった。例外的なものとして政府から補助金を得て定期航路を運航した海運会社では，減価償却を確実に実施していった。鉄道会社の場合にも補助金を給付された海運会社と同じように減価償却を開始することはできたはずであった。しかし，鉄道会社に対してはイギリスの1868年の鉄道統制法が鉄道会計の特殊な様式として規定していた複式会計制度をモデルとして1887（明治20）年に定められた私設鉄道条例により減価償却会計の代わりに取替会計が強要され，減価償却の展開は抑えられた。他方，紡績会社などでは1899年を画期に，不況下で増資の必要度が低下して高配当への圧力が減ったことや，専門経営者の台頭により減価償却の重要性の認識が高まったことなどを背景に，減価償却制度の導入が進んだ。また1898年に日本興業銀行が工業会社に対する救済融資の条件として減価償却の実施を求めたことや，1899年改正所得税法の施行のなかで減価償却費の損金算入が認められたことなどもあり，制度普及が進んだ。減価償却制度の定着は，イギリスなどが長い年月をかけたことに比べれば相対的には円滑に進んだ。

■図表 3-5-1　ある紡績会社の労働者移動

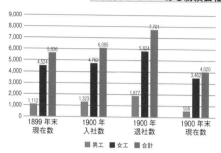

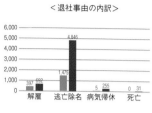

＜退社事由の内訳＞

（注）　右グラフは1900年における退社の状況を分類したもの。
（原典）　間宏『日本労務管理史研究』（御茶の水書房，1978年）277頁。
（出所）　粕谷誠『ものづくり日本経営史』（名古屋大学出版会，2012年）153頁より作成。

■図表 3-5-2　武藤山治と経営家族主義

（出所）　国立国会図書館「近代日本人の肖像」。

　武藤山治（1867（慶応3）年〜1934（昭和9）年）は，美濃国安八郡蛇池村の庄屋・佐久間家の長男として生まれる。1880年に慶應義塾の本科に入学，卒業後，アメリカに留学し，帰国後，三井銀行に入行し，同行の命を受けて鐘淵紡績兵庫工場支配人に就任する。武藤の経営家族主義は，労働者の社会的・心理的欲求を満たすことを通じて，働く意欲を高めようとすることが重要であった。武藤の労働者に対する認識としては，綿糸は機械によって作られるのではなく労働者の手によって作られること，現場で技術を体化し具体的に用いるのは労働者であり技術的可能性の実現は労働者に依存していることなどであった。ただ，武藤は，ただ単に労働者を重視したのではなく，科学的管理法を1908年に導入するなど，技術合理化も合わせて追求していた。

■図表 3-5-3　シャンドと銀行簿記の普及

（出所）　土屋喬雄『シャンド：わが国銀行史上の教師』（東洋経済新報社，1966年）。

　お雇い外国人のシャンド（Alexander Alan Shand：1844（天保15）年〜1930（昭和5）年）は大蔵省紙幣局の求めで銀行簿記に関する原稿を書き，大蔵省の官僚が翻訳して『銀行簿記精法』が刊行された。さらに1874年にはシャンドの勧めに従って銀行家内に設置した銀行学局での研究と教育を通じて簿記の普及に努めた。こうした努力にもかかわらず当初は簿記方法の定着はおぼつかなかったが，1875年にシャンドによって各国立銀行について順次行われた銀行検査を経て銀行簿記の導入過程に見られた錯誤や不備は修正され，1875年後半期までに長い歴史的経験を踏まえて当時最も進んでいたイギリス銀行会計の実務慣行を移植することにほぼ成功した。

3.6 明治後期の貿易と商社

　開港当初，貿易の担い手としての外国商社の地位は圧倒的であり，明治期には不利な貿易取引を克服すべく，商権回復に向けた様々な運動が展開された。しかし，起立工商会社（1876年設立）や広業商会（1876年設立）の失敗にみられるように，直輸出商社の成立は容易ではなかった。

　その後，産業革命期になると，日本の商社は国内に勃興した諸企業との共生関係を基礎に，一定の商権を獲得していくようになった。たとえば，紡績業の場合，繰綿輸入額に占める日本商社の取扱比率は1885（明治18）年時点で7％に満たなかったが，鐘淵紡績と密接な取引関係を持つ三井物産や摂津・平野・尼崎・天満・日本の各紡績会社と役員兼任などの関係を有する日本綿花などの成長によって，1890年にはその比率は60％弱にまで増加した。当初，そのほとんどを外商からの輸入に頼っていた砂糖の場合も，内地精製糖業の発展や日系企業が出資する台湾近代製糖業の発展によって，それらメーカーと資本関係を有する安部幸，増田屋，鈴木商店，三井物産などが一手販売権を獲得して取引を拡大した。また，鉱業の場合，三菱合資会社や古河鉱業，北海道炭礦汽船などのようにメーカーが直接，商社と競合しつつ販売網を構築する場合もあった。三菱合資の場合には，自社の石炭販売を目的とした支店網が産地および消費地に手広く形成されるとともに，自ら汽船を保有して消費地輸送も兼営した。

　こうした日本の商社の各種の取り組みの結果，輸出では日本人商人の取扱比率が1910年前後に過半を占め，輸入では全体として1906年には日本人商人が貿易の過半を占めた。その際，日本商社と取引上，密接な関係にある日本海運業が同時的に成長したことも重要であった。すなわち，日本の商社の取扱比率が高い商品は，日本の船会社が国際的な海運同盟に加入しているか，日本の社外船主を中心にアジア域内で効率的な海上輸送が可能な商品であり，海運と貿易は同時的に対外自立を達成していった（図表3-6-1）。

　こうした日本商社のなかで，とりわけ成長を遂げたのが三井物産である。創立期には，米，石炭，生糸，茶，海産物の取り扱いを主としていた同社は，日露戦後の時期になると当時の花形産業であった石炭，綿紡績に加えて，各種の雑多な商品までおよそ110種の商品を取引していた（図表3-6-2）。また，同社の取扱額は日本の貿易総額中，約10〜15％，日露戦後期には20％の比重を占めるまでに成長し，1908年時点の支店・出張所は国内22，海外38の総計60店に及んだ。ただし，日本商社の成長後にも中国人商人が支配的な雑貨・綿製品・絹製品などの輸出や，欧米商人が強い勢力を持っていた生糸，羽二重，銅輸出や石油輸入など日本商社の勢力が及ばない商域も存在していた。

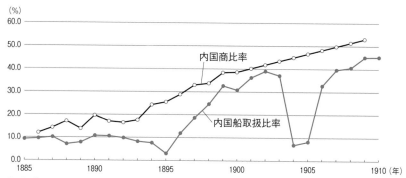

■図表 3-6-1 内国商・内国船取扱比率

内国商比率

内国船取扱比率

(出所) 『大日本貿易年表』1882 ～ 1900 年版, 『日本貿易精覧』448-449 頁, 村上勝彦「貿易の拡大と資本の輸出入」石井寛治・原朗・武田晴人編『日本経済史 産業革命期』(東京大学出版会, 2000 年) より作成。

■図表 3-6-2 三井物産における取扱商品 (1908 年)

A1	A	B	C	D	E
取扱商品中ノ大宗ニシテ将来鋭意其取扱ニ当り益々其拡張発達ヲ期スヘキモノ	取扱商品 A1 ニ次テ鋭意其取扱ニ従事シ益々其拡張発展ヲ期スヘキモノ	取扱商品中有望ノ程度ニ於テ A1 及 A ニ若カサルモ将来注意ヲ加ヘ危険ナキ程度ニ於テ其取扱ニ従事スヘキモノ	特別ノ事情又ハ関係ニ由リ其取扱ヲ継続スヘキモノ	精細ナル研究調査ヲ重ネタル上存廃ヲ決スヘキモノ	断然取扱ヲ廃止スヘキモノ
石炭（コークス）	綿糸	パルプ・製紙用品	皮革・製皮原料	染料	醤油
生糸	綿布	麦酒原料・用品	洋反物	薬品類	蝋燭
木材枕木	紡績絹糸	護謨原料	毛織物	支那漆	洋傘
燐寸	羽二重・絹ハンカチーフ	礦石類	麻糸支那麻マニラ麻	胡椒	椎茸
棉花	砂糖	紙類	製帽用品	石鹸原料	象牙
機械鉄道用品	樟脳	毛糸	米国木材	鉱油	貝鉛
米	花筵	棉実	珊瑚	タオル	煉瓦
銅	繭・屑物	酸類	莫大小シャツ	官煙	
官蔘	魚油	石膏	木蝋	鑵詰類	
大豆其他豆類	麦粉	鉛管	パインアップル	ペイント	
大豆粕	麩	チーク材	胡麻	ヴァーニッシ	
人造肥料	菜種	軍用品	台湾酒精	石鹸	
化学肥料	セメント	麦酒	寒天	西洋小間物	
雑粕	石油油茶箱類	葉煙草	スキフト製品	藍	
燐鉱石	アンペラ	耐火煉瓦	絹紬 Pongee	海参	
金物類		フランネル会社製品	蝋燭原料	陶器	
錫		柞蠶糸	豆素麺	生皮	
鉛		牛骨	硝子器	火山灰	
鉄類		木炭			
羊毛トップ		燐寸用品			
小麦（麦類）		銀			
硫黄		氷砂糖			
植物性油		骨炭			
麻袋		平野水			
阿片		タービッチ			
紡績用品		園内缶詰			
		樽			
		硝石硝酸曹達			

(出所) 三井物産『明治 41 年 支店長諮問会議録』68-70 頁。

3.7　経済団体の結成

　企業の勃興にともなって経済的利害を調整する各種の経済団体も形成されて
いった。1878（明治11）年には渋沢栄一らによって会員制任意団体であるイギリ
スの Chamber of Commerce をモデルに東京商法会議所が設立された。同所は商
況・物価統計・商事習慣に関する調査報告書の作成，貸借関係の法律改正・商標
条例制定の促進・米商人会所の廃置・同業組合制度等に関する建議，横浜におけ
る連合生糸荷預かり所事件をめぐる紛議の調停等を行って，開港後に台頭した新
興企業家の意向を強く反映した組織であった。東京に続いて大阪でも同年中に五
代友厚（章末 *Column* 3-2）を中心に商法会議所が組織され，1882 年時までに主
に東京以西の 36 カ所に設立された。その後，1890 年には商業会議所条例が公布
され，新たな団体として各地商業会議所が法的基盤を持つ団体として設立されて
いった。東京商法会議所が 1883 年に改組した東京商工会も同条例にもとづき
1891 年に東京商業会議所に改組された（図表 3-7-1）。

　他方，明治維新後解体された株仲間が有していた商工業者の調整機能や信用維
持機能など粗製乱造を防止し，業界秩序を保つ同業者組織の必要性が次第に認識
され，1884 年には農商務省が同業組合準則を定めた。これにより一定地域の同
業者 3 分の 2 以上が同業組合結成に同意した場合には，他の業者も強制的に加入
させられることとなった。ただしこの時は非加入者への罰則が科せられなかった
ため，市場秩序の維持は不十分であった。その後 1897 年に重要輸出品同業組合
法が制定され，さらに同法が 1900 年に重要物産同業組合法に改組されるなかで
同業組合は，同一地域内で同業者に加入を強制する法人組織として機能するよう
になっていった。

　近代産業の分野でも同業者団体が結成された。代表的な団体である紡績連合会
は，当初は官製組織の性格が強く目立った成果がなかったが，1888 年に大日本
綿糸紡績同業連合会と改称し，規約改正を行って以後は紡績業者の自立的な組織
として機能した。綿糸輸出税の撤廃（1894 年実現）運動や綿花輸入税撤廃（1896 年
実現）運動のほか，1893 年の日本郵船や綿花商社と組んでの新設のボンベイ航路
で実現したインド綿花積み取り契約の実現など，業界の競争力強化に効果を発揮
した。また連合会を通じたカルテル活動も 1900～1901 年に行われた第 3 次操業
短縮以降には実効性を持つようになっていった。同様の産業団体は製糖業の場合
にもみられ，1910 年に結成された日本糖業連合会は，精・粗糖業を包括する日
本の近代製糖業全般の利益を守るための企業連合へと発展した。同会は加盟する
粗製糖各社の需給調整や取引締結（原料糖売買契約），輸送業者への運賃交渉などの
機能を長期にわたって発揮していった（図表 3-7-2）。

■図表 3-7-1　赤煉瓦の東京商業会議所と議場の様子

（出所）　高城元監修・依田信太郎編『東京商工会議所八十五年史　上』（東京商工会議所，1966 年）7 頁。

■図表 3-7-2　糖業連合会の活動

年度	産糖処分決定（直消糖の供給調節）	原料糖売買契約	台湾産糖輸送契約	備考
1910	（義務輸出）	第1回原料糖協定		最初の産糖処分協定　背景：台湾糖業界の発展　目的：内地価格の維持
1911	（義務輸出）	第2回原料糖協定　産糖売買協定	（委員選出，交渉へ）	産糖予想高の大幅増→義務輸出の開始
1912	台湾産糖割当処分法	原糖売買契約　処分糖売買契約	台湾産糖輸送契約	11年7月関税改正，原料糖戻製法の廃止→精糖兼業化の進展　→12月大日本製糖の入会
1913	台湾産糖割当処分法	原糖売買（値段）	台湾産糖輸送契約	大暴風雨の影響
1914	台湾産糖割当処分法	原料糖売買契約	台湾産糖輸送契約	耕地白糖内地供給量拡大の兆し
1915	×自由処分	×	台湾産糖輸送契約（昨年と同範囲内の契約を各社一任）	精糖兼業化・耕地白糖の拡充→大日本製糖の優位揺らぐ
1916	産糖処分法	原料糖売買契約	台湾産糖輸送契約	産糖予想高の大幅増
1917	台湾産糖処分	原料糖売買契約	台湾産糖輸送契約	産地高のピークを記録→以降減産
1918	産糖処分法	原料糖売買契約	（台湾産糖輸送契約）	糖価高騰を記録→糖商の買い煽り
1919	×自由処分	×	台湾産糖輸送契約	国際的糖価高騰→糖業黄金期　自由処分はむしろ歓迎
1920	×	×	台湾産糖輸送契約	冷害の影響
1921	×	×	台湾産糖輸送契約	20年1月糖業連合会へ改称　精製糖売出し価格の協定
1922	×自由処分	×	台湾産糖輸送契約	糖界安定についての糖商よりの働きかけ→アウトサイダーを取り込んだ協議
1923	産糖処分協定	原料糖売買契約	台湾産糖輸送契約	耕地白糖と精製糖の製造協定成立
1924	×自由処分		台湾産糖輸送契約	産糖高の拡大
1925	×		台湾産糖輸送契約	糖価下落
1926	△（精製糖需給調節契約）	原料糖売買契約	台湾産糖輸送契約	操業短縮の実施
1927	産糖調節契約	原料糖売買契約	台湾産糖輸送契約	大日本の逆輸入 vs. 明治の新糖早出
1928	×自由処分	精糖及耕地白糖供給調節契約	台湾産糖輸送契約	27年4月関税改正，7月大日本製糖が東洋精糖を合併　→粗糖専業 vs. 精糖兼業
1929	産糖調節契約	原料糖売買契約	台湾産糖輸送（附帯）契約	砂糖の自給自足の域へ　28年12月砂糖供給組合の結成
1930	産糖調節契約	原料糖売買契約	台湾産糖輸送（附帯）契約	砂糖供給組合：分離供給方式へ
1931	産糖調節協定契約	原料糖売買契約	台湾産糖輸送（附帯）契約	
1932	産糖調節協定契約	原料糖売買契約	台湾産糖輸送（附帯）契約	過剰生産状況
1933	産糖調節協定契約	原料糖売買契約	台湾産糖輸送（附帯）契約	33年生産調節協定：買取価格↘　→甘蔗植付を制限
1934	産糖調節協定契約	原料糖売買契約	台湾産糖輸送（附帯）契約	34年生産調節協定：買取価格↘　→甘蔗植付を制限　33年11月精製糖に重要産業統制法適用
1935	産糖調節協定契約	原料糖売買契約	台湾産糖輸送契約	34年3月砂糖供給組合解散→火曜会結成
1936	砂糖供給協定契約	原料糖売買契約	台湾産糖輸送契約	34年1月大日本製糖が新高製糖を合併　4月小樽果連営会へ改称，組織改革　12月大日本製糖が耕地白糖本格化
1937	砂糖供給協定契約	原料糖売買契約	台湾産糖輸送（附帯）契約	
1938	砂糖供給協定契約	原料糖売買契約	台湾産糖輸送契約	
1939	砂糖供給協定契約	原料糖売買契約	台湾産糖輸送契約	
1940	砂糖供給割当，配分計画		台湾産糖輸送契約	39年9月大日本製糖が昭和製糖を合併
1941	砂糖供給割当，配分計画		台湾産糖輸送契約	40年6月砂糖配給要綱　11月大日本製糖が帝国製糖を合併

（出典）　社団法人糖業協会監修，久保文克編著『近代製糖業の発展と糖業連合会』（日本経済評論社，2009 年）58–59 頁。

3.8　植民地における企業進出

　日清・日露戦争を経た 20 世紀初頭には，植民地において鉄道や金融に関する国策会社が設立され，植民地経営が進められた。

　日清戦後の下関条約で日本に割譲された台湾では，1895（明治 28）年に台湾総督府が設置された。1899 年には，1897 年に施行された台湾銀行法にもとづいて産業金融や貿易金融を担う台湾銀行が設立され，台湾を円系通貨圏に編入して外貨を要さない経済圏とした（図表 3-8-1）。また台湾産のアヘン，樟脳，塩の専売制を採用するとともに，土地調査事業によって地権者を確定して財政基盤の強化を図った。また台湾の主力産業となる近代製糖業でも 1900 年に総督府の呼びかけで三井物産などの出資によって設立された台湾製糖を嚆矢として，明治製糖，大日本製糖などが台湾進出を図った。また総督府は台湾縦貫鉄道の建設も進め，1908 年には基隆・打狗（のち高雄）間を全通させた。

　1905 年に第二次日韓協約が締結され，翌年に統監府が設置されて日本の保護国となった韓国でも植民地化が進展した。1910 年に日韓併合条約が締結され，統監府に代わって朝鮮総督府が設置されると，1911 年には朝鮮銀行法が制定され，それまでの第一銀行による銀行券から朝鮮銀行による発券へと切り替えられていった。1908 年に土地買収を行って日本からの植民を進めるために設立された国策会社である東洋拓殖でも，実態としては買収した土地を朝鮮農民に貸与して小作料を徴収したり，土地を担保とする金融業務を行った（図表 3-8-2）。また，鉄道建設でも京城と釜山を結ぶ京釜線，京城と義州を結ぶ縦貫路線が 1905 年に完成し，日本・朝鮮・満州を結ぶ幹線鉄道として利用された。

　日露戦後のポーツマス講和条約でロシアの利権を獲得した満洲では，1905 年に遼陽に関東総督府が設置され，1906 年には旅順に移転・改組されて関東都督府となった。関東都督府は，朝鮮総督府や台湾総督府に相当する植民と統治機関としての機能だけではなく，南満州鉄道付属地の行政や，日本の治外法権にもとづいた満洲各地の警察業務なども管轄した。南満州鉄道は，1906 年に半官半民の国策会社として設立され，東清鉄道の支線である長春・大連間の鉄道施設・付属地と，日露戦争中に物資輸送のため建設した軽便鉄道安奉線（安東・奉天（後の丹東から瀋陽））とその付属地を経営した。日本政府の現物出資（鉄道・炭鉱）によって創業した満鉄は，資金をイギリスでの外債発行によって調達し，大豆輸送によって高収益を上げた。満鉄は鉄道経営以外にも撫順炭鉱開発や鞍山鉄鉱石開発，またそれらを組み合わせた製鉄事業である鞍山製鉄所，港湾，電力，農林・牧畜，ホテルなど多様な事業を行っていた（図表 3-8-3）。

年	人口 (千人)	田畑面積 (甲)	米収穫高 (千石)	甘藷 生産高	樟脳 収納高	輸出 (千円)	移出 (千円)	輸入 (千円)	移入 (千円)	台銀 発券高
1897						12,752	2,105	12,659	3,724	
1899	2,626	363,290	4,106		2,000	11,093	3,650	14,273	8,012	3,583
1901	2,789	387,567	6,132		8,744	8,234	7,346	12,810	8,782	5,099
1903	2,872	550,723	7,354	68,316	8,988	10,987	9,729	11,009	11,195	5,907
1905	2,979	643,868	4,354	115,594	7,922	10,630	13,662	10,964	13,484	9,888
1907	3,019	674,522	4,512	138,365	10,495	9,741	17,635	11,221	19,750	9,704
1909	3,065	682,478	4,630	221,947	9,789	11,668	36,310	12,591	24,007	16,049
1911	3,163	708,499	4,491	471,526	13,045	13,176	51,644	19,555	33,740	20,415

(原典)　『日本経済統計総観』19，317，369，691，698，759，829 頁および『台湾銀行二十年誌』224 頁。
(出所)　安藤良雄編『近代日本経済史要覧　第 2 版』(東京大学出版会，1979 年) 69 頁。

■図表 3-8-2　東洋拓殖の営業概況

(単位：千円)

年	払込資本金 (内 政府出資金)	準備金	社債発行高	政府補助金	前期繰越金	当期利益金
1908	2,500 (750)	—	—	300	—	152.2
1910	2,500 (750)	56		300	190.5	513.3
1912	7,500 (2,250)	208	19,350	300	581	572.7
1914	10,000 (3,000)	428	19,350	300	532.6	515.2
1916	10,000 (3,000)	592	19,350	—	265.7	818

(原典)　東洋拓殖株式会社編『東拓十年史』(1918 年) 106–109 頁。
(出所)　安藤良雄編『近代日本経済史要覧　第 2 版』(東京大学出版会，1979 年) 89 頁。

■図表 3-8-3　南満州鉄道株式会社の営業収支

(単位：千円)

年	鉄道			鉱業			合計（その他とも）		
	収 入	支 出	損 益	収 入	支 出	損 益	収 入	支 出	損 益
1907	9,769	6,101	3,667	1,484	931	553	12,543	10,527	2,017
1908	12,537	5,161	7,376	2,703	1,675	1,027	17,616	15,502	2,114
1909	15,016	5,818	9,197	4,026	2,796	1,230	23,114	17,342	5,772
1910	15,672	6,543	9,129	5,749	4,081	1,667	24,778	21,069	3,708
1911	17,526	6,908	10,618	6,464	4,286	2,178	28,155	24,488	3,667
1912	19,907	7,847	12,061	9,194	7,347	1,847	33,546	28,620	4,926
1913	22,275	7,914	14,361	14,972	12,571	1,801	42,417	35,250	7,167
1914	23,217	8,345	14,871	14,076	11,859	2,217	44,671	37,130	7,541
1915	23,894	8,175	15,720	12,648	10,641	2,007	43,786	35,706	8,080
1916	27,815	8,436	19,379	15,973	13,896	2,077	52,402	42,295	10,108

(原典)　南満州鉄道編『南満州鉄道株式会社十年史』(1919 年) 936–943 頁。
(出所)　安藤良雄編『近代日本経済史要覧　第 2 版』(東京大学出版会，1979 年) 91 頁。

Column 3-1 ● 菊池恭三（1859（安政6）年〜1942（昭和17）年）

(出所) 国立国会図書館デジタルコレクション。

1859年生まれ，大阪英語学校，工部大学校を卒業後，海軍横須賀造船所を経て大阪造幣局に転じる。

1887年に平野紡績設立に際して留学を条件に参画，マンチェスターに留学。88年に帰国後支配人兼工務長に就任。89年に尼崎紡績，摂津紡績設立に際して3社支配人兼工務長となる。1893年に尼崎紡績の取締役，97年に摂津紡績常務取締役，1901年に尼崎紡績の社長に就任する。1918年に摂津紡績と尼崎紡績が合併して大日本紡績となり初代社長に就任する。

1916年から9年間大日本紡績連合会委員長を務める。

Column 3-2 ● 五代友厚（1835（天保6）年〜1885（明治18）年）

(出所) 国立国会図書館「近代日本人の肖像」。

1835年に薩摩藩の儒者の家に生まれ，長崎海軍伝習所に学ぶ。薩摩藩イギリス留学生として海外視察の後，維新後に外国事務局判事に任じられ大阪在勤となる。大阪運上所（税関）の責任者として大阪開港規則を定め，港湾整備，居留地建設を主導したほか，造幣寮の設置，通商会社・為替会社の設立などに尽力した。下野した後は，金銀分析所，鉱山経営，製藍業，活版所，大阪製銅会社を設立したほか，大阪財界の指導者として堂島米商会所や大阪株式取引所の設立などで中心的役割を果たした。

大阪商法会議所の設立もその一つで，旧来の商業秩序の混乱を前にその秩序維持をはかるため初代会頭に就任し，商業仲間の設置，手形の再興と流通促進，日本海側と上方を結ぶ江越間鉄道の敷設建議など，大阪の商業・金融・運輸の活性化に大きな力を注いだ。

第 4 章

大正期

4.1 大正期の経済と経営

　大正期は，1912（大正元）年7月から1926（大正15）年12月までの14年余りである。日露戦争後の不況から脱し得ない，（明治天皇の崩御にともなう）諒闇不況のなかで始まった。第一次世界大戦（1914年7月〜18年11月）の勃発は，不況感を払拭する大きな好機となった。債務国であった日本は，1915年から債権国に転じ，18年まで貿易収支は黒字となった（図表4-1-1，1918年の輸出額は1,962百万円，輸入額1,668百万円）。主要交戦国であったヨーロッパへの軍需品などの輸出が増え，ヨーロッパからの供給が不足したアジアへの輸出だけではなく，好況のアメリカへの生糸輸出なども増えた。化学品などの輸入の中断は，化学産業の発展を促すことになった。世界的な船舶不足は，海運業発展の大きなチャンスとなり，定期船の船会社や商社などに船を貸して傭船料を稼ぐ「船成金」も生まれた。海運業の活況は造船業に連動し，さらに機械産業や鉄鋼業などの拡大へと結びついて，重化学工業化が進展した（図表4-1-2）。

　第一次世界大戦の終結後，短い景気後退を経験したのち，1919（大正8）年の夏頃から商品・株式・土地への投機熱が異常なまでに高まった。1920年3月15日の株価暴落は，思惑的な投機と信用膨張によって膨らみすぎた「ゴム風船」が，銀行の貸出引き締めという刺激によって破裂したかのようであった。このバブル崩壊は1920年恐慌と言われ，銀行や商社などの破綻もみられた。

　1923（大正12）年9月1日に発生した関東大震災は，さらに経済の混乱に拍車をかけることになった。そうしたなかで，銀行や製造企業の合併も進んだ。帝都復興の進展で，建設需要も増えた。都市への人口の集中も進み，電力，鉄道，ガス，土木・建築などの都市関連産業の需要が拡大し，第三次産業も発展した。電気機械産業や鉄鋼業もさらに発展し，電機企業では海外企業との提携も進んだ。また日本の紡績企業による中国への進出（在華紡）も盛んとなった。

　従来の財閥は持株会社を頂点とするピラミッド型の事業グループを形成し，財閥系企業が中心となって新たな財界団体も創設された。海運不況と軍縮のために造船業も活気を失ったが，合成硫安，レーヨン，電解ソーダなどの新しい化学工業が台頭し，新しい事業グループを形成するようになる。企業では，本社と複数の事業単位を持ち，学卒の専門経営者（salaried manager）を中心とする管理階層によって管理・調整される大企業の特徴を持つようになった。また労働運動が活発となり，経営者たちは労使協調のための施策で対応した。さらに，科学的な管理手法の導入を試みて，生産現場の合理化も進めた。

　なお，大正期の日本の経済成長率は3〜4％台で，アメリカやフランスよりも高かった。人口は5,000万人台で，産業別就業人口の構成比でみると，日本は，まだ第一次産業の人口の比率が他国に比べて高かった（図表4-1-3）。

■図表 4-1-1　貿易収支・貿易外収支の推移

（単位：100 万円）

年	貿易収支			貿易外収支		
	輸出額	輸入額	差額	受取額	支払額	差額
1912	527	619	△ 92	237	185	52
1913	632	729	△ 97	297	189	108
1915	708	532	176	255	250	5
1917	1,603	1,036	567	685	615	71
1919	2,099	2,173	△ 75	1212	745	467
1921	1,253	1,614	△ 361	1238	1115	123
1923	1,448	1,982	△ 534	954	569	384
1925	2,306	2,573	△ 267	803	585	219

（注）　貿易収支は台湾や朝鮮を除く内地と外国との間の商品の輸出入額の収支である。貿易外収支は，日本政府の海外での収入・支出，国債元利の収入・支出，運賃・船舶・保険・外国での事業の利益・外国人の投資や消費などの金額の収支である。
（出所）　日本銀行統計局『明治以降本邦主要経済統計』（日本銀行統計局，1966 年）278–279 頁，303–305 頁より作成。

■図表 4-1-2　第一次大戦期における企業新設拡張資金の増加

（単位：100 万円）

年	海運	鉱業	重化学工業			紡績	織布	全企業総計 （含む銀行）	以上のうち	
			化学	造船	金属				新設	拡張
1914 年（A）	19.3	16.7	14.6	0.2	1.3	1.7	3.2	250.8	117.1	133.7
1919 年（B）	195.5	289.4	249.3	22.4	44.7	260.2	213.9	4,068.5	2,680.5	1,388.0
拡張率（B/A）	10.1	17.3	17.1	112.0	34.4	153.1	66.8	16.2	22.9	10.4

（注）　企業新設拡張は公称 10 万円以上の企業（「外地」を含む）。
（出所）　安藤良雄編『近代日本経済史要覧　第 2 版』（東京大学出版会，1975 年）101 頁。

■図表 4-1-3　大正期の日本および欧米先進国の人口（上）と産業別人口（下）

【人口】

（単位：100 万人）

年次	日本	期間	アメリカ	期間	イギリス	ドイツ	年次・期間	フランス
1912（大正元）年	50.6	1904 〜 13 年	90.2	1905 〜 14 年	41.5	64.0	1911 年	41.5
1919（大正8）年	55.0	1909 〜 18 年	98.6	1910 〜 19 年	42.9	―	1913 年	41.7
1925（大正14）年	59.2	1914 〜 23 年	105.9	1915 〜 24 年	42.5	―	1920 〜 28 年	40.1

（出所）　日本銀行統計局『明治以降本邦主要経済統計』（日本銀行統計局，1966 年）12 頁，372–373 頁より作成。

【産業別人口】

（単位：%）

年次	日本					
	第一次産業	第二次産業	第三次産業	商業	交通・通信	その他サービス
1912	62	18	20	3	10	7
1920	55	22	23	4	12	8

年次	アメリカ					
	第一次産業	第二次産業	第三次産業	商業	交通・通信	その他サービス
1910	31	31	38	7	9	22
1920	27	34	39	7	10	22

年次	イギリス					
	第一次産業	第二次産業	第三次産業	商業	交通・通信	その他サービス
1911	8	47	45	8	12	24
1921	7	50	43	8	13	23

年次	ドイツ					
	第一次産業	第二次産業	第三次産業	商業	交通・通信	その他サービス
1907	34	40	26	14		12
1925	30	42	28	16		12

年次	フランス					
	第一次産業	第二次産業	第三次産業	商業	交通・通信	その他サービス
1901	33	42	25	11		14
1921	29	36	35	19		15

（注）第一次産業は農林漁業，第二次産業は鉱工業・建設業，第三次産業は公益事業・その他サービス業。
（出所）日本銀行統計局『明治以降本邦主要経済統計』（日本銀行統計局，1966 年）374–375 頁より作成。

4.2　電気の時代の幕開けと都市型第三次産業のスタート

　大正期は，都市部を中心に電気が普及し始めた時代でもあった。1914（大正3）年から23年にかけて，全国の電灯需要者数は273万人から831万人へ増え（図表4-2-1），100人当たりの灯数は13灯から37灯となった。1914年と1922年の東京の電灯需要をみると，100人当たり灯数が58灯から82灯（図表4-2-2）と増えており，都市部で電灯の普及率がより高かったことがわかる。1914年から23年の間に，電動機設置台数も4万5000台（39万馬力）から20万5000台（173万馬力）へと増え（図表4-2-1），工場の電化率（総使用動力馬力数に対する電動機動力馬力数の比率）は31％から61％へと高まった（図表4-2-3）。高まる需要は，山間部の水力電源から都市部への長距離高圧送電によって支えられた。

　工場や家庭だけではなく，都市交通の電化も進んだ。1905（明治38）年の阪神電車をはじめとして，1910年代には多くの電気軌道会社が開業した。大正期になると，これら電鉄会社が多角化を進め「都市型第三次産業」という新たな事業群を形成した。その代表とされるのが箕面有馬電気軌道（1907年設立，1910年開業，のちの阪急）の小林一三による事業展開である。当初は梅田から宝塚あるいは箕面を結び，さらには神戸まで延びた。

　小林は，開業までの3年間に沿線の土地25万坪を購入して，宅地や住宅を賃貸するか分譲した。開業後に池田室町で月賦販売された住宅は1区画100坪，2階建て5～6室，和・洋の2種で，価格は約2,500円であった。銀行員の初任給が40～70円の時代であったので，年収のほぼ5倍で購入できたことになる。小林は，さらに沿線で箕面動物園や宝塚新温泉を開業し，温泉内には室内プール・娯楽場などを設置した。1914（大正3）年には，三越の少年音楽隊を模倣して，同温泉で宝塚少女歌劇を上演した。1918年には東京の帝国劇場でも公演し，担い手育成のための学校も設けた。1929（昭和4）年には，梅田に地上8階，地下2階の百貨店を開業した。

　小林と順番を逆にして，土地開発から鉄道経営そして百貨店経営へと展開したのが堤康次郎（章末 **Column** 4-1）である。堤は，1917（大正6）から1919年にかけて，軽井沢や箱根での土地開発で実績を上げた。1922年には目白文化村の分譲を開始した。その後，大泉・国分寺・国立などの学園都市構想との関連で鉄道事業に進出し，1940年には百貨店経営にも進出した。

　なお，東京では東京市電による路面電車の利用者数が最多であったが，省線電車（国鉄電車）の利用者が増え，1932年頃には逆転した。1925年には山手線の環状運転が実現し，1927年には地下鉄が開通した。中央線では1922年に国分寺まで，1929年には立川まで電車が走るようになった。

■図表 4-2-1　全国の電灯・電力需要

年	電灯			電動機	
	需要家数	灯　数	100人当たり灯数	台　数	馬力数
1914	2,730,638	6,994,440	13.1	44,528	391,959
1917	4,243,430	10,317,303	18.7	85,858	800,981
1920	6,423,857	16,137,870	28.4	144,418	1,282,042
1923	8,305,215	21,687,810	37.0	204,954	1,726,737

(注)　自家用・官庁用を含む。
(原典)　通信省「電気事業要覧」第16回。
(出所)　東京電力株式会社編『関東の電気事業と東京電力』(同社，2002年) 175頁より作成。

■図表 4-2-2　関東地方の100人当たり灯数

	1914年	1922年
	100人当たり灯数	100人当たり灯数
東　京	58.4	82.2
神奈川	22.4	55.8
埼　玉	3.1	29.8
千　葉	5.2	17.2
茨　城	4.3	17.0
関東計*	21.1	46.1
全国計	12.8	36.7

(注)　＊関東地方には，この他にも栃木・群馬・山梨・静岡が含まれている。
(原典)　前掲『電気事業要覧』第8・15回。
(出所)　東京電力株式会社編『関東の電気事業と東京電力』(同社，2002年) 184頁より作成。

■図表 4-2-3　全国の工場使用動力馬力数

| | (単位：馬力) | (単位：%) |
年	総使用電力	電動機	電化率
1914	561,607	171,689	30.6
1917	850,680	409,377	48.1
1920	1,447,485	885,039	61.1
1923	2,242,827	1,377,151	61.4

(注)　①電化率は，総使用動力馬力数に対する電動機馬力数の比率。②電気・ガス事業を除く推計量で，図表 4-2-1 の数値と整合しない。
(原典)　南亮進『長期経済統計 12　鉄道と電力』(東洋経済新報社，1965年)。
(出所)　東京電力株式会社編『関東の電気事業と東京電力』(同社，2002年) 176頁より作成。

■図表 4-2-4　小林一三

(出所)　国立国会図書館「近代日本人の肖像」。

1873年	山梨県韮崎町の商家に生まれる（一三は1月3日生まれに由来）。
1893年	三井銀行入行（前年12月に慶応義塾卒業）。
1907年	三井銀行退職。箕面有馬電気軌道の専務取締役に就任。
1910年	梅田を起点とする箕面有馬電気軌道の宝塚線・箕面支線開通。
1913年	宝塚唱歌隊（後の宝塚少女歌劇団）創設。
1928年	目黒蒲田電鉄（後の東急）の取締役に就任。
1929年	阪急百貨店開業（地上8階，地下2階）。
1933年	東京電灯（現在の東京電力）の社長に就任。
1937年	東宝映画株式会社設立。
1940年	商工大臣に就任（翌年辞任）。
1956年	新宿コマスタジアムと梅田コマスタジアムを設立。
1957年	永眠。

4.3 電気機械企業の発展

電力産業の発展は，電気を供給する機器・設備を製造する企業の発展を刺激するとともに，供給された電気を活用する機器を製造する企業の発展も促した。

発電所用などの大型の電気機械を製造する重電メーカーでは，1893（明治26）年に田中製造所から改称した芝浦製作所（1909年にGEと提携）や，1908年に久原鉱業所日立鉱山の電気機械の修理工場として発足し，1911年末に久原鉱業の鉱山工作課から独立した日立製作所が発展した。同所は，1920（大正9）年に久原鉱業株式会社（1912年改組）から独立し株式会社日立製作所となった。また，三菱造船の神戸造船所の電機製作所部門が1921年に独立した三菱電機（1923年にウェスチングハウスと提携）や，1923年に古河とジーメンスとの合弁によって設立された富士電機製造（古河の「フ」とジーメンスの「ジ」によって命名）も新たに参入した。

日立製作所の小平浪平は，欧米からの機械輸入や技術導入に頼ることが多かったなかで，東京帝大在学中から電気機械国産化の思いを募らせていった。小平は，鉱山用5馬力電動機3台の製作をはじめ，変圧器と油入開閉器，さらには1トン半電気機関車も製造した。第一次世界大戦期の機械需要の拡大により注文が増え，1918年には久原鉱業のもう一つの機械製作部門であった佃島機械製作所も日立製作所に合併し，亀戸工場とした。1921年には日本汽船の笠戸造船所（山口県）を譲り受けて笠戸工場とし，機関車の製造に取り組んだ。

家庭用の電気機器を製造する弱電メーカーの新しい動きとしては，1911年に東京電気（1890年に白熱舎として創設され1899年に改称）から「マツダランプ」が発売された。ゾロアスター教（拝火教）の最高神「アフラ=マズダー（Ahura Mazdā）」にちなんでGEに合併されたアメリカの企業が命名したブランドである。東京電気では，1905（明治38）年にGEと提携して技術の習得に努めていた。従来の炭素電球に変わる金属線のタングステン電球で耐久性に優れており，活発な宣伝・普及活動により広く普及した。なお，東京電気は1939（昭和14）年に芝浦製作所と合併して，東京芝浦電気（のちの東芝）となる。

松下電器具製作所が創業したのも1918（大正7）年のことである。創業者の松下幸之助（章末 *Column* 4-2）は，1917年に大阪電灯を退社し，同社での内線工事の経験を基礎に，改良ソケットを製造した。評判は芳しくなかったが，ソケット本体の練物技術が注目された。これが，扇風機の碍盤の1,000枚の製造注文へと結びつき，電気器具の開発に本格的に取り組むこととなった。その後，松下幸之助が考案した二灯用差込プラグや自転車用の砲弾型ランプが大いに売れ，会社も成長した。その後，電気アイロン，角型ランプ，電気ストーブ，電気コタツ，ラジオの生産へと多角化していった。

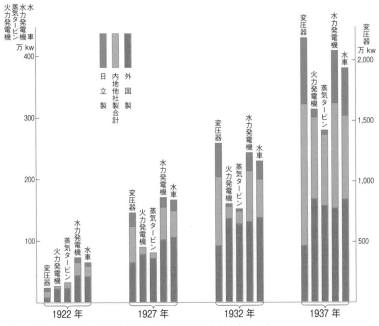

■図表 4-3-1　1920〜30 年代の日本の 2,000 kw 以上の電気機器設置状況

(注)　2,000 kw 以上の電気機器をそれぞれ製作者別に仕わけして合計したものである。
(原典)　通信省編纂『電気協会発行本邦電気事業要覧』収載。
(出所)　株式会社日立製作所臨時五十周年事業部社史編纂部編『日立製作所史 1』(1949 年) 8 頁。

(出所)　日立製作所ウェブサイト『日
立評論』。

■図表 4-3-2　小平浪平

1874 年	栃木県下都賀郡家中村大字合戦場に生まれる。
1900 年	東京帝国大学工科大学電気工学を卒業し，合名会社藤田組小坂鉱山に電気主任技師として入社。
1904 年	小坂鉱山を退社し，広島水力電気に入社。
1905 年	広島水力電気を退社し，東京電燈に入社。
1906 年	東京電燈を退社し，久原鉱業所日立鉱山に工作課長として入社。
1911 年	日立製作所主事（4 年後には所長）。
1920 年	株式会社日立製作所の独立とともに，同社専務取締役就任。
1929 年	日立製作所取締役社長に就任。
1933 年	電気学会会長に就任。
1941 年	日立製作所取締役会長兼社長に就任。
1947 年	公職追放。
1951 年	公職追放解除。日立製作所の相談役に就任。永眠。

4.4 外資提携と外国企業の日本進出

　明治政府は，関税自主権の喪失や治外法権などの不平等条約を受け入れた一方で，外国人の日本での自由な居住や活動を制限してきた。1899（明治32）年7月17日に発効した条約改正により，居留地の枠を超えて外国企業が事業を営むことが可能となった。

　条約発行日に発足したのが，日本電気（NEC）である。これ以前にも，ニューヨーク・スタンダード石油の日本支社（1893年設置）があったが，日本電気は，日本の岩垂邦彦らとアメリカのウェスタン・エレクトリック（WE）社関係者とによる日本初の外資との合弁企業である。WE は，すでにヨーロッパとロシアに4つの100％出資子会社と3つの合弁会社を持っており，8番目の海外拠点となるNEC の設立は，政府の電話拡張計画による日本市場の拡大に着目した WE の世界戦略の一翼を成すものであった（図表4-4-1，2）。

　その後，1910年代から20年代にかけて，外資合弁企業や外国企業の日本の支社・工場などの設立が進んでいった（図表4-4-2）。これらをみると，石油，電気機械，タイヤ，輸送機器，蓄音機，事務機器などの世界史的にみても新しい産業分野での進出が多いことがわかる。

　これらの外資提携企業は，欧米の進んだ製造技術や管理技術を学びながら，日本での生産・販売を軌道に乗せていった。NEC も，設立当初は，WE 社やその他の海外製品の販売が多かったが，次第に自社製品の割合を増やしていった（図表4-4-3）。三菱電機の神戸製作所（扇風機工場）では，提携先のウェスチングハウス社の時間研究・動作研究などの科学的管理の方法を翻訳してそのままのかたちで導入し，生産性向上の成果を上げた。賃率設定に際して，当時の日本の機械製造業の平均日給を基礎とする単価設定という配慮が加えられた。芝浦製作所でも，GE から派遣されたワーレン技師によって，生産管理と組織面の合理化がはかられた。

　1923年9月の関東大震災後の自動車市場の拡大を見込んで，アメリカの自動車企業が日本へ進出した。まずフォードが1925（大正14）年に横浜に日本フォードを設立し，ノックダウン方式での生産を始めた。販売は，それまでジョー・フレーザ商会に委託していたが，直接販売に転じた。2年後には，大阪に日本ゼネラル・モーターズが設立され，同様の生産と販売をスタートさせた。クライスラーも，輸入代理店4社の協同出資による共立自動車製作所を設立し，1928年から組立生産を開始した。ただし，これにより日本の自動車産業の発展が遅れた面もある。日産とトヨタは，1936（昭和11）年の自動車製造事業法による外資系企業の排除と日本企業の保護・助成策のもとで，国策に沿った方向で生産を軌道に乗せてゆく。

■図表4-4-1 第1次・第2次電話拡張計画の実績

	年度	取扱局数(年度末)	加入数(年度末)	積滞数(年度末)	市内通話度数(年間, 千度)	市外発信通話時数(年間, 千時間)	市外回線(累計, 里)
第1次電話拡張計画(1896-1903年度)	1896	31	3,332	6,508	12,016	223	222
	1897	38	5,326	10,239	16,058	285	372
	1899	72	11,813	15,002	47,176	538	1,960
	1901	204	24,887	22,842	89,346	810	2,544
	1903	355	35,013	21,033	130,396	1,147	3,031
第2次電話拡張計画(1907-1912年度)	1907	670	58,562	42,041	262,513	2,829	8,801
	1908	997	78,485	44,994	320,711	4,156	11,726
	1910	2,022	128,502	65,994	548,980	9,373	19,153
	1912	2,922	181,881	119,337	841,765	15,621	26,005

(注) 積滞とは電話の加入申し込み後の架設工事待ちの状態をいう。積滞数は, 架設需要数から架設数を差し引いたもの。
(原典) 日本電信電話公社『電信電話事業史1』(電気通信協会, 1959年) および『同・別巻』(同, 1960年)。
(出所) 日本電気社史編纂室編『日本電気株式会社百年史』(同社, 2001年), 39頁, 41頁。

■図表4-4-2 戦前の主要外資系製造企業

分野	日本社名	年次	外国企業	出資比率
鉄鋼	日本製鋼所	1907	Armstrong,Vickers (英)	50%
石油	ニューヨーク・スタンダード日本支社	1893	Standard Oil of New York (米)	100%
	三菱石油	1931	Associated Oil (米)	50%
ゴム	極東ダンロップ日本支社	1909	Dunlop of Far East (英)	100%
	横浜護謨製造	1917	B.F.Goodrich (米)	50%
織機	旭絹織	1922	Vereinigte Glanzstoff-Farbriken (独)	20%
電気機器	日本電気	1899	Western Electric (米)	54%
	東京電気	1905	General Electric (米)	55%
	芝浦製作所	1909	General Electric (米)	24%
	富士電機製造	1923	Simens-Schukertwerke, Simens und Halske (独)	30%
	三菱電機	1923	Westinghouse Electric (米)	10%
輸送機器	日本フォード	1925	Ford Motor (米)	100%
	日本ゼネラル・モーターズ	1927	General Motors (米)	100%
蓄音機	日本蓄音機商会	1927	Columbia (米)	
	日本ビクター	1927	Victor Talking Machine (米)	100%
事務機器	ナショナル金銭登録機	1933	National Cash Resister (米)	100%
	日本ワットソン統計会計機械	1937	International Business Machines (Computing-Tabulating-Recording) (米)	100%
その他	シンガー・ミシン日本支社	1901	Singer Sewing Machine (米)	100%
	大同燐寸	1927	Sweden Match (ス)	50%
	東洋オーナス・エレベーター	1932	Utis Elevator (米)	60%

(原典) 宇田川勝「戦前日本の企業経営と外資系企業 (上・下)」, 『経営志林』第24巻第1, 2号, 1987年。
(出所) 宇田川勝・中村青志編『マテリアル日本経営史』(有斐閣, 1999年), 67頁より作成。

■図表4-4-3 日本電気の販売高 (1899-2013年)

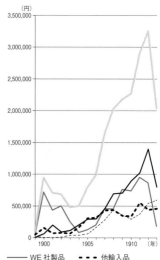

凡例:
── WE社製品
━━━ 日本電気製品
━ ━ 他輸入品
‥‥‥ 他国産品
── 販売高計

(注1) 1899年度は, 1899年9-11月の3か月間。1900-10年度は前年12月-当年11月の12か月間。1911年度は, 前年12月-当年12月の13か月間。1912-13年度は, 当年1-12月の12か月間。
(注2) 他国産品には荷造運賃を含む。
(出所) 日本電気社史編纂室編『日本電気株式会社百年史』(2001年), 46頁より作成。

4.5　人的資源の定着化と昇進型専門経営者層の充実

　1910年代から20年代にかけて，第一次世界大戦前後の産業の発展にともない，職工（ブルーカラー）数も職員（ホワイトカラー）数も増加した。戦争による好景気は，より高い賃金を求める職工の移動を促した。物価の高騰にともなう実質賃金の低下への不満や，1917年のロシア革命の刺激もあって，工場労働者を中心とする労働運動も盛んになった。1919（大正8）年，友愛会（1912年発足）は大日本労働総同盟友愛会と改称し（1921年には日本労働総同盟と再改称），地域あるいは企業レベルでの労働組合の組織化を推し進めた。職工の不満を緩和して定着をはかるため，経営者側は勤続奨励給や賞与の支給，昇給の制度化などをはかるとともに，福利厚生の施策を充実させた。さらに，欧米の労使協議の制度に学びながら，意思疎通のための工場委員会制度を導入する企業もみられ，工場の設備や作業を中心に改善案が採択された（図表4-5-1）。労使の対立の一方で，協働の意識もみられたといえる。1920年の恐慌以降，職工の移動率は低下し，個別企業への定着率が高まった。

　他方，官立高等教育機関の規模拡充，私立専門学校の充実，さらに1918（大正7）年の大学令によって帝国大学以外の単科大学や私立大学（私立専門学校の大学化）が認められたことなどによって，高等教育を受けた人材の供給が増え，職員層として定期的に企業に採用されるパターンも定着していった。明治期から多くの高等教育機関出身の技術者が輩出されたが，次第に官庁よりも民間企業の在籍者の方が増えていった。1921年時点では，工学士の学位を持つ者の半数以上が民間企業に在籍し，その94％以上が鉱工業企業の所属であった。法学士も41％以上が民間企業に勤務している（図表4-5-2）。

　これらの高等教育機関の卒業者は，従来にもまして，専門経営者（salaried manager）としての活躍を期待されるようになり，新規に採用された会社で昇進した内部昇進型の専門経営者の割合が増えていった。事業の多角化，事業拠点の増加，新技術の導入にともない，企業内の管理組織は階層化していった。高等教育を受けて入社した人材は，企業組織の各所に配置され，必要な知識や能力の蓄積と発揮を継続しながら管理階層を昇進し，専門経営者となっていったのである。なお，大学卒の初任給は，中等学校卒の2倍近くであったが，専門学校卒と較べても，入社後の昇給に格差があった（図表4-5-3）。

　また工業学校などの中等工業教育機関の出身者は，高等教育機関出身の技術者と現場の職長との間に位置づけられた。技術者への道もあったが，不況のもとで，職長候補とみなす企業も増えた。こうした状況のなかで，工業学校と特定の企業との関係が次第に強まっていった一面もある。

議案種別（例）	三菱工場委員会計		電機神戸工場委員会	
	附議数	採択率（%）	附議数	採択率（%）
作業関係	18	77.8	10	80.0
工場設備	28	78.6	5	100.0
入退場及休憩時間	14	28.6	2	50.0
災害防止	35	65.7	3	100.0
一般衛生	32	78.1	7	100.0
節約及改良発明	33	45.5	8	75.0
賞罰	22	31.8	5	40.0
預金	14	35.7	1	100.0
職工幸福増進基金利子	14	42.9	2	100.0
病院	48	45.8	7	57.1
教育	31	64.5	5	100.0
社倉	35	65.7	4	50.0
食堂	24	50.0	4	75.0
運動	9	55.6	2	0.0
慰安娯楽	16	31.3	1	0.0
ほか 9 種を含む全 24 種の議案の合計数／平均(率)	586	52.7	87	66.7

（注）　ここで採択率とは、採用数、一部採用数および実行数の和を附議数で除したものである。一部採用数を分子とするには若干問題があるが、1 案件のどの程度まで採択されたのかを数値化できないので、便宜上加えることにした。
（原典）　三菱合資会社資料課「工場委員会ノ成績」（「資料彙報」第 113 号）1923 年 11 月。
（出所）　佐々木聡『科学的管理法の日本的展開』（有斐閣，1988 年），34 頁より作成。

■図表 4-5-2　法学士と工学士の職業比較（1921 年）

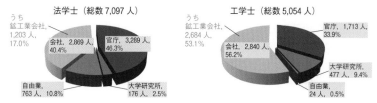

（出所）　森川英正『日本経営史』（日経文庫，1981 年），151 頁より作成。

■図表 4-5-3　1923 年の技術者の昇給曲線

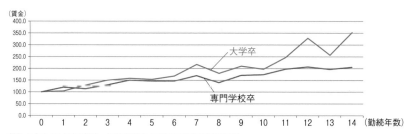

（注）　0 年を 100 とする指数。大手 570 社および官庁の技術者の単純平均。
（原典）　統計研究会編・刊『大学卒業生の就職に関する経済的考察』（1957 年），16 頁。
（出所）　川口浩編『大学の社会経済史』（創文社，2000 年），47 頁より作成。

4.6 財閥の事業拡大とコンツェルン化

　三井財閥では，2.8でみたように，1909 (明治42) 年に財閥同族の全額出資による三井合名 (持株会社) を設立して，その下に三井銀行，三井物産，三井鉱山などを置いた。他の事業分野のいくつかの企業も，直系ないし傍系の企業として，この持株会社の下に位置づけられた (図表4-6-1)。

　持株会社が，これらの傘下企業の株式を排他的に所有するとともに，それらの経営を統轄するピラミッド型の企業の結びつき方をコンツェルンとよぶ。

　第一次世界大戦期の好況によって，多くの財閥は事業範囲を拡大した。海運・造船業の事業拡大は，鉄鋼業の発展も促すこととなった。海難リスクも高まり，海上保険の分野で新しく設立される企業もあった。鉱山は，財閥の重要な事業分野であり，銅を中心とする非鉄金属が石炭よりも高い収益を保った。三井鉱山などは，染料の輸入途絶により，石炭タールを原料とする染料製品の分野へと進出した。

　既成の財閥だけではなく，鈴木商店，川崎造船所 (松方)，久原，浅野なども，事業を多角化し，第一次大戦期に財閥化を志向した。事業範囲を拡げた諸財閥は，同族資産と経営管理の効率化や税負担軽減の目的から，同族の出資による持株会社を設立してコンツェルン化した。三菱合資会社では，すでに鉱山，営業，造船，銀行などの各部が独立採算制を採用していた。1917年に三菱造船，三菱製鉄，18年に三菱倉庫，三菱鉱業，三菱商事，19年に三菱海上，三菱銀行などが，株式会社として独立した。分社化により，三菱合資会社が持株会社機能を持つようになって，コンツェルン化したといえる (図表4-6-2)。コンツェルン化によって，管理階層の役職数が増えるという効果も持つ。

　1918年11月の第一次大戦の休戦以降，株式・商品・土地のいわばバブル景気が発生し，紡績・電力などの事業で事業機会が拡がったが，1920年3月の株価暴落をきっかけに恐慌が発生した。これにより，商社，海運，造船などの事業のいくつかは破綻したり，縮小を余儀なくされた。

　安田では，すでに1912年に合名会社の安田保善社を設立し，安田銀行などがその下に置かれていた。20年恐慌後も，関係の強かった浅野系の事業への投融資を継続したが，多くは経営困難となった。このため，浅野の財閥化は挫折し，安田の事業範囲も金融中心にとどまった。住友は「浮利を追わず」の方針で商社を設けず，20年恐慌の影響は小さかった。1921年に住友総本店を住友合資に改組し，直営事業を徐々に分社化しコンツェルン化していった。

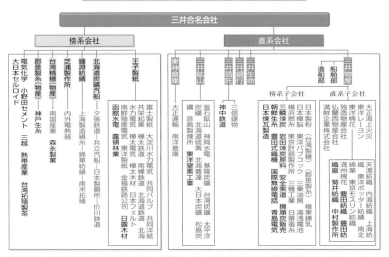

■図表 4-6-1　三井コンツェルン（1928年頃）

(注)　青字の会社は支配力が大体決定的なもの、網掛けのない黒字の会社は支配力が準支配的なものを示している。
(原典)　高橋亀吉『日本財閥の解剖』50頁、108-9頁等。
(出所)　安藤良雄編『近代日本経済史要覧　第2版』（東京大学出版会、1979年）、117頁より作成。

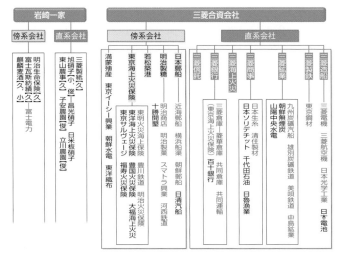

■図表 4-6-2　三菱コンツェルン（1928年頃）

(注)　青字・黒字の意味は図表 4-6-1 と同様。【久】は岩崎久弥、【小】は岩崎小弥太、【俊】は岩崎俊弥の投資を示す。
(原典)　高橋亀吉『日本財閥の解剖』50頁、108-109頁等。
(出所)　安藤良雄編『近代日本経済史要覧　第2版』（東京大学出版会、1979年）、117頁より作成。

4.7　新興コンツェルンの形成

　コンツェルン化した三井，三菱，住友，安田，大倉，古河，浅野，藤田，川崎（八右衛門）などの既成財閥と，第一次大戦期に急成長を遂げた鈴木，久原，川崎（正蔵）＝松方，渋沢，岩井，野村，村井などの大正財閥に続いて，第三の企業グループとして生成したのが，日産，日窒，森，日曹，理研などの新興コンツェルンとよばれる企業グループである。

　日本産業の鮎川義介は，戸畑鋳物での可鍛鋳鉄の製造で成果を上げ，久原房之助の事業を整理・継承して公開持株会社の日本産業を設立した。同社を中心に，自動車をはじめ多方面に及ぶ事業に進出してコンツェルンを形成し（図表4-7-1），1937（昭和12）年には満州に進出した。日本窒素の野口　遵は，カザレー法の導入による合成アンモニア生産に成功し，人造絹糸の事業にも進出した。朝鮮での電源開発にも乗り出し，電気化学のコンビナートをつくった（図表4-7-2）。森矗昶は，家業に勤しみながら，化学薬品や火薬の原料ともなるヨード関連事業を展開した。そして原料のカジメをめぐって対立していた2代鈴木三郎助（味の素の創業者）の営む館山のヨード製造所も吸収した。第一次大戦後の不況で経営が傾くと，今度は2代鈴木三郎助の東信電気に吸収されて救われる。同社から独立した森は，東工試法（国産）による合成アンモニアの生産と，アルミニウム精錬で成功した。中野友礼は，京都帝大時代に食塩水を電気分解して，塩素とナトリウムに分離させる「中野式食塩電解法」の特許を取得した。これを基礎に日本曹達を設立して，電解ソーダ事業を展開した。1921（大正10）年に理化学研究所（1917年設立）の第3代所長に就任した大河内正敏は，研究成果を工業化するため，理化学興業（1927年設立）など「1業1社」を原則に諸会社を設立して，小規模企業によるグループを形成した。

　これらの5つは，いくつかの点で既成財閥と異なっていた。まず所有面についてみると，既成財閥の本社株式が創業家と同族に封鎖的に所有されていたが，新興5グループは，持株会社たる本社が公開株式会社のかたちをとり，創業家と同族の持株比率は高くなかった。傘下企業も，日窒を除けば，その株式を公開していた。次に，事業分野についてみると，安田を除く既成財閥が，金融，商事，各種工業に及んだ総合財閥であったのに対し，新興の5グループは，重化学工業中心であった。第三に，創業者の特徴とリーダーシップについてみると，既成財閥の創業者が商人や金融業者であったのに対し，5グループの創業者は，森矗昶を除けば，高学歴の技術者型の経営者であった。既成財閥では，次第に専門経営者（salaried manager）に経営の実権を委譲していったが，新興5グループの創業者は，創業まもないこともあって，強いリーダーシップを発揮し続けた。このため，新しい事業や植民地への進出にも積極的であった。

■図表 4-7-1　日産コンツェルン組織図（1937 年 6 月）

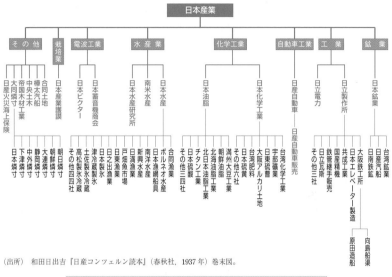

（出所）　和田日出吉『日産コンツェルン読本』（春秋社，1937 年）巻末図。

■図表 4-7-2　関係会社出資関係系統図（1941 年 4 月）

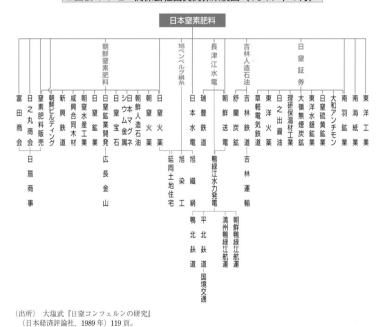

（出所）　大塩武『日窒コンツェルンの研究』
　　　　（日本経済評論社，1989 年）119 頁。

4.8　財界団体の発展と系譜

　明治期以降，業種別・地域別の経済団体が設立されたが，政治への発言力を持つ代表的な財界団体としては，各地の組織を基盤に全国組織も持つ商業会議所があった（図表4-8-1）。しかし，商業中心で工業を尊重する姿勢を欠いていた。他方，銀行家などが政治的な発言力を強めていた。1917（大正6）年に設立された日本工業倶楽部は，商業・金融業の支配から独立した工業家の大同団結の組織として設立され，元勲や産業界の先輩からは，産学協同の推進，科学技術の発達，官民の自立的協力，労働問題の対策などを期待された。創立当初は，製鉄事業の保護・自給の建議，戦時利得税の新設・所得税法の改正，軍需工業動員法などに関する建議，関税率改正に関する意見書・関税政策に関する 稟（りん）申書（しんしょ）の提案などに取り組んだ。1919年10〜11月の第1回国際労働会議（ILO）に際しては，日本工業倶楽部はじめ諸経済団体が使用者側代表の武藤山治を選出した。1921年10月から1922年5月にかけて，日本工業倶楽部理事長の団琢磨を団長とする英米訪問実業団が派遣された。1922年1月に公式日程を終え，団員が同年2月パリに招かれた際，国際商業会議所（ICC：International Chamber of Commerce，1920年6月設立）の活動に接し，日本でもICCに加盟することになった。そのため，今度は工業だけではなく商業・金融も網羅したより総合的な経済団体を設立することとなり，1922年8月に日本経済聯盟会が設立された（図表4-8-2）。

　日本経済聯盟会は，創立当初は日本工業倶楽部とともに活動することが多かった。しかし，次第に財政・産業・経済の諸問題に関する調査・研究，審議・立案，政府への意見・建議などは，日本工業倶楽部から日本経済聯盟会に移され，同会は戦前の最大の財界団体となっていった。残された労働問題も，1931（昭和6）年の産業界による労働組合法案反対運動を契機として，日本工業倶楽部から独立した全国産業団体聯合会（全産聯）の専管となった。これにより，日本工業倶楽部は，懇親団体としていわば「財界奥の院」としての役割を担う立場になっていった。全産連は労働に関する調査や研究を継続し，1933年の国際連盟脱退後も，日本商工会議所とともにILOに派遣する日本の使用者側代表を選出した。日本のソーシャル・ダンピングが国際的な問題として取りざたされたときも，その無実を訴えて，ILOではほとんど問題とされなかった。全産連は，その後，産業報国運動にも協力していった。しかし，1940年11月に大政翼賛会の傘下に大日本産業報国会が設立されると，同会との交渉を絶ち，1942年4月に解散した。

　戦後，総合的経済団体の機能は経済団体連合会（経団連）に，経営者（使用者）団体としての機能は日本経営者団体連盟（日経連）にそれぞれ継承された。

■図表 4-8-1 商法会議所から日本商工会議所への系譜

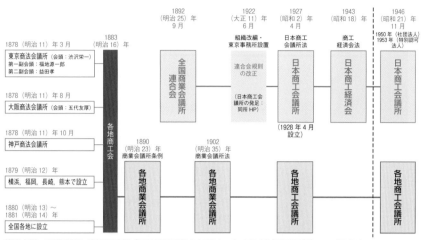

（参考文献） 高城元監修・依田信太郎編『東京商工会議所八十五年史　上・下』（東京商工会議所，1966 年）ほか。

■図表 4-8-2 日本工業倶楽部から日本経済聯盟会（戦後の経団連）への系譜と 日本工業倶楽部から全産聯（戦後の日経連）への系譜

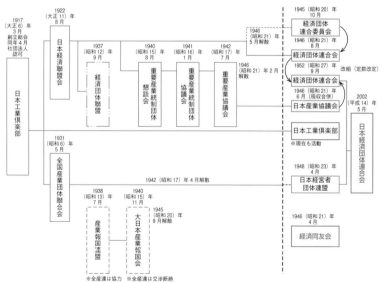

（注）　日本工業倶楽部の創立時定款の事業内容
1．工業に関する諸種の問題の調査研究　2．工業に関する功労者および発明家の表彰　3．講演会の開催・工業に関する知識の普及　4．会館の建設（1920 年 11 月落成）　5．その他工業発展に必要と認める事項
（参考文献）『経済団体連合会前史』（経済団体連合会，1962 年），『日本工業倶楽部五十年史』（日本工業倶楽部，1972 年）。

Column 4-1 ● 堤 康次郎（1889（明治 22）年〜1964（昭和 39）年）の略歴

（出所） 時事通信フォト。

1889 年	滋賀県八木荘村の農家に生まれる。
1913 年	早稲田大学政治経済学科を卒業。
1917 年	長野県東長倉村で区有地 60 万坪（実測 80 万坪）買収。
1919 年	箱根の強羅で 10 万坪の土地買収。
1920 年	箱根土地株式会社（のちの国土計画興業，コクド）を設立。
1924 年	衆議院議員に初当選。
1925 年	国分寺学園都市（小平）の分譲開始。
1926 年	国立学園都市の第一次分譲開始。
1928 年	多摩湖鉄道株式会社を設立。
1932 年	武蔵野鉄道の経営に参加。
1940 年	京浜デパートの分店「菊屋」を買収し，武蔵野デパート（後の西武百貨店）とする。
1964 年	永眠。

Column 4-2 ● 松下幸之助（1894（明治 27）年〜1989（平成元）年）の略歴

（出所） パナソニック株式会社。

1894 年	和歌山県海草郡和佐村に生まれる。
1904 年	尋常小学校を 4 年で退学し，宮田火鉢店に丁稚奉公。
1905 年	五代自転車店の丁稚となる。
1910 年	大阪電燈幸町営業所に内線見習工として入社。
1915 年	井植むめのと結婚。内線係担当者から検査員に昇格。
1917 年	大阪電燈を退職し，ソケットの製造販売に着手。
1918 年	松下電気器具製作所を創業。
1927 年	電気アイロン，角型ランプ（「ナショナル」商標を付す）を販売。
1935 年	松下電器製作所（1929 年に松下電器器具製作所から改称）を株式会社に改組し，松下電器産業株式会社を設立。連盟店制度を実施。
1946 年	財閥家族の指定を受ける（1950 年解除）。PHP研究所を開設。
1952 年	フィリップス社との提携成立。
1980 年	松下政経塾を開塾。
1989 年	永眠。

第5章

昭和期 1（戦前・戦中・復興期）

5.1　昭和（戦前・戦中・復興）期の経済と経営

　昭和という時代も，大正期からの課題を解決できないまま，諒闇不況下での幕開けとなった。国際的には金本位制への復帰（金解禁）という課題があり，国内的には関東大震災後の震災手形（章末 *Column* 5-1）の問題があった。旧平価での金解禁は産業の合理化を求めることになり，震災手形問題をめぐる大臣の答弁は金融恐慌を発生させた。そこへ，農村の恐慌や世界恐慌の波が重なった。経済の不安は，右翼団体や軍部の一部将校によるテロの一因ともなった。

　1931（昭和6）年9月の満州事変を契機に，軍部は中国大陸への侵略的軍事行動を加速させ，日本は国際的に孤立化して1933年3月に国際連盟を脱退する。政府予算に占める軍事費支出のウェイトも増していくこととなった（図表5-1-1）。日中戦争のはじまった1937年7月7日の2か月後に制定された戦時統制3法（①輸出入品等臨時措置法，②臨時資金調整法，③軍需工業動員法〔1918年制定後施行されず〕の適用に関する法律）によって，経済に対する統制が本格化していった。1938年4月には国家総動員法も制定され，価格等統制令によって価格の固定化もはかられた。企画院による物資動員計画の一方で，重要産業を中心とする生産力拡充計画も閣議決定された。1941年11月以降，各産業に統制会も設立された。これとは別に，陸軍と海軍でそれぞれ工業会を組織して，みずからの軍需品生産の管理をはかった。企業は産業報国運動に組み入れられ，製造面や金融面での系列も形成された。情報・資源制約下での戦争遂行のため，研究・開発の進展が課題となった。

　1941年12月8日，日本は生産力の圧倒的な差のあるアメリカ（図表5-1-2）やイギリスと戦争を始めた。翌年6月のミッドウェー海戦以降，日本は敗戦への道を歩むことになった。それでもなお戦争を継続するため，1943年10月に軍需会社法が公布され（同年11月軍需省設置），より重点的かつ効率的な軍需品の生産を期した。非軍事産業から軍需産業への転換も進められた。しかし，国力の圧倒的な差を埋めることはできなかった。

　1945年8月15日，日本は無条件降伏を受け入れて戦争は終結した。終戦直後，GHQにより，経済民主化（財閥解体，農地改革，労働改革）の措置が講じられた。モノ不足と激しいインフレで，人々は戦時中にもまして耐乏生活を強いられた。傾斜生産方式で産業の復興がはかられたが，インフレが加速される面もあった。ドッジ・ラインによって，激しいデフレに転じたが，1950年6月に勃発した朝鮮戦争による特需で生産が息を吹き返した。1952年4月28日の講和条約の発効によって，日本は独立を回復した。なお，この昭和の戦前・戦時期においても，就業別人口でみると，日本はまだ第一次産業中心の国であり（図表5-1-3），復興期においても同様であった。

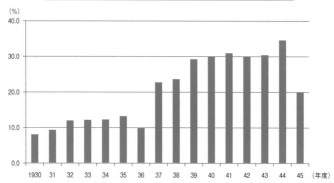

■図表 5-1-1　全政府支出純計に占める軍事費の割合

(原典)　江見康一・塩野谷祐一『長期経済統計 7　財政支出』(東洋経済新報社, 1966 年)。軍事費は内地分のみ。
(出所)　安藤良雄編『近代日本経済史要覧　第 2 版』(1979 年, 東京大学出版会) 131 頁より作成。

■図表 5-1-2　日米主要物資生産高比較

■日本の生産高を 1 としたときのアメリカの生産高の倍率

年	石炭	石油	鉄鉱石	銑鉄	鋼塊	亜鉛	銅	鉛	アルミニウム	水銀	燐鉱石
1929	16.1	501.2	416.8	38.9	25.0	26.0	12.4	208.0	–	–	254.7
1933	10.5	468.8	55.6	9.2	7.4	9.5	3.1	37.9	–	41.6	72.3
1938	7.2	485.9	37.5	7.3	4.5	7.5	5.3	31.3	8.7	24.8	45.2
1941	9.3	527.9	74.0	11.9	12.1	11.7	10.7	27.4	5.6	–	–
1944	13.8	956.3	26.5	15.9	13.8	9.5	11.3	11.6	6.3	–	–

(原典)　国民経済研究協会『基本国力動態総覧』(国民経済研究協会, 1954 年)。
(出所)　安藤良雄編『近代日本経済史要覧　第 2 版』(1979 年, 東京大学出版会) 138 頁より作成。

■図表 5-1-3　日本と主要国の産業別人口構成

(単位：%)

年　次	日　本 第一次産業	第二次産業	第三次産業	商　業	交通・通信	その他サービス
1930	52	19	29	4	16	9
1936	45	24	31	4	15	12

年　次	アメリカ 第一次産業	第二次産業	第三次産業	商　業	交通・通信	その他サービス
1930	22	31	47	7	12	28
1940	17	31	52	5	13	34

年　次	イギリス 第一次産業	第二次産業	第三次産業	商　業	交通・通信	その他サービス
1931	6	47	47	8	16	23
1938	6	46	48	8	17	23

年　次	ドイツ 第一次産業	第二次産業	第三次産業	商　業	交通・通信	その他サービス
1933	29	41	30	18	–	12
1939	27	41	32	–	–	–

年　次	フランス 第一次産業	第二次産業	第三次産業	商　業	交通・通信	その他サービス
1931	24	41	35	19		16
1946	21	35	44	23		22

(注)　第一次産業は農林漁業, 第二次産業は鉱工業・建設業, 第三次産業は公益事業・その他サービス業。
(出所)　日本銀行統計局『明治以降本邦主要経済統計』(日本銀行統計局, 1966 年) 374–375 頁より作成。

5.2　昭和金融恐慌と銀行の統合

　1927（昭和2）年3月14日，片岡直温蔵相が，衆議院の予算委員会で営業中の東京渡辺銀行が破綻したと失言した。震災手形（章末 **Column** 5-1）の整理に関する法案をめぐる審議で政府への批判が激しくなり，震災手形を所持する銀行の預金取付が緩慢ながら始まるなかでのことであった。この失言を引き金に3月15日の東京渡辺銀行と同系のあかぢ貯蓄銀行の休業，台湾銀行による鈴木商店への新規融資停止（4月5日）にともなう同商店の破綻，4月18日の台湾銀行の休業という3つの波が襲い，預金の取付騒ぎが全国に波及した。

　第一波ののちの3月23日，震災手形処理法案が議会を通過して，金融界の動揺が収束しかかった。しかし，台湾銀行が震災手形を最も多く所有し，そのほとんどが鈴木商店のものであることが明らかにされ，同商店の信用の失墜が台湾銀行にも及び同行は金融難に陥った。台湾銀行救済のための緊急勅令案を枢密院に否決され，4月17日に総辞職した若槻内閣を継いだ政友会・田中義一内閣（高橋是清蔵相）は，4月22日に3週間の支払い猶予令（モラトリアム）を発令した。5月8日の臨時議会で「日本銀行特別融通及損失補償法案」・「台湾ノ金融機関ニ対スル資金融通ニ関スル法律案」が可決された。前者は，銀行の預金支払準備のために日銀が手形割引の方法で特別融資できるとし，それについて政府が5億円を限度に損失補償するというものであった。後者も，台湾の銀行に対して，同様に日銀に2億円を限度に融資させるというものであった。2法が施行された5月9日には，台湾銀行の各支店も営業を再開した。モラトリアム明けの5月13日には各地の金融機関も静穏で，この昭和金融恐慌も収束に向かった。

　台湾銀行を除く休業銀行36行のうち，台湾銀行や「華族銀行」の十五銀行は単独で休業整理し開業できたが，近江，村井，中井，中沢，八十四，久喜などの中規模な銀行は1927年10月に設けられた「受け皿銀行」の昭和銀行に債権・債務が引き継がれた。同行は，いくつかの営業中であった銀行の業務も継承したが，尾張，豊国の2行は不良債権を整理したうえで合流した。

　一方，1927年3月30日に銀行法が公布され，翌年1月により施行された。これにより銀行は株式会社とされ，最低資本金は100万円（東京・大阪に本支店を持つ銀行は200万円，人口1万人未満の地に本店を持つ場合50万円）とされた。無資格銀行は790にものぼった。単独増資で存続したものは50行で，他は合併，解散，業務停止，免許取消し，破産確定などで整理され銀行数が減少した（図表5-2-1）。この整理・統合により1920年の反動恐慌以来繰り返された取付騒ぎが沈静化した。他方，一流銀行（預金1億円以上）のなかでも，5大銀行（三井・三菱・住友・安田・第一）への預金の集中化も進んだ（図表5-2-2）。

■図表 5-2-1　銀行合同による銀行数の減少

| 年 | 普通銀行数（年末現在） | (A) 合同による銀行消滅数* | | | | (B) 普通銀行合同合併と減行数 | | | | |
		普通	貯銀	特殊	合計	合同参加行数	合同による新立行数(a)	合同をなし存続した行数	合同による消滅行数(b)	合同による差引減少行数(b)-(a)
1925	1,537	69	2	0	71	154	10	59	95	85
1926	1,420	87	6	0	93	194	16	75	119	103
1927	1,283	90	1	2	93	218	14	84	134	120
1928	1,031	164	10	0	174	349	26	126	223	197
1929	881	75	2	1	78	179	12	70	109	97
＊1927～28　合計	―	329	13	3	345	746	52	280	466	414
1930	782	83	0	5	90	146	7	62	84	77
1931	538	53	0	0	53	84	10	31	53	43

(注)　高橋亀吉『日本金融論』（東洋経済出版部，1931 年）101 頁および 112 頁の両表にもとづく。数値は大蔵省発表（（A）
　　表の 1930, 1931 年分は東洋経済新報社『経済年鑑』の認可届出による数字）。＊印は，合同による新設を差し引きしていない。
　　（A）は現実に合同した数で（B）の数字は合同を認可した数のため，両者の数に若干の差がある。
(出所)　高橋亀吉『大正昭和財界変動史　中巻』（東洋経済新報社，1955 年）822 頁より作成。

■図表 5-2-2　5 大銀行への預金集中（全国普通銀行の預金額に占める割合）

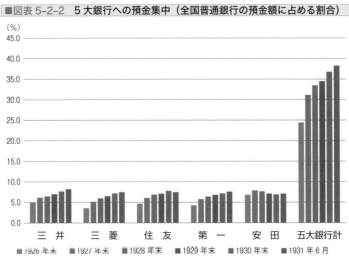

(原典)　高橋亀吉『日本金融論』（東洋経済出版部，1931 年）126–7 頁。
(出所)　高橋亀吉『大正昭和財界変動史 中巻』（東洋経済新報社，1955 年）825 頁より作成。

5.3　産業合理化と科学的管理法の普及活動

　1929（昭和4）年7月，民政党の浜口雄幸内閣は「十大政綱」を発表し，懸案の金解禁（金本位制への復帰）と，財政緊縮や経済界の整理を進めることとした。4か月後，金解禁の実施は，翌1930年1月11日と公表された。金解禁は，為替相場の安定と国際収支の改善によって景気の回復をはかることにねらいがあった。しかし，金輸出禁止前の旧平価で解禁されることになったので，円相場が低下する状況では円高誘導のデフレ的政策決定となった。輸入品の需要を抑え，消費を節約させ，政府みずから歳出を切り詰め，物価を安定させることとした。他方で，コストを切り下げて輸出競争力を増すためにも，産業の合理化が緊急の課題となったのである。

　金解禁の実施と同時期の1930年1月に設置した臨時産業審議会の最初の総会で，浜口首相は「企業の統制，製品の規格統一単純化，国産品の使用奨励，基礎産業の確立，科学的管理経営法の実行，試験研究機関の整備拡充，販売の合理化，原始産業の経営改善，産業金融の改善」などの産業合理化を推進する方針を表明した。同年6月には，商工省の外局として臨時産業合理局が設置された。同局には，1921（大正10）年設置の工業品規格統一調査会も組み入れられ，事項別の7つの常設委員会と業種別の5つの臨時委員会が置かれて，それぞれの課題に取り組むこととなった。

　ドイツの合理化運動にならって，日本の各産業でカルテルの結成や企業の合併が進められた（図表5-3-1）。1931年4月，政府は重要産業統制法と工業組合法を制定した。前者は，カルテルの届出義務を課して政府がカルテルの実態を把握するとともに，アウトサイダーがカルテル協定に従うことや，カルテルが「公益」に違反した場合に変更・取り消しを命じることができるものであった。前者が主に大企業に対するものであったのに対し，後者は中小零細企業の組織化のための施策で，工業組合によって共同の事業上の取り組みを促すものであった。大型の合併としては，1933年5月の王子・富士・樺太の3社合併による「大」王子製紙の成立や，1934年1月の官営八幡製鉄所と民間5社の合併による日本製鉄の誕生などがある。

　産業内や企業間の合理化だけではなく，企業内の合理化も進められた。臨時産業合理局の生産管理委員会では，経験豊かなメンバー（図表5-3-2）の実績にもとづいて，科学的管理法の普及をはかった。各地の工場懇話会・工場協会を基礎に1931年5月に設置された日本工業協会は，生産管理委員会のパンフレットを発行するとともに，実際の生産能率や事務能率向上のための運動を展開し，人材も育成していった（図表5-3-3）。財務管理委員会も，財務諸表の整備に努めた。なお，日本工業協会は，民間や府県の関係部署などを中心に1927年に結成された日本能率連合会を包摂するかたちで，1942年3月に合併して日本能率協会となった。

■図表 5-3-1　産業別カルテルの発展

	重工業	化学工業	繊維工業	食料品工業
第一次大戦前	–	5	1	1
1914–26 年	5	6	1	–
1927–29 年	6	1	3	2
1930 年以後	19	18	6	5
不詳	3	1	–	–
計	33	31	11	8

(注)　1932 年時点で存在する会社についての調査。重工業には鉱業も含む。
(原典)　高橋亀吉『日本経済統制論』(改造社，1933 年) 127 頁。
(出所)　安藤良雄『近代日本経済史要覧　第 2 版』(東京大学出版会，1979 年) 124 頁より作成。

■図表 5-3-2　商工省臨時産業合理局生産管理委員会名簿 (1930 年 11 月)

氏名	所属 (出身学校　学位)	氏名	所属 (出身学校　学位)
山下　興家*	鉄道省工作局 (東大機械科)	日高　鉱一	呉海軍工廠 (東大造兵科)
長谷川正五	汽車製造株式会社 (東大　工博)	高峰　博	高峰個性能率研究所 (東大　医博)
竹尾　年助	株式会社唐津鉄工所 (東京高等工業学校)	野田　信夫	三菱合資会社 (東大哲学・経済科)
関口八重吉	東京工業大学 (東京高等工業学校)	日比　勝治	電気化学工業株式会社 (東大機械科)
伍堂　卓雄	株式会社昭和製鋼所 (東大造兵科)	荒木東一郎	荒木能率事務所 (アクロン大工学部)
鮎川　義介	日本産業株式会社 (東大機械科)	淡路圓治郎	東京帝国大学 (東大心理科)
加藤　重男	株式会社新潟鉄工所 (東京高等工業学校)	加藤　威夫	三菱電機株式会社 (東大工科)
三村　起一	住友別子鉱山株式会社 (東大独法科)	渡辺　政徳	陸軍衛生材料廠 (不明)
暉峻　義等	倉敷労働科学研究所 (東大医科)	* 会長	

(原典)　日本商工会議所『産業合理化　第 1 輯』(1930 年) ほか。
(出所)　佐々木聡『科学的管理法の日本的展開』(有斐閣，1998 年) 169 頁より作成。

■図表 5-3-3　日本工業協会主催作業研究実習修了者数

回	期間	修了者数		標準産業分類別受講者数		
第 1 回	1937 年 9 月 1 日～11 月 1 日	10 (1)	食品	1	ゴム	1
第 2 回	1938 年 4 月 1 日～ 5 月 31 日	11 (1)	タバコ	1	皮革	0
第 3 回	1938 年 10 月 31 日～11 月 30 日	10 (4)	繊維	0	石材・粘土・ガラス	1
第 4 回	1939 年 4 月 1 日～ 6 月 30 日	24 (8)	衣料	0	素金属	13
第 5 回	1939 年 9 月 15 日～12 月 15 日	19 (10)	木材	0	金属加工	0
第 6 回	1940 年 4 月 1 日～ 6 月 29 日	21 (7)	家具	0	機械	27
第 7 回前半	1940 年 9 月 1 日～12 月 2 日	8 (1)	製紙	0	電機	31
第 7 回後半	1940 年 12 月 1 日～1941 年 2 月 28 日	7 (0)	印刷	0	輸送用機器	20
			化学	2	機器	10
			石油	0	その他	3

(注)　修了者数の括弧内は，そのうちの高等科受講者数を示す。
(資料)　日本工業協会編『工業ト経済』各号所収「作業研究実習」記事。
(出所)　佐々木聡『科学的管理法の日本的展開』(有斐閣，1998 年) 176 頁より作成。

5.4　昭和恐慌と財閥の「転向」

　浜口内閣によって1930（昭和5）年1月に実施された金解禁は，入超状態のなかでの旧平価解禁（1917年9月の金輸出禁止時点で100円＝49.85ドル）であったので，実際の為替相場（100円＝46.5ドル前後）からすると円高となり，日本経済はますます不況感を強めた。そこへ前年の1929（昭和4）年10月のニューヨークの株式暴落を端とする世界恐慌の波が到来して，「昭和恐慌」とよばれる深刻な不況を現出させた。農村部の飢饉も発生し，「娘の身売り」・「欠食児童」を生んだ。都市部でも，産業合理化によって失業が増加した。

　1931年9月21日，金本位制の母国イギリスが金本位制の離脱を声明した。世界恐慌後のフーバー・モラトリアム（アメリカへの債務支払猶予とドイツからの賠償取り立て猶予）にもかかわらず，ドイツの各銀行の支払停止が続出しドイツ経済は混迷をきわめた。イギリス経由でドイツに投資していた各国はイギリスに置いていた資金を引き上げようとしたが，イギリスではこの資金流出に耐えるほどの準備がなく，金本位制の離脱となったのである。三井銀行をはじめ，三菱，住友などの財閥系銀行も，多くの資金をイギリスに置いていた。イギリスの金本位制離脱は，イギリスに保有している資産が凍結（日本への引揚が禁止）されることを意味する。三井銀行は，イギリスなど海外投資のために買い入れたドルを先物で売りつないで安定をはかっており，その売りつなぎ分のドル支払いの必要もあり，21日から25日の5日間で2,135万ドルものドル資金を買い入れた。三菱銀行や住友銀行も同様の行動をとった。このほかの銀行も，外国為替専門銀行の横浜正金銀行（のちの東京銀行）で，円をドルにかえた。その総額は約7億6,000万円とされる（図表5-4-1）。いずれ日本も金本位制を離脱する（実際の離脱は1931年12月13日）であろうから，そうなると円相場は下落する。そこで，買っておいたドルを売って円を買い戻すと利益を得られるという思惑ともみられた。

　1930年に作曲された「青年日本の歌」では「財閥富を誇れども社稷（国家・社会の安危）を思ふ心なし」と歌われた。これは，大川周明が1924年に作詞した「則天行地歌」の歌詞「財閥富を誇れども民を念ふの情なし」からの引用といって良いが，この時期に財閥への批判感情がそれだけ高まったことのあらわれでもあった。そうしたなかで，三井銀行などの行動は「ドル買い」と非難され（図表5-4-2），1931年3月5日，三井合名理事の団琢磨が血盟団の菱沼五郎に暗殺される事件が起きた（図表5-4-3）。批判をかわすため，三井では池田成彬を中心に，①三井同族の三井系企業役員からの引退，②三井系企業の株式の一部公開，③三井報恩会の設立による社会事業への寄付，④世評の良くなかった三井物産常務・安川雄之助の解任，⑤役員定年制の実施など，財閥の「転向」とよばれる措置を講じた（図表5-4-4）。これにならい三菱や住友でも，「転向」の策を講じた。

■図表 5-4-1　正金ドル売却総額 7 億 6,000 万円の内訳

ナショナルシティ銀行
27,300
住友銀行
6,400
三井銀行
5,600
三菱銀行
5,300
香港上海銀行
4,000
三井物産銀行
4,000
朝鮮銀行
3,400
三井信託銀行
1,300
その他
18,700

（注）　単位：万円。
（出所）　中村隆英『昭和恐慌と経済政策』（日経新書，1978 年）161 頁より作成。

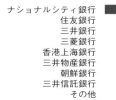

■図表 5-4-2
「ドル買い」への反発を報じる「東京朝日新聞」（1931 年 11 月 3 日（夕刊））

ドル買に憤激と稱し
三井銀行を襲ふ
社民系前衛分子百余名殺到す

財閥への單なる反感
當初は社長邸を襲ふ計畫

眞面目な商取引
國家に不利益な事はしない
池田成彬氏談

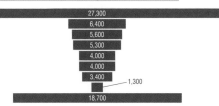

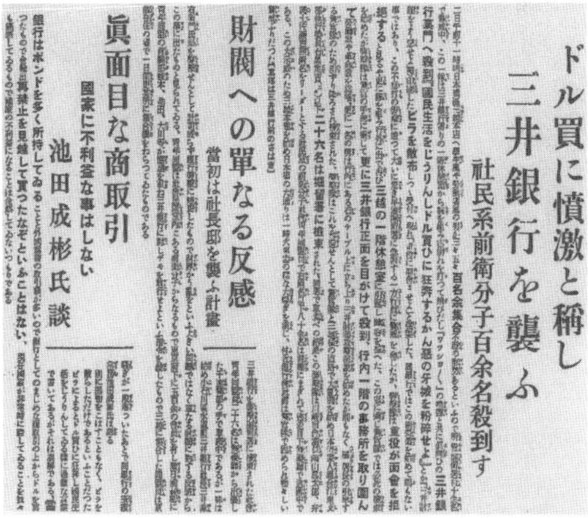

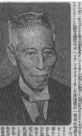

■図表 5-4-3　団琢磨射殺事件を報じる「東京日日新聞」（1932 年 3 月 6 日）

三井銀行玄關にて
團琢磨男射殺さる
兇漢ピストル二發を放ち
請願巡査が逮捕す

犯人ドアの内側に忍び
開けた途端に狙擊
運轉手小島君の目擊談

■図表 5-4-4　三井・三菱両財閥の「転向」策を報じる「読売新聞」（1936 年 6 月 17 日）

兩財閥愈よ株式公開
芝浦製作株讓渡
某證券へまづ四萬株

三井合名

三菱合資
旭硝子株を分讓
倍額增資を機會に

國策會社へ投資

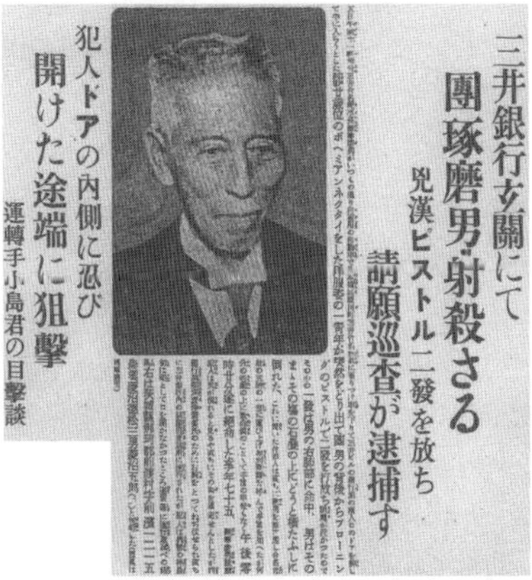

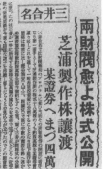

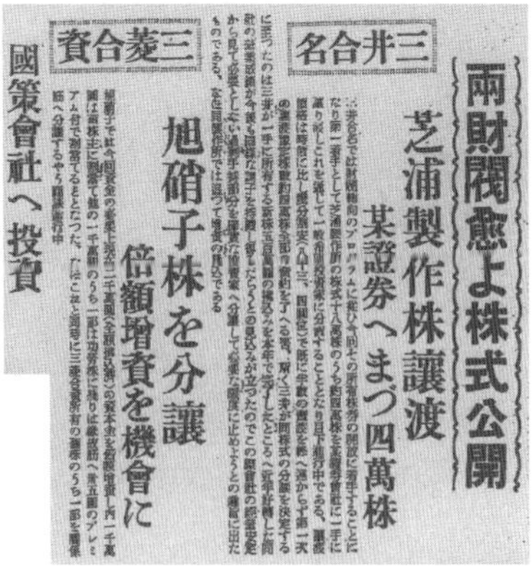

5.5 研究・開発の試みと戦後への遺産

　情報や資源が制約されるなかで，戦争遂行のために，軍関係の技術研究所だけでなく，民間各社においても独自の技術開発が進められた。

　日本電気（NEC：1943年に住友通信工業に改称し1945年に社名を戻した）でも，研究費が実質的に削減されるなかで，テレビの開発からレーダーの研究へと向かった。日本電気の技術陣は，1940（昭和15）年に予定されていた東京オリンピックに向けてテレビの開発にも取り組んだ。1938年にオリンピックの中止が決定されてからも研究は続けられ，テレビ画像の受信に成功した。テレビの開発過程で，受信実験の際に「ワンワン」と聞こえることがあった。それが送信機と受信機を結ぶ直線上を飛行機が横切るときのものだということがわかり，一転してレーダーの開発へと向かった。開発された電波探知機は「ワンワンレーダ」と呼ばれ，超短波での航空機探知に成功した。1941年からは，さらに進んだ技術での開発に取り組み実用化された。開発されたレーダーは，B–29の来襲時の早期発見に貢献したが，連合国ではさらに進んだ方式に進展しており，ドイツからの技術の一部導入などで新しい技術開発が進められた。軍部主導でレーダー研究開発体制も強化されたが，陸・海軍の争いのためオープンな協力体制が築けず，所期の成果を上げることができなかった。しかし，日本電気にとって，戦時中のレーダーの技術開発は，戦後への重要な技術的遺産となったという。

　日本光学（ニコン）では，戦時期に，望遠写真機，航空写真機，爆撃照準器，大型双眼望遠鏡などの軍需品のほか，35ミリカメラ，シネカメラ，テレビジョンカメラなどに使用する民需用レンズの開発も進めていた。このため，外国メーカーのレンズを解析して設計・試作・生産確認などの作業は，戦時中にも継続していた。戦後に民需転換するときには，写真レンズに関するデータは200種類を超えるまでになっていた。このデータの蓄積があったからこそ，35ミリカメラ用レンズをはじめ，シネ用，映写用，製版カメラ用，スタジオカメラ用のレンズをいち早く製品化することができたという。

　他方，1940年以降，技術者を総動員して結集する体制が様々につくられたが，その多くの場合で所期の成果を上げずに終戦を迎えることになった。

　戦後復興期には，三菱重工業と並ぶ大航空機メーカーであった中島飛行機（SUBARU）も，航空機の技術を活用して，バスの車体の生産や，スクーターのエンジンや車体を生産した。そして，1958年には軽四輪車「スバル360」を発売した。三菱重工業名古屋航空機製作所でもスクーターを製造した。そのほかの航空機メーカーも，オート三輪や二輪車へと製品転換をはかった。以上のほかに，航空機の制震技術が高度高速鉄道の課題解決に活用された面もある。

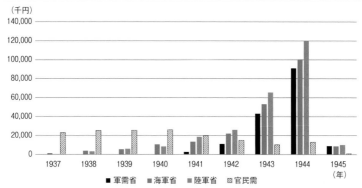

（注）　会計年度：1942 年までは 1 ～ 12 月，43 年は 1 月～翌年 3 月（15 か月），44 年以降 4 月～翌年 3 月。
　　　　1945 年は上期のみの実績。
（原典）　1945 年 9 月 24 日付 GHQ・ESS 宛書類ほかから作成。
（出所）　日本電気社史編纂室編『日本電気株式会社百年史』（日本電気株式会社，2011 年）211 頁より作成。

■図表 5–5–2　日本電気（住友通信工業）の品名別・得意先別の受命額と生産額（1943 年）

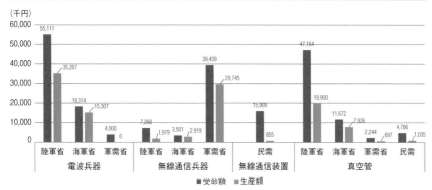

（注）　修理，改造，「社内渡部品」，「部品として単独受注」は除く。
（出所）　日本電気社史編纂室編『日本電気株式会社百年史』（日本電気株式会社，2011 年）215 頁より作成。

5.6 戦時期の財閥

　戦時期，財閥は，傘下の企業数を増やすとともに，重化学工業企業部門での資本金の比重を高め，その経済力と技術力をもって戦争に協力した。軍需産業として大きな役割を果たしたのは三菱であり，なかでも三菱重工業は最大であった。同社の名古屋航空機製作所は，零式艦上戦闘機（海軍）や百式司令部偵察機（陸軍）など多くの航空機を設計・製作し，急成長した中島飛行機とともに，エンジンや機体の生産システムを改善しながら増産をはかった。三菱重工業は，戦艦武蔵をはじめ，航空母艦，駆逐艦，海防艦，潜水艦なども建造した。住友で軍需企業として大きな役割を担ったのは，住友金属工業であった。同社は，ジュラルミン，マグネシウム合金，鋳鋼品，圧延鋼品，鍛鋼品など航空機や艦船に用いられる素材を製造した。「軍需財閥」の三菱に対して，住友は「軍需素材財閥」とよばれた。三菱や住友に較べると軍需産業への進出が遅れていた三井でも，三井物産からの玉造船所の独立や三井化学工業の設立をはじめ，造船，飛行機，工作機械への進出に力を注いだ。その結果，払込資本金額でみると三井の重工業部門が急増し，同部門だけではなく財閥全体としても最大の規模となったことがわかる（図表5-6-1，図表5-6-2）。

　日本の進出地域別にみると，1932（昭和7）年3月に満州国の「建国宣言」が出された頃，関東軍は「財閥満州に入るべからず」という方針を出したが，満州中央銀行設立の紙幣発行準備金に充当するために，三井・三菱の両財閥はそれぞれ1,000万円を提供し，その後も三井と三菱は満州への事業進出をはかった。1934年9月には，満州住友鋼管も設立された。三井，三菱，住友の3大財閥は，1937年9月の日中戦争勃発後，中国地域への事業進出をはかるとともに受命事業も担った。1941年12月の日米開戦以降，戦線が南方に拡大すると，三井物産や三菱商事はじめ3大財閥の諸企業は，軍の占領地域での集荷・交易業務や，鉱山・炭礦・製油所など資源開発に関わる南方受命事業を担った。

　この時期，3大財閥の本社が，過程を異にしながらも株式会社に改組され，本社株式も公開されていった。金融面では，傘下会社も含めた株式公開が進展するとともに，財閥系列内金融機関の融資比率が上昇した。資金需要を補うため他系列金融機関への依存を高めるとともに，日本興業銀行・戦時金融金庫の資金が導入された。引受シンジケート団に依存して，社債も発行された。財閥本社は，戦時経済統制が進展し，規模が拡大する傘下軍需企業と軍との関係が強くなるなかで，次第に傘下企業への統制力を低下させていった。

　新興コンツェルンは，重点主義による資材入手の困難，株式市場の不振，既成財閥の重化学工業への進出などで厳しい状況となった。1937年に満州重工業開発株式会社を設立して満州に進出した鮎川義介の構想も，画餅に帰した。

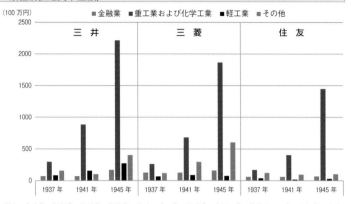

■図表 5-6-1　戦時期における三大財閥の規模の変化（翼下の在国内会社の業種別払込資本金額）

(100 万円)

■金融業　■重工業および化学工業　■軽工業　■その他

三井　　　　　三菱　　　　　住友

(注)　金融業は銀行業，信託業，保険業の合計。重工業は鉱礦業，金属工業，機械器具工業，造船業の合計。
　　　軽工業は製紙業，窯業，繊維工業，農林・水産・食品業，雑業の合計。その他は電力・瓦斯業，陸運業，
　　　土地・建物・倉庫業，商事／貿易業の合計。
(原典)　持株会社整理委員会調査部第二課編『日本財閥とその解体・資料』（持株会社整理委員会，1950 年）
　　　463～473 頁。
(出所)　小林正彬・下川浩一・杉山和雄・栂井義雄・三島康雄・森川英正・安岡重明編『日本経営史を学ぶ
　　　2　大正・昭和経営史』（有斐閣，1976 年）243 頁より作成。

■図表 5-6-2　戦時期の財閥系主要企業一覧

	三井	三菱	住友
金融	三井銀行→帝國銀行，三井信託，三井生命保険，大正海上火災	三菱銀行，三菱信託，明治生命保険，東京海上火災保険	住友銀行，住友信託，住友生命保険，扶桑海上火災保険→住友海上火災保険→大阪住友海上火災保険
鉱業	三井鉱山，北海道炭礦汽船	三菱鉱業，朝鮮無煙炭，茂山鉄鉱開発，南満鉱業	住友鉱業
金属	東洋アルミニウム→東洋軽金属→三井軽金属，日本製鋼所，大同製鋼	東京鋼材→三菱鋼材→三菱製鋼，日本アルミニウム製造所→三菱軽合金工業，日本アルミニウム，朝鮮重化学工業→三菱マグネシウム工業，三菱関東州マグネシウム工業	住友金属工業，住友アルミニウム精錬，満州住友鋼管→満州住友金属工業，朝鮮住友軽金属，安東軽金属工業
機械・造船	東洋精機→三井精機工業，玉造船所→三井造船，三機工業，三井木船製造，芝浦製作所→東京芝浦電気，昭和飛行機工業，芝浦工作機械	三菱重工業，三菱電機，化工機製作→三菱化工機，日本建鉄工業，日本光学工業	住友電線製造所→住友電機工業，住友機械製作→住友機械工業，日本電気→住友通信工業，大阪金属工業，渡辺鉄工所→九州飛行機，日飛産業
化学	三井化学工業，東洋高圧，三井油脂化学，電気化学工業，丸善石油，大日本セルロイド，三池石油合成→日本人造石油，矢作工業→東亜合成化学工業，満州合成燃料，満州石油	日本化成工業→三菱化成工業，三菱石油	住友化学工業，合成樹脂工業所→住友化工材工業
繊維ほか	東洋レーヨン，日本繊維工業，小野田セメント，日本製粉，日東拓殖農林→三井農林，三井木材工業，中華煙草	日本穀産工業	日本板硝子，四国中央電力→住友共同電力，帝国酸素→帝国圧縮瓦斯
土地ほか	東神倉庫→三井倉庫，三井不動産，川崎埠頭	三菱地所，三菱倉庫，康徳吉租，上海三菱倉庫	住友倉庫，大阪北港→住友土地工務
商事・海運	三井物産，東洋棉花，熱帯産業，三井船舶	三菱商事，タワオ産業，鳳凰敦産業，三菱海運船舶部→三菱汽船，南洋海運，東亜海運，郵船／近海郵船	住友ボルネオ殖産

(注)　「繊維ほか」は正しくは繊維・窯業・その他製造業・電力・ガス，「土地ほか」は正しくは土地・建物・倉庫。表中の
　　　青字は直系・分系・連系会社を示す。
(原資料)　『朝日新聞』1944 年 4 月 25 日，商工行政史刊行会編『商工行政史　下巻』（1955 年）427～443 頁，日本銀行調査局編
　　　『日本金融史資料　昭和編　第 34 巻』（1973 年），大蔵省財政史室編『昭和財政史　第 2 巻，独占禁止（三和良一執筆）』（東洋
　　　経済新報社，1982 年）付属資料 12-31 頁および矢倉伸太郎・生島芳郎編『主要企業の系譜図』（雄松堂出版，1986 年）より作成。
(出所)　法政大学産業情報センター・橋本寿朗・武田晴人編『日本経済の発展と企業集団』（東京大学出版会，1992 年）
　　　156～157 頁より作成。

5.7　財閥解体と集中排除

　財閥解体は，労働改革や農地改革と並ぶ経済民主化政策として，GHQの経済科学局（ESS）を中心に実施された。四大財閥本社への自発的解体のはたらきかけにいち早く応じたのは，最も同族色の濃い安田財閥であった。安田を想定してつくられた自主的解体案（『安田プラン』）を，住友や三井のほか，反発が強かった三菱も最終的に承認し，財閥本社の活動が停止された。1946年8月に発足した持株会社整理委員会によって財閥本社の解散・清算が行われ，持株など有価証券が同委員会に委譲された。これに続く解体措置は，役員による人的支配と株式所有による支配という2つの面の紐帯の切断であった。

　その双方に関わる措置として，持株会社整理委員会が10財閥家族56名（実際には，三井・三菱各11，住友4，安田10，中島＝富士5，野村・浅野・大倉各4，古河2，鮎川1）を決定し，1947年3月に総理大臣から指定された。彼らは，会社役員からの退陣と保有株式の処分を命じられた。財閥家族以外による人的支配の排除を目的として，1948年1月に財閥同族支配力排除法が公布された。被指定者数は3,600名以上に及んだが，その多くが公職追放によってすでに排除されており，実際に辞任を強制されたのは140数名であった。これらの措置により企業経営者の若返りが促されることとなった。

　株式所有による紐帯の切断の面では，1946年9月から，5回にわたって持株会社の指定が行われ，その数は財閥本社も含めて83社となった（図表5-7-1）。これらの持株会社のほかの企業と，その子会社と孫会社の間の所有関係を切断する措置も講じられた。すなわち，「会社の解散の制限等の勅令」（1945年11月公布）によって制限会社に指定された財閥系企業の指定会社と，指定会社が10％以上の株式を所有する従属会社，さらに従属会社が10％以上の株式を所有する関係会社の間の所有関係を切断する措置も「会社の証券保有制限等に関する勅令」（1946年11月公布）によってなされた。同勅令によって，指定会社・従属会社・関係会社の間の役員兼任も排除された。

　他方，1947年4月に「私的独占の禁止および公正取引の確保に関する法律」（独占禁止法）が公布され，同年12月には既存の独占を解体する「外科的手術」としての「過度経済力集中排除法（集排法）」が公布された。この排除措置の権限を付与された持株会社整理委員会は，鉱工業関係257社，配給・サービス関係68社の計325社を挙げた。しかし，対日占領政策の転換への流れのなかで自立が促進されるべき日本経済への影響の大きさやアメリカへの跳ね返りの危惧から見直され，企業分割11社，工場・施設の処分3社，保有株式の処分4社の18社にとどまった（図表5-7-2）。

　財閥解体や集中排除の対象には，金融機関が含まれなかった。これは，経済科

■図表 5-7-1　83 持株会社指定次別一覧表

◎印は財閥本社・純粋持株会社，○印は事業持株会社，×印は GHQ との折衝中に解散，
△印は国家管理の移行手段として解体。

■第 1 次指定 5 社（昭和 21 年 9 月 6 日）
- ◎富士産業株式会社＊1
- ◎株式会社三菱本社
- ◎株式会社三井本社
- ◎株式会社住友本社
- ◎合名会社安田保善社

■第 2 次指定 40 社（昭和 21 年 12 月 7 日）
- ◎株式会社浅野本社
- ○大建産業株式会社
- △大日本紡績株式会社
- ○大和紡績株式会社
- ○富士紡績株式会社
- ○古河鉱業株式会社
- ○郡是製絲株式会社
- ○株式会社日立製作所
- ○鐘淵紡績株式会社
- ○片倉工業株式会社
- ○川崎重工業株式会社
- ○株式会社神戸製鋼所
- ○倉敷紡績株式会社
- ○松下電器産業株式会社
- ○内外綿株式会社
- ○日電興業株式会社
- ○株式会社日産
- ○日產化学工業株式会社
- ○日本窒素肥料株式会社
- ○日本毛織株式会社
- ○日本無線株式会社
- ○日本製鉄株式会社
- ○日本曹達株式会社
- ○日本郵船株式会社
- ○日清紡績株式会社
- ○野村合名会社
- ○王子製紙株式会社
- ○沖電気株式会社
- ○沖電気証券株式会社
- ○大倉鉱業株式会社
- ○大阪商船株式会社
- ○理研工業株式会社
- ○渋沢同族株式会社
- ○敷島紡績株式会社
- ○昭和電工株式会社
- ○帝国人造絹絲株式会社
- ◎帝国鉱業開発株式会社
- ○東京芝浦電気株式会社
- ○東洋紡績株式会社
- ○山下汽船株式会社

■第 3 次指定 20 社（昭和 21 年 12 月 28 日）
- ○浅野物産株式会社
- ○古河電気工業株式会社
- ○扶桑金属工業株式会社＊2
- ○北海道炭礦汽船株式会社
- ○三菱電機株式会社
- ○三菱化成工業株式会社
- ◎三菱鉱業株式会社
- ○三菱重工業株式会社
- ×三菱商事株式会社
- ×三井物産株式会社
- ○三井化学工業株式会社
- ○三井鉱山株式会社
- ○三井船舶株式会社
- ○内外通商株式会社
- ○日本電気株式会社＊3
- ○日本鉱業株式会社
- ○日本鋼管株式会社
- ○日新化学工業株式会社＊4
- ○井華鉱業株式会社＊5
- ○住友電気工業株式会社

■第 4 次指定 2 社（昭和 22 年 3 月 15 日）
- △国際電気通信株式会社
- △日本電信電話工事株式会社

■第 5 次指定 16 社（昭和 22 年 9 月 26 日）
- ◎大和殖産合資会社
- ◎服部合資会社
- ◎株式会社林兼商店
- ◎石原合名会社
- ◎関東興業株式会社
- ◎合名会社片倉組
- ◎共同興業株式会社
- 三栄不動産株式会社
- ◎大原合資会社
- ◎株式会社岡崎本店
- ◎合資会社辰馬本家商店
- ◎株式会社定徳会
- ◎寺田合名会社
- ◎豊田産業株式会社
- 若狭興業株式会社
- ◎山下株式会社

＊1　前身は中島飛行機。＊2　前身は住友軽金属工業。＊3　前身は住友通信器。＊4　前身は住友化学工業。
＊5　前身は住友鉱業。

（原典）　持株会社整理委員会調査部第二課編『日本財閥とその解体　資料編』（持株会社整理委員会, 1951 年）6–21 頁。
（出所）　E.M. ハードレー著（小原敬士・有賀美智子監訳）『日本財閥の解体と再編成』（東洋経済新報社, 1973 年）
　　　　530–532 頁および小林正彬・下川浩一・杉山和雄・栂井義雄・三島康雄・森川英正・安岡重明編『日本経営史を
　　　　学ぶ 3　戦後経営史』36 頁より作成。

■図表 5-7-2　集排法の適用対象

企業分割	
①日本製鉄→ 富士製鉄，八幡製鉄，日鉄汽船，播磨耐火煉瓦	⑦王子製紙→ 苫小牧製紙，十條製紙，本州製紙
②三井鉱山→ 三井鉱山，神岡鉱業	⑧大建産業→ 呉羽紡績，丸紅，伊藤忠商事，尼崎製釘所
③三菱鉱業→ 三菱鉱業，三菱金属鉱業	⑨帝国繊維→ 帝国製麻，中央繊維，東邦レーヨン
④井華鉱業→ 井華鉱業，別子鉱業，別子建設，別子百貨店	⑩大日本麦酒→ 日本麦酒，朝日麦酒
⑤三菱重工業→ 東日本重工業，中日本重工業，西日本重工業	⑪北海道酪農協同→ 北海道バター，雪印乳業，他に 4 工場処分
⑥東洋製罐→ 東洋製罐，北海道製罐	

工場・施設の処分	
①東京芝浦電気→ 27 工場，1 研究所処分	③日本通運→駅施設の譲渡または賃貸，他に保有株式処分
②日立製作所→ 19 工場処分	

保有株式の処分	
①帝国石油→ 保有株式の処分．他に石油鉱業権等の処分	③松　竹→ 保有株式の処分
②日本化薬→ 保有株式の処分	④東　宝→ 保有株式の処分

（出所）　持株会社整理委員会調査部第二課編『日本財閥とその解体』（持株会社整理委員会, 1951 年）319–341 頁より作成。

学局の反トラスト・カルテル課が「反トラスト・カルテル問題での銀行の管轄」を，金融課が「反トラスト・カルテル問題は責任外だが銀行は所管」であると，それぞれ主張し決着がつかなかったことや，歴代内閣がその指定に強く反対したためとされている。

5.8 戦時補償の打ち切りと復興期の経営環境

戦後の激しいインフレのなかで，経済の安定をはかるため，1946 年には 2 月の金融緊急措置令（新円発行・預金封鎖）や 3 月の物価統制令（3・3物価体系）などの新たな統制が実施された。GHQ は「戦争は儲かるビジネスではない」ことを教えるため，日本政府が損失の補償を約束していた戦時補償の打ち切りを主張した。同年 10 月に公布された戦時補償特別措置法により，補償の実施と同時に同額の，つまり 100％の戦時補償特別税が課されることとなった。同年 8 月には会社経理応急措置法・金融機関経理応急措置法，10 月には企業再建整備法・金融機関再建整備法が公布され，金融機関や企業が補償打ち切りや在外資産の損失で倒産しないように再建する途が示された。経理の応急措置法によって，今後の事業に必要な新勘定と整理を要する旧勘定に分離され，整理を要する資産と負債は後者に組み入れられた。また再建整備法によって，金融機関は 447 億円にのぼる損失を積立金・資本金のほか第二封鎖預金などを切り捨てて対処し，金融機関以外の企業も積立金や資本金の切り捨てや債権者の負担によって処理した。1950 年 9 月時点で，整備計画書の提出義務を持つ 4,762 社のうち 4,742 社が提出して認可され，再建整備はほぼ終了した。

1946 年 12 月に閣議決定された傾斜生産方式は，石炭と鉄鋼の 2 つの産業に資材や資金を重点的に投入して生産を回復し，これを梃子にして，ほかの産業も連関的に生産回復の軌道に乗せようとするものであり，成果を残したといえる。しかし，この政策の主たる対象であった石炭・鉄鋼をはじめ電力，海運，肥料などの重要産業に資金（復金融資）を提供した復興金融金庫（1947 年 1 月設立）の財源となった復興金融金庫債券（復金債）の引き受け手が日本銀行であったため，通貨増発によってインフレを加速させることになった（図表 5-8-1）。

1948 年 12 月にアメリカ政府の指示を受けて，マッカーサーは「経済安定九原則」を吉田首相に示した。この政策を実施するため来日したジョセフ・ドッジは，超均衡予算の実施，価格差補給金などの補助金の打ち切り，復金債の発行停止，1 ドル＝360 円の単一為替レートの実施などの政策を実行に移した。このドッジ・ラインとよばれた政策は急激な金融逼迫をもたらし，企業経営は，在庫の増大，失業者の増加など，一転して深刻なデフレの状況下に置かれることとなった。1950 年 6 月 25 日に勃発した朝鮮戦争は，米軍からの緊急軍需品の発注（特需）を

■図表 5-8-1　全金融機関融資中に占める復金融資の比重（1949 年 3 月末）

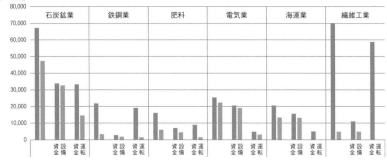

（原典）　10 年史編纂委員会編『日本開発銀行 10 年史』（日本開発銀行，1963 年）469 頁。
（出所）　安藤良雄編『近代日本経済史要覧　第 2 版』（東京大学出版会，1979 年）151 頁より作成。

■図表 5-8-2　特需の概要（1950 年 6 月-1955 年 6 月）

■特需契約高（単位：千ドル）

	物　資	サービス	合　計
第 1 年	229,995	98,927	328,922
第 2 年	235,851	79,767	315,618
第 3 年	305,543	186,785	492,328
第 4 年	124,700	170,910	296,610
第 5 年	78,516	107,740	186,256
累　計	974,607	644,129	1,618,736

■主な物資およびサービスの契約高（単位：千ドル）

物　資		サービス	
兵器	148,489	建物の建設	107,641
石炭	104,384	自動車修理	83,036
麻袋	33,700	荷役・倉庫	75,923
自動車部品	31,105	電信・電話	71,210
綿布	20,567	機械・修理	48,217

（原典）　大河内一男・海後宗臣・遠山茂樹・末川博・辻清明・有澤廣巳・稲葉秀三・清水幾太郎『資料 戦後二十年史 2』（日本評論社，1966 年）160 頁。
（出所）　安藤良雄編『近代日本経済史要覧　第 2 版』（東京大学出版会，1979 年）154 頁。

■図表 5-8-3　主要経済指標が戦前水準を超えた年度

指　標	戦前水準を超えた年	戦前水準の 2 倍に達した年	戦前戦時の最高を越えた年	指　標	戦前水準を超えた年	戦前水準の 2 倍に達した年	戦前戦時の最高を越えた年
工業生産	1951	1957	1955	1 人当たり国民総生産	1953	1962	1957
実質国民総生産	1951	1959	1954				
設備投資	1951	1956	1957	1 人当たり個人消費	1953	(1964)	1956
個人消費	1951	1960	1952				
輸出等受取	1957	1963	1960	就業者 1 人当たり生産性	1951	(1962)	
輸入等支払	1956	1961	1959				

（注）　戦前基準は 1934–1936 年平均。青字部分は実質国民総生産ベース。
（原典）　稲葉秀三・大来佐武郎・向坂正男監修『講座日本経済 1』（日本評論社，1965 年）5 頁。
（出所）　安藤良雄編『近代日本経済史要覧　第 2 版』（東京大学出版会，1979）154 頁。

■図表 5-8-4　労働争議件数・参加人員

年	総争議 件数	参加人員（千人）	争議行為を伴う争議 件数	参加人員（千人）	作業停止争議 件数	参加人員（千人）	労働損失日数（千日）
1946	920	2,723	810	635	702	517	6,266
1947	1,035	4,415	683	295	464	219	5,036
1948	1,517	6,715	913	260	744	2,304	6,995
1949	1,414	3,307	651	1,040	554	1,122	4,321
1950	1,487	2,348	763	1,027	584	763	5,486
1951	1,186	2,819	670	1,386	576	1,163	6,015
1952	1,233	3,683	725	1,843	590	1,624	15,075
1953	1,277	3,399	762	1,743	611	1,341	4,279
1954	1,247	2,635	780	1,547	647	928	3,836
1955	1,345	3,748	809	1,767	659	1,033	3,467

（出所）　労働争議統計調査（時系列表）労働争議の種類，行為形態別労働争議件数，参加人員及び労働損失日数　https://www.e-stat.go.jp/stat-search/files?page=1&layout=datalist&toukei=00450108&tstat=000001014031&cycle=0&tclass1=000001039336&tclass2val=0

もたらしデフレを一掃した（図表5–8–2，図表5–8–3）。

　戦後，労働者の権利は大幅に認められて労働運動も盛んとなり，経営者機能まで侵害しかねない「生産管理闘争」も展開された。1947年1月31日のマッカーサーによる2.1ゼネストの中止指令や，冷戦による急進的運動に対するGHQの姿勢の変化は運動の変化を余儀なくしたが，ドッジ・デフレにともなう人員整理などは大きな争議をひき起こすこととなった（図表5–8–4）。

Column 5–1 ● 震災手形と片岡蔵相の失言

　1923年（大正12）年9月1日の関東大震災による企業の損失を救済するため，政府は，震災前に銀行が割り引いた手形のうち，震災地から振り出され手形や震災地向けの手形などについて，取立てを猶予するとともに，日本銀行が再割引に応じ，日銀の最終損失に対して政府が1億円を補償するとした。震災手形の中には震災前からの不良債権が混入されており，1925年9月30日の期限がきても未決済の手形が残った。2度にわたって1年ずつ期限が延長されたが，1926年末年の時点でも震災手形はまだ2億700万円ほど残っており，50行ほどが抱えこんでいた。なかでも，台湾銀行は約1億円も所持していたのである。

片岡蔵相の「失言」を伝える新聞

（注）　当時の夕刊は発行翌日の日付にしていたので，この新聞は
　　　　3月14日の夕方に東京市内などに配られた。
（出所）　「東京日日新聞」（1927年3月15日）。

第6章

昭和期2
（経済の自立と高度成長からバブル景気）

6.1　昭和（戦後）期の社会と経済

　本節では高度経済成長が始まった 1955（昭和 30）年から昭和の終わる 1989（昭和 64，平成元）年 1 月頃までの日本経済と社会を概観する。

　1955 年から 1970 年代前半までの期間は，成長率が年平均 10％を超える，いわゆる高度成長期とよばれる時期である。この時期は，日本だけでなく西側先進諸国が成長を遂げた時代であったが，そのなかでも日本の成長は著しかった（図表6-1-1）。この結果，1969 年に日本は GNP の面で，アメリカに次ぐ先進国第 2 位の地位にいたった。1950 年における一人当たり実質 GNP が同じ敗戦国であるドイツの 3 分の 1 程度だったことからも，その急激な成長が理解できよう。

　しかし，1970 年代に入り，日本の高度成長は終焉を迎えた。ニクソンショックへの対応，列島改造論の実現を目的とした拡張的な財政政策や公定歩合の引き下げなどによる金融緩和策の影響もあり，物価は上昇傾向にあった。これに，第一次石油危機による原油価格の上昇とそれにともなう国内の混乱が加わり，「狂乱物価」と称された物価上昇が生じた。これに対応すべく行われた物価抑制政策は，物価上昇を抑える一方で急激な景気の後退をもたらし，1974 年に日本は戦後初のマイナス成長を記録した。

　以後，日本経済の成長率はその伸びが鈍化することとなった。とはいえ，1970 年代後半に他の欧米先進国が第二次石油危機の影響に苦しむなか，日本だけは相対的に高いパフォーマンスを維持し続けた。

　1985 年のプラザ合意によって急激な円高がもたらされると（図表6-1-2），日本は「円高不況」に陥った。しかし，景気はすぐに反転し，日本経済は「平成景気」とよばれる好景気に入った。

　高度成長期をもたらしたものは，主として個人消費と民間設備投資という内需であった（図表6-1-3）。特に民間設備投資は，その増加率と名目成長率がほぼ同様の動きを示したことにあらわされるように，高度成長の「エンジンの役割」を果たした。しかし，1970 年代後半の安定成長期になると，日本企業の国際競争力の向上を背景に増大した輸出が成長の牽引役となった。その一方，民間設備投資は，高度成長期にみられたいわゆる「投資が投資を呼ぶ」と表現される部門間の同時連関性が失われたこともあり，伸び悩むこととなった。

　そうした外需主導の成長が変化したのが 1980 年代後半である。プラザ合意後の円高によって輸出が停滞する一方，輸入品価格の低下や所得の上昇を背景に国内最終消費が増加し成長を牽引した。好調な国内消費に対応するかたちで，加工型産業の「国内回帰」が生じた。一方，国内消費の増加に先導されるかたちで，国内向け消費産業，素材産業，加工型産業の順に設備投資が増大していった。外需主導の経済から内需主導の経済に日本経済は再度転換したのである。

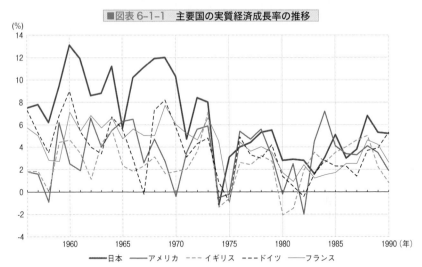

■図表 6-1-1　主要国の実質経済成長率の推移

（％）

——日本　——アメリカ　‐‐‐‐イギリス　‐‐‐‐ドイツ　——フランス

（出所）　三和良一・原朗編『近現代日本経済史要覧　補訂版』（東京大学出版会，2010 年）41 頁より作成。

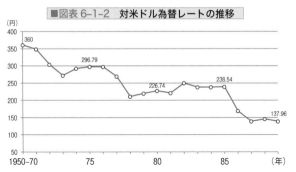

■図表 6-1-2　対米ドル為替レートの推移

（円）

（出所）　三和良一・原朗編『近現代日本経済史要覧』（東京大学出版会，2007 年）159 頁より作成。

■図表 6-1-3　需要面から見た経済成長の要因分析

	1956-60 年	1961-65 年	1966-70 年	1971-75 年	1976-80 年	1981-85 年	1986-90 年
民間最終消費支出	5.6	5.5	5.8	3.2	2.4	1.8	2.4
民間の企業設備，住宅，在庫形成	2.4	2	4.1	0.1	0.8	0.7	2.2
公的需要	1.1	1.9	1.5	1.1	0.8	0.1	0.7
輸　　出	0.4	0.5	0.9	0.6	0.8	0.8	0.2
輸　　入	0.7	0.7	1.1	0.5	0.4	0.1	0.7

（出所）　橋本寿朗・長谷川信・宮島英昭・齊藤直『現代日本経済　第 4 版』（有斐閣，2019 年）53，154，231 頁より作成。

6.2 産業構造の変化と戦後の成長企業

戦後，日本の産業構造は大きく変化した。高度成長期には，第一次産業がその比率を大きく落とす一方，より付加価値の高い第二次産業，第三次産業の比率が上昇したのである。特に，第二次産業のうち，製造業，そのなかでも機械工業（電機・輸送用機器・精密機械を含む）の成長が著しかった。

石油危機以降は，エネルギー費と人件費の負担が大きい素材型製造業が伸び悩むなか，国際競争力をつけた加工型輸出産業が成長した。

そのことは，売上高上位100社の顔ぶれからも明らかである（図表6-2-1）。1955年度，1975年度，1988年度の3時点における，売上高上位100社にランクインした企業の数を業種ごとに数えて比較すると，食料品が9社→3社→2社，繊維製品が12社→6社→2社と減少する一方，電気機器が4社→9社→12社，輸送用機器が5社→10社→13社へと増加している。

企業ごとの変化に着目すると，日清製粉（食料品）が33位→143位→177位，鐘淵紡績（繊維）が23位→53位→111位，東洋紡績（繊維）が20位→93位→183位と下落したのに対し，トヨタ自動車工業（輸送用機器）が60位→12位→7位（1982年に工販合併しトヨタ自動車），日産自動車（日産）（輸送用機器）が85位→13位→14位，松下電器産業が39位→17位→12位へとその地位を大きく高めている。

この時期に成長を遂げた企業には，内部昇進によって経営権を獲得した経営者による経営者大企業と，中小企業を大企業に育て上げた革新的な経営者による資本家企業がある。後者の代表として，先に挙げた松下や，ソニー（電機，未上場→80位→33位），本田技研工業（ホンダ）（輸送用機器，未上場→36位→17位），東洋工業（マツダ）（輸送用機器，106位→37位→24位），ダイエー（商業，創業前→28位→27位）が挙げられる。「三種の神器」や「3C」に象徴されるような，高度成長期の大衆消費社会到来による消費財市場の拡がりと深まりを活かし，これらの企業は躍進を遂げた。

また，財閥解体，独占禁止法などのGHQによる大企業改革の影響や，消費財市場の拡大・深化が既存大企業の成長スピードを上回ったことなどで，既存大企業による消費財市場への進出に限界があったことも重要である。これにより，新興企業がそのチャンスを活かす競争条件が整っていたのである。

もちろん，そのような外部条件が整っていたとしても，多くの企業はそのチャンスを活かすことができなかった。それを活かした企業特徴として，資金面での支援者を確保しつつ，リスクを恐れずに差別化投資を行い，自前のブランドと販路を確立して，新市場での製品の差別化による競争優位を確保した革新的な経営者を擁していた点が指摘されている。

■図表 6-2-1　日本の上場企業の売上高上位 100 社の業種別数の推移

	1955 年度	1965 年度	1975 年度	1985 年度	1988 年度	期間延べ数
水産・農林	2	2	1	1	1	7
鉱　業	8	0	1	0	0	9
建　設	0	5	5	6	8	24
食料品	9	7	3	1	2	22
繊維製品	12	9	6	2	2	31
パルプ・紙	2	0	0	0	0	2
化　学	6	5	6	3	4	24
石油・石炭	5	6	8	6	4	29
ゴム製品	0	1	1	1	1	4
ガラス・土石製品	4	0	1	1	1	7
鉄　鋼	7	8	5	5	5	30
非鉄金属	2	5	1	4	4	16
金属製品	0	0	0	0	0	0
機　械	0	1	2	2	2	7
電気機器	4	6	9	13	12	44
輸送用機器	5	9	10	12	13	49
精密機器	0	0	0	2	2	4
その他製品	0	0	1	2	2	5
商　業	22	26	26	27	25	126
不動産	0	0	0	0	0	0
陸　運	1	1	1	1	1	5
海　運	3	2	4	2	0	11
空　運	0	0	1	1	2	4
倉　庫	0	0	0	0	0	0
情報・通信	0	0	0	0	1	1
電力・ガス	8	7	8	8	8	39
サービス	0	0	0	0	0	0
合　計	100	100	100	100	100	500

（注）　（1）金融を除く。
　　　　（2）基本的に年度で集計しているが，決算日による集計期間，決算日の変更による年度の違いなどがある。
（出所）　日本経済新聞社『会社年鑑』および東洋経済新報社『会社四季報』各年版より作成。

Column 6-1 ● **総合商社**

　この時期の日本企業の売上高ランキング上位 10 社をみると，そのほとんどを独占するのは，自動車会社でも家電メーカーでもなく，商社（総合商社）である。総合商社とは，金融，物流，コンサルなど様々な機能を発揮しながら，主として貿易取引を中心とした，メーカーへの原料調達や製品販売に携わる巨大商社のことである。その取り扱い分野は多岐にわたり，例えば高度成長期の三菱商事は菓子から通信衛星まで様々な取引に関わっていた。海外に例をみない，多種の商品，広範な取引に携わりながら，総合商社は，企業間のオーガナイズ，中小企業の信用担保，情報の提供など，様々な機能で，日本経済に大きな影響を与え続けてきたのである。

6.3　日本の企業集団

　復興期から 1970 年代にかけて，企業集団といわれる企業グループが結成された。特に，住友，三菱，三井，富士，三和，第一勧銀という 6 つの都市銀行をそれぞれ含む企業集団は六大企業集団とよばれる。六大企業集団の成立時期，成立の背景，参加企業の業種などはそれぞれ異なるが，いずれも，様々な業界の有力企業が互いに株式を持ち合うことで成立し，大株主会として社長会を持つという特徴があった（図表 6-3-1）。

　企業集団形成の指標ともいえる社長会は，まず住友系（白水会：1951 年結成（以下同じ）），三菱系（金曜会：1954 年），三井（二木会：1961 年）といった旧財閥系で結成された。これらは，財閥解体による株式の分散化に対応するため，株式を相互に持ち合うことを目的に結成された。一方，財閥解体と集排法の適用除外となった金融機関の多かった安田財閥および浅野・大倉財閥の富士銀行（芙蓉会：1966 年），新興系企業集団である三和銀行系（三水会：1967 年）および第一勧銀系（1978 年）の結成は，旧財閥系に比べて遅くなった。彼らがグループの結成をはかったのは，資本の自由化や証券恐慌による株価の低迷への対応と，企業集団のメリットを得た旧財閥系企業への対抗からであった。

　戦前の財閥と戦後の企業集団はどのような関係にあったのであろうか。旧財閥系企業集団の形成に旧財閥内での人的関係が作用したこと，当初の旧財閥系企業集団の機能に商号管理があったことなどから両者の関係を全くないものとすることは難しい。しかし，財閥家族や持株会社などが傘下企業の株式を所有して影響力を発揮する財閥と，参加企業がそれぞれ株式を持ち合う企業集団は組織的に大きく異なる。その点では両者は全く異なるものとすることもできる。その一方，組織内に一定の株式をとどめることで，その拡散を防ぎ，組織内の経営者の経営自由度を外部から守るという点で両者は共通したものであるといえる。

　企業集団はその基本的・付加的機能により，参加企業，日本経済に様々なメリットを与えたと指摘されている。

　第一に，企業集団内の株式の相互持ち合いによる株主安定化は，「外部」の株主による短期的な利益要求を防ぎ，長期的な視野に立った経営を可能にした。

　第二に，メンバー企業間の情報交換やリスクシェアリング，金融機関や総合商社とメンバー企業間の取引費用の削減などは個別企業の成長を促した。

　第三に，リスク負担能力や資金調達力，対外交渉力などの面で個別企業の限界を企業集団が補うことで，新規産業への参入や衰退産業からの撤退をスムーズにした。このことは，個別企業にメリットをもたらしただけでなく，前節でみた産業構造の転換をスムーズにする役割も果たした。

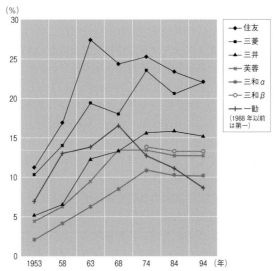

■図表 6-3-1　6大企業集団社長会メンバー企業の株式持ち合い比率

凡例:
- 住友
- 三菱
- 三井
- 芙蓉
- 三和 α
- 三和 β
- 一勧
  （1988年以前は第一）

(注)　「三和 α」は大同生命を，「三和 β」は日本生命を，それぞれ社長会メンバーとした場合の数値。
(出典)　橘川武郎『財閥と企業グループ』（日本経営史研究所，2016年）119頁。

Column 6-2 ● メインバンクシステム

　戦後の銀行と企業関係をみるうえで重要な論点の一つにメインバンク関係がある。銀行は相手企業に対し，資金の調達や決済において中心的な役割を果たし，主要株主になり，役員を派遣した。また，企業業績が悪化した場合は経営に介入しつつ，積極的な救済を行った。総じてこのような関係が長期的に，明示的な契約関係にもとづかず行われたのである。

　企業側にとっては，戦後の資金不足傾向のなかで長期的・安定的な資金の供給が期待できる，メインバンクが最初の貸し手になることで企業やプロジェクトの信用性が高まるなどのメリットがあった。

　一方，銀行側にとっては，金利や出店に関する厳格な金融規制の下で大口の預金が期待できる成長企業との関係が継続できる，企業の監視・審査を各メインバンクが担当することでメインバンク関係にない企業の審査コストが節約できるなどのメリットがあった。

　メインバンク関係は，①借り手の情報が得られることで貸し出しを容易にし，結果として設備投資を促進させる，②証券市場に代わり経営者を規律づける，③企業の救済により企業特殊熟練と産業内の寡占間競争を維持させるなどの役割を果たしたとされる。ただし，設備投資の促進やモニタリングに関しては懐疑的な見解もある。

6.4 日本的経営

　戦後の日本では応用技術の開発が活発化し，それが日本企業や日本経済の成長の一要因となった。そして，技術開発を可能にする十分条件として，日本企業の企業内システムと企業間システムが挙げられる。

　企業内システムとしてインフォーマルな情報交流を可能にする水平的で柔軟な組織構造，新技術の導入や新規分野への進出を相対的に容易にする日本的雇用慣行，株主の性質や雇用慣行を背景とした長期的な視点による経営が挙げられる。

　このような「日本的経営」の重要な要素とされたのが，基本的に一度雇用した従業員を定年まで雇い続ける①長期雇用，年齢・勤続年数と，大まかに分類された職務給を組み合わせた②年功賃金，企業単位で組織されホワイトカラーとブルーカラーがともに加入する③企業別組合である。これらは復興期にその原型が形成され，高度成長期にかけて大企業を中心に各企業に定着していった。

　そして，この雇用慣行により協調的な労使関係が形成され，それが日本企業および日本の成長に貢献したのである。

　ただし，上記については2点留意する必要がある。第一にこのような雇用慣行の定着は全ての企業でみられたわけではない。中小企業では，大企業に比べ離職率が高いなど，大企業とは異なる傾向がみられる。また，年功賃金も中小企業では大企業と比較してその傾向は弱かった（図表6-4-1）。

　第二に，上記3要素が定着した後も，ある時期までは紛争的な労使関係が継続した点である。労働争議による労働損失日数が低位安定したのは1970年代後半であり，労働争議件数のそれは1980年代に入ってからであった（図表6-4-2）。

　日本企業の技術開発を可能にした企業間システムとして，長期的な取引関係が挙げられる。この長期的な関係とは単に取引関係が継続している関係を指すものではなく，「信頼」を前提に，特定の取引相手を選択し，相対で多様な条件を交渉し，柔軟に取引条件を変更する仕組みである。この関係は，調査・交渉・在庫・監視に関わる諸費用を節約する効果をも持つとともに，企業間の情報の流れをスムーズにし，タイミングの良い技術開発を可能にした。例えば，差別化競争が激化し新製品開発のスピードが重要になった時期に，長期相対取引への転換をはかり，取引実績を踏まえた取引相手の選別を行った事例や，長期相対取引関係の部品メーカーが製品開発に参加することで，製品開発のスピードが速くなった事例が確認されている。

■図表 6-4-1　規模別に見た年齢別の賃金格差

年	大企業（1000 人以上）								小企業（10-99 人）							
	20-24 歳	35-39 歳	40-49 歳		50-59 歳				20-24 歳	35-39 歳	40-49 歳		50-59 歳			
			40-44 歳	45-49 歳	50-54 歳	55-59 歳					40-44 歳	45-49 歳	50-54 歳	55-59 歳		
1954	100	184*	203*		203*				100	152*	155*		142*			
1958	100	211,211	238		244,244				100	160,160*	159		146*			
1961	100	210	237		241				100	154	153		140			
1964	100	192	214		223				100	136	140		126			
1967	100	178	200		212				100	134	135		124			
1970	100	158	178		185				100	137	134		125			
1974	100	151	161	169	176	151			100	138	134	130	127	116		
1978	100	160	169	176	183	169			100	152	153	148	141	131		
1980	100	162	172	176	183	170			100	152	154	150	142	133		

（注）　＊印の数字は労働者（男子）のみの数字であり，また 1954, 58 年の小企業の範囲は 30-99 人規模。原数値の小数
　　　点以下の数字の扱いは四捨五入で統一した。
（出所）　寺西重郎『歴史としての大衆消費社会』（慶應義塾大学出版会，2017 年）281 頁。

■図表 6-4-2　労働争議の推移（1955-1990 年）

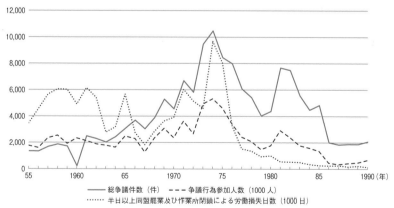

（原典）　田端博邦「現代日本社会と労使関係」東京大学社会科学研究所編『現代日本社会　第 5 巻　構造』（東京大学出版
　　　会，1991 年）230 頁。
（出所）　橘川武郎「経済成長と日本型企業経営」宮本又郎・阿部武司・宇田川勝・沢井実・橘川武郎『日本経営史　新版』
　　　（有斐閣，2007 年）331 頁より作成。

6.5 日本における品質管理運動の展開

　戦後の日本で品質管理が発展する一つの契機となったのが，GHQ の組織である CCS（民放通信局）による経営講座の開催であった。通信電話の故障に悩まされた GHQ の要請にもとづき，CCS は，まず全国の大企業および中小企業を視察したうえで，日本の通信機製造企業の管理上の不備をただす目的で経営講座を実施した。品質管理の項目はこの講座の一部であり，また，のちの日本で展開される品質管理とは異なるものであったが，この講義はその後日本人に引き継がれ，1970 年代まで実施された。

　一方，日本の側からも品質管理を進める動きが生じていた。1945 年に工業標準化に関する普及事業を目的とする日本規格協会が設立され，翌年には QC（品質管理）運動で中心的役割を担う日本科学技術連盟（日科技連）が創設された。これらの組織が開いた講習会が，その参加者を通じて，各社の工場に品質管理が導入されるきっかけとなった。さらに，重要であったのが，日科技連主催で行われたデミングによる品質管理講座であった。この講座は大きな反響をよび，翌年のデミング賞本賞とデミング賞実施賞の設置へとつながった。このうち，会社・工場で，品質管理の応用，実施を進め，顕著な成功を収めた企業に与えられる実施賞は，品質管理を進める日本企業の目標となり，各社の改善努力につながっていった（図表 6-5-1）。

　日本の品質管理は，1960 年代に入りさらに進展することとなった。この時期は，資本の自由化，国内市場の成熟，企業間の競争の激化など，各社それぞれが経営課題を抱えており，それへの対策として TQC や QC サークルの導入が進んだのである。

　TQC とは，品質の改善運動を，品質管理部門や製造部門など一部の部門や担当者だけでなく，全社員・全部門で進めるものである。その萌芽は 1950 年代にすでにみられたが，1960 年代に入り各社に普及していった。

　一方，TQC と相互に影響を与えるかたちで，同時期に QC サークルとよばれる，職場内で品質管理を自主的に行う小グループが形成されていった。同様のグループ活動は 1950 年代の終わり頃からすでに存在していたが，日科技連が現場に密着した品質管理に関する『現場と QC』を刊行した結果，その輪読と学習の場として QC サークルの結成が進んだのである。

　TQC や QC サークルはアメリカで開発された管理技法とは異なるものであった。日本の経営者・労働者は，アメリカの管理技法を受動的に導入するだけでなく，それをみずからに適した形に能動的に発展・昇華させていったのである。

　そして，この現場からの改善が日本製品の品質向上と価格の低下につながり，日本企業の国際競争力を高めるうえで重要な役割を果たしたのである。

■図表 6-5-1　デミング賞受賞企業一覧

年次	受賞会社名
1951	昭和電工株式会社，田辺製薬株式会社，富士製鉄株式会社，八幡製鉄株式会社
1952	旭化成工業株式会社，塩野義製薬株式会社，武田薬品工業株式会社，東洋紡績株式会社，日木電気株式会社，古河電気工業株式会社，表彰—九州クロス株式会社
1953	川崎製鉄株式会社，信越化学工案株式会社，住友金属工業株式会社，東京芝浦電気株式会社
1954	東洋ベアリング製造株式会社，東洋レーヨン株式会社，日本曹達株式会社
1955	旭硝子株式会社，株式会社日立製作所，本州製紙株式会社
1956	小西六写真工業株式会社，株式会社東北工作所，富士写真フイルム株式会社，三菱電機株式会社
1957	該当会社なし
1958	鐘淵化学工業株式会社，呉羽化学工業株式会社，日本鋼管株式会社，松下電子工業株式会社，株式会社中与通信機製作所（中小企業賞）
1959	旭特殊硝子株式会社，倉毛紡績株式会社
1960	日産自動車株式会社，株式会社東和製作所（中小企業賞）
1961	帝人株式会社，日本電装株式会社，日本ラヂエーター株式会社（中小企業賞）
1962	住友電気工業株式会社
1963	日本化薬株式会社
1964	株式会社小松製作所
1965	トヨタ自動車工業株式会社
1966	関東自動車工業株式会社，松下電器産業株式会社部品事業本部（事業部賞）
1967	神鋼鋼線鋼索株式会社，小島プレス工業株式会社（中小企業賞）
1968	ブリヂストンタイヤ株式会社，ヤンマーディーゼル株式会社，中国化薬株式会社（中小企業賞）
1969	シンポ工業株式会社（中小企業賞）
1970	トヨタ車体株式会社
1971	日野自動車工業株式会社
1972	アイシン精機株式会社，埼玉鋳造工業株式会社（中小企業賞）
1973	三輪精機株式会社（中小企業賞），埼玉機器株式会社（中小企業賞）
1974	株式会社堀切バネ製作所（中小企業賞），株式会社協同測量社（中小企業賞）
1975	株式会社リコー，株式会社武部鉄工所（中小企業賞），東海化成工業株式会社（中小企業賞），理研鍛造株式会社（中小企業賞）
1976	株式会社三協精機製作所，ぺんてる株式会社，小松造機株式会社（中小企業賞），石川島播磨重工業株式会社航空宇宙事業部（事業部賞）
1977	アイシン・ワーナー株式会社
1978	株式会社東海理化電機製作所，中越合金鋳工株式会社（中小企業賞）
1979	株式会社竹中工務店，積水化学工業株式会社，九州日本電気株式会社，東北リコー株式会社，浜名湖電装株式会社（中小企業賞）
1980	萱場工業株式会社，小松フォークリフト株式会社，高丘工業株式会社，富士ゼロックス株式会社，株式会社共和工業所（中小企業賞）
1981	アイホン株式会社（中小企業賞），京三電機株式会社（中小企業賞），東京重機工業株式会社工業用ミシン本部（事業部賞）
1982	鹿島建設株式会社，山形日本電気株式会社，横河・ヒューレット・パッカード株式会社，リズム時計工業株式会社，アイシン化工株式会社（中小企業賞），新和工業株式会社（中小企業賞）
1983	清水建設株式会社，株式会社日本製網所，アイシン軽金属株式会社（中小企業賞）
1984	関西電力株式会社，小松ゼノア株式会社，株式会社安川電機製作所，安城電機株式会社（中小企業賞），北陸工業株式会社（中小企業賞）
1985	豊田工機株式会社，豊田合成株式会社，日本カーボン株式会社，日本ゼオン株式会社，株式会社内野工務店（中小企業賞），コマニー株式会社（中小企業賞），豊容精機株式会社（中小企業賞），日本テキサス・インスツルメンツ株式会社バイポーラ事業部（事業部賞）
1986	株式会社豊田自動織機製作所，株式会社間組，株式会社三陽電機製作所（中小企業賞），日東建設株式会社（中小企業賞）
1987	アイシン化工株式会社，愛知製鋼株式会社，株式会社ダイヘン，日本電気アイシーマイコンシステム株式会社
1988	アイシン軽金属，アスモ，富士鉄工所，常磐興産常磐ハワイアンセンター（事業部賞）

（出所）佐々木聡・野中いずみ「日本における科学的管理法の導入」原輝史編『科学的管理法の導入と展開』（昭和堂，1990 年）272 頁。

6.6 石油危機と構造転換

　1973（昭和48）年の第四次中東戦争をきっかけに生じた原油価格の急上昇は，日本企業に大きな打撃を与えた。原料価格の上昇に加え，物価高に対応するため行った賃上げなどにより企業のコストが増大した。その一方で，国内外の市場は停滞したため，企業の利益は大幅に低下した。例えば，1975年における東証1部上場企業の売上高営業利益率は1973年の約4％から約1％に落ち込んだ。これに対し，各企業は人件費の削減を目指し，雇用調整をはかった。非正規雇用者の解雇や中高年労働者の希望退職などを行い，雇用の合理化を進めたのである。以後，非正規雇用者の活用と，機械設備の修理・保全，清掃などの付帯的事業分野の外注化が広まっていった。

　とはいえ，解雇に対し労働組合は強く反対し，経営者側もなるべくそれを回避する行動に出たため，正規労働者の雇用調整は進展しなかった。このため，各企業はマイクロエレクトロニクス（ME）機器の導入によるME化を進めることでコストの削減をはかった。例えば，松下電器や三洋電機などはテレビの製品面におけるIC化を進め部品点数を削減するとともに，製造面で部品挿入の自動化を進展させた。これらは，生産速度の上昇による生産性の向上をもたらすとともに，手作業によるミスを減少させることで製品品質の向上につながった。

　これらと並行して，省エネ投資が積極的に行われた。例えば，新日本製鐵などの高炉メーカーは，操業技術の改善，排エネルギーの回収，生産工程の改善，エネルギー使用効率の向上などを進め，エネルギーの省力化をはかった。各社の省エネ努力の結果，1次エネルギー供給量と石油依存度は低下した（図表6-6-1）。1973年の製品1単位当たりのエネルギー消費量と1984年のそれを比較すると，石油化学で30％以上，セメント，紙・パルプで20％以上の低下がみられた。

　これらに貢献したのが，TQCやQCサークルの広がりであり，現場からの省エネ，コスト削減が製造業の間で広がっていった。

　日本企業は，石油危機によるエネルギー費の高騰と公害問題をきっかけに生産性と品質の向上をより意識した経営に転換した。これにより，日本企業の価格競争力，品質，ブランドなどをもとにした非価格競争力がともに向上した結果，電気機械や輸送機械などの加工型産業は輸出を伸ばし，業績を回復させていった。

　一方，コストに占める人件費の割合が高い繊維などの労働集約型産業やエネルギーを多量に消費する金属などの「重厚長大型」の素材産業は，人件費の高騰，エネルギー価格の高騰の影響を強く受け，業績を低下させた。それら14業種は「構造不況」産業として政府に指定された。

　1970年から1980年にかけて製造業の実質生産は伸びたものの，全産業における第2次産業の付加価値構成比は減少し，第3次産業の構成比が高まった。

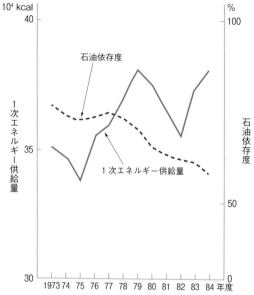

■図表 6-6-1　1 次エネルギー供給量の推移と石油依存度の変化

（出所）　日本エネルギー経済研究所編『戦後エネルギー産業史』（東洋経済新報社，1986 年）71 頁。

Column 6-3 ● エネルギー革命

　　1960 年代に入り，日本では 1 次エネルギー供給の石炭から石油への転換，いわゆるエネルギー革命が生じた。

　　もともと石炭と比べ石油は，品質・熱量の均一性など質的な面で優れていたが，中東での油田開発の進展や石油タンカーの大型化などによりカロリー単価でも石炭を下回るようになった。

　　そのようななか，日本国内で石油への転換を牽引したのは電力業であった。1960 年代前半の日本の電力業界では，水力発電から火力発電への転換が進展し，1962 年に火力発電の電力量が水力のそれを上回った。一方，1960 年度以降に重油価格が石炭価格より割安になると，火力発電用燃料の石炭から石油への転換が進展した。

　　この動きに引っ張られるかたちで日本は国際的にみても早期に石油への転換に成功し，それによるエネルギー費・電気料金の低下を利用しながら高度成長を遂げたのである。

6.7 日本企業の海外展開

　日本企業による海外への直接投資（会社や工場の設立など）は 1960 年代から行われていた。アジアの国や地域が，輸入を制限する一方，海外からの直接投資については比較的条件を緩くしたこともあり，発展途上である現地市場の確保や先進国への輸出基地としての役割を期待して日本企業が進出していったのである。とはいえ，日本政府が国際収支を理由にその活動を制限していたことから，投資は限定的であった。

　1970 年代になり，規制緩和や円高，国内の実質賃金水準の上昇などにより投資額は増加した。さらに，貿易摩擦が日本企業の海外進出を活発化させた。

　輸出が制限された日本企業は市場シェアを維持するため先進国での現地生産を進めた。自動車メーカーを例に挙げると，貿易摩擦以前から北米への進出を進めていたホンダや日産に加え，当初慎重な態度をとっていたトヨタも，まず GM と合弁し，のちに単独でアメリカへの本格的な進出を果たした。(章末 *Column* 6-4 参照) また，1980 年代後半からはマツダ，三菱自動車，スズキ，富士重工，いすゞなどがアメリカやカナダでの生産を開始した。

　1985 年のプラザ合意により，円高が進展すると，コストの増加や円の購買力の上昇を背景に，日本企業の海外進出はますます進展した (図表 6-7-1)。組立メーカーの進出に加え，下請け関係にある部品メーカーや取引関係にある素材メーカーの進出がみられた。また，金融・保険業も，海外進出した日本企業のバックアップという目的に加え，日本の機関投資家の拠点作りという目的から海外投資を増加させた。さらに，円高による円ベースでみたドルの資産価格の低下を背景に不動産やサービス業の直接投資も急増した。

　これらの動きにより，1988 年末における日本の直接投資残高はアメリカ，イギリスに次いで西側主要国第 3 位となり，さらに 1988〜90 年の直接投資額はイギリス，アメリカを上回った。投資先については，1970 年代後半から 1980 年代前半は北米とアジアが拮抗していたが，1980 年代後半は北米向け投資が大幅に増加した。

　日本企業は進出にあたり，自国のシステムを現地に「適用」させる一方，現地のシステムや慣行に「適応」させていった。その際，「適用」と「適応」のバランスは，その必要性，移転される要素の性質，移転先の環境に規定されており，それゆえ，産業や地域によって異なった。例えば，1980 年代末のアメリカにおける自動車産業と電機組立 (テレビ) の工場を例に日本の制度や経営方法の適用度をみると，前者に比べ後者が低いという傾向がみられた。

　経営システムや慣行がその国の様々な環境に規定されて定着してきた以上，外部からの移転は容易ではない。日本企業はシステムを「適用」させる場合も一部を現地に合わせながら，コアの部分を残すかたちでそれを進めていった。

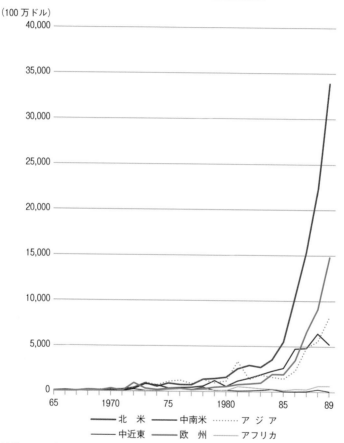

■図表 6-7-1　日本の対外投資額の推移

（100 万ドル）

── 北　米	── 中南米　‥‥‥‥ ア ジ ア
── 中近東	── 欧　州　──── アフリカ

（出所）　JETRO「日本の直接投資（報告・届出ベース）」JETRO Web サイトより作成。

6.8 バブル景気と日本企業

　プラザ合意の結果生じた急激な円高は輸出型製造業に打撃を与え，同製造業の1986年における経常利益額は対前年比で−22.2%と大幅に悪化した。プラザ合意をきっかけに輸出主導の成長を続けていた日本は不況に陥った。

　一方，円高は輸入品価格の低下をもたらし，卸売物価および最終消費財価格が低下したことで，最終消費が増加した。最終消費の増加は，非製造業や内需向け製造業の好調さにつながり，さらに内需向け製造業，素材産業，加工型産業の順に設備投資も回復した。

　1980年代後半の消費は多様化と高級化を特徴とした。必需品の支出が横ばいとなる一方で，選択的な支出が増加したのである。円高を背景とした海外旅行の増加にみられるように，サービス消費の増大と旅行業，飲食店などサービス産業が伸張した（図表6-8-1）。また，VTR，CDプレーヤー，テレビゲームなどが発売され普及し始めるとともに，カラーテレビやエアコンも2台目需要や高機能製品需要が拡大した。

　円高と国内需要の増加を受け，それまで輸出志向を強めていた企業も内需志向へと転換した。例えば，自動車産業の国内販売台数は急増した。さらに，国内消費の高級化に対応するように，自動車メーカーは，頻繁なモデルチェンジやバリエーションの増加，下級車への高級車設備搭載，ハイテク装備品の増加などをともなうかたちで自動車価格を上昇させた。

　以上のような内需が主導する景気回復は，やがて地価や株価の急騰をともなうバブル景気へと転換した（図表6-8-2）。企業収益の増加や金利の低下による企業の事業拡張や東京などの大都市圏の集中によって地価は上昇しており，さらに地価の上昇による企業の資産価格の上昇は株価の上昇をもたらした。

　一方，それらを原因とする上昇を上回るかたちで地価や株価が上昇した原因に企業による「財テク」があった。1970年代以降，日本の大企業は資金調達の手段を銀行からの借り入れから社債・増資へと転換させていった。さらに，その後の社債発行市場の規制緩和と株価の上昇は，巨額な資金調達を可能にした。また，大企業の銀行離れに対し，新たな貸出先を模索していた金融機関は，審査基準を緩和し，土地を担保に不動産業を中心とした中小企業への貸し出しを増加させた。このような巨額の資金は，一部の企業の過剰ともいえる設備投資をよぶ一方，金融の自由化によって生じた投資の選択肢の増加を背景とした，金融投資や不動産投資の増加をもたらした。

　一方，金融の自由化によって資金調達コストが上昇した金融機関は，より運用益の高い株式や債券の購入を増加させた。この結果，株価や地価が急騰したのである。

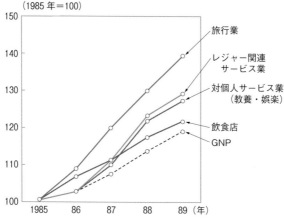

■図表 6-8-1　レジャー関連業種の活動指数の上昇

（1985 年＝100）

旅行業
レジャー関連
サービス業
対個人サービス業
（教養・娯楽）
飲食店
GNP

（出所）　経済企画庁『国民生活白書』平成 2 年版。

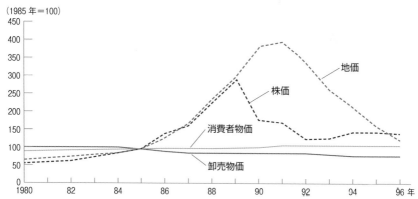

■図表 6-8-2　地価・株価・物価の推移

（1985 年＝100）

地価
株価
消費者物価
卸売物価

（注）　株価は日経平均株価（東証 225 種），地価は 6 大商業地価指数，消費者物価指数は全国総合消費者物価指数，卸売物価は総
　　　合卸売物価指数。
（出所）　橋本寿朗・長谷川信・宮島英昭・齊藤直『現代日本経済　第 3 版』（有斐閣，2011 年）220 頁。

Column 6-4 ● NUMMI (New United Motor Manufacturing, Inc.)

　1980年代に自動車メーカーによる海外進出が相次いだ。そのなかで，トヨタは当初本格的な単独出資に慎重な姿勢をとり，アメリカのメーカーとの合弁生産を試みた。最初に提携をはかったフォードとの交渉が不調に終わったのち，GMとの交渉がまとまり，1984年に合弁会社のNUMMIが発足した。

　トヨタは，NUMMIの建設・運営にあたって，工場については基本的にGMの旧工場を利用し，現地での部品の発注先などはGMの協力を得ながら選定を進めた。一方，トヨタの高岡工場と同じ設備の導入や，入社直後のグループリーダーやチームリーダーの教育，工場内でのジャスト・イン・タイム方式の採用など，トヨタ流の経営管理方式を導入していった。この結果，旧工場と比較し，生産性が向上し，機械1台当たりの不良品発生率も減少した。

　NUMMIは当初12年間という期限付の事業としてスタートしたが，地元での貢献度の高さなどから，1996年以降も事業は継続され，累計生産台数が800万台近くにのぼるなど，トヨタの北米事業の一翼を担った。しかし，GMが経営破綻などを理由に同事業から撤退したことなどから，2010年に閉鎖された。

第 7 章

平成期・令和期

7.1　平成期・令和期の経済と経営

　本節では，1980 年代後半に生じたバブル景気の時期から 2010 年代までの日本経済を概観する。

　1980 年代後半に生じた平成景気は，バブルをともなうものであった。卸売物価，小売物価がほぼ横ばいで推移したのに対し，地価・株価が大幅に上昇したのである。しかし，金融引き締め政策への転換と土地取引に関する貸し出し規制が実施された結果，景気が後退するとともに地価・株価は急落した。ここにバブル景気は終焉を迎えたのである。

　1990 年代の日本は，「失われた 10 年」ともいわれる停滞期を迎えた（図表 7-1-1，図表 7-1-2）。1990 年代前半はストック調整の長期化と企業業績の悪化が重なり，特に民間設備投資が伸び悩んだ。また，円高を要因として輸出も伸び悩んだ。1995（平成 7）年には，一時的に景気が回復したものの，民間設備投資の中心が情報通信分野に限定されていたこと，非製造業分野の設備投資が伸び悩んだことなどにより，短期的に終わった。

　1997 年には，財政問題を背景に消費税の増税が行われたが，その反動は大きく，消費を停滞させた。さらに，この時期は大手金融機関の破綻による金融システム不安（銀行危機）や，アジア通貨危機の影響による輸出の停滞が生じ，日本経済は大きく落ち込んだ。

　1999 年には，アメリカの IT バブルや，国内の情報通信分野の発達を要因として，景気は回復に向かった。しかし，この景気も，国内消費が低迷したこと，民間設備投資の伸びが一部の分野に限定されていたこと，アメリカの IT バブルの崩壊などから，短期のものとなった。

　2002 年を底に，日本経済は回復に向かった。この好景気は，数度の踊り場を経験しつつも長期間持続し，期間だけでいえば，いざなぎ景気を超え，戦後最長となった。一方，この好況は，消費の伸びが GDP の成長率を下回ったの対し，GDP の成長に対する輸出の寄与率が高いという特徴があった。

　2008 年のリーマンショック後の世界経済減退，円高，原油高の影響を受け，日本経済は深刻な不況に陥った。さらに，2011 年の東日本大震災によるサプライチェーンの寸断や電力不足なども，日本経済に悪影響を与えた。

　その後も，世界経済の停滞により伸び悩んだ日本経済であったが，財政出動，金融緩和，成長戦略という「三本の矢」を掲げた安倍内閣の誕生が予想されて以降，株高・円安が進行し，回復に向かった。その後も何度かの停滞がありながらも日本経済は緩やかな成長を続け，様々な指標がリーマンショック前の水準を超えるにいたった。しかし，2020 年に生じた新型コロナウイルス感染症の世界的な流行により，日本経済は多大な打撃を受けた。

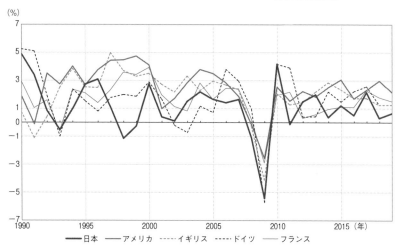

■図表 7-1-1　各国の実質経済成長率の推移（自国通貨建て）

（出所）　United Nations Statistics "National Accounts Main Aggregates Database."

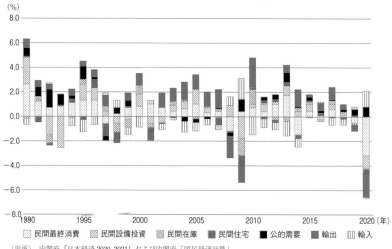

■図表 7-1-2　GDP 寄与度の推移

（出所）　内閣府『日本経済 2020–2021』および内閣府「国民経済計算」。

7.2　日本的労使関係の変化

　1990年代後半から日本的労使関係に変化が生じた。バブル期の雇用拡大とバブル崩壊後の国内市場の縮小などにより，1990年代に入り間接部門を中心に過剰雇用が発生した。バブル崩壊前の各企業は，景気後退のショックに名目賃金の上昇を抑えることで対応していたが，崩壊後はその対応に限界が生じていた。そのため，各企業は雇用者を減らすかたちで調整をはかったが，その結果，完全失業率が上昇することとなった。2001年7月に，日本的経営の象徴ともいわれた松下電器が大規模な早期退職者の募集を行ったニュースは，社内外に大きな衝撃を与えるとともに，当時の状況をあらわす出来事とされた。

　とはいえ，日本企業が不況期に従業員の解雇を積極的に実施するようになったわけではない。実際，1990年代から2019年までの男性一般労働者の平均勤続年数は12〜13年程度で安定的に推移している（図表7-2-1）。

　解雇による過剰雇用の削減が限定的であることから，各企業は別の対応を進めた。まず，新規学卒者などの新規採用を抑制した。これにより，1990年代を通して低下傾向にあった大卒の新規学卒就職率は，1990年代末から2000年代初頭にかけてますます低迷した（図表7-2-2）。

　第二に，非正規雇用者の採用が活発化した。バブル崩壊前は，不況期には非正規雇用者が減少する傾向がみられたが，1997年，1998年の不況期にはむしろ増加した。また，1985年の労働者派遣法（1986年施行）の改正ごとに規制緩和が進み，それに応じて人材派遣の活用が広まったことも非正規雇用者の採用拡大につながった。2010年から2014年にかけては，正規雇用者の数が減少する一方，非正規雇用者の数は増加した。2015年から正規雇用者の数は増加に転じたが非正規雇用者の数も増加した。非正規雇用者の割合は1989年の19.1%から2020年には37.2%に達している。

　第三に，年功賃金制度の見直しがはかられ，成果給の導入が進められた。年功型の賃金制度は，キャリアの前半は過少支払いであり，キャリアの後半に退職金も含めて過剰支払いをすることでバランスをとるかたちになる。そのため，企業が従業員の解雇を避けて新規雇用を抑えると賃金コストは上昇する傾向にあった。このような事情に加えて日本的経営に対する批判が増したこともあり，1990年代後半から成果型賃金の適用が拡がった。一口に成果型といっても内容は企業ごとに異なるが，修正を加えながら，多くの企業で成果を反映させた賃金制度が定着している。また，2020年頃から職務を明確に規定して人材を採用・配置し，評価を行うジョブ型雇用を採用する企業が増加している。この制度の広がりが，新卒一括採用制度やジョブローテーションによる社内教育制度などの，日本型雇用システムを転換させる可能性も指摘されている。

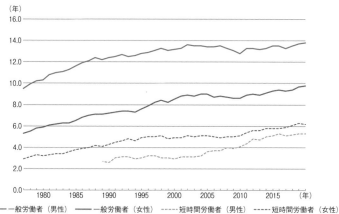

■図表 7-2-1　勤続年数の推移

(出所)　労働政策研究・研修機構「早わかり　グラフでみる長期労働統計」労働政策研究・研修機構 Web サイト，図 13-1。

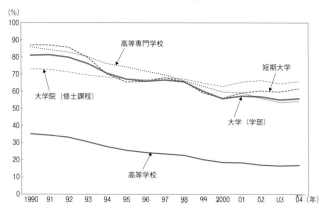

■図表 7-2-2　就職率の推移（男女計）

(注)　就職率とは，各年 3 月卒業者のうち，就職者（就職進学者を含む）の占める割合。
(資料出所)　文部科学省「学校基本調査」
(出所)　厚生労働省『労働経済の分析　平成 17 年版』，149 頁。

7.3　株式持ち合いの衰退とガバナンスの変化

　バブル崩壊後，外国人投資家が海外投資を増やしたこともあり，日本企業株の外国人所有比率は上昇した（図表7-3-1）。さらに，1997年の銀行危機を境に銀行・事業法人間の相互持ち合いの解消が進んだ。1995年頃から銀行の株価指数は東証株価指数第1部総合（TOPIX）を下回り始めていたが，銀行危機の発生によりその下落幅はより大きくなった。この結果，企業が銀行株を所有することがリスクとなった。また，外国人株主による保有株構成の見直し要請や，時価会計制度導入の具体化も企業の銀行株売却の要因になった。一方の金融機関側も不良債権処理のための資金確保の必要性と時価会計制度の導入などを背景に所有株式の売却を進めた。さらに，2001年に銀行等株式保有制限法が制定されると自己資本を超える株式を所有していた金融機関は株式の売却を迫られることになった。2015年には，金融庁と東京証券取引所によってコーポレートガバナンスコードが公表され，各企業は政策保有株式（株式持ち合い）の目的やその利点とリスクを具体的に精査し結果を開示するよう求められた。これらの結果，1997年以降株式持ち合い比率は低下し（図表7-3-2），2000年代に入り緩やかになったものの，2019年度においてもその傾向は続いている。

　相互持ち合い比率の変化と外国人株主の増加は敵対的買収のリスクを増加させた。このリスクに対し，2005年頃から各企業はポイズンピルなどの買収防衛策を導入した。しかし，買収防衛策は経営者の保身につながるとして反対する投資家も多く，2021年の導入企業数は2008年の5割強に減少している。一方で，近年の敵対的買収の増加から，防衛策を継続したり，新規に導入する企業も一定数存在する。

　また，相互持ち合い比率の低下と外国人株主の増加は日本企業のコーポレートガバナンスも変化させた。株主の影響力が高まったことにより，各企業は，より株主を意識した経営への転換を進めた。この点について，外国人投資家の比率が高い企業ほど高いパフォーマンスを示す傾向が指摘される一方，企業が株主重視と短期的利益の追求を同一視した結果，長期的な視野から必要な投資を行う日本的経営のメリットが抑制されたという指摘がある。

　また，取締役会改革などの内部ガバナンスについては，1990年代末頃から取締役会規模が縮小され，それにともない多くの企業で執行役員制度が導入された。さらに，2010年代に入って企業不祥事が次々に発覚したことや安倍内閣の成長戦略の一つとしてコーポレートガバナンス改革が定められたことから，当初導入の少なかった社外取締役を導入する企業も増加した。2021年6月には，コーポレートガバナンスコードが改訂され，プライム市場上場企業における独立社外取締役を3分の1以上にすることなどが盛り込まれた。

■図表 7-3-1 投資部門別株式保有比率

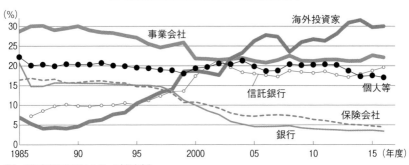

(注) 2004 年度以降はジャスダック市場を含む。
(出所) 土屋貴裕 (2017)「国内勢の日本株保有比率上昇のために」大和総研レポート (2017 年 10 月 18 日),大和総研。

■図表 7-3-2 株式持ち合い比率の変化資部門別株式保有比率

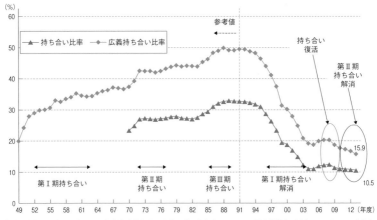

(注) (1) 持ち合い比率は,上場保険会社を除く上場企業が保有するほかの上場企業株式 (時価ベース) の,市場全体の時価総額に対する比率 (ただし,子会社,関連会社株式は除く)。
　　 (2) 広義持ち合い比率は,持ち合い比率に保険会社の保有比率を加えたもの。
　　 (3) 1949–1989 年度は全国証券取引所「株式分布状況調査」をもとに野村證券で資産した参考値。
　　 (4) なお近時の数値は以下の通りとなっている。2018 年度:持ち合い比率 10.0%,広義持ち合い比率 14.5%,2019 年度:持ち合い比率 9.6%,広義持ち合い比率 14.0%。(野村資本市場研究所「金融情報パックサイト」(2020 年 9 月 14 日) による。
(原典) 大株主データ (東洋経済新報社),各社有価証券報告書,および株式分布調査 (全国証券取引所) より野村證券作成。
(出所) 西山賢吾 (2014)「14 年度の議決権行使の動向と 15 年度の注目点」金融庁企業財務研究会「本年度の株主総会の動向参考資料」野村證券グローバルリサーチ本部 (2014 年 7 月 9 日)。

7.4 規制緩和・改革の進展

1980年代半ば頃から，日本では規制緩和，規制改革が重要な論点となった。その背景の一つに増大する財政赤字への対応策として行政のスリム化をはかるという考えがあった。さらに，バブル崩壊後の不況の長期化により，日本の様々な規制やシステムの見直しと改革を求める声が高まった。また，グローバル化の進展にともなう，産業の空洞化を避けるために，国内の企業活動を阻害する要因を排除すべきという考えも規制緩和の根拠となった。

国際的な情勢の変化もこの動きを後押しした。日米の貿易不均衡が問題となるなか，日本の様々な経済慣行や規制が問題視され，輸入の拡大と規制の緩和が要求された。また，グローバル化の進展にともなう各国の制度の統一化を重視する考えが規制緩和や改革の要求につながった。

規制緩和・改革の流れを簡単に振り返ると，まず，1980年代に，情報通信産業で電電公社がNTTに改組されるとともに新規参入の道がひらかれた。また，航空機産業ではJALの完全民営化とともに他社の国際線への参入の道がひらかれた。1990年代に入ると，細川内閣で94項目の規制緩和の実施が決定されたのに続き，村山内閣では279項目の規制緩和が打ち出され，さらに，1995（平成7）年には規制緩和推進計画が閣議決定されるなど，経済的分野における規制緩和が進展した。また，進展が遅れていた電気・ガスなどの公益事業，流通，農業分野でも規制の緩和が進んだ。

1990年代末からは，それまでの，主として個別産業分野や個別企業を対象として法規制の緩和・撤廃を進めるという観点に，産業横断的な，あるいは経済システム全体を改革する視点が加わった。これにともない，名称，目的も規制の「緩和」から「改革」へ変化した。これらの動きにともない企業制度に関する改革も進展した。その一つが，持株会社の解禁である。戦後，禁止されていた純粋持株会社の設立が，1997年の独占禁止法改正により解禁されたのである。この結果，特に2000年代に入り純粋持株会社の設立が進んだ（図表7-4-1）。また，1999年，2001年の商法改正により，株式交換，株式移転，会社分割制度が導入された。これらは，持株会社への移転や事業再編を制度面から支える役割を果たした。

2010年代以降も，規制改革は安倍，菅両内閣の重要課題に位置づけられるなど，重要なテーマになっている。一連の規制緩和・改革により，様々な分野で競争の促進による料金の低下や市場の拡大など正の効果があらわれている。その一方，競争の激化による従業員の労働環境の悪化や不正の発生など負の側面も指摘されており，どこを緩和・改革し，どこを規制するのか，事前，期中，事後で確認を行う必要がある。

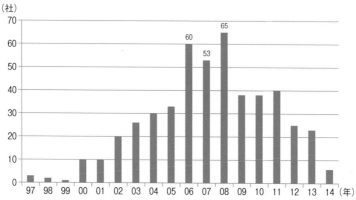

■図表7–4–1　純粋持株会社となった企業の年別分布状況

(社)

(出所)　経済産業省「平成27年純粋持株会社実態調査—平成26年度実績—」図表1–2。

Column 7–1 ● 大店法と大規模小売業

　1990年代から2000年代初頭にかけて進展した規制緩和の一つに，中小小売商の保護を目的として成立した大規模小売店舗法（大店法）の改正とその廃止がある。

　戦後同種の規制として，まず1956年に百貨店を規制する第2次百貨店法が制定された。しかし，スーパーはこの規制から逃れ，急成長した。これに対し，中小小売商および百貨店から新たな規制が要請され，1973年に大店法が制定された。同法は，その後強化され，新たに規制対象となった総合スーパーを含め，大型店舗の出店や営業が厳しく制限された。この動きは，総合スーパーによるコンビニエンスストア事業の展開を促す要因の一つとなった。

　日米経済摩擦が進展すると，トイザらスの日本進出と並行して，日米構造協議で大店法は強く批判された。結局，1991年に大店法は改正され，出店・営業に関する規制が緩和された。その後，大店法は1994年にさらに緩和されたのち，2000年に廃止され，大規模小売店舗立地法に継承された。

　大店法廃止と前後する2000年頃には多くの外資系スーパーが日本に参入した。しかし，カルフール（仏）やテスコ（英）などはすでに撤退を余儀なくされ，ウォルマート（米）も撤退報道がなされている。これらは，小売業の成功・不成功が，たんなる制度だけでなく，各国の消費者の購買行動などに強く影響を受けることをあらわす事例といえよう。

　一方，大店法の改正や廃止は日本の小売業界にも大きな影響を与え，コジマやヤマダ電機などの家電量販店やイオンなどの郊外型ショッピングセンターが進出・成長するきっかけとなった。

7.5 平成期・令和期の産業・企業と情報化の進展

　1990 年代に入り，日本経済が停滞すると多くの企業の業績も伸び悩んだ。1988 年度から 2015 年度にかけての日本企業の売上高上位 100 社を業界別にみると，建設業と商業の減少がみて取れる（図表 7-5-1）。前者は，国や地方の財政悪化を背景とした建設需要の減少が背景にある。後者は，商社の整理・統合，三越（1988 年度 68 位→ 1995 年度 81 位→ 2005 年度 140 位→ 2015 年度 114 位（2015 年度は三越伊勢丹ホールディングス））に象徴される百貨店の不振などの影響が挙げられる。ただし，ジャスコ（イオン）（56 位→ 51 位→ 21 位（イオン）→ 9 位（イオン））のように，この間，業績を大幅に伸ばした企業も存在する。この間成長した産業の代表が情報通信産業である。上位 100 社にランクインした企業の数は 1988 年度の 1 社から 2015 年度には 5 社に増加している。企業別でみても，ソフトバンク（未上場→ 未上場→ 109 位→ 7 位），KDDI（2000 年に第二電電（DDI），KDD，IDO が合併して誕生）（215 位（国際電信電話）→ 152 位（第二電電）および 278 位（国際電信電話）→ 29 位→ 25 位）など，情報通信事業参入後，あるいは情報通信産業の発展にともない，急成長した企業を確認できる。

　情報通信産業の発展の第一歩となったのが，1985 年の通信の自由化である。これにより，日本電信電話（NTT）と新規参入事業社による競争が実現し，通信料金は大幅に低下した。一方，1980 年代にはアナログ通信からデジタル通信への移行とデジタル通信網の整備が進展した。また，自動車電話，携帯電話などの移動体通信サービスが，通話料金の低下や端末機器の小型化・軽量化にともない，1980 年代末から徐々に普及していった。

　1990 年代に入り，パソコンの低価格化や，マッキントッシュや Windows 搭載パソコンによってマウスとアイコンで操作する環境が実現したことで，パソコンが急速に普及した。さらに，パソコンとインターネットを接続する環境が整えられると，両者の普及が拡大した。また，多くのプロバイダや通信サービス事業社の参入が利用者の増加と通信料金の低下をもたらした。加えて，ブロードバンド料金の低下と普及により，2002 年にはインターネットの世帯普及率，5 人以上の事業所での普及率はともに 8 割前後にまで増えた。さらに，2000 年代に入ってからのスマホの普及は人々の生活や消費行動を大きく変化させた。例えば，事業者・消費者間における電子商取引（EC）の市場規模は，1998 年の 650 億円から 2019 年の 19 兆 3609 億円に拡大した。

　デジタル化の進展により，ICT の活用は企業が生き残るための条件となっている。特に近年は，ICT を利用して，自社組織や商品，サービス，ビジネスモデルだけでなく，それらを通じた企業文化，さらには産業・社会の制度の変革をもたらすデジタルトランスフォーメーション（DX）の実現が求められている。

	1988 年度	1995 年度	2005 年度	2015 年度	期間延べ数
水産・農林	1	0	0	0	1
鉱　業	0	0	0	0	0
建　設	8	11	6	6	31
食料品	2	4	3	4	13
繊維製品	2	1	1	1	5
パルプ・紙	0	1	1	0	2
化　学	4	4	6	6	20
石油・石炭	4	5	5	5	19
ゴム製品	1	1	1	1	4
ガラス・土石製品	1	1	1	0	3
鉄　鋼	5	5	4	3	17
非鉄金属	4	2	1	1	8
金属製品	0	0	0	1	1
機　械	2	1	2	3	8
電気機器	12	10	14	12	48
輸送用機器	13	13	16	16	58
精密機器	2	2	0	0	4
その他製品	2	2	2	2	8
商　業	25	22	17	17	81
不動産	0	1	0	1	2
陸　運	1	3	5	4	13
海　運	0	0	2	2	4
空　運	2	2	2	1	7
倉　庫	0	0	0	0	0
情報・通信	1	1	3	5	10
電力・ガス	8	8	6	6	28
サービス	0	0	2	3	5
合　計	100	100	100	100	400

(注)　(1)　金融を除く。
　　　(2)　基本的に年度で集計しているが，決算日による集計期間，決算日の変更による年度の
　　　　　違いなどがある。
(出所)　東洋経済新報社『会社四季報』各年版より作成。

Column 7-2 ● 衰退産業と企業

　日本の産業史上最も衰退した製造業は繊維業であろう。同産業の製造業における生産額の割合は日中戦争直前にはおよそ 3 割を占めていたが，2017 年では 1％程度にすぎない。その変化は図表 6-2-1 と図表 7-5-1 の業種別ランクイン企業の比較からも明らかであろう。しかし，そのなかでも東レは，ユニクロと共同開発した繊維事業のヒートテック素材や，鉄より軽くて丈夫な素材として航空機に利用される炭素繊維，携帯電話の部品材料などの世界的なメーカーとして日本の代表的企業の地位を維持し続けている。また，「サランラップ」で有名な旭化成のように業種分類を変えながら業績を伸ばす企業もある。50 年後にはトヨタやソフトバンクなども今とは全く異なる製品を主力としながら生き残っているかもしれない。

7.6　金融自由化と銀行危機

　1980年代から1990年代は日本において金融自由化が進展した時期であり，海外との資金取引や外貨の売買の自由化，銀行の国債業務の拡大や国債市場の整備，預金金利の自由化などによる金融商品の自由化，社債発行基準の緩和による社債発行の自由化，銀行・証券会社の業務分野規制の緩和などが進められた。特に，1996年に橋本内閣が提示し，1998年施行の金融システム改革法で実施された金融制度改革（金融ビッグバン）は，後述する銀行業界再編を後押しした。

　金融自由化が進展する一方で，バブル崩壊後，日本の金融機関は不良債権問題に悩まされた（図表7-6-1）。1980年代に進展した企業の銀行離れを背景に，各金融機関は，審査基準の緩和と，中小企業，不動産・建設業への貸出を増加させていた。しかし，バブル崩壊後の資産価格低下などにより，銀行からの借入が返済能力を上回る企業が増加し，債権回収が困難になるケースが相次いだ。このいわゆる不良債権問題は銀行の業績を著しく悪化させた。1993年から不良債権の償却額が急増したことにともない，銀行の粗利益から償却額を差し引いた業務損益は，1993年から2002年まで赤字となった。1997年には三洋証券，北海道拓殖銀行，山一證券が連鎖的に破綻した。さらに，北海道拓殖銀行と山一證券の損失隠しが破綻後に明るみに出たことで，経営悪化が懸念される銀行の株価下落と預金の引き出しが生じた。1998年には日本長期信用銀行と日本債券信用銀行が国有化された。

　この金融不安は企業の設備投資と生産活動を急激に低下させた。また，不良債権問題への対応として銀行が行った，不良債権の顕在化を避けるための「追い貸し」は市場から退出すべき企業を温存し，「追い貸し」に関連して生じた「貸し渋り」「貸し剥がし」は成長可能性のある企業の資金不足につながった。

　政府は，債務超過に陥った金融機関の処理を実行したが，これは主要金融機関といえども破綻のリスクを負うことを意味した。また，大手銀行への公的資金の注入は政府による銀行経営への関与の可能性を高めた。以上の変化に対応するため，各行は他行との合併を含めた組織の再編を進めた。この結果，金融持株会社を頂点に，メガバンクとよばれる大手銀行，証券，保険を構成する金融コングロマリットが形成された（図表7-6-2）。

　2000年代中頃には，各銀行の不良債権比率も低下し，不良債権問題は解消された。その後も，2008年のリーマンショックなどの影響を受けつつ，都市銀行各行は財務面での健全性を維持しているが，その一方で，低金利政策の継続により，国内預貸業務の収益性は低下傾向にある。また，金融と技術を融合したフィンテックへの対応と活用が求められるなど，現在の金融機関は，新たなサービスや体制の構築が求められている。

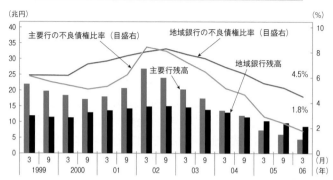

■図表 7-6-1　銀行の不良債権残高と不良債権比率の推移

(備考)　1.　金融庁「主要行の平成17年度決算について（速報ベース）」，「地域銀行の平成17年度決算の概要（暫定集計値）」により作成。　2.　主要行の計数は都銀・長信銀等・信託から新生銀行およびあおぞら銀行を除いたもの。　3.　地域銀行の計数は，2003年3月期以降埼玉りそな銀行を含む。
(出所)　内閣府（2006）「平成18年度年次経済報告」195頁。

■図表 7-6-2　主な都市銀行の経営統合

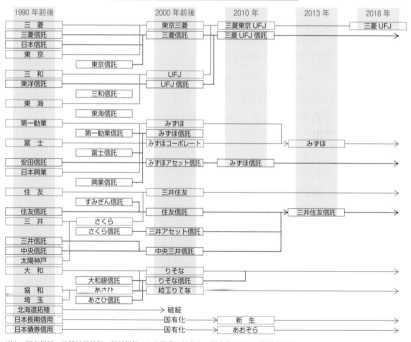

(注)　都市銀行，長期信用銀行，信託銀行のみを掲載。便宜上，簡略化している箇所がある。
(出所)　齊藤直（2014）「銀行」橘川武郎・平野創・板垣暁『日本の産業と発展』（有斐閣）246頁（一部修正）。

7.7　M&Aの興隆と日本企業の海外戦略

　7.4 節で述べた制度変化に加え，国内需要の縮減や IT などの新たな技術革新の進展に対応するために，各企業が低収益部門の縮小と成長部門の拡張を目指した結果，1990 年代後半から日本企業による M&A が活発化した。

　日本企業による M&A は，件数ベースでみた場合，日本企業同士の間で行われる M&A が圧倒的に多い。それらの事例では，失敗例はあるものの，M&A が，総じて経営資源・ノウハウの移転による企業の組織効率の上昇に寄与したと指摘されている。一方，金額ベースでみると，2010 年代に入り，日本企業による外国企業への M&A が日本企業同士の M&A を上回っている。日本企業は，M&A を積極的に活用しながら海外投資を進めており，対外 M&A は，件数，金額ともに 2000 年代後半から総じて増加している。ただし，2020 年は新型コロナウイルス感染症の影響や前年の急拡大の反動もあり，件数，金額ともに激減した。

　1980 年代後半から進展した日本の海外直接投資は，総じて 1990 年代は安定して行われ，2000 年代に入ると拡大していった（図表 7-7-1）。その促進要因は，国内市場の停滞・縮小が予想される一方で特に途上国において市場の拡大が期待できること，円高などの為替リスクへの対応，国際的な資源需要の高まりへの対応など様々である。

　投資先については，それまで投資の中心であった北米への投資が 2000 年代に入り伸び悩んだ。一方，アジアへの投資は 1990 年代中頃に増加し，1990 年代後半から 2000 年代初頭にいったん伸び悩むものの 2000 年代後半からは順調に拡大している。また，北米への投資も 2010 年代に入り再度増加している。これにより，ドルベースでみた日本の投資先は北米・アジア・ヨーロッパが拮抗したかたちとなっている。なお，アジア向け投資については 2010 年代に入り，ASEAN 向け投資が増加傾向にあり，特に 2010 年代後半からは米中の貿易摩擦の影響により，生産拠点の一部を中国から ASEAN に移管する動きがみられた。

　日本企業にとって，海外市場の存在感は年々高まっている。海外に拠点を持つ日本企業の地域拠点別売上高の比率は，2000（平成 12）年度では，国内 71.4％，海外 28.6％だったのに対し，2017 年度には，国内 41.6％，国外 58.4％とその比率が逆転した。この傾向は製造業，非製造業共通である。また，輸出または海外進出を行う企業の海外売上高比率も 2019 年度で 18.6％にのぼる。新型コロナウイルス感染症や米中摩擦による先行き不透明感から，海外進出の拡大に慎重な姿勢を示したり，販売戦略を見直す企業は増加しているが，その一方で，今後の輸出の拡大に慎重な企業は微減にとどまっている。また，中小企業を中心に EC での販売拡大に意欲をみせる企業も多い。今後も多くの企業にとって，海外での戦略が重要な鍵となるであろう。

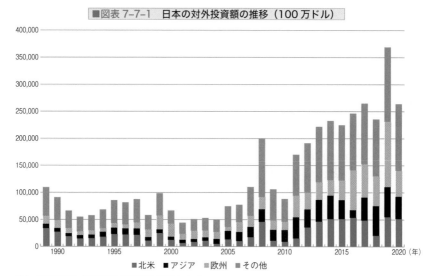

■図表 7-7-1　日本の対外投資額の推移（100 万ドル）

（注）　2004 年以前と 2005 年以降で集計方法が変化している。
（出典）　日本貿易振興会編『ジェトロ貿易投資白書』各年版および JETRO 編『ジェトロ世界貿易投資報告』各年版より作成。

Column 7-3 ● 海外事業の難しさ

　国内市場が停滞するなかで，各企業にとって海外市場開拓の重要性が増している。しかし，その一方で，海外市場には政治，経済，文化の違いや変化，強力な海外企業の存在など多くのリスクが存在する。

　キリンホールディングスは，2011 年にブラジルの業界 2 位であったスキンカリオール・グループを買収，同年に完全子会社化した。当時のブラジルはビールの消費量が中国，アメリカに次ぐ世界 3 位であり，市場規模も日本の 2 倍と，有望な市場であった。

　しかし，ブラジル経済の低迷や現地で 7 割のシェアを持つアンハイザー・ブッシュ・インベブとの競争に苦戦したこともあり，同社のシェアは 3 位に後退した。2015 年には，同事業の 1140 億円の特別損失を計上した結果，上場以来初の赤字を記録した。

　結局，キリンホールディングスは 2017 年 2 月に，約 3000 億円を投じて買収した同社を約 770 億円で売却し，ブラジルビール事業から撤退することを発表した。

7.8 日本企業の現在とこれから

アメリカのサブプライムローンの破綻から始まった金融危機と世界的な不況は日本企業に大きな打撃を与えた。世界的な需要の低下と円高の影響により日本企業の輸出は激減した（図表 7-8-1）。また，生産の落ち込みも激しく，景気後退局面において鉱工業生産指数は最大で 40 ポイント近く下落した。その結果，企業収益は悪化し，上場企業の 2008 年度の利益は前年比で 8 割近く減少した。特に製造業は輸出の減少により大きな打撃を受けた。

さらに，2011 年の東日本大震災では，震災によるサプライチェーンの崩壊と，福島第一原子力発電所の事故による電力不足が企業に打撃を与えた。部品の供給が滞った結果生産がとまった輸送機械工業の生産指数は半減した。サプライチェーンは 2011 年の 6 月頃には復旧に向かい，鉱工業生産も回復に向かったが，東北地方沿岸部の事業所が多かった化学，鉄鋼などの産業は回復が遅れた。

2012 年の終わりに，安倍晋三自民党総裁（のちに首相）がいわゆる「アベノミクス」（積極的な財政政策，金融緩和，規制緩和）を掲げると，円安，株高が進んだ。景気の回復と並行して企業収益は営業利益，経常利益ともに大幅に回復し，2008 年のリーマンショック前の水準を上回り，2017 年度には過去最高益を記録した（図表 7-8-2）。しかし，世界経済が減速したこともあり，2019 年は年間を通じて上場企業の経常利益は前年同期比マイナスとなった。さらに，新型コロナウイルス感染症の影響によって 2020 年 4-6 月期の経常利益は前年同期比マイナス 60％にまで落ち込んだ。その後，企業収益は回復に向かったが，業種間による回復の差は大きい。また，感染症も収束にいたっておらず，先行きも不透明なままである。

そのほかにも日本企業は多くの課題を抱えている。バブル崩壊後，特に 1990 年代後半以降の消費の伸び悩みや少子高齢化の進展により国内市場の拡大は見込めない。一方，先進国・新興国との競争や，米中対立などの国際情勢の不安定化，資源，素材の獲得競争など，海外での競争も厳しさを増している。また，デジタル技術や，AI などの新たな技術の活用とそれらへの対応が求められている。さらに環境問題やエネルギー問題への対応は各企業の競争力や評価に直結するようになっている。加えて，労働生産性が伸び悩むなか，労働者の働き方や，雇用慣行そのものが問われている。

これらに対する危機感が悪い方に出たのが，検査過程における改竄などの企業不祥事である。特に，製造業での不正・改竄は日本製品のブランド力に関わる問題である。一方で，多くの企業は設備投資や社内の改革などを進めることで課題に取り組んでいる。近視眼的な利益の追求は上述のような不正の温床になりうる。日本企業は長期的な視点に立った新たな戦略・組織作りが求められている。

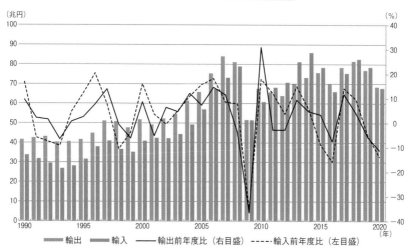

■図表 7-8-1　日本の輸出入額の推移

（出所）　財務省「財務省貿易統計」より作成。

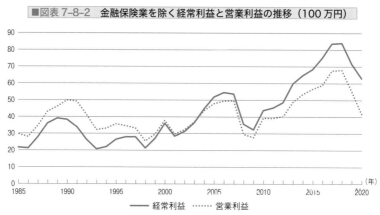

■図表 7-8-2　金融保険業を除く経常利益と営業利益の推移（100万円）

（出所）　財務省財務総合政策研究所「法人企業統計調査時系列データ」。

Column 7-4 ● **非上場有名企業**

図表6-2-1と図表7-5-1の企業ランキングは上場企業をカウントしたものであるため，非上場企業は対象外となっている。非上場企業は，上場企業に比べ売上高や会社の規模が小さい，あるいは業績を悪化させているケースが多い。しかし，なかには「プレミアムモルツ」や「BOSS」で知られるサントリーホールディングスや，旅行会社のJTBなど上場基準を満たしていながらあえて上場をしない企業も存在する。また出光興産のように長く石油業界の代表的な企業でありながら2006年にようやく上場を果たした企業や，「ガスト」で知られるすかいらーくのように上場を廃止（2006年に廃止。2014年に再上場。）した企業もある。非上場の維持には経営の自由度を高める，敵対的買収を防ぐなどのメリットがある。非上場企業を探し，上場を選択しない理由やその影響を考えるのも経営のあり方をより深く知ることにつながるだろう。

第2部
外国経営史

第 8 章

イギリス

8.1 イギリスの社会と経済 (経営風土)

イギリスはヨーロッパの北西に位置する島国で，正式名称は「グレートブリテン及び北アイルランド連合王国」という。国土面積は 24.3 万平方キロメートルで，日本の約 3 分の 2，人口は 6,708 万人で日本の約半分で，首都ロンドンの人口は約 902 万人である（図表 8-1-1）。国民所得は 2 兆 7,098 億ドル（名目額）で世界第 5 位，一人当たり所得は 4 万 394 ドル（名目額）で世界第 22 位である。貿易額は，輸出が 4,046 億ドルで世界第 12 位，輸入が 6,347 億ドルで世界第 5 位，主要な貿易相手国は，ドイツ，アメリカ，中国，オランダ，フランスである。使用通貨はポンドで，1 ポンド＝約 136 円である（データはいずれも 2020 年）。イギリスの政治体制の大きな特徴は，イングランド，ウェールズ，スコットランド，北アイルランドの 4 つの地域から構成されていることで，ウェールズ，スコットランド，北アイルランドでは 1999 年から議会開設など大幅な自治が認められている。

イギリス経営史を考えるうえで出発点となる 2 つの「事実」がある。1 つめは，イギリスが 18 世紀に世界で最初に産業革命を達成した，ということである。2 つめは，イギリスが第二次産業革命でアメリカとドイツに遅れをとった，ということである。この 2 つの事実をどう解釈するのか，という問題関心に沿って，イギリス経営史の研究は発展してきた。特に，最初の産業革命の成功と 19 世紀後半の第二次産業革命の失敗という対照的な事実を矛盾なく説明できる統一的な解釈を行うにはどうしたら良いか，ということがイギリス経営史研究の中心課題であった。この中心課題に対する回答が，「階級社会」，「経営アマチュアリズム」，「個人資本主義」，「細分化された分業」，「産業対金融」といったキーワードであった。これらのキーワードがイギリスの「経営風土」を説明している，というのが古典的なイギリス経営史の解釈である。さらに，最初の産業革命の要因を説明するためには，産業革命以前にイギリスでは他国に先駆けて「商業社会」が形成されていた，というもう一つのキーワードが必要である（図表 8-1-2）。

1990 年代以降になると，サッチャー首相による 1980 年代の「新自由主義」改革を経て，経済の「グローバル化」によりロンドンの国際金融センターとしての地位と EU 向けの輸出拠点としての役割も高まった。サッチャー改革とグローバル化を経た現在のイギリスの経営風土では，「アメリカ化」と「格差」が新たなキーワードとなるだろう。「アメリカ化」とは，株主重視経営，経営者のプロ化，M&A の常態化，労働者の流動性（転職率）の高さ，などである。「格差」は，経営者と平均的従業員の給与・報酬間の格差に加えて，ジニ係数に表される社会的な所得格差や，職業を軸にした社会階層間の棲み分けという質をともなう格差もある（図表 8-1-3）。さらにロンドンとその他の地方との所得格差も問題視されている（図表 8-1-4）。「格差」は 2016 年のイギリスの EU 離脱決定の要因ともなった。

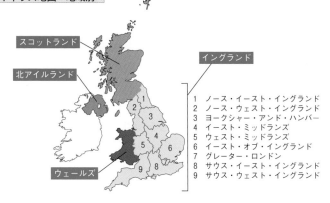

■図表 8-1-1　**イギリス地図：地域別**

スコットランド

北アイルランド

イングランド

1　ノース・イースト・イングランド
2　ノース・ウェスト・イングランド
3　ヨークシャー・アンド・ハンバー
4　イースト・ミッドランズ
5　ウェスト・ミッドランズ
6　イースト・オブ・イングランド
7　グレーター・ロンドン
8　サウス・イースト・イングランド
9　サウス・ウェスト・イングランド

ウェールズ

■図表 8-1-2　**用語解説**

■階級社会：時期にもよるが，19世紀には，貴族・地主，ブルジョワ（資本家），労働者，が3大階級とされた。

■経営アマチュアリズム：一般に，経営者が大卒でなく，専門教育を受けていなかったことを指す。20世紀中頃までみられた。また，経営者の最終的な目的も，企業経営によって財を成した後で，ビジネスを引退して土地所有貴族になることであった。

■個人資本主義：多くの主要企業が，大規模上場株式会社ではなく，パートナーシップや株式の家族所有による会社だったことを指す。

■細分化された分業：生産工程，流通経路，製品の規格，などそれぞれに特化した小規模企業が多数存在し，市場で取引を行う状態。

■産業対金融：ロンドンの主要金融機関が製造業の設備投資向けの長期・大規模な貸出を行わなかったことが産業の衰退をもたらしたとする考え方。

■商業社会：領主制やギルド制の規制を超えて，農作物や手工業品の市場での取引が普及した社会。主に16世紀から18世紀を指す。

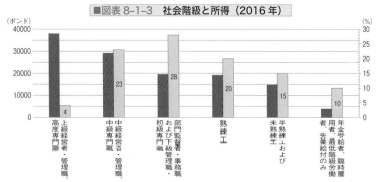

■図表 8-1-3　**社会階級と所得（2016年）**

（注）　灰色の棒グラフは年収（ポンド，左目盛），水色の棒グラフ（数値）は人口比率（%，右目盛）を示す。
（出所）　National Readership Survey "Social grade"（http://www.nrs.co.uk/nrs-print/lifestyle-and-classification-data/
　　　　social-grade/）.

他方で,「アメリカ化」や「格差」が,「商業社会」や「階級社会」という伝統的な経営風土のキーワードに連なっている点は歴史的視点の重要性を示している。

8.2 産業革命以前:商業社会と帝国の形成 (1560-1750年)

　企業が提供する商品と雇用が,人々の暮らしを少しずつ豊かにしていく。イギリスでこのような循環がはじまったのは,おおよそ1560年代のエリザベス一世女王時代以降と言われる。「企業」といってもこの頃は,商人や地主が組織した問屋制家内工業などの事業体が多かった。「株式会社」は,王室の特許状がないと設立できず,王室特許状には事業の独占権がともなった。株主の有限責任制もまだなかった (図表8-2-1)。しかし,1560年代以降は,国内の人口増加と当時の超大国であったスペインとの外交関係の悪化による国際貿易の変動のもとで,多くの「起業家」が現れ,国内では既存の輸入消費財の国内生産を試み,海外ではアジアと大西洋両方での新しい貿易ルートの開拓を行った。

　一般の人々の生活に大きな影響を与えたのは,洗濯糊,(衣服に使う) ピン,石鹸,靴下といった日用品の新たな生産と消費であった。1560年代以前には,これらの日用品はフランス,スペインからの輸入品で,価格的には農村の一般家庭には手が届かなかった。しかし1600年代の後半には,農村の一般家庭でも消費される国産の日用品が質・量ともに増加した。リネンの原料の亜麻や染料の大青などの商品作物の輸入代替生産も増加した。日用品や商品作物は,地主や商人が「企業家」として資本を提供し,技術導入を行って生産を組織し,労働は農民の副業であった。そのため,従来の輸入品よりも安価になり,同時に農民たちの現金収入を増加させ,商品への需要も増大させた。

　イギリス東インド会社は,当時東インドとよばれたアジアとの貿易を目的に1600年末に設立された。同社は王室特許状にもとづく株式会社であり,アジアとの貿易の独占権も認められた。近代以降は,株式会社とは,法人格,株主の有限責任,株式売買の自由,の3つの条件を満たすものとされる。しかし,この時は株主の有限責任は認められていなかった。19世紀までは,有限責任では,経営者がリスクの高い経営を行うことに歯止めがかけられないという懸念が支配的であった。19世紀以前の主な企業形態はいずれも無限責任の個人企業やパートナーシップであった (図表8-2-1)。

　設立当初の同社の目的は,スペイン・ポルトガル・オランダに対抗してアジアの香辛料を輸入することであった。1657年の特許状改訂から資本の永続的な保有が認められ,ロンドンの本社を中心とする経営組織も整備される一方,アジア各地に「商館」とよばれた支店を置いたことから,現代のグローバル企業の先駆者ともみなされる (図表8-2-2)。1662年には株主の有限責任が認められた。アジ

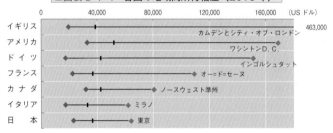

■図表 8-1-4　各国の地域間所得格差（2016 年）

(注)　①各国の各地域の所得を表し，最高所得（◆）とその地域，平均所得（┃），最低所得（◆）が
示されている。データはイギリス・アメリカ・カナダ・日本は 2016 年，ドイツ・フランス・イタリ
アは 2015 年。
②イギリスの最高所得は，カムデンとシティ・オブ・ロンドンの 46 万 3000 ドルで，グラフの横軸
の最大値を越えている。
(出所)　OECD, *OECD Regions and Cities at a Glance 2018*, 2018, p.23. をもとに作成。

■図表 8-2-1　19 世紀後半以降のイギリスの企業形態

	出資者	法人格	有限責任	株式売買
個人企業	1 名	なし	無限責任	―
パートナーシップ	2 名以上	なし	無限責任	―
非公募株式会社	―	法人格	有限責任	制限あり
公募株式会社	―	法人格	有限責任	制限なし

(注)　1600 年の東インド会社は，株式会社で法人格を有していたが，有限責任は認められていな
かった。
(出所)　鈴木良隆・安部悦生・米倉誠一郎（1987）『経営史』有斐閣，小松章（2000）『企業形
態論（第 2 版）』新世社，を参考に作成。

■図表 8-2-2　イギリス東インド会社の商館所在地，1617 年

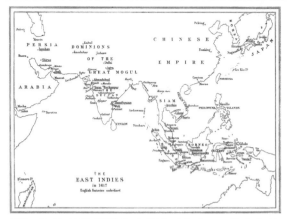

(出所)　Chaudhuri, K. N.（1965），*The English East India Company : The Study of An
Early Joint-stock Company 1600–1640*, London : Frank Cass.

アからの主な輸入品は，1630年代までは香辛料であったが，1660年代以降はインドの綿製品（衣料）が中心となり，1730年代以降は茶の比率も増加した（図表8-2-3）。衣と食の両方で東インド会社は人々の生活を変えていった。

　他方，当時西インドとよばれたカリブ海地域では，1640年代からイギリス領のバルバドスで砂糖生産が始まり，1700年代初頭からはイギリス領のジャマイカでも砂糖生産が拡大した。砂糖生産はプランテーションとよばれる大農場で行われた。資本を提供し生産を組織したのは，現地の地主・商人とイギリスの商人であった。砂糖生産が大量の労働者を必要とした結果，アフリカからの奴隷の人々が生産を担う労働力とされ，悪名高い奴隷制度・奴隷貿易と結びついていたことにも注意が必要である。紅茶に砂糖を入れて飲む生活習慣が，上流階級から富裕な市民，そして一般の労働者にまで普及していくなかで，砂糖生産と消費は急増し，1750年代には砂糖はイギリスの最大の輸入品となった（図表8-2-4）。

8.3　産業革命と世界の工場（1750-1850年）

　イギリスは世界で最初に産業革命を達成した。1760年代から進展した産業革命により，19世紀に入るとイギリスは「世界の工場」とみなされるようになった。1850年頃までは，世界の工業製品輸出の過半をイギリスが占めていたと考えられる。産業革命とは，工業分野において機械の使用が普及し工場制度が確立することである。産業革命の代表例は，綿工業，蒸気機関製造，製鉄業，造船業といった分野である。産業革命期の動力源は蒸気機関であり，そのエネルギー源となる石炭産業も大きく拡大した。また，蒸気機関車を用いた鉄道業が誕生し，人々の交通・時間の観念を大きく変えた。鉄道会社は大規模で近代的な株式会社の経営の先駆者ともなった。ただし，鉄道会社以外のほとんどの企業は，パートナーシップの組織形態をとっていた。

　産業革命の中心的な技術革新は，ジェームズ・ワットによる蒸気機関の改良である。ワットが最初の特許を取得したのは1769年だったが，その蒸気機関が商用化されるまでには，いくつもの障害があった。資金，熟練労働者，部品，販売先などの確保である。最初のパートナーは事業が軌道に乗る前に破産し，第二のパートナー，マシュー・ボウルトンと1775年に設立したボウルトン・ワット商会も当初は赤字が続いた。鉄鋼王ウィルキンソンのシリンダーが蒸気機関の性能向上に大きく貢献し，蒸気機関の販売は1780年代から軌道に乗った。その間，ワットは，蒸気機関の直線運動を回転運動に変える革新を行い，蒸気機関は鉱山の水揚げ機から工場や船の動力へと進化した。

　綿工業では，技術革新が継続的に発生し，最初に工場制度が確立され，1830年台にはイギリスの輸出の50％以上を占めた（図表8-3-1）。雇用でも紡績・織布

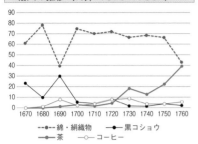

■図表 8-2-3　イギリス東インド会社の輸入の推移（%），1670–1760 年

(注)　東インド会社の輸入全体に占めるそれぞれの商品の比率。
(出所)　角山栄『茶の世界史』（中公新書，1980 年）46 頁より作成。

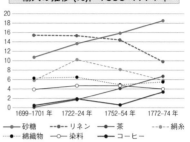

■図表 8-2-4　イギリスの輸入の推移（%），1699–1774 年

(注)　イギリスの輸入全体に占めるそれぞれの商品の比率。
(出所)　Davis, Ralph, English Foreign Trade, 1700–1774, *Economic History Review*, Vol. X, No. 2, 1962, p. 300.

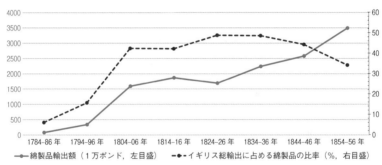

■図表 8-3-1　イギリスの綿製品輸出

（出所）　S.D. チャップマン（佐村明知訳）『産業革命のなかの綿工業』（晃洋書房，1990 年）70 頁より作成。

■図表 8-3-2　蒸気機関を備えた綿工場：アンコーツ（マンチェスター），1835 年

　蒸気機関によって工場を都市部に建てることができるようになった。それ以前は，工場は水力が利用できる山中に建てられていた。アンコーツ（Ancoats）は，世界初の都市部工場地域と言われる。

（出所）　Science and Industry Museum, Manchester. 筆者撮影。

合わせて50万人と，綿工業はイギリス最大の製造業となった。綿工業は，高度な専門化と分業からなり，専門分野ごとに地域に集積していた。マンチェスターには，1797年には紡績工場が水力利用と蒸気機関利用合わせて約900，1810年には蒸気機関工場だけで約670あった（図表8-3-2）。工場規模は，18世紀末で平均就労者50人，1810年代で百数十人であった。しかし，1810年代には，マーレイやマッコンネル＝ケネディといった，最大規模の企業およそ10社は，1,000人規模の工場を経営していた。

　産業革命の機械技術の集大成の一つが，蒸気機関車と鉄道であった。イギリスで，また世界で最初に商用化された鉄道と蒸気機関車は，1825年設立のストックトン・ダーリントン鉄道とロバート・スティーブンソン・アンド・カンパニー（1823年設立）製のロコモーション号であった。1830年設立のリヴァプール・マンチェスター鉄道でもスティーブンソン社製のロケット号が使用された（図表8-3-3）。イギリスの鉄道網が確立した1840年代以降は，鉄道建設請負業者は海外の鉄道建設へ向かった（図表8-3-4）。イギリス最大の請負業者のトーマス・ブラッシーは，イギリスの鉄道の6分の1，世界の鉄道の12分の1を建設したと言われた。

8.4　相対的衰退とパックス・ブリタニカ (1850-1914年)

　19世紀後半に入ると，第二次産業革命とよばれる新たな技術分野・製品分野の登場がみられた。その代表例は，製鋼，電気，化学である。第二次産業革命を主導したのはアメリカとドイツであり，両国にはそれまでにはなかった規模の企業が多数誕生した。イギリスはこの両国に遅れをとり，工業におけるイギリスの「相対的衰退」が生じ始めた（図表8-4-1）。しかし，工業以外の商業，金融，海運，情報，資源といった分野では，イギリス企業の多くが高い国際競争力を持っていた。19世紀後半の「パックス・ブリタニカ」（イギリスによる平和）とよばれるイギリスの卓越した国際政治経済上の地位の維持には，これらの工業以外の分野も大きく貢献した。

　電信は国内では鉄道に沿って敷設された。イギリス初かつ世界初の電信は1837年に敷設された。最初の国際電信（海底ケーブル）は，1851年にイギリスとフランスの間に敷設された。広大な植民地を有したイギリスは，国際電信の敷設でも支配的な地位にあった。1892年で，世界の電信網の45.5％はイギリス企業のイースタン電信社（1872年設立）とその関連会社が所有し，イギリス全体では63.1％を所有していた（図表8-4-2）。フランス・ドイツなどの国際電信も，イギリスやイギリス領を経由してアメリカなどと結ばれた。世界中の情報が最初にロンドンに到着するようになり，国際経済・政治・軍事におけるイギリスの優位に大きく貢献した。

■図表 8-3-3
スティーブンソンのロケット号

ロケット号は 2013 年，イギリスのアニメ「きかんしゃトーマス」に「スティーブン」として登場した。写真は，動態保存用のレプリカ。

（出所）　The National Railway Museum, York.
筆者家人撮影。

■図表 8-3-4
イギリスの鉄道網：1852 年

（出所）　Malcolm Falkus and John Gillingham
（1980），*Historical atlas of Britain*, London:
Granada, p.199.

■図表 8-4-1　第二次産業革命の主要企業：時価総額上位 5 社（1912 年）

（単位：100 万ドル）

	企業	国籍	時価総額		企業	国籍	時価総額		企業	国籍	時価総額
鉄鋼	US スチール	米	741	電気機械	ゼネラル・エレクトリック	米	174	化学	デュポン	米	69
	クルップ	独	130		AEG	独	93		ヘキスト	独	51
	フェニックス	独	67		ウェスティングハウス	米	67		ブルンナー・モンド	英	49
	アメリカン・キャン	米	57		ジーメンス	独	65		バイエル	独	45
	ドイチェ・ルクセンブルグ	独	55		ウェスタン・エレクトリック	米	47		BASF	独	45

（出所）　レズリー・ハンナ，和田一夫『見えざる手の反逆』（有斐閣，2001 年）xv 頁，xvii 頁より作成。

■図表 8-4-2
世界の通信網：1913 年

イギリスの海底ケーブル

陸上の電信線

イギリス以外の国が保有
していた電信線

（出所）　Ferguson, Niall（2003），*Empire: How Britain Made the Modern World*, London: Penguin Books, p.169.

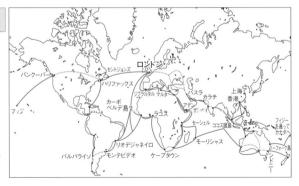

ナポレオン戦争（1799–1815 年）終結から第一次大戦まで，イギリスは「世界の銀行」であり，ロンドンは世界で唯一のグローバル金融センターであった。この期間，世界の資本輸出の約半分をイギリスが占めていた（図表 8-4-3）。ロンドンから世界への資本の配分を担っていたのは，マーチャントバンカーとよばれるパートナーシップの個人銀行であった。マーチャントバンカーは，大陸ヨーロッパに親族のネットワークを持ち，ヨーロッパ全体の富裕層に債券を販売していた。ドイツのフランクフルトに一族の起源を持ち，1805 年にロンドンにやってきたロスチャイルド商会が代表的な例である。マーチャントバンカーは手形引受という金融取引によって貿易金融でも重要な地位を占めていた。

　イギリスは資源産業でも世界をリードし，海外での資源開発は，英領・非英領の両方で行われた。1873 年にはスペインの銅開発を目的としたリオ・ティントが設立され，1880 年には，南アフリカでダイヤモンド採掘を行うデビアス・マイニングがセシル・ローズによって設立された。1898 年には，オランダ領ボルネオで，シェル・トランスポート・アンド・トレーディングが有望な油田を発見した。シェルは 1907 年にオランダのロイヤル・ダッチと合併し，ロイヤル・ダッチ・シェルとなる。1908 年には，ペルシャ（現在のイラン）で石油採掘を行うアングロ・ペルシャ石油会社（現在の BP）が設立された。ロンドンは資源取引や資源開発金融でも世界の中心となった（図表 8-4-4）。

8.5　新技術と産業再編 (1914–1945 年)

　第一次世界大戦と第二次世界大戦をはさんだ時期は，生活の現代化が一層進んだ時代であった。その基礎にも新たな技術・製品・サービスの登場があった。情報分野では，ラジオ放送がはじまり，交通分野では航空輸送がはじまった。これらの分野ではイギリスはアメリカと並んで技術開発の先頭にいた。自動車産業でも，イギリスは第一次大戦前の遅れを取り戻した。このほか，洗濯機・掃除機などの家庭用電化製品が登場したのもこの時期で，そこでもイギリスは他国に大きな遅れをとることはなかった。しかし他方で，綿工業，製鉄業，造船業，石炭採掘など産業革命以来の主力産業が，第一次大戦後に国際競争力を失い，それらの「旧」産業が立地した多くの地方で深刻な失業問題が生じた（図表 8-5-1）。

　放送ビジネスはラジオからはじまった。イギリスでは 1922 年に，マルコーニなどのラジオ製造企業とイギリス郵政省によって，ブリティッシュ・ブロードキャスティング・カンパニー（BBC）が設立され，ラジオの定時放送がはじまった。1927 年に，BBC は王室特許状により公共放送事業体となり，社名のなかのカンパニーがコーポレーションに変わった（図表 8-5-2）。1935 年には，ラジオは全世帯の 95％（約 700 万世帯）に普及した。BBC によるテレビ放送は，1936 年に

■図表 8-4-3　対外投資残高

（単位：100 万ポンド）

年	イギリス	フランス	ドイツ	オランダ	アメリカ	合　計
1870	1007	514		103	21	1645
1885	1603	678	391	206	82	2960
1900	2487	1069	986	226	103	4871
1914	4110	1860	1192	247	719	8128

（出所）　菅原歩「国際資本移動と国際労働移動　1870–1913」西村閑也ほか編『国際銀行とアジア　1870–1913』（慶應義塾大学出版会，2014 年）158 頁。

■図表 8-4-4　鉱業・石油の主要産業：時価総額上位 5 社（1912 年）

（単位：100 万ドル）

	企業	国籍	時価総額
鉱業	アナコンダ（銅）	米	178
	デビアス（ダイアモンド）	南ア	158
	リオ・ティント（銅）	英	148
	ユタ・カッパー（銅）	米	116
	フェルプス・ダッジ（銅）	米	95

	企業	国籍	時価総額
石油	ジャージー・スタンダード	米	390
	ロイヤル・ダッチ・シェル	英蘭	187
	インディアナ・スタンダード	米	88
	ニューヨーク・スタンダード	米	73
	カリフォルニア・スタンダード	米	71

（出所）　レズリー・ハンナ，和田一夫『見えざる手の反逆』（有斐閣，2001 年）xiv 頁，xvii-xviii 頁より作成。

■図表 8-5-1　地域別失業率（%）

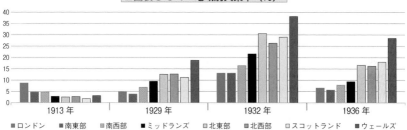

■ロンドン　■南東部　■南西部　■ミッドランズ　■北東部　■北西部　□スコットランド　■ウェールズ

（注）　ミッドランズ，北東部，北西部，スコットランド，ウェールズが，「旧」産業が主に立地した地域。
（出所）　坂本悼志「戦間期のイギリス」湯沢威編『イギリス経済史』（有斐閣，1996 年）152 頁より作成。

■図表 8-5-2
ラジオ放送のマイクを前に恒例の国王によるクリスマスメッセージを送るジョージ 5 世（1934 年）

（出所）　Wikimedia Commons

実現した。しかし，テレビが高価格だったため，視聴者数は 1939 年で約 2 万世帯に留まった。テレビ放送は戦争のため 1939 年 9 月に中止され，1946 年 6 月に再開された。

　欧米における自動車生産は 1880 年代にはじまり，第一次大戦以前は生産台数でアメリカとフランスがイギリスを上回っていた。イギリスでは，1913 年から 1923 年まで，アメリカのフォードの子会社がシェア 1 位であった。しかし，1921 年にエンジン馬力に比例した自動車保有税（馬力税）の累進性が強化された。それにともなう需要の変化により，小型車が主力のモリスとオースティンのイギリス 2 社が，1931 年まで高馬力の T 型に特化していたフォードから市場シェアを奪い，前者がシェア 1 位，後者が 2 位となった（図表 8-5-3）。馬力税により，イギリスの自動車市場は細分化され差別化戦略が有効となった。1932 年には，イギリスの自動車生産台数はアメリカに次ぐ世界 2 位となった。

　新しい交通機関である航空輸送では，1919 年に最初の定期便がロンドン・パリ間で開設されたが，1921 年には不況で全社・全路線が停止された。1924 年には政府委員会の勧告により航空 4 社が統合されてインペリアル・エアウェイズが設立された。同社によるロンドン・カルカッタ（現在のコルカタ，インド）路線が開通したのは 1933 年で，所要日数は 1 週間であった（海路では 3 週間）。同年，南アフリカとオーストラリアへの路線も開通した（図表 8-5-4）。1939 年には新規参入の民間企業ブリティッシュ・エアウェイズとインペリアル・エアウェイズが議会委員会の勧告で合併し，ブリティッシュ・オーバーシーズ・エアウェイズ・コーポレーション（BOAC）が設立された。

8.6　イノベーションの挫折（1945-1980 年）

　第二次大戦後のイギリスは，インドなど植民地の独立に直面するとともに，労働党政権のもとでの福祉国家建設という新たな歴史的課題に取り組んだ。戦時中に発達した，エレクトロニクス（レーダーやコンピュータなど），原子力，ジェットエンジンなどの新技術の開発でも，イギリスはアメリカと並ぶ主導的な地位にあった。しかし，1960 年代までには市場規模の差などから，エレクトロニクス（特にコンピュータ），原子力，ジェット機製造のいずれでもアメリカに大きく遅れをとるようになる。他方で，労働党政権は，鉄鋼，自動車，石炭，通信などの主要産業の国有化を行った。国有企業の全てが必ずしも不効率ではなかったが，鉄鋼業や自動車産業では国際競争力が失われた。

　第二次大戦後の航空機製造で，イギリスは技術的な競争力を持っており，1952 年には，デ・ハビラント製の世界初のジェット旅客機「コメット」が BOAC によって運航された（図表 8-6-1）。しかし，コメットは墜落が相次ぎ 1954 年に運航

■図表 8-5-3　イギリス自動車市場における主要 3 社のシェア (%)

企　業	1929 年	1932 年	1935 年	1938 年
オースティン	25	27	23	21
モリス	35	33	31	23
ルーツ，ヴォグゾール，スタンダード	8	23	23	31
フォード	4	6	17	18

（出所）　Roy Church and Michael Miller（1977），The Big Three: Competition, Management, and Marketing in the British Motor Industry, 1922–1939, Barry Supple, ed., *Essays in British Business History*, p.180.

■図表 8-5-4　イギリスの航空路：1935 年ごろ

　インペリアル・エアウェイズとその提携航空会社による路線。イギリス・オーストラリア路線では，ロンドン・カラチ間をインペリアル・エアウェイズ，カラチ・ペナン間をインディア・トランスコンチネンタル航空，ペナン・シドニー間をカンタス帝国航空が，それぞれ運航した。

（出所）　Davis, Ronald E.G.（1964），*A History of World's Airlines*, London: Oxford University Press, p.178.

■図表 8-6-1　世界初のジェット旅客機「コメット」（1952 年）

（出所）　Wikimedia Commnns

■図表 8-6-2　イギリスとアメリカのジェット旅客機の生産数（単位：機）

イギリス			アメリカ		
企業	型式	製造数	企業	型式	製造数
デハビランド	コメット 4	56	ボーイング	707/720	1095
ヴィッカーズ	ヴァイカウント	440	ダグラス	DC8	556
ブリストル	ブリタニア	83	ロッキード	エレクトラ	170
ヴィッカーズ	ヴァンガード	44	GD	990	37
ヴィッカーズ	VC10	34	ボーイング	727	1720
BAC	BAC111	230	ダグラス	DC9	1034
ホーカ　シドレー	トライデント	117			

（注）　対象時期は 1956–1979 年。
（原典）　Hayward, Keith（1983），*Government and British Civil Aerospace*, Manchester, Manchester University Press, Table1 より坂出（2010）が作成したもの。
（出所）　坂出健『イギリス航空機産業と「帝国の終焉」』（有斐閣，　2010 年）271 頁。

が停止される。1958年に改良されたコメット4が導入されたが，すでにアメリカのボーイングやダグラスが市場を支配していた（図表8-6-2）。その後，イギリスの航空機製造企業は軍用機市場に依存し，1977年には2大企業を統合した上国有化されたブリティッシュ・エアロスペースが設立された。同社は，1979年には独仏企業連合のエアバスに20%出資で参加した。他方，ジェットエンジン製造に特化したロールズ・ロイスは，1971年に経営破綻により国有化されたが，ダグラスやボーイングにエンジンを供給し，アメリカのゼネラル・エレクトリック（GE），プラット・アンド・ホイットニーと並ぶ世界の3大メーカーの一つとなった。

　第二次大戦後のもう一つの「新しい技術」であった原子力でも，イギリスは当初アメリカと競争できる立場にあった。イギリスの原子力開発は，1954年設立の政府系機関である原子力公社により行われ，1956年にはアメリカに先駆けてコールダーホール原子力発電所が稼働した。同型の原子炉は日本にも輸出された。しかし，1957年にイギリス初の原子炉であったウインズケールの軍用原子炉が火災事故を起こす。また，イギリスの原子炉は黒鉛炉という技術であったが，1960年代にはアメリカの軽水炉が主流となり，イギリスの原子炉輸出の道は閉ざされた（図表8-6-3）。

　エレクトロニクス分野でも，第二次大戦までのイギリス企業は，テレビやレーダーの開発などで技術的なリーダーであった。しかし，戦後にアメリカで半導体とコンピュータの開発が進むと，エレクトロニクス分野のイギリス企業は国際競争力を失った。コンピュータ製造では，アメリカのIBMに対抗しようと主要企業が順次合併してインターナショナル・コンピュータ（ICL）が設立されたが，同社は1971年と1980年には経営危機に陥り，1990年に日本の富士通に買収された（図表8-6-4）。テレビ製造では，1970年頃まではイギリスの3社とオランダのフィリップスでシェア75%だったが，70年代中頃には日本企業がシェアを上昇させていった。

8.7　新自由主義（1980-2000年）

　1970年代の石油危機後，イギリスの経済は他の先進国よりも悪化し，「イギリス病」とよばれた。1979年に首相となったサッチャーは，イギリス経済再生を目指し，国有企業の民営化や戦闘的な労働組合の解体に挑んだ。サッチャーはまた，市場主義の信念のもと，規制緩和や外資企業の受け入れにも取り組んだ。さらに，国有企業の民営化と同時に，参入規制を撤廃し自由競争を導入した。この手法は他国にも普及した。金融業では「ビッグバン」により競争の導入や外資導入が行われ，製造業でも外資導入が進められた。国内の雇用維持や経済活性化の

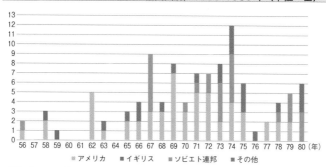

■図表 8-6-3　原子炉の輸出：輸出国別，1956-1980 年（単位：基）

■ アメリカ　　■ イギリス　　■ ソビエト連邦　　■ その他

（注）　棒グラフの合計が，世界の輸出総数。イギリスの輸出は 1958 年と 1959 年の各 1 基。
（出所）　日本原子力産業会議『原子力発電所一覧表』1983 年 12 月，29–33 頁。

■図表 8-6-4　1975 年のイギリスの主要エレクトロニクス企業の 2000 年の状態

1975 年当時の企業	2000 年の状態
GEC（General Electric Company）	存続＊
レイカル	2000 年にトムソン・CSF（仏）に買収される。
プレッシー	1989 年にジーメンス（独）と GEC に買収される。
EMI（Electric and Musical Industries）	1979 年にソーン（英）に買収される。
	→ソーン・EMI：エレクトロニクスなどの製造活動から撤退。
ICL（International Computers Limited）	1984 年に STC と合併，1990 年に富士通に買収される。
STC（Standard Telephones and Cables）	1993 年にノーザン・テレコム（カナダ）に買収される。
フェランティ	1993 年に財産管理を受ける。

＊GEC は，1999 年に社名をマルコーニに変更し，2006 年にエリクソン（スウェーデン）に買収された。
（出所）　Owen, Geoffrey (1999), *From Empire to Europe: The Decline and Revival of British Industry Since the Second World War*, London: HarperCollins, p.290.

■図表 8-7-1　主要な国有企業の民営化

年	民営化された企業	分　野
1980	ブリティッシュ・エアロスペース（第 1 次民営化）	航空機・防衛
1981	ケーブル・アンド・ワイヤレス（第 1 次民営化）	通信
1983	ケーブル・アンド・ワイヤレス（第 2 次民営化）	通信
1984	エンタープライズ・オイル	石油
	ジャガー	自動車
	ブリティッシュ・テレコム	通信
1985	ブリティッシュ・エアロスペース（第 2 次民営化）	航空機・防衛
1986	ブリティッシュ・ガス	ガス
	ブリティッシュ・エアウェイズ	航空
1987	ロールズ・ロイス	航空機エンジン
	ブリティッシュ・ペトロリアム	石油
1988	ローバー	自動車
	ブリティッシュ・スチール	鉄鋼
1989	リージョナル・ウォーター・オーソリティーズ	水道
1990	エレクトリシティ・カウンシル	配電

（出所）　湯沢威「戦後イギリス経済の軌跡」湯沢威編『イギリス経済史』（有斐閣，1996 年）256 頁。

ためには，企業の国籍にはこだわらないという考え方もまた，サッチャーがもたらした発想の転換であった。

　国有企業の民営化は，サッチャー政権の主要政策の一つであった。1979年から1991年にかけて，子会社も含めると32社以上が政府から売却され，90万人の雇用が民間部門に移り，政府は約416億ポンドの売却収入を得た。民営化の対象となった分野は，自動車・鉄鋼・航空機といった製造業や鉄道・航空といった輸送から，通信・電力・ガス・水道といった公益事業にまで広範囲に及んだ（図表8-7-1）。公益事業の民営化は西ヨーロッパや日本など他の先進国の先駆けとなった。通信分野では民営化後，携帯電話やインターネットなど新事業の登場や相次ぐ新規参入があった。通信や電力では，現在は主要企業の多くを外資系が占め，開放的な市場の形成でも先例となった。

　自動車産業の再生も，外資企業によって実現された。1980年代に唯一の国内大手だったローバーが1994年にドイツのBMWによって買収されて消滅する一方，イギリス国内の自動車生産上位のメーカーは，ドイツ，アメリカ，日本の各社となった。イギリスの産業衰退の要因を敵対的かつ硬直的な労使関係ととらえたサッチャーは，1980年に日本の協調的な労使関係の移植を期待して，日産のイギリスへの工場建設を誘致し，英国日産は1986年に操業を開始した。英国日産は協調的な労使関係の導入に成功し，それは他社へも波及した。自動車生産は1980年代後半から増加に転じた（図表8-7-2）。イギリスは外資企業のEUへの輸出拠点となり，国内の雇用維持やサプライヤー企業の存続に成功した（図表8-7-3）。

　1986年にロンドン証券取引所が実施した改革は，「ビッグバン」とよばれる。ビッグバン以前は，ロンドン証取では証券売買手数料は固定化され，内部には厳格な分業の義務づけがあり，取引所の会員権の取得も困難であった。ビッグバンは，証券売買手数料の自由化，分業義務づけの撤廃，会員権取得条件の緩和からなる。ビッグバンによりイギリスでも証券取引業はきわめて競争的になり，外資金融機関によるイギリス金融機関の買収が盛んになった。伝統的なマーチャントバンカーは，ほとんどがアメリカ，ドイツ，スイスなど外資の傘下となった。しかし，ロンドンは各国の大手金融機関の重要な拠点となることで，国際金融センターとしての地位を強化した（図表8-7-4）。

8.8　グローバル化とその後（2000-2021年）

　2008年の世界金融危機と2010年のユーロ危機の後，イギリスは財政緊縮政策をとり，その結果，所得格差・地域間格差が拡大した。これが2016年のブレグジット（Brexit：イギリスのEU離脱を指す）の一因となったと言われる（図表8-8-1）。2つの危機以降，金融を中心としたイギリス経済の評価は非常に難しくなった。

■図表 8-7-2　イギリスの自動車生産台数

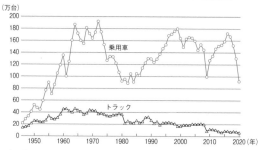

（出所）　1946 年から 1964 年は，Mitchell, B.R.（1988），*British Historical Statistics*, Cambridge, Cambridge University Press, p.418．1965 年から 2017 年は，日本自動車工業会『世界自動車統計年報』第 18 集，2019 年，5，7 頁，2018 年と 2019 年は，矢野恒太記念会『世界国勢図会 2020/21』2020 年，p.268．2020 年は，矢野恒太記念会『世界国勢図会 2021/22』2021 年，p.275 のデータより作成。

■図表 8-7-3　イギリスにおける自動車生産台数：メーカー別（1998 年）

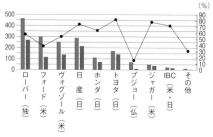

（注）　1998 年に，ローバーは BMW（独）の，ヴォグゾールは GM（米）の，ジャガーはフォード（米）の子会社。IBC は，GM（米）といすゞ（日）の合弁会社。
（出所）　Owen, Geoffrey（1999），*From Empire to Europe: The Decline and Revival of British Industry Since the Second World War*, London: HarperCollins, p.246.

■図表 8-7-4
建設中のロンドンの新金融街　カナリー・ワーフ：2000 年

　建設中の 2 つのビルはそれぞれ，HSBC（イギリス）とシティグループ（アメリカ）というグローバルバンクの本社とヨーロッパ本部となった。

（出所）　https://london.wikia.org/wiki/History_of_Canary_Wharf

国際金融ではロンドンの地位や機能は今のところ危機前と変わらないが，ブレグジットによる金融取引拠点の流出のリスクが将来の不透明感を高めている。

　しかし，金融以外に眼を転じると，研究開発型の分野ではイギリスは依然重要な国である。その代表例は航空宇宙や製薬であり，スマートフォン向け半導体や人工知能など新たな分野の台頭もある。他方で，より生活に密着した分野である小売業では，所得停滞に対応した業界の変動が生じている。

　研究開発型分野でのベンチャー企業の代表的成功例が，1990年にケンブリッジに設立されたアーム・ホールディングスである。アームが販売するのは，スマートフォンなど移動通信機器用のCPU（中央演算装置）の設計データである。アームは，自社では製造は行わないが，世界のスマートフォン向けCPU市場で95％ものシェアを占め，売上高営業利益率は50％という超高収益企業である。2016年に，日本のソフトバンクがアームを3.3兆円の巨費で買収した。ケンブリッジは，「シリコン・フェン」の通称でイギリスのハイテク企業集積地として知られる。（ソフトバンクは2020年にアームの売却を発表した。）このほか，2016年に囲碁で世界トップのイ・セドル九段を4勝1敗で破った囲碁ソフト「アルファ碁」を開発したディープマインドも，イギリスのベンチャー企業である（図表8-8-2）。ディープマインドは2010年にロンドンで設立された人工知能（AI）研究企業で，2014年にグーグルが4億ポンド（約696億円）で買収した。

　イギリスの小売業では，食料品を中心とした大手スーパーでは，テスコ，セインズベリー，アズダ，モリソンズが「ビッグ4」として大きなシェアを占めてきたが，2000年代に入ると「ディスカウンター」とよばれる低価格帯の小売店が台頭した。ディスカウンターには，ドイツ企業のアルディ，リドルや，日本の100円ショップのような「1ポンドショップ」のポンドランド，ポンドワールドがある。アルディ，リドルは生鮮食品も販売し，大手スーパーと競合している（図表8-8-3）。2018年には，小売市場の停滞を受けてセインズベリーとアズダが経営統合し，さらにブレグジット後のポンド安の影響で，ポンドワールドが実質経営破綻に追い込まれた。衣料では近年，ABCフーズ傘下のプライマークが低価格帯でシェアを急速に拡大し，最大手で高価格中心のマークス・アンド・スペンサーとほぼ並ぶにいたった（図表8-8-4）。

　2020年1月末にイギリスは正式にEUを離脱した。その後は移行期間として英・EU間の自由な経済活動が維持されたが，2020年12月には，英・EU間の新たな自由貿易協定が締結され，2021年1月からその新協定のもとでの貿易がはじまった。英・EUの自由貿易協定では，関税や数量制限は課されなかったものの，通関手続きや貿易のための付属書類の作成量が大きく増大した。これが2021年に英・EU間の貿易が伸び悩んだ要因であると考えられている。

　貿易以外でのEU離脱の影響であるが，金融については，ロンドンでの欧州株

■図表 8-8-1
EU 離脱投票の地域別結果，2016 年

(注) 黒色の部分が離脱，灰色部分が残留。
(出所) Wikimedia Commons（Mirrorme22
Nilfanion: English and Scottish council
areas TUBS: Welsh council areas Sting:
Gibraltar）

■図表 8-8-2
グーグル・ディープマインドの
アルファ碁対イ・セドル九段の対局

(注) 2016 年 3 月 12 日：ソウル。
右がイ・セドル九段。
(出所)
AFP＝時事（AFP PHOTO / Google DeepMind）

■図表 8-8-3　イギリスにおける
食品スーパーのシェア（%）：2018 年 7 月

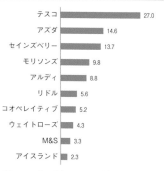

テスコ	27.0
アズダ	14.6
セインズベリー	13.7
モリソンズ	9.8
アルディ	8.8
リドル	5.6
コオペレイティブ	5.2
ウェイトローズ	4.3
M&S	3.3
アイスランド	2.3

(注) 2018 年 7 月までの 12 週間のシェア。
(出所) Retail Gazette
（https://www.retailgazette.co.uk/blog/2018/
07/world-cup-fever-heatwave-drives-uk-grocery-
sales/）

■図表 8-8-4　イギリスにおける
アパレル小売シェア (%)：2018 年

M&S	7.6
プライマーク	7.0
ネクスト	6.6
アルカディア	3.8
アズダ	3.5
TK マックス	3.1
テスコ	2.9
ダベンハム	2.7
JD スポーツ	2.7
スポーツ・ダイレット	2.4

(出所) Statistica
（https://www.retailgazette.co.uk/blog/
2018/07/world-cup-fever-heatwave-drives-uk-
grocery-sales/）

の取引額減少や国際決済でのポンドの使用額減少がみられた。金融機関の拠点の流出については，アメリカや日本の大手金融機関などが人員の一部を大陸欧州やアイルランドに移動させたものの小規模に留まり，懸念されたような大規模な拠点流出は生じていない。しかし先行きは依然不透明である。製造業では，2017年以降，自動車生産の減少が続いている（図表8-7-2）。

　世界がコロナ禍に覆われた2020年には，イギリスの製薬企業のアストラゼネカがオックスフォード大学と提携して，アメリカのファイザーやモデルナと同時期に新型コロナワクチン実用化の第一陣の一角を占めた。これは，研究開発型産業のひとつである製薬業において，イギリス企業の国際競争力を示す事例となった。アストラゼネカは，2021年6月の時点で，2022年について，ファイザーに次ぐ新型コロナワクチンの出荷量を見込んでいる。

　イギリスの新たな成長産業としては，洋上風力発電がある。イギリスは，気候変動対策としての世界的な脱炭素政策を主導した国の一つであり，2019年にはスウェーデン（2018年）に次いで世界で2番目，G7では初めて，カーボンニュートラルの法制化（2050年まで）を宣言した。イギリスは洋上風力発電を自然エネルギーの中心と位置づけており，その結果，2020年には洋上風力発電の累計導入量で世界第1位となっている。ただし，イギリスでの洋上風力発電設置を主導する企業はデンマークのオーステッドであり，外資を中心とした成長となっている点にイギリスらしさをみてとることができる。

第 9 章

フランス

9.1　フランスの社会と経済 （経営風土）

　フランスの国土は西ヨーロッパで最も大きく，スペイン，イタリア，スイス，ドイツ，ベルギーの各国に接し，地中海，英仏海峡，大西洋に面している（図表9-1-1）。現代フランスの経済・社会・企業経営を理解するうえでは，以下の点が重要である。

　第一に，フランスは首都パリを中心とした中央集権的体制（フランス）のもとで発展してきた。10世紀以降，フランス王はパリに居を構え，この都市を政治・行政や軍事の中心とした。市中心部に建築されたルーブル宮殿が，14世紀には王宮となった（現在はルーブル博物館）。ルイ14世によって1682年にパリ郊外にヴェルサイユ宮殿が建築されたのちにも，パリはフランスの社会，政治，経済の中心であった。フランスは18世紀までヨーロッパ最大の陸軍国であり，フランス王はヨーロッパの覇権を狙って各国とも合従連衡しつつ多くの戦争に加わったため，パリはヨーロッパの外交の中心にもなった。フランス革命（1789年）以降，20世紀なかばまで，フランスの政体は王政・共和政・帝政などの間で目まぐるしく変わったが（図表9-1-2），こうした政治体制の転換は，パリを起点とする革命，反乱，クーデターなどの結果であった。現在も，ほとんどの大企業の本社，官僚機構，マスコミ，芸能・文化活動などはパリに集中している。

　第二に，フランスは16世紀以降，世界各地に海外領土を獲得し，イギリスに次ぐ植民地帝国を築いたが，イギリスや日本とは異なり，植民地はフランスの工業化にあまり貢献しなかった。18世紀に築いた北米やインドの植民地をイギリスとの抗争のなかで失った後，第三共和政の初め（1870-1880年代）に西アフリカとインドシナ半島（ベトナム，ラオス，カンボジア）などの植民地を獲得したが，植民地からの原料調達や植民地への工業品輸出は英日に比べて限定的であった。帝国主義はむしろ，フランスの文化と影響力を世界に広げるという国家的威信のために追求された。第二次世界大戦の後には植民地独立が進んだが，フランスは今日でも，カリブ海，南米，インド洋，太平洋に海外領土を持っている。

　第三に，フランスは19世紀なかばまでヨーロッパ最大の人口大国であった。1820年には農業大国フランスの人口は3,120万人であり，統一前のドイツ諸邦合計の2,490万人，イギリスの2,120万人を大きく上回っていた。しかし産児制限と人口抑制思想（「マルサス主義」）の最先進国であったフランスでは，19世紀を通じて出生率が低い水準にとどまった。その結果，1913年の人口は4,140万人と，6840万人に急増したドイツや，4,560万人のイギリスに追い越されていた。産業革命のもとで急速に都市化が進むイギリスとの格差は，大都市の成長のペースにもあらわれていた。1700年から1800年の百年間で，ロンドンの人口は57万人から86万人に増えたが，パリでは51万人から58万人への増加にとどまったの

■図表 9-1-1　地図：現代フランス

（出所）　Wikimedia Commons

■図表 9-1-2　フランス史略年表

1562-1598 年	ユグノー戦争（カトリック対プロテスタントの内戦）
1605 年	現在のカナダに植民地建設，以後，北米・インドで拡大
1643-1715 年	ルイ 14 世の治世
1685 年	ナント勅令廃止（プロテスタント信仰否定），多数の企業家の国外亡命
1756-1763 年	英仏七年戦争　北米・西インド諸島の植民地の大半を喪失
1789 年	フランス革命の勃発，ギルドの廃止（1791 年）
1804 年	第一帝政（ナポレオン 1 世）対英戦争・ロシア征服と敗北
1815 年	ナポレオンの没落，復古王政の開始
1830 年	七月革命。この前後数十年に綿紡績工業拡大（産業革命）
1848 年	二月革命，第二共和政の成立
1870 年	普仏戦争（プロイセンに対する敗北），第三共和政の成立
1914-1918 年	第一次世界大戦
1936-1938 年	ブルム政権（人民戦線内閣）・年 2 週間の有給休暇の導入（1936 年）
1940-1944 年	ドイツ軍によるフランス占領，中部のヴィシーに傀儡政権
1944-1945 年	フランスの解放と第二次大戦終結，連立政権・第四共和政
1945-1962 年	主な植民地の独立（インドシナ，アフリカ等）
1951 年	欧州石炭鉄鋼共同体（ECSC）設立
1957 年	欧州経済共同体（EEC）・欧州原子力共同体（Euratom）設立
1958 年	第五共和政成立（シャルル・ド・ゴール大統領）
1993 年	欧州単一市場発足（財・人・サービス・資本の域内自由移動）
1999-2002 年	欧州統一通貨ユーロ発足（2002 年より現金流通）

である。しかし 20 世紀後半になると状況は変化し，移民の流入や出生率の下げ止まりや回復がみられた。2017 年のフランスの人口は約 6,700 万人であり，8,280 万人のドイツには及ばないものの，6,675 万人のイギリスをわずかに上回り，西ヨーロッパ第二の人口大国の座を維持している（図表 9-1-3）。

9.2　コルベルティズム，マニュファクチャーと企業家活動

　21 世紀の今日でも，日産とルノーの企業連合の再編案に対しフランス政府があからさまに介入したように，フランスでは国家による経済への関与が強い。歴史のなかで変化はあったにせよ，その起源は，近世にまで遡ることができる。

　経済や産業に対する本格的な政策がフランスで登場するのは，外国勢力も巻き込んで行われたカトリックとプロテスタントの間の宗教戦争が一段落し，王権による中央集権化が進んだ 17 世紀である。輸入抑制と輸出増が国富の増大につながるとする重商主義的な考え方にもとづき，税収拡大による戦費調達・財政再建を目指す政策が採用された。これを最も体系的に推し進めたのが，1661 年から 1683 年までルイ 14 世の財務担当を務めたジャン=バティスト・コルベールである。彼は国家の主導による産業振興を計画し，1663 年頃から，石鹸，ゴブラン織，絹織物，毛織物・絨毯，ガラス，陶磁器，武器，タバコといった商品の生産のために，「王立マニュファクチャー」を設立した。これらは特権マニュファクチャーともよばれ，国王から商品の独占的製造・販売権やその他の特権を与えられた（図表 9-2-1，*Column* 9-1）。これらマニュファクチャーには，ヴェネツィアや周辺各国から各地の産業について高い技術を持つ職人が招聘され，産業の国内移植が進められた。

　貿易では，1604 年に独占的な勅許会社として設立されながら短期間で失敗し休眠状態にあった東インド会社を 1664 年に再編し，国の関与を強めた（その後事業は振るわず，1684 年解散，後に民間企業として再発足）。インド航路の開拓によって流入し人気商品となった綿織物は，在来の繊維産業を保護するために 1685 年に製造・販売・使用が禁止されたが，東インド会社による輸入品のみはその例外とされた。

　こうした特権会社には貴族層が関与したため，フランス経済には封建的な特色が残ったと言われるが，政策の決定には商人も関わっていた。1664 年に設立された商業委員会は全国の商人や官僚を集め，製品の品質改善の方策を議論した。1669 年からは，織物は国の検査を受けて商標を付して販売されるようになったが，この検査・商標制度は技術の全国的な普及に貢献した。

　しかし 18 世紀なかばになると，マニュファクチャーの経営者，商人，企業家らは国家による管理を批判するようになり，自由主義的政策への転換を求めた。

■図表 9-1-3　フランスの人口（百万人）

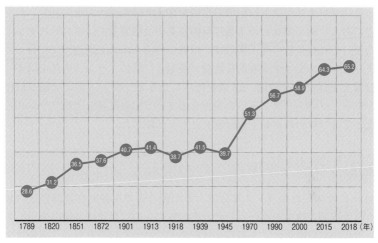

（出所）INSEE（L'Institut National de la Statistique et des Études Économiques　フランス国立統計経済研究所）

■図表 9-2-1　ルイ 14 世によるコルベールのゴブラン織（タペストリー）
　　　　　　マニュファクチャーの視察（1667 年）

（出所）　Wikimedia Commons

1759 年には，インド製綿織物の輸入とその加工が解禁された。しかし総じて，フランス革命まで国家による産業に対する介入と統制は続いていた。

　1685 年には，フランスの経済・経営にとってもう一つの重要な歴史的事件が起こった。プロテスタントに信仰の自由を与えていた「ナントの勅令」が廃止されたのである。綿工業などの各種の新興産業や金融業者にはプロテスタントが多かったが，それら多数の商工業者は，信仰の自由を求めて周辺国に亡命した。これによりフランスでは企業家的な活動が衰退し，特にフランス南部では多くの産業が打撃を受けた。その後，18 世紀後半になるとフランス全土で脱宗教化・世俗化が進み，プロテスタントへの迫害も弱まって金融業者などがフランスに戻り，パリなどで「プロテスタント銀行家」として活躍した。

9.3　フランス革命，自由主義とフランスの工業化

　1789 年に勃発したフランス革命は，その後の資本主義的な経済発展の基礎となる自由主義的な改革をもたらした。その柱の一つは封建的特権の廃止である。封建的地代の無償廃止により農民は貢租の支払いから自由となり，中世以来の領主と農奴の関係は一掃された。土地の売買や，農村民の都市・工業部門への移動が容易となった。また法の下の平等や人権の保障とともに経済的な自由が確立し，資本主義的活動への制約が撤廃された。革命前の各都市では商工業は同業者組合（ギルド）によって管理され，製造方法や徒弟の数，商品価格等が規制されていたが，革命後の 1791 年にこれは廃止され，営業の自由が確立した。他方，経済活動の自由の原則によって，労働者の団結もまた禁止された（ル・シャペリエ法）。労働組合の禁止は 1867 年まで続いた。

　エンジニアや官僚の育成も革命によって変化した。18 世紀後半に開設された王立のエンジニア養成機関（王立土木学校〔1747 年〕や王立鉱業学校〔1783 年〕）では，入学者は専ら貴族の子弟であった。しかし革命後の 1794 年設立の理工科学校（エコールポリテクニック：図表 9-3-1）は，より広い社会層に開かれたエンジニア養成学校であり，多くの国家官僚を輩出した。また 1829 年設立の中央工業学校は，鉄道会社や製造業の企業など新興の民間部門に人材を供給した。これらは，現在のエリート育成学校「グランゼコール」の前身である。

　次に工業化についてみてみよう。上述のように都市工業はギルドの支配下にあって硬直的だったから，産業革命に先立つ（＝機械の導入・動力化以前の）工業の発展は，17・18 世紀以降，農村での家内工業の拡大，特に繊維工業部門での拡大で成し遂げられた。大西洋岸の地域や，東部のアルザスなどでは，商人たちが繊維原料を農民に供給して生産を組織し，国の内外に製品を移出・輸出した。

　フランス革命と相前後する 18 世紀末からの数十年には，フランスでもイギリ

Column 9–1 ● サンゴバン──王立マニュファクチャーから近代的多国籍企業へ

パリに本拠を置くサンゴバンは，今日，ガラス業界で世界でも1，2位を争う売上高を誇り，海外資産世界トップ100社に名を連ねる。建築素材，ガラス，機能性プラスチック等を主な事業分野とし，全世界で18万人を雇用する巨大企業である。

同社は，350年を超える歴史を誇る長寿企業であり，その起源は，ヴェネツィアからの鏡・ガラスの輸入を減らすために1665年にコルベールが設立した王立マニュファクチャーに遡る。ヴェルサイユ宮殿「鏡の間」の鏡も，同社の製品である。その後，フランス革命で王政が廃止されると同社は特権を失って民間企業となり，さらに1830年には株式会社に再編された。19世紀後半には同社は他社の買収やガラス以外の素材への製品多角化を進め，急速な成長を遂げた。1913年時点では，フランスの上場会社トップ20社の一つとなっている。

1970年には同社はフランスの建材メーカーであるポンタムソンと合併し，世界的な総合素材企業となった。1980年代以降は海外進出を積極的に進めた。日本にも1986年に販売子会社を設立し，1992年には製造も開始している。

■図表 9–3–1　今日のエリート養成学校：エコールポリテクニック学生の行進（2005年）

（出所）　Wikimedia Commons（撮影：David Monniaux）

スに少し遅れるかたちで産業革命が進展した。上述の農村工業地域に紡績機や力織機などの機械が導入され，動力化と工場制への転換が進み，都市工業にも蒸気機関が導入された。しかし，イギリスに比べると，大規模工場での単純労働を利用した大量生産は限定的だった。鉱山業と鉄鋼業では大企業もみられたが，総じて，中小零細企業による高級品生産への傾向が強かった。19世紀後半，アメリカやドイツで重工業・化学工業を中心に大企業が急増すると，フランス企業の規模の小ささはいっそう目立つようになり，これは生産高にも影響を及ぼした。1830年にアメリカやドイツ（諸邦）よりも大きかったフランスの製造業生産高は，1860-1870年代には両国に追い越された（図表9-3-2，図表9-3-3）。

　経済全体に占める農業部門の比率も依然として高く，労働人口に占める第1次産業のシェアは1801年の75％から1891年に45％へ低下したものの，イギリス（1801年の36％：1891年の11％）に比べるとずっと高かった。その農業部門でも経営規模は小さく，自由貿易体制のもとでの食料輸入はフランスの農業を脅かした。そのため1880年代からは，政府は保護主義・農業支援の政策を強めた。

9.4 国内市場の統合と流通革命（デパート，ブランド商品）

　国土が広く内陸都市の多いフランスでは運河や河川交通が発展していたが，それでも鉄道の敷設は国内市場の統合にとって決定的に重要であった。19世紀の後半，パリを中心に放射状に鉄道網が形成された（図表9-4-1）。全国の鉄道総延長は1850年の500kmから1880年の2.4万kmへと拡大した。これは単に各地を統合したのではなく，パリの中心性を高め，これへの集中を促進する効果を持った。その結果，パリ大都市圏（イル＝ド＝フランス地域圏）の人口は，1850年の160万人（フランス全国の4.5％）から1914年の470万人（同11.3％）となった。特に富裕層と中間層はパリに集中していた。それまで地域市場向けに生産していた各地の農家や製造業者は，購買力の大きなパリの市場を目指すようになった。

　所得の向上と富の地理的集中で出現した消費社会のなかで，新しい流通企業が登場した。ボン・マルシェ（1838年），プランタン（1865年），ギャルリー・ラファイエット（1893年）といった百貨店がパリに登場し，近代的なショッピング文化が生まれた。たとえば，流行品を扱う店として1838年に開業したボン・マルシェは，1852年に支配人となったアリスティッド・ブシコーが定価販制度，薄利多売のモデルなど多数のイノベーションを生み出し，百貨店の経営の世界的なスタンダードとなった。

　百貨店は富裕層を顧客層としていたが，早くもこの時代，庶民向けの小売チェーン店が登場していた。1820年に農村に生まれたフェリックス・ポタンは，地方で食料品店の店員を経た後，1844年にパリに小売店を開いた。彼は砂糖，

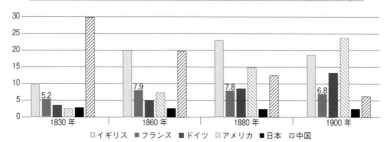

■図表 9-3-2　1830-1900 年の世界の製造業生産高に占める割合（%）

凡例：□イギリス　■フランス　■ドイツ　◲アメリカ　■日本　▨中国

（出所）　F. アマトーリ・A. コリー（西村成弘・伊藤健市訳）『ビジネス・ヒストリー』（ミネルヴァ書房，2014 年）147 頁より作成。

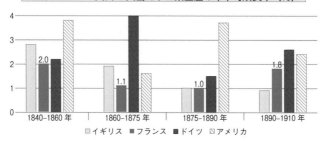

■図表 9-3-3　人口 1 人当たり工業生産の年平均成長率（%）

凡例：□イギリス　■フランス　■ドイツ　◲アメリカ

（出所）　Maurice Lévy-Leboyer et François Bourguignon, *L'économie de la France au XIXe siècle*, Paris : Economica, 1985, p. 4.

■図表 9-4-1　フランスの鉄道網（1912 年）

＊右図のパリ周辺部を拡大したもの。

パリ

（出所）　Wikimedia Commons（By Victor von Röll (1852–1922)-Röll, Freiherr von: Enzyklopädie des Eisenbahnwesens, Band 5. Berlin, Wien 1914, S. 167–189.）

油，野菜などの食料品を安く供給することを目指し，卸売商を介さず農家からの直接仕入れを始めた。このビジネス・モデルの前提は，鉄道網の拡大による調達範囲の拡大と，他方での多店舗展開による販売量の確保であった。加工食品については1861年にパリに工場を設けて自社製造を始めた。製糖を手始めに，自社製造はチョコレート，コーヒー，酒造，缶詰食品に及んだ（図表9-4-2）。多店舗展開に際しては，1886年に商標登録された「ポタン」のブランドを使用し，フランチャイズ契約を通して全国で店舗網を拡大した（1977年時点で1600店）。小売の会社が，流通機構を傘下に入れ価値連鎖・商品供給の経路を製造部門まで垂直的に統合する動きは，第二次世界大戦後のスーパーマーケットでは一般的な現象であるが，フェリックス・ポタンはその世界的な先駆と位置づけられるだろう。

　鉄道によって各地とパリが市場として統合したが，これにより，地方の中小企業にも大市場へのアクセスという成長機会が生まれた。フランス有数の綿工業地帯であるフランス東部のアルザス地方もそうした地方の一つである。デザイナーであるジャン・クロードはアルザスの繊維メーカーで働いていたが，1825年にパリに派遣されて売れ筋商品の情報を集めた。これはアルザス企業の製品開発に活かされた。1934年になるとクロードはパリに事務所を設け，パリで収集した情報を北・東フランスの織物企業やデザイン学校に提供した。

9.5　アメリカ発の大量生産方式の導入と自動車産業の発展

　1870年代からの約半世紀間の時期は，世界的に「第二次産業革命」の時代として知られる。電気利用技術の実用化，鉄鋼業の成長，石油利用と化学産業の発展，自動車の登場などがその柱であり，また製造技術の革新によって大量生産体制が確立し，製造から販売までを統合した大企業の時代が到来した。

　前節でみたようにフランス経済では大企業セクターの拡大は遅れたが，それでも1880年代から1910年代には第二次産業革命の中心的な分野で新しい企業が登場し，20世紀の経済成長の土台を築いた。研究開発，生産，販売の各段階で大規模な投資が必要であることから，これら企業の多くは株式会社として設立された。フランスでの変化を促進したのは，世界的に市場を広げていたアメリカ企業のフランスへの進出と投資であった。1920年代には，フォード（自動車），シンガー（ミシン），ジレット（剃刀），アメリカン・ミルク・プロダクト（乳製品）などの米国企業がフランスに次々と工場を設立し，大量生産システムや近代的なマーケティング手法をフランスに持ち込んだ。

　アメリカ多国籍企業との連携で技術導入が進み，国内企業も登場して成長した事例を，電気機械産業にみることができる。1891年，フランスの「計器会社」（Compagnie des Compteurs）はアメリカのトムソン・ヒューストン電機と電力量計の

■図表 9-4-2
ボタンチョコレートの宣伝広告（1922 年）

（出所）　Wikimedia Commons

Column 9-2 ● ロックフォール社

　ロックフォールは，真っ白なチーズの地肌に青カビの鮮やかな模様が美しいチーズ
であり，日本のチーズ好きの間でもよく知られている。このチーズはフランス西南部
のロックフォールで 11 世紀から中小の酪農家によって作られていたが，1842 年にな
ると，ある商人が設立したリガル（Rigal & Cie）がその製造・販売の独占を目指した。
同社は 1851 年に地元の製造業者 7 名によって買収され，ロックフォール社となった。
「ロックフォール」の商標は 1863 年に登録され，1860 年代のパリ市場で大ヒット食品
となった。その後，製造方法の近代化やフランス政府による原産地名称保護制度
（1925 年）によって生産は拡大し，世界的に知られるフランス産チーズの代名詞と
なった。

■図表 9-5-1　世界諸国の自動車生産量（1938 年，万台）

	乗用車	多目的車	合　計
アメリカ	212.6	52.9	265.5
イギリス	34.8	10.5	45.3
ドイツ	28.1	8.8	36.9
フランス	19.9	2.5	22.4
ソ連	2.6	18.4	21.0
イタリア	5.9	1.1	7.0

（出所）　Abel Chatelain, "L'industrie automobile française", *Revue de géographie*, 25/2, 1950, p. 99.

製造ライセンス契約を結んだ。2年後に後者がアメリカのゼネラル・エレクトリック（GE）に合併すると，GEは計器会社と共に合弁企業（CFTH）を創立した。この合弁会社は，フランスでのGEの特許使用権を持ち，発電機，路面電車，電話機などの製造によってフランス最大の総合電機メーカーとなった。1960年代にいたるまでCFTHはアメリカ発の技術革新をその成長に活かし，同時に生産技術や労働管理でもアメリカから積極的に知識やノウハウを導入した。

　自動車産業ではフランスの自立性はより強い。自動車産業は19世紀末の欧州に誕生したが，20世紀初頭のフランス自動車産業の担い手は，プジョー（1889年設立）とルノー（1898年設立）のような同族経営の中小企業であった。これらの企業は多品種少量生産にもとづいていた。他方，1908年にT型フォードを開発したフォードは，大量生産を実現し，1913年にはフランスに組立工場を設立し，フランス市場でもその勢力を拡大した。

　こうしたなか，1919年にはフォードをモデルに大衆車を大量生産する企業としてシトロエンが設立された。同社は株式市場で大規模に資本を集め，アメリカ的な大量生産方式を導入し，1924年にはアメリカ人デザイナーを採用した。ルノーとプジョーもこれに部分的に追随し，1922年と1924年に相次いで流れ作業を導入した。1925年には，フォードはフランス市場でプジョー，ルノーに次ぐ第3の地位を占めた。フランスは，1930年代なかばまでイギリスに次ぐヨーロッパ第2の自動車生産国であり，また20世紀後半にはイギリスを凌駕してドイツに次ぐ地位をヨーロッパで維持した。またフランス企業は，20世紀末にグローバル展開を遂げるまでは，主にフランス国内と欧州市場を販路としていた。

9.6　繊維産業とファッション・ビジネス

　第二次大戦後に「高度成長」を経験したのは日本だけではない。1950年代から1960年代末の20年間は，欧米の主要国にとっても前例のない成長の時代であった。しかしこの幸福な時代は1970年代に石油危機もきっかけにして終わりを遂げ，先進各国は低成長と産業構造の転換に苦しむことになった。

　これは，フランスの経済やフランスの企業も例外ではなかった。特に繊維工業や石炭産業，鉄鋼・機械などの重厚長大産業は大きな打撃を受けた。しかしこうしたなかで，伝統的な産業を母体にしつつも，新たなビジネス・モデルを生み出して成長を遂げ，グローバル市場で強いポジションを築く企業が登場したことは注目に値する。

　ファッション・ビジネスはそうした大転換を代表する産業である。19世紀から繊維産業はフランスの工業化と経済成長に貢献していたが，繊維品の主要な輸出先であった旧植民地の独立（1950-1960年代）や，1970-1980年代のアジアからの

Column 9–3 ● アンドレ・シトロエン（1878-1935 年）

　シトロエンは 1878 年にパリのユダヤ人移民の家族に生まれた。1900 年にエコール
ポリテクニックを卒業し，翌年，歯車を製造する会社を設立した。その後の 1908 年，
彼は経営が悪化していた「モルス自動車会社」によばれて経営再建に取り組み，1914
年にはこれを黒字化して再建にめどをつけた。しかし同社の生産量は，1913 年時点で
800 台であり，他のフランス企業と大差がなかった。

　シトロエンを変えたのは 1912 年のアメリカへの視察旅行であった。彼はフォード
の自動車工場を見学し，ヨーロッパのヘンリー・フォードになることを決意する。ま
もなく第一次世界大戦が勃発して彼の会社も武器製造に従事したが，彼はここでアメ
リカ的な大量生産システムを導入してその経験を積んだ。大戦終結後の 1919 年，彼
は軍需から民需への転換のなかで自動車の大量生産を実現すべく，シトロエン自動車
株式会社を創設した。アメリカからの影響は生産システムにとどまらず，デザインや
アフターサービスなどでも，アメリカで生まれた知識とノウハウの導入に努めた。

　1920 年代にシトロエン自動車は急成長を遂げたが，1929 年の世界恐慌の勃発とフ
ランス社会の混乱のなかで経営が悪化し，1934 年に同社は経営危機に瀕し，翌 1935
年，タイヤメーカーであったミシュラン（Michelin）により買収された。同年，アンド
レ・シトロエンも死去した。

　創業者の死と経営主体の転換後，シトロエン自動車は，第二次大戦時のドイツによ
る占領をも生き延び，1950 年代にはじまる高度成長のなか，フランス市場や統合を深
める欧州市場を主な市場に成長を遂げた。しかし 1970 年代に経済全体が低成長に陥
ると経営は悪化した。1976 年，同社はプジョーによる買収を受け入れ，グループ PSA
（Groupe PSA）となった。2017 年時点で販売台数世界第 9 位（363 万台）であった同
社は，2021 年にフィアット・クライスラー・オートモービルズ（イタリアのフィ
アット社が米国のクライスラーを 2014 年に買
収して設立）と経営統合し，ステランティス
（Stellantins）となった。合併前の両社の販売台
数合計では，ステランティスは世界第 4 位
（800 万台）の自動車メーカーである。

（出所）Wikimedia Commons

安価な輸入品との競争により，フランス繊維産業は急速に衰退した。繊維・アパレル産業の就業者は，1960年からの20年間で100万人から40万人に急減し，2009年以降は20万人にも達しない。

　しかしこれは，単純な衰退過程ではなかった。図表9-6-1に示した統計は，フランス繊維産業のグローバル化を示している。生産の減少と輸入の増加とともに，輸出も増加しており，2009年には輸出が生産を上回っているのである。この奇妙な数字は，フランスが国外から繊維製品を輸入し，「生産」には必ずしも属さない付加価値をつけて他国に輸出を行なうという，ファッション企業の新しいビジネス・モデルを示している。フランス企業は，1970年代以降も高級ファッションでは国内生産を維持しつつ，それ以外では生産拠点をモロッコやトルコ等の低コスト国に移した。そうしたなかで登場し，1980年代から多数の中小企業を買収したラグジュアリー・グループは，グローバル市場で強い競争力を持つ。

　このうち，世界最大のラグジュアリー・グループであるLVMHは，ルイ・ヴィトン（革製品）とモエ・ヘネシー（シャンパン，コニャック）の合併により1987年に誕生した企業集団であり，筆頭株主兼CEOのベルナール・アルノーが経営にあたる。アルノーはそれ以前からボン・マルシェ百貨店やディオールなどを所有しており，破綻に瀕したフランス最大の繊維企業，ブサック・グループを1984年に傘下に収めた。LVMHは，フランス，イタリア，イギリス，スイスのアパレル，アクセサリー，時計，酒，化粧品の企業を買収し，2019年時点で70の世界的ブランドを持つ。21世紀に入ってからの世界的な富裕層市場の拡大の波に乗り，同社の世界での直営店数は，1998年の825店から2015年には3,860店に急増した。

　シャネルやエルメスなどの独立系高級ファッション企業も，LVMHの戦略を模倣し，製品多角化，直営店の増加，他社の買収などを通じて成長した。そしてその成長は，相当部分がアジア市場（1970-1990年代は日本，2000年以降は中国）に依存している（*Column* 9-4）。

9.7　戦後の経済政策とナショナル・チャンピオンの育成

　第二次大戦後，フランスの新政府は国の再建と復興のために経済への関与を深めた。1944年から48年の間に，エネルギー（電力・ガス・石炭各社），金融（銀行保険各社），航空などの社会基盤・公益事業・基礎産業部門で多数の企業が国有化され，また自動車メーカーのルノーも，大戦中の対独協力を理由に国有化された。その結果フランスは，たとえば同時期のドイツや日本に比すると，国有企業の割合がずっと大きな資本主義国となった。1967年時点で，国有企業は全企業（農業を除く）設備投資額の32％，売上高の7％を占めた。こうした経済体制は，しば

■図表 9-6-1　フランス繊維品の生産・輸入・輸出（1990-2015 年）

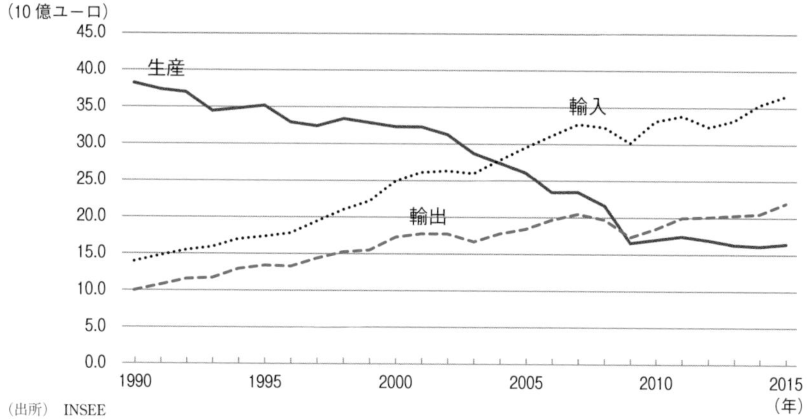

（10 億ユーロ）

（出所）　INSEE

Column 9-4 ● 日本とルイ・ヴィトン

　ルイ・ヴィトンは，1854 年にパリの郊外に設立されたトランクの製造会社であった。同社は富裕層向けスーツケースとバッグを製造・販売する中小企業であり，1970 年代までは経営は停滞していた。しかし 1977 年にアンリ・ラカミエが社長になると，高級イベントのスポンサーとなって「ヴィトン」ブランドの知名度を上げることに成功し，世界各地で直営店を展開するにいたる。1984 年には株式市場への上場を果たし，1986 年にはシャンパン・メーカーのヴーヴ・クリコを買収した。

　1980-1990 年代における同社の成長では，所得向上と円高で購買力を高め，しかも欧州ブランドへの憧れを持つ日本市場が重要な役割を演じた。売上高に占めるアジア・パシフィック地域（中心は日本）の割合は，1981 年の 17％から 1984 年には 44％に急増し，その重要性は 1990 年代末に中国に取って代わられるまで続く（ルイ・ヴィトンを含む LVMH のファッション・革製品部門での日本のみのシェアは 1999-2000 年に 37％でピークに達するが，2010 年には 16％に減少）。

　日本市場で成功するために，同社は 1981 年にルイ・ヴィトン・ジャパンを設立し，銀座に販売店を開設した。また日本人消費者向けに多数のアクセサリーを開発した。2003 年には，日本を代表するアーティストである村上隆とのコラボによるヴィトンブランドのハンドバッグを発売している。

しば，市場経済と計画経済の間に位置する「混合経済」（économie mixte）として，あるいは，市場経済・資本主義の原則によりながら国が経済運営で指導的役割を果たす「ディリジスム」（dirigisme）の体制として理解された。

　その後，1970 年代には民営化の議論がなされたが，逆に 1981 年には私企業の国有化を掲げた社会党のミッテラン政権が誕生し，2 大金融会社，36 の金融機関，5 大産業グループの国有化が行われた。国有化後も株式会社形態を維持し，国がその株の全部ないし一部を所有し，各界代表が取締役となった。民営化へと向かいつつあった西側先進国のなかでは異例のこの国有化政策は混乱をもたらし，その後 1986 年から再民営化が断続的に進められ，今日にいたっている。しかし現在でもなお，フランスの政府は多数の企業を所有・支配している（図表 9-7-1〜図表 9-7-3）。

　フランス政府はまた，米国企業への対抗を念頭に，「ナショナル・チャンピオン政策」を指向した。個々の産業部門で，フランスを代表するトップ 1 社（民間企業あるい国営企業）を育成する政策である。その典型的な事例はコンピュータ産業であり，1931 年に設立されたブル機械会社（Compagnie des Machines Bull）は，1960 年代に世界市場を支配していた IBM に対抗すべく，フランス政府から強力な支援を得た。しかし他の少なからぬ事例と同様，この政策はうまくいかなかった。ブルは単独では競争力を持ち得ず，1964 年にはアメリカのゼネラル・エレクトリック（GE）との連合に活路を求めたが，ブルの国際競争力はその後も改善せず，GE は結局，1967 年にブルを買収した。これにより，フランスが目指した自国独自のコンピュータの開発プロジェクトは挫折した。

　ナショナル・チャンピオン政策による独自技術の開発は，技術の「ガラパゴス化」をももたらした。フランスの電信電話総局と民間企業が開発して 1982 年に発売した「ミニテル」はその一例である。これは通信ケーブルを介してコンピュータ間を接続するインターネットの先駆というべきシステムであるが，その市場は事実上フランス国内に限られ，1990 年代にインターネットが勃興すると劣勢となり，2012 年にはそのサービスは廃止された（図表 9-7-4）。

　経済活動での政府の主導性は，ごく少数の国家的エリートが特権的教育機関（その代表は戦後に設立され「フランス国立行政学院」）で養成され，国家官僚と企業経営者の地位を行き来しながら政治・行政・財界を支配する状況と一体であった。図表 9-7-5 に経歴と肖像を示したルイ・ガロワはその一例である。

9.8　EUのインパクトと公益事業会社のグローバル化

　1957 年設立の欧州経済共同体（EEC）（欧州共同体〔EC〕の一つ。EC は後に欧州連合〔EU〕に発展）は，フランス企業をはじめとする欧州諸国の企業に大きな影響を及

■図表 9-7-1　フランスにおける政府出資企業　売上高上位 10 社（2015 年）

順　位	社　名	産業部門	順　位	社　名	産業部門
1	EDF	エネルギー	6	Orange	通信
2	ENGIE	エネルギー	7	SNCF	鉄道
3	Airbus Group	飛行機	8	Air France - KLM	航空
4	PSA Peugeot Citröen	自動車	9	La Poste	郵便
5	Renault	自動車	10	Safran	航空宇宙防衛

（出所）　INSEE

■図表 9-7-2　フランス経済に占める公的セクターの比率（%）

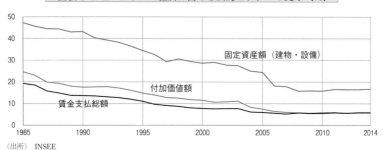

（出所）　INSEE

■図表 9-7-3　フランス政府支配下の企業数とそこでの従業員数

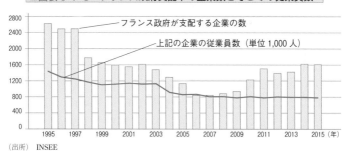

（出所）　INSEE

■図表 9-7-4　ミニテル (Minitel) の端末

（出所）　Wikimedia Commons（撮影：Frédéric BISSON）

ぼしてきた。第一に，EEC/EU のもとで進められた市場の統合により，国境を越えた競争が促進された。域内各国では，外国企業との競争が激しくなる一方で，他の欧州諸国への進出が容易になった。また米国や日本など域外企業との競争では，ヨーロッパ規模の標準化や市場統一は，欧州企業の強みになった。

第二に，EEC/EU は，独占やカルテルを規制する競争政策の主体でもあった。欧州では歴史的にカルテル容認の傾向が強かったが，EEC が 1962 年に導入した競争政策は，企業間協定（カルテル），企業の買収・合併（M&A）による寡占化と競争制限，国営企業，国家による企業への支援をいずれも厳しく監視した。

第三に，EEC/EU は市場の自由化・民営化の推進役となった。域内市場を統合しても，国営企業や地域独占企業が残れば，他国の企業は対等な条件では参入できず，市場の統合は不完全になってしまう。そのため EEC/EU は，新自由主義への流れのなかで民営化を進める各国とともに，1985 年以降，公益事業の自由化・民営化を進めていった。特に焦点となったのは，電気・ガスなどのエネルギーや，水道，通信などからなる公益事業と，鉄道などの交通の分野である。これらはそれまで，公営企業によるか，あるいは自治体による民間企業への委託事業によっていたが，これ以降，企業間の競争が激しくなって，各国の公益企業も国境を越えて事業エリアを拡大し，あるいは他国企業の合併・買収を進めた。成功した企業は欧州外にも進出し，グローバル企業となった。こうしたなか，19 世紀から自治体からの受託契約で事業を行い，比較的広いフランス市場で実力を蓄えていたフランスの公益企業は，世界的多国籍企業へと成長していった。

フランスの公益企業が世界的な競争力を持つことは，在外資産規模世界トップ 100 社のリストから読み取れる（図表 9-8-1）。石油，製造業，食品企業とともに，フランスの公益企業 3 社がランクインしている。このうちエンジーは，2008 年に民営企業のスエズと公営企業のフランス・ガスが合併して誕生した。前身となる 2 社はいずれも公益事業に基盤を持つ企業であり，1980 年代以降は欧州・南米・北米にも投資先を広げていた（図表 9-8-2）。EDF や Orange も，かつての公営企業・公益企業が民営化や合併，海外展開を経て多国籍企業となった例である。

フランスに本社があるエアバス社も，欧州の市場統合を背景に誕生した。1960 年代，世界の航空機産業を支配するアメリカのボーイングへの対抗を意図して，欧州諸国の航空機メーカーが共同で新会社を設ける動きがあり，1970 年にフランスとドイツの企業によってエアバスが設立され，その後，スペイン（1972 年）とイギリス（1978 年）の航空機メーカーが加わった。初の機体である A300 型機は 1972 年に完成し，2 年後に就航した。エアバスの部品調達網は欧州全域にわたっており，フランスの貿易では航空機部品は最大の輸出入品目となっている。

■図表 9-7-5　ルイ・ガロワ（Louis Gallois）の経歴

1944 年	南フランスに生まれる
1970–1972 年	フランス国立行政学院卒，社会党に入党
1972–1989 年	官僚（財務省，産業省）
1989–1992 年	スネクマ社長（国営企業，ジェットエンジン製造）
1992–1996 年	アエロスパシアル社長（国営企業，宇宙・防衛）
1996–2006 年	SNCF 社長（国営企業，鉄道）
2006–2012 年	エアバス社長（国営企業，航空）
2012–2014 年	官僚（首相顧問）
2014–2020 年	PSA（旧プジョーシトロエン）社長（民間企業，自動車）

（出所）　Wikimedia Commons（撮影：MEDEF）

■図表 9-8-1　在外資産規模世界トップ 100 社（非金融）におけるフランス企業（2017 年）（上位 12 社のみ掲載）

社　名	産　業	外国資産，百万（合計の%）	外国従業員，人数（合計の%）
トタル（Total）	石油・ガス	234,993 (97)	66,730 (68)
サノフィ（Sanofi）	医薬品	79,979 (67)	58,208 (55)
エアバス（Airbus）	航空・宇宙	77,047 (56)	83,253 (65)
フランス電力（EDF）	電気・ガス・水道	75,283 (22)	22,152 (15)
エンジー（Engie）	電気・ガス・水道	73,807 (41)	82,539 (53)
オランジュ（Orange）	通信	59,882 (53)	58,797 (39)
ルノー（Renault）	自動車	59,526 (45)	100,473 (80)
クリスチャン・ディオール（Christian Dior）	ラグジュアリー	56,840 (65)	49,229 (80)
ダノン（Danone）	食品	49,388 (93)	79,681 (76)
エア・リキード（Air Liquide）	工業ガス	46,397 (94)	40,424 (62)
シュナイダーエレクトリック（Schneider Electric）	電機	44,262 (93)	134,749 (88)
サンゴバン（Saint-Gobain）	素材・化学	41,666 (81)	136,522 (76)

（出所）　UNCTAD, The world's top 100 non-financial MNEs.

■図表 9-8-2　エンジー（Engie）の発展

1858 年	フランスの外交官・事業家レセップスがスエズ運河会社を設立する
1946 年	フランスガス社が設立される（フランス全土の民間ガス企業の国有化による）
1956 年	エジプトがスエズ運河を国有化。スエズ運河会社は残る資産を元にスエズ金融会社に改称
1967 年	スエズ金融会社がリヨネ水道公社に資本参加
1986–87 年	リヨネ水道公社がケーブルテレビ事業に出資
1980–90 年代	リヨネ水道公社が国外での公益事業を拡大（イギリス，スペイン，アメリカ，南米）
1997 年	スエズとリヨネ水道公社が合併
2004 年	フランスガス社の株式会社への再編（政府の持株比率は 70%以上）
2005 年	フランスガス社の上場
2008 年	スエズとフランスガスの合併。エネルギー事業でグローバルに事業展開
2015 年	Engie に改称

第 10 章

ドイツ

10.1　ドイツの社会と経済(経営風土)：「ドイツ」とは？

　現在，「ドイツ」とよばれる国は地球上に1つしかない。ドイツ連邦共和国 (Bundesrepublik Deutschland：BRD)。欧州大陸のほぼ中央部に位置し，国土面積35.7万平方キロメートル（日本の約9割），人口約8,250万人，首都はベルリンである。

　四半世紀以上前の1990年までは，「ドイツ」は2つあった。「西ドイツ（西独）」とよばれたドイツ連邦共和国と，「東ドイツ（東独）」とよばれたドイツ民主共和国 (Deutsche Demokraische Republik：DDR) である。これは，第二次世界大戦 (1939〜1945年) におけるドイツ敗北で，ドイツが米・英・仏・ソ連の連合軍に分割占領され，直後の米ソ冷戦開始によってそれら占領地区が東西に分断された結果であった。

　では，その前には統一された1つの「ドイツ」があったのか，というと話はそう単純ではない。確かに1つの統一されたドイツが，アドルフ・ヒトラーの時代 (ナチス・ドイツ)，それに先立つ共和制の時代 (いわゆるヴァイマル共和国)，さらにその前身のドイツ帝国の時代には，地図の上にはっきりとあった。ドイツ語では，統一されたドイツ国のことを，「皇帝一人の持ち物＝帝国」という原義を持つ「ライヒ (Reich)」という。1871年以降，1945年までは政治体制の違いにかかわらず「ドイツ・ライヒ」を正式の国号とする国家が存在していた。まず問題は，この近現代の「ライヒ」以前の時期には，統一されたドイツ国家は存在しなかったということである。

　中世以来，ドイツ語圏には300を数える封建諸侯の領地や自治都市が並立し，それらが19世紀はじめのナポレオン戦争を経て整理された後も，39に及ぶ中小サイズの地方国家が主権を持ち，名目上の「ドイツ連邦」を構成するだけだった。この地域国家並存の伝統はその影響が強く，また，極端な中央集権化をはかった20世紀の独裁国家 (ナチス・ドイツならびに DDR) への自省もふまえて，現在のBRDの連邦制に意識的にも受け継がれている。さらにもう一つ厄介なのは，かつてビスマルクがつくった「ドイツ・ライヒ」ですら，全ての「ドイツ人」を包含するわけではなかった点であろう。中近世の神聖ローマ帝国の盟主であるハプスブルク家のオーストリアを除外して成立した「小ドイツ」的統合であった。しかし「ドイツ人」の居住地域や「ドイツ語圏」といえば，なにも国としてのドイツとオーストリアだけではなかったし，今でもないのである。

　こうした地方・地域の分裂性 (地域性) や，「ドイツ」概念の広がりと曖昧さは，いま私たちが「ドイツ」の社会，経済，企業経営などを考えるうえで，見落としてはならない要素である。90年代初頭の再統一を経て，「『ドイツ』とはどこか」という問題には一応決着がついたといえる。だが他方，「ドイツ」経済の地域性は，現在「ヨーロッパ経済の心臓」である工業国の発展とその強みの本質を，そ

■図表 10-1-1　ドイツ史略年表

843 年	フランク王国が 3 分裂し，ドイツ語圏は東フランク王国に
962 年	神聖ローマ帝国成立
1517 年	ルター，宗教改革の開始
1648 年	30 年戦争終結
1815 年	ドイツ連邦成立
1834 年	ドイツ関税同盟。域内関税を撤廃
1835 年	ニュルンベルク―フュルト間にドイツ最初の鉄道敷設
1848 年	各地で革命（48・49 年革命）。ドイツ統一ならず
1871 年	プロイセン王国を中心に，ドイツ帝国成立
1914 年	第一次世界大戦（－1918 年）
1918 年	ドイツ革命。ヴァイマル共和国成立
1924 年	「天文学的インフレーション」ピークに
1933 年	ヒトラー，首相に就任（ナチス・ドイツ）
1939 年	第二次世界大戦（－1945 年）
1949 年	西ドイツ基本法成立。西ドイツ・東ドイツの成立
1955 年	西ドイツ，主権完全回復，NATO に加盟。東ドイツ，ワルシャワ条約機構に加盟
1961 年	「ベルリンの壁」構築
1973 年	東西両ドイツ，国連に加盟
1989 年	「ベルリンの壁」崩壊
1990 年	ドイツ再統一
1999 年	欧州共同通貨ユーロ導入
2003 年	改革プロジェクト「アジェ（/ゲ）ンダ 2010」発表

■図表 10-1-2　地図：現代ドイツ

（出所）　日本国外務省 WEB ページ「国・地域–欧州–ドイツ
連邦共和国」https://www.mofa.go.jp/mofaj/area/germany/
index.html

こに探ることができるものかもしれない。現代ドイツを代表する諸企業の中枢は
それぞれ地方に散らばり，日本と違い，首都には集中していない。

10.2　工業化の開始

　今日のドイツ連邦共和国は，第二次産業（製造業）が国全体の付加価値生産で依
然2割程度を占め，G7参加国などの先進国中では日本などと並んで「工業国」
である。ドイツ経済においても広義のサービス業（第三次産業）の比重は高いのだ
が，私たちがドイツに対して持つイメージのかなりの部分が現に，高級乗用車に
代表される輸出工業製品に占められている。こうした「工業国・ドイツ」はいつ，
どのように成立したのか。

　手工業の伝統は，ドイツ語圏においても分厚い。それは，今日のドイツでも職
業国家資格やその教育課程に，中世都市におけるマイスター（親方）制度の伝統
が一部重ねられていることでもわかる。近世においても，様々な手工業のヨー
ロッパ水準での先進地帯は各地に存在した。農村の労働力と結びついた，様々な
「プロト工業」の発達もあった。しかし「工業国」を生み出す「工業化」とはや
はり，集中的な製造作業現場への機械設備の導入，すなわち工場制が普及するこ
とであろう。ドイツ語圏でそうした変化が起きたのは，英国「産業革命」が相当
進行していた19世紀前半のことである。

　ドイツ語圏においても，繊維産業において最初の変化がはじまった。仏ナポレ
オン帝国支配下のライン左岸では，19世紀初頭，英国の工業製品を締め出そうと
した大陸封鎖・大陸制度の影響で，ミュール紡績機の導入が本格的に進んだ。機
械制綿紡績業への飛躍は，徐々に機械工業の発展も促す。海外貿易につながる商
業ネットワークの分厚い伝統を持っていた西部ドイツ・ライン流域地域では，ポ
スト・ナポレオン時代にも，商人的な企業家たちは水力や近隣地域のエネル
ギー資源を利用し，機械化された綿業や毛織物業に代表される繊維工業とその関
連産業の集積する地域を形成していった。

　ドイツ語圏の重工業の発達に決定的な役割を果たしたのは，1830年代後半に
はじまった鉄道建設である。近隣都市間を結ぶ新交通機関としての鉄道会社は高
収益の事業と考えられ，1840年代に最初の路線建設ブームが起きた。ここに
レールなどの鉄製品や機関車などの機械製品の巨大な需要が起きる。これにより，
リスクもコストも高い近代的技術導入に踏み切るインセンティブが，ドイツの製
造業者にも初めてもたらされた。彼らは伝統的な技術と生産スタイルで旧来の市
場に対応していたのだが，市場の拡大がそれを変えた。例えば製鉄業の場合，木
炭を燃料に高品位製品を小規模生産することから，石炭と反射炉を利用したパド
ル法によって，中品位のレール用錬鉄を大量生産することがビジネスとして初め

Column 10-1 ● アルフレート・クルップとその時代

アルフレート・クルップ
(1812-1887 年)
(出所) Wikimedia Commons

クルップの社章
(出所) Wikimedia Commons

1820 年代中頃，西部ドイツ・ルール地方エッセンの旧い商家クルップ家は傾いていた。クルップ家はこの街に古くから根を張り，海外物産の販売などで代々の当主が家産を蓄えてきた。だがそれも，フリードリヒ・クルップ（1787-1826 年）の代で挑んだ野心的な近代製鉄業の無残な失敗によって，ほぼ使い果たされてしまった。

失意のうちに若くして亡くなった父の跡を継いだアルフレート・クルップ（1812-1887 年）は，旧家の少年当主らしからぬ苦汁をなめる。だがギムナジウムを退学して作業場で一から製鉄技術を学び，食器製造などで盛り返してクルップ家の製鉄業の実質的な創業者となってからも，技術知識をみずから獲得するため努力を惜しまなかった。その「努力」のなかには，英国の工場での見学にかこつけて身分を偽り産業スパイをやったことも含まれる。アルフレートの眼前には，先代とは違い，ドイツ関税同盟（1834 年）や鉄道建設の開始で拡大するドイツ語圏の市場があった。

1850 年代に入ると，継ぎ目のない輪鉄の製造に成功し，鉄道需要への対応で事業を飛躍させた。これを記念して作ったのが，輪鉄を 3 つ並べた社章。現在の合併企業「テュッセン・クルップ」にも受け継がれている。しかし口の悪い世の人はこの社章を，「大砲の砲口を 3 つ並べたものだ」と揶揄した。

19 世紀後半，クルップの事業が徐々に武器生産に傾斜していったからである。新発明だった鋼鉄製クルップ砲の威力は，1860 年代から 1870 年代初頭のドイツ統一戦争で発揮され，ドイツ帝国成立後もクルップ社は兵器の開発・輸出を続け，「ヨーロッパの兵器廠」「死の商人」とよばれることになる。

「大砲王」の異名をもらったアルフレート・クルップは，労働組合も否定して厳しい労働管理を行う一方，熟練工の「工場マイスター」への昇進制度をつくって忠勤へのインセンティブを与え，社内福祉や年金などの恩恵的福祉制度もいち早く整えた。家父長制的な企業経営の代表例である。

アルフレート・クルップの事業は死後，その長男，孫娘とその婿，さらにその子と受け継がれた。大規模な近代企業に個人経営・家族経営の要素を強く残すものであった。

て成り立つことになった。英国，ベルギー，アメリカなどから輸入されていた機関車や車輌も，ベルリンの A. ボルジッヒやミュンヘンの J. マッファイのような先駆的な企業家が 1830 年代末には国産化に乗り出し，鉄道関連産業における輸入代替は急速に進んだ。

　19 世紀なかばをすぎ，ドイツ語圏各地の製造業は，1848・1849 年革命後の一応の社会的安定を背景に，成長を遂げていく（図表 10-2-1）。

10.3　グローバリゼーション，第二次産業革命，ドイツの大企業

　1870 年代に入ったドイツ語圏の最大の政治的変化は，いうまでもなく「ドイツ帝国」の成立（1871 年）である。プロイセン国王を「ドイツ皇帝」として盟主にあおぐ連邦制的な帝国（ライヒ Reich）として，待望の国民国家（民族国家）がまがりなりにも出現した。

　この時期，ドイツ（関税同盟領域〜帝国）の交易パターンにも変化が生じた。1850-60 年代には，工業化の進行で原料輸入が増加し，中東欧・南欧向けには工業製品の輸出が定着するが，その一方で，英国はじめ西欧からの工業製品・半製品の輸入がなお不可欠であり，統計上の主な輸出品目は原料・食糧が占めていた。しかし 1870 年代を経て，1880 年代にはドイツの交易パターンは完全に工業国のそれになる。世界的に「第一次グローバリゼーション」が進行するなか，ドイツの貿易総額の急増——第一次大戦前夜まで年平均 4% 成長・3 倍増を遂げた——を輸出面で先導したのは，機械類をはじめとする様々な工業製品であった（図表10-3-1，図表 10-3-2）。

　そのなかで目立ったのは，電機，化学製品，精密機械などの新しい産業部門である。技術力を生かした「新産業」により，ドイツの国際経済における一大工業センターの地位が確立する。各地の「工科大学　テヒニッシェ・ホッホシューレ」やそれに準じる工業専門学校（ゲヴェルベ・シューレ）に代表される，19 世紀ドイツ語圏の先進的な科学・工学教育は，エンジニアや研究者の分厚い層をつくった。また，地域的に分立した製造業企業と研究・教育機関との連携は，地域経済のなかで密であった。

　これらの結果，科学的な研究と製品開発とを直接的にリンクさせた新たな経済活動である R & D（研究開発）において，ドイツ語圏はいち早く抜きん出ることになる。製造業企業がその内部に独自の研究室を持ったのは，1869 年の化学企業 BASF（バーディシュ・アニリン・ソーダ・ファブリーク=製造会社）が最初であるとされる。各地域を代表する多くの化学メーカーが，それにならったことはいうまでもない。

　19 世紀なかばに電線製造を始めたベルリンのジーメンス・ハルスケや，同じ

■図表 10-2-1 19 世紀ドイツの経済構造（付加価値創出の割合）

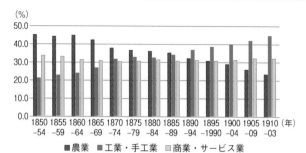

（出所）　Abelshauser, W.（2004）*Deutsche Wirtschaftsgeschichte seit 1945*, München: C. H. Beck.

■図表 10-3-1　ドイツにおける近代企業の成立（ドイツ 100 大企業の業種と規模）

	1887 年	うち株式会社	1907 年	うち株式会社
鉱　業	24	18	22	11
建材（セメントなど）	3	1	3	3
製鉄・金属	32	23	31	25
機　械	12	9	13	11
電　気	2	1	4	4
化　学	12	12	17	16
繊　維	5	5	16	2
ゴ　ム	1	1	3	1
木　材	1	1	2	1
食　品	8	8	4	4
計	100	79	100	77

（出所）　Kocka, J., und H. Siegrist, "Die hundert grössten deutschen Industrieunternehmenrn im späten im spaeten 19. und 20. Jahrhundert: Expansion, Diversifikation und Integration im internationalen Vergleich." in: Horn, Norbert und Juergen Kocka（eds.）*Recht und Entwicklung der Grossunternehmen im 19. und fruehen 20. Jahrhundert*, Vandenhoeck & Ruprecht 1979., pp.55–122.

■図表 10-3-2　ドイツの輸出先 (1889-1913 年)

（単位：%）

期　間	ヨーロッパ	南北アメリカ	アジア	アフリカ	オセアニア
1889–1893 年	78.0	17.4	3.0	0.8	0.7
1894–1898 年	78.5	15.5	3.7	1.5	0.8
1899–1903 年	78.3	14.4	4.5	1.7	1.0
1904–1908 年	75.1	16.6	5.1	2.0	1.0
1909–1913 年	75.4	16.4	4.7	2.2	1.0

（出所）　Torp. C., *The Challenges of Globalization: Economy and Politics in Germany 1860–1914*, Berghahn, 2014, p. 33.

頃イェーナで顕微鏡製作によって創業したカール・ツァイスは，研究開発の成果で製品と事業を拡大し，新産業の代表的企業として成長する（図表10-3-3）。蒸気機関車製造のボルジッヒ，鉄鋼業クルップなどの工業化を牽引してきた既存企業も，技術開発に一層の精力を注ぐようになった。

　研究開発や生産設備に多額の資本投下を必要とする新産業企業は，一般に，大量生産・大量販売を存立の条件とした。このため，いわゆる近代企業（現代企業 modern business enterprise）としての一層の展開があった。すなわちトップ・マネジメントからミドル以下のマネジメント，さらに生産現場と垂直方向に階層的に構成され，多品種生産に応じた部門別の生産単位を持つ大規模組織の出現である。ドイツ語圏ではこうしたライン・スタッフを持つ官僚制組織は，長い伝統を持つ国家官僚制にモデルがあったとも言われる。

　成長の時代であった19世紀後半だが，1870年代以降，世紀転換期にいたるまで「大不況」とよばれる景気変動があった。ドイツの産業企業は，市場競争を制限するカルテルなどの協調的手段で危機を回避しようとする傾向が強かった。

▌10.4　第一次世界大戦とドイツ企業

　1914年に起きた第一次世界大戦の原因については，今日の歴史学でも議論が絶えない。しかし開戦にいたった国際環境の緊張に，ドイツが大きな責任を負うことは間違いない。1890年の帝国宰相オットー・ビスマルク退陣後，新皇帝ヴィルヘルム2世は「新航路」と言われる，無分別にもみえる積極外交に転じた。この「ヴィルヘルム時代」のドイツ諸工業の海外市場志向は，確かに「メイド・イン・ジャーマニー」商品の脅威として植民地市場を持つ英仏などを刺激した（図表10-3-2，図表10-4-1）。成長を続けつつも景気不安定に悩むことが多かったドイツの重工業には，海外植民地獲得や中東欧から中近東の独自の経済圏の構築に希望を託す傾向が出ていた。英仏露などの協商国とドイツとの対決の構図の背景の一つである。

　しかし一方で，開戦直前までドイツと英国は互いに最大の交易パートナーであった。また欧州諸国は主要産業に対して相互に活発な投資を行っていた。自由貿易主義の普及とそれを支える国際金本位制という通貨体制の確立により，ドイツと欧州諸国との経済関係は緊密化していた。したがって第一次世界大戦勃発は，経済的に密接に結びつき，交戦が経済的に不利益・不合理である国々の間にも戦争が起こりうることを，明らかにしてしまったものだともいえる。もちろん，開戦と同時に国際経済を支える諸制度は停止した。輸出に依存していた企業は管理された国内需要に転じざるを得ない。「ヨーロッパの兵器廠」から「帝国の兵器廠」となったクルップが極端な例である（図表10-4-2）。

■図表 10-3-3　エルンスト・アッベ

（出所）　Wikimedia Commons
（Universitätsbibliothek
Heidelberg）

精密機械カール・ツァイスの共同経営者エルンスト・アッベ（1840–1905 年）。物理学者・数学者として創業者カール・ツァイス（1816–1888 年）を研究開発面で補助し，ツァイス死後は経営を財団化，従業員の福利厚生にも配慮したユニークな経営を確立した。

■図表 10-4-1　第一次大戦期における主要産業の生産の推移 (1913 年＝100)

	1913 年	1914 年	1915 年	1916 年	1917 年	1918 年
非鉄金属	100	89	72	113	155	234
鉱　業	100	84	78	86	90	83
製 鉄 鋼	100	78	68	61	83	53
造　船	100	73	65	75	61	42
建　材	100	88	69	59	58	35
繊　維	100	87	65	27	22	17
建　築	100	68	30	10	4	4

（出所）　Jürgen Kocka, *Facing Total War: German Society, 1914–1918*, Harvard University Press, 1984, p. 27.

■図表 10-4-2　クルップが開発した巨大榴弾砲

社長夫人の名をとって「太っちょベルタ」のあだ名がつけられた。

（出所）　Wikimedia Commons

数か月で決着がつくはずだった戦争は，すぐに膠着状態に陥り，国家の総力がぶつかり合う長期戦の予想を立てざるを得なくなった。この「総力戦」においては，国家の物的・人的資源をできうる限り近代兵器など軍需物資の大量生産・大量供給に動員する必要がある。政治家でもあった電機メーカー AEG 総帥の W. ラーテナウを局長として 1914 年，戦時原料局（K.R.A.）が設立された（図表 10-4-3）。産業部門別に「戦時経済会社」をつくり，企業間の市場競争を制限した。K.R.A は，業界に対して原材料配分，在庫管理，生産設備の整理統合などを指示する。一方，経済団体も輸出入制限などでこの「戦時計画経済」に協力した。こうした統制や計画化が受け入れられたのには，カルテル形成などの競争制限を高く評価してきた，ドイツ経済の協調の伝統がはたらいていたともされる。

　1916 年，すでに政治的実権を握っていた参謀本部は，軍需生産の一層の拡大によって，不利な戦況を打開しようとした。軍需生産の中枢として「戦争局」が設置され，重要産業に指定された部門内では労働力不足にもかかわらず，やや非現実的なほど高水準の生産拡大計画（『ヒンデンブルク綱領』）が強行された。1918 年，ドイツ敗戦。政府の役割の増大・膨張は，19 世紀的な企業活動の「自由」をすでに制約している。労働力の逼迫と労働環境全体の急速な悪化によって，現場では労働運動が勢いを増した。戦時下には社会的に平準化が否応なく進み，社内における労働管理のあり方のみならず，消費市場の階層的構造といった企業活動を取り巻く条件も変わらざるを得ない。

10.5　ヴァイマル共和国における企業

　1918 年のドイツの第一次世界大戦の敗戦は，水兵反乱にはじまるドイツ革命とともにやってきた。社会主義を志向する革命の勃発が，経済界に与えた衝撃ははかりしれない。世界で初めて社会権を明記し，労働者の経営共同参加の可能性も開いた新しい「ドイツ・ライヒ憲法」（いわゆるヴァイマル憲法）を持つ「ヴァイマル共和国」は，「愛されない共和国」であった。保守派は帝政になおこだわり，左右の過激勢力は資本主義と議会制民主主義の体制に反抗し，武装蜂起を含む攻撃を執拗に繰り返した。

　共和制下のドイツ経済の前途も多難であった。ヴェルサイユ条約による巨額の賠償金支払い義務と国土・資源の喪失は，政治・経済に重くのしかかった。また，軍備の制限は，民需への転換の労苦を多くの重工業企業に強いた。国際社会への本格復帰が遅れ，輸出市場を重視する化学，電機など多くの新産業企業は，通貨価値下落による輸出増のなかでも不安を抱えていた。復員が進むと労働力は過剰に転じ，一方で労働組合は職場別から産業別の全国組織に再編されて存在感と交渉力を増す。製造業の比較的順調な復興は，戦後インフレのお蔭でもあった。し

戦時原料局長をつとめた W. ラーテナウ（1867–1922 年）　電機メーカー AEG の創立者一族でみずからも総帥。著述家としても高名。第一次大戦後，共和国の外務大臣を務め，暗殺された。

（出所）　Wikimedia Commons

Column 10–2 ● 天文学的インフレ

　「総力戦」下に進行していたインフレーションは，政府債務の爆発的増大，不換紙幣の闇雲な増発という背景が解決されぬまま，そのまま戦後インフレとなった。共和国政府は復興のためにインフレをむしろ意図的に助長し，そのおかげで 1920 年代に入った頃には，工業生産の回復（戦前の 7 割程度）や完全雇用が実現した。だが，混乱期の共和国では，通貨価値の下落に歯止めがかからない。

　インフレには政府や企業の債務を解消する効果があるし，このとき産業設備の買収を積み重ねてインフレ利得を得たフーゴ・シュティンネスのような企業家の例もある。しかし，天文学的インフレは，公的通貨の意義を完全に喪失させる，貨幣経済そのものの破綻であった（図表 10–5–1）。ピークの 1923 年には月々50％に達するインフレ率が続いたとされるが，戦後まもなくから数えると 1 兆倍とも言われる物価騰貴は，利子・年金や給与所得に依存する多くの市民と賃金労働者の生活を破壊した。

かし 1923 年には賠償金支払い問題のもつれから，フランスとベルギーがドイツ最大の工業地帯ルール地方を占領する。これをきっかけに悪名高いハイパー・インフレーション（「天文学的インフレ」**Column** 10-2）が決定的に加速した。戦債回収を成功させたい米国の主導で，1924 年にはドーズ案による賠償金返済プランが成立した。内外政の安定とともに，米国からの投資が到来して景気を支えることになる。いわゆる「相対的安定期」（1924–1929 年）である。しかしこの時期，ドイツの諸企業は賃金上昇圧力と収益性の低下に悩んでいた。これを打開するために，個々の企業では米国式の科学的管理法の導入による生産合理化運動がまた熱を帯び，また，産業レベルでは市場における過当競争を回避するため，戦前期以来の協調的手段が選択された。大企業を軸に集中が進み，1927 年には，およそ 300 のコンツェルンが 3,500 以上の個別企業を支配下に置いていた。

　化学産業では，すでに戦前から 8 大企業が二系列の独占的全国組織を形成して協調と競争制限を通じた垂直統合や多角化をはかり，戦時経済においては軍需産業として「利益共同体（Interessengemeinschaft）」を結んで集中を強めていた。さらに第一次大戦後はバイエルのカール・デュースベルクと BASF のカール・ボッシュの 2 人の指導的経営者（図表 10-5-2）を中心に大規模な企業合同を行い，独占的な化学メーカー IG ファルベンとなった。「IG」すなわち「利益共同体」という社名が示すように，各企業の分権的要素を残した集権制という特異な企業構造を持ったが，専門経営者（salaried manager）をトップとする組織の確立であり，やがて複数の事業部を持つ現代企業の体裁をとっていく。また鉄鋼業ではテュッセンが中心になり，大規模な企業合同の結果，合同製鋼が設立された。電機メーカー・ジーメンスもグループの強弱電双頭体制からの脱却と統合を模索する。しかしこうした現代企業への展開も，米国のそれとは異なり，企業の低収益からの避難手段という側面が最も強い。

10.6　ナチ時代のドイツ企業

　1929 年 10 月，ニューヨーク株式市場で株価大暴落が発生。これにはじまる世界大不況（世界大恐慌）は，米国短期外資のドイツからの撤退というかたちでドイツ経済に打撃を与えた。1930 年代初頭には欧州で金融恐慌が勃発してオーストリアのクレディ・アンシュタルトなど大手金融機関の破綻が続き，さらに再建国際金本位制と多角的決済機構も崩壊，国際貿易が急速に収縮する。すでに 1928 年頃から景気停滞に悩んでいたドイツ企業は，危機に立たされた。特に鉄鋼や造船などの旧産業の落ち込みは深刻であった。ドイツ全体では 600 万人に及ぶ大量の失業者が出たが，地域ごとの主力産業の種別によって失業の規模は大きく異なった。大不況下でも賠償問題の解決を最優先し，財政均衡にこだわったハイン

（出所）　Wikimedia Commons

■図表 10-5-2　巨大化学メーカー・IG ファルベンの
「神々」と呼ばれた管理評議会メンバーたち (1926 年)

前面左がボッシュ、右がデュースベルク。

（出所）　Wikimedia Commons
　（Hermann Goeber 画（The Bayer Collection））

リヒ・ブリューニング内閣の末期から財政出動がはかられたが，その効果はすぐには出なかった（→**Column** 10-3）。

　共和制下で高賃金コストや企業活動への社会的規制に不満を募らせていた一部の経済人は，すでにドイツ共産党など左派勢力との暴力的衝突を繰り返している右派政党・国民社会主義ドイツ労働者党（NSDAP：“ナチス”は蔑称）への支援を始めていた。1933年1月，ヒンデンブルク大統領はアドルフ・ヒトラーを首相に任命する。製鋼業者グスタフ・クルップのように，ヒトラー政権成立への関与には当初は全く消極的だったケースもある。経済人にとって，党綱領に基幹産業国有化や労働者の経営参加を謳ったこともあり，社会上層部に対して攻撃的なナチスは警戒の対象であった。しかし，ヒトラー政権が市場経済を維持し，自分たち経済界や大企業にも融和的であることがわかると，クルップがそうであったように，政権への支持の姿勢は確かなものになった。ユダヤ系企業の排斥や，社内のユダヤ人や左派的な社員・職員の追放などを求める「強制的同質化」にも従うようになる（図表10-6-1）。

　ナチス政権成立直後からはじまり社会全般に及んだ「強制的同質化」は，強力だった全国労働組合組織を潰し，かつて「病んだ経済」とも言われた高賃金体質への企業経営者の不満を解消させたのである。再軍備による莫大な規模の軍需拡大は，苦境にあった重工業に再興をもたらした。また，ナチスは政権獲得後一転して，それまで贅沢・無駄と批判していたモータリゼーションを進める政策をとった。アウトバーン建設や「国民車」構想は，市場の狭小に苦しんでいたドイツの自動車工業に，その後の飛躍のきっかけを与えた。

　1939年9月，ヒトラーは第二次世界大戦を起こす。当初，ナチス・ドイツの戦時計画経済はなお指揮系統が多元的で非効率だった。しかし1942年に対ソ戦の行き詰まりのなかでA.シュペーアが軍需大臣格となり，戦争遂行のための軍需工業拡張を強行した。軍需の拡大は一面で企業の負担にもなったが，軍需関連の大企業が中小企業を下請け化したことで，国が開発費用を負担した高レベルの技術やノウハウが移転・普及するという副次的効果も生じた。企業は戦争長期化にともなう労働力不足に苦しみ，占領地からの東方労働者の移入，さらに捕虜労働，強制収容所労働にまで依存するようになった。

10.7　復興，経済の奇跡，ドイツ・モデル

　第二次世界大戦の敗北により，ドイツ社会には「ゼロ・アワー」とよばれる状況が現出した。空爆と地上戦の結果，都市部は壊滅，インフラの崩壊とともに経済活動も停頓する。戦争末期に加速した生活水準の低下は，戦後さらに激化した。多くの人々が住居を失い，食糧と燃料の不足が住民の生存を脅かした。何よりも

　米国が結局は日米開戦（1941年末）まで大不況から完全に立ち直れなかったと言われるのに対して，ナチス・ドイツは比較的早くにそれを脱出できたとされる。アウトバーンに代表される積極的な財政出動をヒトラー政権が断行したのがその秘訣だったと，しばしば考えられてきた。しかし，これで「ヒトラーは良いこともした」などと言っていいのだろうか？

　大不況からの回復の功績が，「（第一次）四か年計画」と称するナチスの一連の政策にあったかどうかは，疑問である。昔からよく知られていたように，大不況の底がナチス政権獲得以前の1932年夏にあったのは明白で，ヒトラーの政権掌握以前に景気は回復局面にあった。たしかに，ヒトラー政権成立にも手を貸した中央銀行総裁（のち経済大臣）ヤルマール・シャハトを中心に，「四か年計画」をナチ政権は派手に進めた。しかし今日の研究によれば，アウトバーン建設などの公共事業による雇用創出効果が出たと言えるのは，すでに完全雇用が達成された後である。もしも公共事業などの財政出動がなくても，その後のドイツ経済の回復はあっただろうとするシミュレーションの結果もある。また，ヒトラーの誇る失業者数減少自体が，ナチ人種イデオロギーによって女性や年少者，あるいはユダヤ人を都市部の工場など労働現場から強制的に追放した結果でもあった。ナチスの農業政策も成功とは言えなかったし，失業の解消以外に，ナチ期に住民の平均的生活水準が向上した形跡はない。少なくとも，いわゆる「ケインズ政策」の成功例をここに求めるのは間違いだろう。

　ナチスの30年代中頃までの経済政策も，最初から戦争準備と密接に結びついていた。ナチス・ドイツは国民の福利厚生をはかる現代の福祉国家ではなく，景気回復や経済成長も，中東欧に民族共同体の自給自足を可能とする「生存圏」を築くという，誇大妄想的な戦争目的にのみ奉仕すべきものであった。自信家のシャハトも，再軍備宣言（1935年）以降は，軍備拡大のための野放図な財政拡大に専門家として反対し，「第二次四か年計画」（1936年）では中枢から追われている。

■図表10-6-1　企業における強制的同質化：化学企業デグサにおける
　ユダヤ系監査役会役員の比率の急減（1927-1939年）

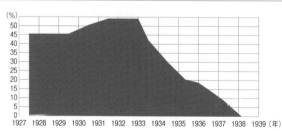

（出所）Osterloh, J. und Wixforth（Hg.），*Unternehmer und NS-Verbrechen: Wirtschaftseliten im >Dritten Reich< und in der Bundesrepublik Deutschland*, Campus2014., p. 49.

敗戦とナチ犯罪の汚辱にまみれた国民の精神的空白が深刻であった。企業活動も占領軍の懲罰的施策をまず受けた。諸企業は現物賠償（デモンタージュ）による設備・人員の撤去や，さらにパテントなどの知的所有権の喪失にも苦しむ。IGファルベンは解体され，クルップの総帥は戦犯として収容された。

　4か国の占領下に置かれたドイツの復興は，米ソ冷戦をきっかけに本格的に始動した。西欧の経済連関のなかで，資本財供給国の役割を担うドイツ経済の復活がはかられた。1948年，西側共同占領地区でのみの抜き打ち的な通貨改革の断行で，ドイツの東西分裂は決定的となる。1949年に西ドイツ（ドイツ連邦共和国）と東ドイツ（ドイツ民主共和国）が成立した。アメリカ合衆国を中心とする西側陣営に入った西ドイツでは，ルートヴィヒ・エアハルト経済相が「社会的市場経済」を唱えた。企業の自由な競争の枠組みを守りつつ，政府が適切に介入し，労使協調と福祉国家（「社会国家」）を実現するというネオ・コーポラティズム的な体制である。一方で戦前以来の大企業が再起し，復員でもたらされた豊富な労働力を活用した。またナチ期の淘汰を生き抜き，技術力を高めた中小企業が台頭した。国際社会への復帰も，欧州石炭鉄鋼共同体（1950年）にはじまる西欧6か国の経済的統合のなかで進められた。

　1950〜60年代には，西ドイツ経済は年平均成長率5％を超える持続的な高度成長，いわゆる「経済の奇跡」を実現した（図表10-7-1）。西側における自由貿易的な体制が整備され，域内自由化のヨーロッパ経済共同体（EEC）もできるなか，西ドイツ工業製品の輸出が急伸する。あらためて合衆国の企業構造や経営ノウハウに注目し，多くの製造業大企業が複数事業部制を持つ現代企業の体裁を，この時期に最終的に整えた。ジーメンスは強弱電双頭体制を解消し，懸案のグループ経営一元化を達成する。

　1970年代の初頭に起きたオイル・ショック以降，西ドイツでも経済成長は停滞し，不況下の物価高騰という想定外の事態に直面した。労働力不足を移民労働者（ガストアルバイター）で補っていた状況から，恒常的な高失業問題をかかえることになる。1970年代末の第二次オイル・ショックにより，1980年代にも基調としては不景気が続く。しかしこの低成長時代にあって，西ドイツには「欧州経済の機関車」の役割が期待された。また合衆国経済の相対的地位が低下する一方で，西ドイツ経済の独自性が注目され，「ドイツ・モデル」が主張されるようにもなった。経済・社会の安定のなかで，企業構成員など利害関係者（ステークホルダー）をより重視する長期的な視野に立った経営が，高い成果を上げたとされる。

10.8　再統一，「立地としてのドイツ」，シュレーダー改革

　1989年11月9日，東西ベルリンを隔てていた「ベルリンの壁」が突然崩壊し

■図表 10-7-1 「経済の奇跡」のイメージ
（CD ジャケットより）

（出所）　https://www.amazon.com/Wirtschaftswunder-Economic-
　　　　Miracle-RocknRoll-Schlager/dp/B01GR746V8

Column 10-4 ● 共同決定制度

　1951 年，成立まもない西ドイツにおいては，採炭および鉄鋼分野（モンタン）の労働に
関して，いわゆる「モンタン共同決定法（Mitbestimmungsgesetz）」が成立した。ナチス・ド
イツ崩壊後，復活した労働組合は計画経済の導入を含め，社会化の方向での多くの改革の
要求を出した。その多くは冷戦下で建国された西ドイツでは通らなかった。しかし戦前の
モンタン・カルテルが消滅し，社会的威信もゆらいだ企業家たちと中道保守政党が中心と
なった西ドイツ政府は，復興期の基幹産業である石炭・鉄鋼産業においては，ストライキ
を含む労働者の抵抗を避けねばならなかった。

　ヴァイマル共和国期においてすでに経営評議会が公的に認められ，自動車工業ダイム
ラーにおいて労働者代表を監査役会に送りこむなどの前例があったが，ナチス・ドイツに
よって中断された労働者の経営参加促進の伝統が蘇ったかたちでもある。戦後，公式には
相互を国家として承認していない東ドイツが，社会主義経済を標榜したことの影響も大き
い。

　1952 年には「経営組織法」（Betriebsverfassungsgesetz）が制定され，業種を問わず一定数
（500 人）を越える就業者のいる事業所には経営評議会が置かれることになった。「経営評議
会」とは事業者ごとに設置される従業員の代表である。人事を含む経営内の様々な事柄に
ついて，経営側との協議や共同決定を行う権利を認めるものであったが，モンタン共同決
定法ほど労使同権に踏み入ったものではなかった。例えば，当初は監査役会で 3 分の 1 の
議席しか持てないために，投資決定や労働政策に影響を及ぼせなかった。

　現実路線に転じたドイツ社会民主党（SPD）の政権参加が 1960 年代後半に進むと，徐々
に本格的な同権化に向けて制度の見直しがはかられるようになった。SPD 政権下の 1972 年
には経営組織法が改正され，1976 年には 2,000 人以上の就業者数を持つ企業においては，
監査役会に労使の代表が 1：1 の議席数を持つことが定められた。これで完全な労使同権化
が直ちに実現するわけではなかったが，労使関係を安定させた効果は大きい。

　共同決定制度は労使の協調を実現するものとして，「ドイツ・モデル」の中核と評価され
てきた。それだけに，90 年代の「立地としてのドイツ」（→10.8）問題や，現在のグローバ
リゼーションのなかで，試練を受けるものともなったのである。

10.8　再統一，「立地としてのドイツ」，シュレーダー改革　*187*

た。東ドイツ（ドイツ民主共和国）の社会主義・一党独裁体制も，この年の東欧全般の急激な体制転換（「東欧革命」）のなかで倒れようとしていた。当時の西ドイツ首相は，1982年に二代続いた社会民主党政権から首相府を奪還していた中道右派・キリスト教民主同盟のヘルムート・コール。コールは精力的に動き，これから1年足らず後の1990年10月3日，誰も予測できなかったドイツ再統一を実現させた。

　しかし，楽観主義と巨額の財政支援に支えられた再統一ブームは，1992年には消えた。蓋を開けてみると旧東独地域（「新連邦州」）の社会主義計画経済の実態は，専門家の予測や公的統計の示していた数値よりもはるかに悪かった。また，先進国・西ドイツへの編入というかたちをとったため，他の東欧諸国における「移行経済」の成功例とは異なり，東ドイツの輸出工業は為替安・低賃金のメリットが得られなかった。非工業化し，高失業地帯となった東部ドイツの再建は目立って進まず，東西格差が深刻化した。ドイツ経済全体に深刻な停滞がおとずれ，失業者数は再び急増した。

　これを受けて1990年代後半，「立地としてのドイツ」論が経済界を中心に唱えられるようになる。「欧州の病人」とよばれるまでに悪化した経済状況は，企業活動に適合的ではない制度的な環境にあるとするものであった。具体的には，高賃金と硬直的な雇用市場，企業活動に対する社会的規制の多さが槍玉に上がった。企業立地として不適なドイツから企業と投資が流出するという危機感のあらわれであるが，これまでの繁栄を支えた「社会国家」の構造改革を求めるものであり，諸方面からの激しい反発は当然であった。かくして「改革の停滞」が1997年の「今年のことば」に選ばれてしまった。

　1998年の連邦議会選挙で，史上初めて現職首相を擁する与党を破って社会民主党（SPD）のゲアハルト・シュレーダーが首相になった。「新しい中道」を掲げ，労働者保護ではなく経済再建を前面に打ち出したシュレーダー政権でも，世界経済の不安定を反映して景気低迷が続く。しかし政権2期目を狙った2002年選挙においては，友人であるフォルクスヴァーゲンの重役ペーター・ハルツを委員長に起用したハルツ委員会の報告書がまとめられ，そこでの提言は翌年「アジェ(/ゲ)ンダ2010」としてプログラム化された。福祉給付に大きくメスを入れたほか，労働市場の規制を弱め，雇用の弾力化をはかった。

　シュレーダー改革はすぐには効果をみせることがなかったが，2005年の政権交代で首相となったアンゲラ・メルケルも一連の改革を高く評価し，継承した。一進一退の欧州統合の進行のなか，ユーロ安に押されてドイツの輸出工業は息を吹き返したが，景気回復と失業低下は，世紀転換期以来の痛みをともなう改革の成果だと国民に受けとられた。ドイツの製造業企業は，中国市場の確保という帝政期以来の宿願を果たし，グローバルな市場競争を戦っている。

Column 10–5 ● ドイツの大企業はなぜ上場しないのか？

　現代ドイツ企業の特徴の一つに，世界的な大企業でありながら株式市場への上場を行っていない例が多数みられることがある。世界的な自動車部品メーカー・ボッシュなども「株式会社」（AG：Aktiengesellschaft）ではなく「有限会社」（GmbH：Gesellschaft mit beschränkter Haftung）である。

　一つの背景としては，銀行と企業の伝統的なつながりがあっただろう。もともと19世紀後半の産業企業は，金融を大銀行に依存していた。これはベルリン，フランクフルトなどの資本市場が比較的未発達だったためでもある。ドイツ帝国建設（1871年）期には，工業化のいっそうの進展に応じ，証券業務をふくむ金融業務全般を兼営し産業支配力を持つ巨大なユニバーサル・バンクが成立した。ドイツ銀行，ドレスナー銀行，シャーフハウゼン銀行などベルリン6大銀行は，1890年代，監査役会を通じて企業を統治していた。こうした密接なつながりは20世紀前半の混乱期にかなり動揺し，第二次大戦後の一時は崩壊したが，1950年代後半には大工業と大ユニバーサル・バンクの密接な関係が復活していた。しかし最近のグローバリゼーションのなかで，こうした伝統的なつながりも薄れる傾向にある。

　「ドイツ・モデル」的な説明も可能である。第二次大戦後，監査役会や労働協議会に労働者の代表が入る「共同決定制度」が徐々に定着すると，利益配当を求める株主の意図と議決権を持つ経営のそれとの分離がいっそう進むことになった。財務上の独立性と長期的な視野に立つ経営戦略の自立性の保証が最も重視されると，株式上場の必要は意識から後退する。そしてこれが，高い技術水準の維持により高付加価値製品を輸出するドイツの製造業にとっては，将来的に価値を生む（つまり，近視眼的には決めづらい）投資計画も可能にする合理的な態度だと評価されるのである。

　非上場ではないが，株式占有率を特定の個人や家族，公的団体（地方政府や財団）が占めるオーナー経営的要素の強いドイツの大企業（例えば自動車のフォルクスヴァーゲンやBMW，精密機械のカール・ツァイス）にも，これはあてはまる評価である。

■図表 10–8–1　「メイド・イン・ジャーマニー」：グローバリゼーションのなかで活況を呈するドイツの輸出企業（雑誌「シュピーゲル」特集号(2008)の表紙より）

（出所）‘Spiegel online’
https://www.spiegel.de

アンゲラ・メルケル首相の統治は，16年に及んだ。旧東独地域出身のドイツ憲政史上初の女性宰相（Bundeskanzlerin）は，上記のシュレーダー改革の路線を踏まえた基本的に新自由主義的なイメージの強い政治姿勢から，徐々にリベラル寄りにスタンスを移動させながら，4つの連立内閣を率い，幅広い国民層に高い信望を得た。

　この「メルケル時代」，EUのなかで大国としてのプレゼンスを高めたドイツの経済は，輸出と個人消費の伸びに支えられ，ほぼ順調であったと言える。2008年金融危機（「リーマン・ショック」）による景気の落ち込みも乗り切り，かつて赤字に悩んだ国庫の状況も2010年代なかばには均衡財政を達成した。しかしながら，グローバリゼーションのなかで，個々のドイツ企業のかじ取りは常に容易であるわけではなかった。伝統的な巨大製鉄企業同士が20世紀末に合併してできたテュッセン・クルップは，インドのタタ・スチールとの欧州での鉄鋼事業合併をはかったが，社内の反対とEUの規制に阻まれた。金融業界では，伝統的な商業銀行から投資銀行へのシフトを目指していた最大手・ドイツ銀行の，存立にかかわる危機的状況があらわになった。また，ドイツ経済には南北間の地域間格差がみられるが，ここでも，特に新連邦州北部の伝統的な造船業などの破綻が深刻視されている。

　難民流入問題の深刻化やEU統合の停滞，さらに最近では新型コロナ感染症流行の収束などがメルケル政権の残した課題であるが，とりわけ近年の環境問題をめぐる国民意識の先鋭化は，他国と同様もしくはそれ以上にドイツの企業経営に今後も直接的な影響をもたらしていくだろう。

第 11 章

アメリカ

11.1　アメリカの社会と経済 (経営風土)

　アメリカ合衆国 (United States of America, USA)，通称アメリカ (米国) は北アメリカ大陸中央部の 48 州にアラスカとハワイを加えた 50 州からなり，人口約 3 億3,120 万人 (2019 年) で，首都はワシントン D.C. である。米国の歴史は 1607 年のヴァージニア会社によるイギリス国民の入植に端を発し，13 の植民地への収斂を経て，1776 年のイギリスからの独立で幕を開ける。イギリスの植民地にはイギリス人はもとより，フランス，ドイツ，オランダ，スウェーデンなど多様な国の人々が入植したが，その過程で入植者としての一致を育んでいったので，独立時の国章にはラテン語で「多数から一つへ」を意味する「エ・プルリブス・ウヌム(E pluribus unum)」という言葉が記されている。

　さて，米国史はイギリスの植民地時代から現代まで，常に「ビジネス」とともにあり，「経営史として米国通史が語れる」興味深い国でもある。なかでも米国経営史は「大きい (big)」という言葉に彩られている。米国の国内総生産 (GDP)をイギリスと比較すると，1870 年にイギリスに近づき，1913 年には 2 倍強に，45 年には 4 倍となり世界一の経済大国となった (図表 11-1-1)。その間，鉄道，鉄鋼，自動車などの資本集約的な巨大企業が米国経済を席巻し，少数企業による寡占化した状況を生み出していった。「大きい」ことは生産「規模」に加え，消費の「同質性」と相まって米国経済に大きなインパクトを与えた。イギリス移民にとって米国は伝統社会のしがらみがなく，製造業者の台頭を阻むものがなかった。イギリスでは人間 (職人) を排除するものとして機械は打ち壊されたが，職人がいない米国では機械化が受容された。階級社会が存在しなかった米国では市場が階層化しておらず，規格化 (標準化) された商品が受容されたので，19 世紀末に幹線鉄道網が完成，局地的な市場が結合し全国市場が形成される過程で，製造業者に同じ製品を大量に生産する動機を与えた。国民みなが同じものを作ったり買ったりする文化が，大量生産・大量販売体制を良しとするマインドを構成し，ビッグビジネス (大企業) を米国社会の前面に押し出したのである。

　第二次大戦後，米国は大企業に象られた企業国家となり，大規模製造業と労働者 (あるいは労働組合) の共生関係が米国に「豊かな時代」の到来と「分厚い中間層」をもたらした。組合は高賃金を獲得し，高賃金がモノ余りを誘発するほどの消費を可能にした。1990 年代に大規模製造業が大きく後退し，中間層が消失し始めたけれども，米国の消費文化はモノの消費からコト (ライフスタイル) の消費へと変化するなかで，富裕さを求める「新しい消費主義」が生まれ，過剰消費が継続された。とはいえ，2016 年の GM の従業員 1 人当たり時価総額が 23 万ドルに対し，フェイスブックのそれは 2,050 万ドルである。こうした富の偏在が 21世紀の企業国家アメリカを形成しつつある。

（2011 年国際ドル。単位：百万ドル）

	1700 年	1820 年	1870 年	1913 年	1929 年
イギリス	20,256	68,836	179,482	367,566	392,825
アメリカ	N.A.	20,760	150,340	790,706	1,288,829
フランス	37,531	58,344	118,626	237,707	319,450
ド イ ツ	28,455	N.A.	145,743	479,412	529,824

	1945 年	1973 年	1985 年	1998 年
イギリス	542,379	1,056,467	1,253,510	1,745,341
アメリカ	2,246,460	5,637,415	7,875,101	11,906,109
フランス	167,653	1,125,166	1,443,263	1,919,750
ド イ ツ	610,973	1,908,458	2,375,918	2,955,602

（出所）　Maddison Project Database, version 2018. Bolt, Jutta, Robert Inklaar, Herman de Jong and Jan Luiten van Zanden（2018）の 1 人当たり実質 GDP に人口を掛けたもの。

■図表 11-1-2　アメリカ経営史略年表

1607 年	ヴァージニア会社がジェームズタウンに入植
1620 年	ピルグリム・ファーザーがプリマスに入植
1630 年	マサチューセッツ湾会社がボストンに入植
1775–1783 年	独立戦争
1776 年	東部 13 植民地がイギリスから独立宣言
1793 年	イーライ・ホイットニーがコットンジンを発明
1812–1815 年	米英戦争（第二次独立戦争）
1825 年	エリー運河完成
1828–1853 年	ボルチモア＆オハイオ鉄道着工から全線開通
1857 年	ペンシルヴァニア鉄道管理改革に着手
1882 年	スタンダード・オイル・トラスト結成
1890 年	シャーマン反トラスト法成立
1908 年	ハーバード大学ビジネススクール設置
1908 年	フォード T 型を発表，注文が殺到する
1914–1918 年	第一次世界大戦
1921–1924 年	GM が分権的な複数事業部制組織を構築
1933–1937 年	ニューディール政策実施
1976 年	アップル・コンピュータ創業
1981 年	IBM が IRM-PC をリリース
1994 年	アマゾンドットコム創業
1998–2000 年	ドットコム・バブル

11.2 植民地時代のビジネス (1600–1790 年)

　アメリカのビジネス基盤は，イギリスの「北米大陸への植民政策」のもとで形成された。17 世紀初頭のイギリスの植民政策は，政府，王室，投資家（ロンドン商人や土地貴族）の思惑からなっていた。イギリス政府は植民地建設によってフランスとスペインの北米大陸への入植を阻止しつつ，植民地が母国に製品を供給し，国富を積み増すことを熱望した。イギリスの権益を拡大する「重商主義的な政策」は，王室が期待したものでもあった。投資家らは，北米航路（北米大陸の横断水路）の発見，天然資源（金や毛皮）の発見，柑橘類の栽培といった事業機会に惹きつけられ，植民政策に積極的に関与していった。

　1607 年に北米大陸への初の入植を試みたのが，ジェームズ 1 世の勅許のもと，金の発見を目論む投資家が設立したヴァージニア会社であった（図表 11-2-1）。同社が建設したヴァージニア植民地（ジェームズタウン）では金の発見はおろか柑橘類の栽培も難しく，会社植民地としての継続を断念し，1624 年以降は王室の直轄地として存続した。1630 年，イギリス国教会に対峙していたピューリタン（清教徒）が，神に祝福された理想国家建設のために設立したのがマサチューセッツベイ会社であった。同社の特徴は，聖職者と信徒に加え投資家自身もボストンに入植し，港町に事務所を構えたことにある。投資家は定住し，生活必需品の輸出入から金融，保険までを手掛け，のちに「ジェネラル・マーチャント（general merchant）」とよばれた。マサチューセッツベイ植民地（ボストン，セーラム）では，時に「キリスト教にもとづく国家建設（公共の利益）」と「商人の野心（個人の利益）」が対立したが，ともに手を携え植民地の発展に寄与した。

　入植が成功し始めた 1700 年頃から植民地人口は急増し，ビジネス活動も活発になっていった（図表 11-2-2）。当時，貿易商人は塩漬けの魚を西インド諸島に輸出する代わりに糖蜜を輸入してラム酒を製造した。そのラム酒をアフリカに運び，代わりに奴隷を獲得して北米大陸や西インド諸島の大農園に連れて行くといった「三角貿易」を行っていた（図表 11-2-3）。煙草や米などの作物を多角的に扱っていたヴァージニアをはじめとする南部の大農園主（プランター）は，欧州での煙草や米の需要拡大を受け，奴隷を大量に輸入し増産に踏み切った。

　イギリスの重商主義政策に変化が生じ，植民地からの歳入を増やす法案を可決したが，アメリカ側を法案制定に関与させなかったため，1775 年に独立戦争が勃発した。翌 1776 年には東部 13 植民地は一方的に独立を宣言し，1783 年まで独立戦争が続いた。独立戦争後，イギリスの棉花需要急増に目をつけた南部のプランターは多角的農業から棉花栽培に専業化した。そのため，買取りせず，取扱高に対し一定の割合の手数料だけをとって委託販売する「コミッション・マーチャント（commission merchant）」とよばれる商人が台頭した。

■図表 11-2-1 ヴァージニア会社の入植地ジェームズタウン

(出所)　Blackford, Mansel G. and K. Austin Kerr（1986），*Business Enterprise in American History*, Boston : Houghton Mifflin, p. 31.

■図表 11-2-2　イギリス植民地の推定人口

	1650 年	1700 年	1750 年	1780 年
メイン	1,000			
ニューハンプシャー	1,305	4,958	27,505	87,802
ヴァーモント				47,620
マサチューセッツ	14,037	55,941	188,000	268,627
ロードアイランド	785	5,894	33,226	52,946
コネチカット	4,139	25,970	111,280	206,701
ニューヨーク	4,116	19,107	76,696	210,541
ニュージャージー		14,010	71,393	139,627
ペンシルヴァニア		17,950	119,666	327,305
デラウェア	185	2,470	28,704	45,385
メリーランド	4,505	29,604	141,073	245,474
ヴァージニア	18,731	58,560	231,033	538,004
ノースカロライナ		10,720	72,984	270,133
サウスカロライナ		5,704	64,000	180,000
ジョージア			5,200	56,071

(出所)　アメリカ合衆国国務省（斎藤真・鳥居泰彦監訳）『アメリカ歴史統計・第 II 巻』原書房，1986 年，1168 頁より作成。

■図表 11-2-3　大西洋の貿易路

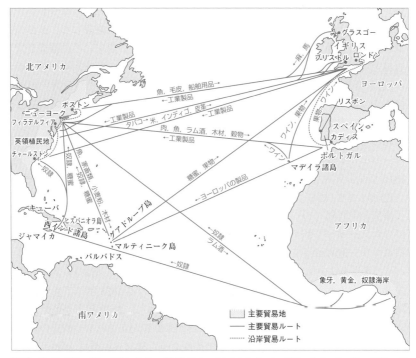

(出所)　Blackford, Mansel G. and K. Austin Kerr（1986），*Business Enterprise in American History*, Boston : Houghton Mifflin, p. 51.

11.3 工業化の始動と交通革命 (1790-1850 年)

南部がモノカルチャー経済へ移行し始めたのは，イーライ・ホイットニーが棉花から従来の 50 倍 (900kg/日) もの種を取り出せるコットン・[エン] ジン (棉繰り機) を発明した 1793 年のことであった (図表 11-3-1)。以降，アメリカ南部の棉花生産量は 10 年毎に倍増し，1807 年にはイギリスの棉花輸入量の 60% を占め，イギリス産業革命の一大原料供給地となった。

1793-1807 年は「米国海運業の黄金期」とよばれ，商人は棉花輸出のみならず，ナポレオン戦争に中立的立場をとり，他国からの輸入品をイギリスやヨーロッパ大陸に再輸出して利益を稼いだ (図表 11-3-2)。英仏の戦争が米国船の略奪に及び中立的な貿易が困難になると，議会は通商禁止法 (1809 年) を締結し英仏への禁輸措置をとった。通商摩擦は 1812 年 (米英) 戦争へと発展し貿易が縮小したので，一部の米国商人は国内の製造業 (綿工業) に事業機会を見出していった。

米国に最初に綿工業を持ち込んだのは，ジェネラル・マーチャントのモーゼス・ブラウンとイギリス移民で紡績工場での経験が豊富な熟練工，サミュエル・スレイターであった。2 人は 1790 年にパートナーシップを結び，ロードアイランド州ポータケットにアメリカで最初の近代的な紡績工場を建設した。彼らの工場は糸を紡ぐ紡績工程のみで，布を織る織布工程は付近の農家に手動織機を貸し出し自宅で行わせた。スレイターの成功に魅せられた多くの商人が綿工業へ参入し，1815 年までに同州を中心に 200 以上の紡績工場が作られた。一方，ボストン商人のフランシス・キャボット・ローウェルは，1813 年にボストン製造会社を立ち上げ，力織機を用いた織布工程までの一貫工場をボストン近郊のウォルサムに建設した。1823 年には染色など仕上工程までの完全一貫工場を擁する企業村ローウェルを建設し，工業化を先導した (図表 11-3-3)。

1815 年に米英戦争が終結して平和な時代が訪れると，工業化と並行して交通革命 (蒸気船・運河・鉄道) が起こった。1815 年，上り河川に蒸気船が就航したことで，南部と中西部 (オハイオ川経由でニューオーリンズとルイヴィル) が結ばれた。1825 年にはニューヨーク州のオールバニー (ハドソン川) からバッファロー (エリー湖) を結ぶエリー運河が完成し，東部と中西部が結ばれた。1833 年以降，運河料金が下がり，蒸気船よりも内陸の運河が利用されるようになった (図表 11-3-4)。西部への運河ルートが利用できなかったボルチモアの商人は 1828 年，アメリカ最初の鉄道，ボルチモア & オハイオ鉄道の建設に乗り出し，1830 年より部分開業，1853 年に全線開通させた。凍結や渇水など自然条件に左右されない鉄道の建設は 1830 年代から加速し，1839 年に 3,000 マイルだった総営業距離は 1860 年には 3 万マイルを超え，ミシシッピー川以東の幹線鉄道網が完成した。こうした幹線鉄道は，のちにビッグビジネスとよばれる大企業の先駆けとなった。

■図表 11-3-1　コットンジン

（出所）　Cross, Gary and Rick Szostak（1995），
Technology and American Society : A History,
Englewood Cliffs, N. J. : Prentice–Hall, p. 77.
（ⒸSmithsonian Institution）

■図表 11-3-2　輸出と再輸出

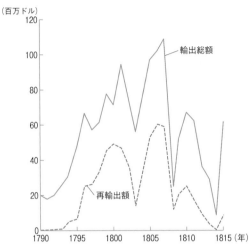

（百万ドル）

輸出総額

再輸出額

（出所）　North, Douglass（1961），*The Economic Growth of the United States,
1790–1860*, Englewood Cliffs, N.J. : Prentice–Hall, p. 26.

■図表 11-3-3　ローウェルの木綿工場

（出所）　Gibb, George（1950），*The Saco–Lowell Shops:
Textile Machinery Building in New England, 1813-1949*,
Cambridge, MA: Harvard University Press, p. 68.

■図表 11-3-4　輸送コストの推移
（1784-1900 年）

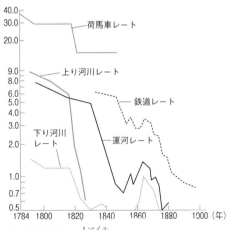

荷馬車レート

上り河川レート

鉄道レート

下り河川
レート

運河レート

（注）　縦軸の単位は $\dfrac{1 マイル}{トン当たりセント}$。

（出所）　North, Douglass（1966），*Growth and Welfare in the American
Past: A New Economic History*, Englewood Cliffs, N.J. : Prentice–Hall,
p. 111.

11.4 ビッグビジネスの生成と近代的な管理体制の発展 (1850-1880年)

　膨大な建設費（運河の4倍）と営業費（紡績の7倍）のかかる米国最初のビッグビジネス（大企業）となった幹線鉄道は，輸送量の増大により本社一元的な管理体制の限界を迎えていた。将来の路線拡張計画を策定し，複雑化する運行管理を効率的かつ効果的に行うには，近代的な分権的管理体制が必要となったのである。

　ペンシルヴァニア鉄道は，1857年にエドガー・トムソン社長のもと，他の鉄道会社の取組みを参考に，後に大企業経営のひな形となる次のような管理改革を試みた（図表11-4-1）。(1) 本社輸送部門で一緒くたに扱われていた「日常的な運行業務」と，路線計画と建設，路線間の調整といった「中期的な戦略策定業務」を分離し，後者を中央本社幹部の仕事とした。(2) 全線を100マイル程度の管区に分け，従来，総管区長に集中していた運行の権限と責任を各地域の管区長に委譲して，分権化を進めた。また，基本業務たる列車の運行や貨客の移動などに責任を持つ「ライン組織」と，基本業務を支援する購買・機械・保線・電信などに責任を持つ「スタッフ組織」とに分け，のちに「ライン＆スタッフ組織」とよばれる管理体制を構築した。(3) 財務会計・資本会計・原価計算といった新しい会計手法を導入した。業績評価を効果的に行うため，資金調達を担うトレジャラーに加え，コスト管理を担うコントローラーを配置し，毎月の営業収支比率（運行費用を貨客輸送収入で賄える比率）を把握し，経営判断に活かした。

　大鉄道会社の管理改革の影響を受けた人物に，アンドリュー・カーネギーがいる。1853年，彼はペンシルヴァニア鉄道の西部管区長トーマス・スコットの秘書となり，1859年にスコットが副社長になると管区長に昇進。綿密な原価計算にもとづく採算管理を実践する一方，路線拡張にともなうレールや鉄橋の需要増大を見越して製鉄会社に出資し，1865年の同社退職までに一財産を築いた。

　カーネギーは大量高速輸送に耐えうる鋼鉄製レールへの切替需要を察知していた。1872年に銑鉄から鋼を安価に量産できるベッセマー法の特許が利用可能になると投資仲間を誘い，カーネギー・マッキャンドルズを設立した。同社は一貫製鉄所（エドガー・トムソン製鋼所）を建設し，従来別々の会社として運営されていた製銑・製鋼・圧延の各工程（工場）を統合した（図表11-4-2）。統合化により，工場間の取引を担う中間商人を排し，工場間の中間生産物の再加熱によるロスを抑制し，コスト優位性を獲得した。同時に鉄道会社の会計制度を導入し，原価を正確に把握したことで，他の製鉄会社が価格カルテルに走るなか，果敢に価格競争を仕掛け，莫大な利益を上げた。さらにカーネギーは垂直統合をはかり，製鉄所の川上に当たる鉄鉱石や石炭の採掘権を獲得する一方，川下にレールや建材など完成品の販売支社を設置，全工程で安定した生産通量と販売先を確保し，「規模の経済（economy of scale）」を徹底的に追求したのである（図表11-4-3）。

Column 11–1 ● 幹線鉄道はデータドリブンな経営の原点?

エリー鉄道の統括責任者だったダニエル・マッカラムは1855年の時点で，全路線が500マイル（約800km［東京一広島間が900km弱］）を超える長距離鉄道では統括責任者がたった1人で全線を管理するのは非効率だと気づいていた。彼は運行責任を各管区に分権化しながら，本部と現場（管区）の間の指揮命令系統やコミュニケーション網を構築し，貨物，旅客の収益を中心に月次，週次，日次の詳細な財務データを絶え間なく報告させ，統計分析を行っていた。現在のビッグデータにもとづくデータドリブンな（データ志向の）経営を150年以上前から行っていたのである。

■図表11-4-1　幹線鉄道の組織図（1870年代）

（出所）　Chandler, Alfred D., Jr.（1977）, *The Visible Hand : The Managerial Revolution in American Business*, Cambridge, Mass. : Belknap Press, p. 108.

■図表11-4-2　エドガートムソン製鋼所（ペンシルヴァニア州ブラドック）

（出所）　Detroit Publishing Company photograph collection（Library of Congress）.

■図表11-4-3　カーネギー製鉄所の垂直統合

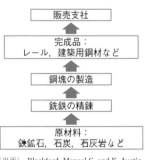

（出所）　Blackford, Mansel G. and K. Austin Kerr（1986）, *Business Enterprise in American History*, Boston : Houghton Mifflin, p. 172.

11.5　世紀転換期の大合併運動から経営者企業の到来 (1880-1917年)

　19世紀末から20世紀初頭の世紀転換期に大企業同士の合併運動が起こり，U.S.スチール（1901年成立）に代表される資本金10億ドルを超える巨大企業が次々と誕生し，米国経済を席巻した。合併運動は不必要な競争を避け，市場を支配したい大企業の思惑から生じた。合併への動きは，同業の水平結合（カルテル，買収）からはじまる。そして，投資銀行などの仲介による法的合同（トラスト，持株会社化）を経て，垂直統合（生産と流通の統合，ビジネスプロセスの内部化）にいたる。合併による経済成果は「規模の経済」を利用できたときのみ得られた。

　1873年の恐慌後，熾烈な価格競争を回避するため，鉄道を筆頭に製鉄，製油など複数の業界で運賃協定（価格維持）や輸送（生産）割当といった「カルテル（プール）」が横行した。プールはコスト低減や需要増大につながらなかったので，幹線鉄道が地方都市同士を結びつけ主戦場が全国市場へ移行すると，プールを破棄する企業があらわれた。カーネギーはプールを通じ他社のレールの原価をつかむと，協定価格を下回る金額を鉄道会社に提示しレールの需要を占有した。業界を問わず，プールによって企業間の思惑を一致させるのは困難であった。

　スタンダード・オイルは新しい競争回避の方法を見出した。同社は1882年に製油会社40社と「トラスト」を結成，全米の製油能力の90％を手中に収めた。同トラストが州を跨いだ複数企業の一元管理で成果を上げると，他業界も追従した。1890年，企業間のカルテルやトラストを禁止するシャーマン法が成立すると，トラスト結成企業はニュージャージー州の修正会社法に則った「持株会社」へと移行した。シャーマン法は大衆の反独占志向を反映していたが，独占の定義が曖昧で，むしろ合併を促進した。同法成立2年後の1892年には2大電機企業が合併，ゼネラル・エレクトリック（GE）が誕生した。

　U.S.スチールやGEの合併は投資銀行のJ.P.モルガン商会が仲介した。製造業では「規模の経済」を活かすために合併後に双方の設備を再編する必要があり，投資銀行家が取締役会のメンバーとなって設備投資の資金調達を支援した。株式の大半を所有していたオーナーが資金調達のために証券市場で株式を売買した結果，株式所有の分散が生じ，所有と経営の分離が生じた。同時に垂直統合が進み，複数の職能を統合管理できるスキルが求められると，株式を持たない専門経営者（salaried manager）が統治する経営者企業が誕生した。そのニーズに応え，マサチューセッツ工科大学は世紀転換期に機械工学部を皮切りに電気工学部，化学工学部と次々に新学部を設置した。ペンシルヴァニア大学は1881年に全米初のビジネス教育（会計・ファイナンス・マーケティング・全般管理）に特化したウォートンスクール（当初は学部で1921年以降MBA）を設置，ハーバード大学は1908年にハーバードビジネススクールを設置し，ビジネスの専門教育を提供した。

Column 11-2 ● **組織は忘れ去られ，戦略ばかりが優先される**

　経営学を学ぶと必ず接する「組織は戦略に従う」という命題は，アルフレッド・チャンドラー Jr.が 20 世紀前半の大企業の戦略と組織の関係史を詳細に観察し見出したものだ。経営学では「選ばれる成長戦略の中身が違えば，異なる組織構造が採用される」と，戦略選択（多角化戦略）と組織づくり（複数事業部制組織）が隣り合わせで語られるが，その間には長いプロセス（因果連鎖）が存在している。戦略は一夜にして策定・変更できるが，戦略遂行のための「組織づくり」には時間がかかるからである。戦略ばかりが優先される理由の一つがここにある。

　20 世紀初頭，ヘンリー・フォードとウィリアム・デュラントという 2 人の稀有な企業家は自動車に莫大な潜在ニーズがあることに気づき，フォードが一足先にその鉱脈を掘り当てた。1908 年，軽量で耐久性のある T 型を発表すると予約注文が殺到した。フォードは米国で最初の大衆車 N 型など複数製品を並行して生産するのをやめ，翌 1909 年に T 型の生産に集中すると宣言した。以降，需要拡大を見越して建設されたハイランドパーク工場で効率的な生産方法（流れ作業）を試行しながら，創業者フォードのもと，集権的な組織体制を作り上げ，T 型の大量生産に邁進した。また，安定した流れを維持するため，原材料から部品製造まで内部化する方向に切り替えた。一方，デュラントは眼前に広がる事業機会をものにしたい一心で，1908 年，持株会社のゼネラル・モーターズ（GM）を設立，既存の自動車・トラック・部品メーカーを次々と買収・統合し傘下に収めていった。デュラントは事業拡大には熱心だったが組織づくりには関心がなかった。そのため，社内は様々な製品で溢れかえり，各々の製品事業部門がバラバラに経営され，部門間調整がなされていなかった。

　1920 年の不況で拡大基調にあった両社は経営危機に見舞われた。フォードは，この事態をディーラーへの押込み販売で一時的に切り抜けた。GM では組織づくりを疎かにしたデュラントが解任され，融資元のデュポンのピエール・デュポンがワンポイントで社長に就任し，組織改革に着手した。ピエールは「どんな財布にもどんな目的にもかなった車」を揃えるというフルライン戦略を提示する一方，相互に関連性を欠いた複数の事業部門を一元化できる全社的なマネジメント体制を整えることにした。ピエールは，後に社長となるアルフレッド・スローンが経営危機の起こる半年前に作成した『組織についての考察』を手直しし，全社的な改革方針として採用した。それは，経営陣やスタッフで組織される中央本社を設置し，各事業部に権限を委譲し，自律性を持たせながら，自動車・付属品・部品・関連事業の 4 つのグループに分類して分権管理するというものだった。その方針にもとづき，1921 年から 4 年越しで，事業部門の業務範囲をどうするか，本社と事業部間の指示・命令のやり取りや会計手続きをどのように行うのかを一つひとつ決めていった。こうした長いプロセスを経るなかで，後に語り継がれる分権的な複数事業部制組織が構築されたのである。

11.6 オールドエコノミー企業からニューエコノミー企業へ (1917-2000年)

　米国が第一次大戦に参戦した 1917 年，2 位に 4 倍以上の差をつけ圧倒的な規模（資産ベース）を誇っていたのは U.S. スチールであった。同社を含む鉄鋼・アルミニウム・銅といった一次金属企業 25 社が全米トップ 100 社の総資産の内の40%強を占めていた。1920 年代に入るとガソリン自動車の登録台数が 800 万台から 2,300 万台へと急増，自動車関連産業（石油・タイヤ）の成長を後押ししたため，ガソリンを供給するスタンダード・オイル・ニュージャージーが売上で全米1 位となった（資産規模では U.S. スチールが首位を維持）。1929 年頃からは GM，フォード，クライスラーが規模別上位 100 社の常連となり，1932 年からはじまった州間ハイウェイの建設も手伝って，自動車関連産業がその後何十年にもわたって全米の経済活動の屋台骨を支えた（図表 11-6-1）。

　第二次大戦後，戦時中に抑圧されていた国内需要の解放に加え，戦火で壊滅状態の欧州大陸，英国の復興需要が米国企業に事業機会を提供した。1940 年代後半の米国製造業は，世界に強力な競合企業が少なく，全世界の生産高の約 60%を占めた。米国企業はこうした事業機会を刈り取るべく製品多角化・国際化戦略を追求し，以降 20 年にわたり史上空前の成長を遂げた（図表 11-6-2）。『フォーチュン』誌の規模別トップ 100 社の上位 10 社の顔ぶれは，1980 年代なかばまで，ほとんど変わらなかった。戦後の成長を牽引した化学，航空宇宙，エレクトロニクスといった科学を基礎に新技術を生み出したのは，新興企業ではなく，デュポン，GE，IBM といった 1930 年までに創業された大企業だったからである。

　その後，米国経済全体は小売業のシアーズの台頭にみられるようにサービス経済化が進み，のちに「オールドエコノミー」企業と揶揄される大量生産を信条とする大規模製造業が表舞台から姿を消し始めた。全米 GDP に占めるトップ 100社の生産高シェアの変遷には，その種の大企業の影響力の低下がみて取れる。1974 年にはトップ 100 社が全米の 35.8%と 3 分の 1 強を占めるほどの影響力を持っていたが，1998 年には 17.3%と半分にまで下落したのである。

　興味深いことに，1917 年から半世紀以上トップ 100 社に留まり続けた企業は10%に満たないが，トップ 500 社（94 年）まで含めると，その 4 分の 3 は 1930 年までに創業し，半世紀以上を生き延びてきた長寿企業だった。とはいえ，1970年代後半からのダウンサイジングと IT（情報技術）によるビジネス・リエンジニアリングが進むなかで，事業リストラが横行し，1994 年にトップ 500 社入りした企業の 41%（205 社）が 2003 年までに合併・買収・破たんにより消えていった。1990 年代後半にはインターネットの波に乗ったドットコム企業が次々と誕生し，インフレなき成長を可能とする「ニューエコノミー」企業の到来と喧伝されたが，その大半は 2000 年末からのドットコム・バブル崩壊により姿を消した。

■図表 11-6-1　資産規模別上位 100 社

順 位	1929 年	1945 年	1966 年	1977 年	1985 年
1	US スチール	スタンダード オイル NJ	スタンダード オイル NJ	エクソン	エクソン
2	スタンダード オイル NJ	US スチール	GM	GM	ファイブロ・ サロモン
3	GM	GM	フォード	モービル	シアーズ
4	スタンダード オイル IN	ソコニーバ キュームオイル	テキサコ	テキサコ	GM
5	ベツレヘム スチール	デュポン	ガルフオイル	IBM	IBM
6	フォード	スタンダード オイル IN	US スチール	フォード	モービル
7	アナコンダコ パーマイニング	ベツレヘム スチール	シアーズ	スタンダード オイル CA	テキサコ
8	スタンダード オイル NY	GE	モービル	GTE	シェブロン
9	テキサコ	テキサコ	GE	ガルフオイル	ITT
10	スタンダード オイル CA	フォード	IBM	シアーズ	フォード

（出所）　ハリー・スタイン『生き残る会社・消える会社』（TBS ブリタニカ，1986 年）83，105，120，141，168 頁より作成。

■図表 11-6-2　規模別上位 100 社の戦略と組織（1919-1979 年：％）

		1919 年	1929 年	1939 年	1948 年	1959 年	1969 年	1979 年
戦略	専門特化	89	85	78	62	40	24	22
	関連多角化	11	15	22	36	55	56	53
	非関連多角化	0	0	0	2	5	20	25
組織	持株会社	31	25	16	5	5	7	4
	職能別組織	69	73	75	75	43	20	10
	事業部制組織	0	2	9	20	52	73	86
国際化	していない	59	47	35	33	23	13	7
	している	41	53	65	67	77	87	93

（出所）　Fligstein, Neil（1990），*The Transformation of Corporate Control*, Cambridge, M.A. : Harvard University Press, p. 336.

11.7 ドットコム・バブル崩壊とプラットフォーマーの誕生 (2000-2019年)

1990年代のニューエコノミーの基盤を作ったのは，パーソナルコンピュータ（以下PC）とインターネットの普及，電子商取引 (EC) 市場の誕生であった。

1976年に創業したアップル・コンピュータが翌1977年に全米初の量産PC，アップルIIを発売したことでPC産業の幕が開けた (図表11-7-1)。大型コンピュータが主戦場だったIBMが81年にIBM-PCを発売，法人ユーザーの信頼を後ろ盾に業界標準機となると，PC産業は急速に拡大した。IBMは開発を急ぐあまり，主要部品であるチップをインテル (1968年) に，OSをマイクロソフト (1975年) に外注したため，両社から部品を購入すれば誰でもPCが作れる状況になり，コンパック (1982年) やデル (1984年) といった (IBM-PCのソフトや周辺機器を利用できる) 互換機メーカーが次々と誕生した。デルを筆頭とした互換機メーカーの発展により，インテルとマイクロソフトの懐は大いに潤い，そうした状況はウィンドウズ (OSの名称) とインテルを約めて「ウィンテル」とよばれた。

一方，1980年代後半にインターネットの商業利用がはじまり，ネット回線を提供するプロバイダが相次いで設立された。1990年代初頭にインターネットの商業利用制限がなくなり，簡便なブラウザ (Internet Explorer) が登場すると家庭へのインターネットの普及が進んだ。同時にオンライン書籍販売のアマゾンドットコム (1994年)，ポータルサイトのヤフー (1995年)，インターネット・オークションサイトのeBay (1995年)，検索エンジンサイトのグーグル (1998年) 等のドットコム企業が相次いで設立され，EC市場が誕生した。なかでもアマゾンは顧客第一主義を貫き，先発企業のブックス・ドットコムが在庫と取り寄せの二択なのに対し，即日，2，3日中，1～2週間と細かな選択肢を提供し顧客満足を追求した。それを可能にしたのは，同社の「小さな利益，大きな成長」という方針のもとでの物流施設やサーバーへの継続的投資であった。軌道に乗るまで新製品への過剰な投資を控え，オンライン書籍販売の成功後も，実店舗を構える必要のないウェブのメリットを活かした安易な製品ラインの拡大に走らなかった。同社は1997年の上場以来20年間の累積で約50億ドルの純利益しか上げていないという指摘もあるが，世界の投資家が注目してきたのは，創業者ジェフリー・ベゾスが「世界最大の店を作る」という長期のビジョンを掲げているためである。

結局，ドットコム・バブル崩壊を生き延びたのは，アマゾンをはじめ少数のドットコム企業だけで，現在GAFAとよばれる時価総額1兆ドルを争う世界のトップ企業の一角に収まっている。こうした企業は，長期的視野に立ち，時に利益よりも成長 (事業拡大) を重視し，社会へインパクトを与えること (社会変革) を目標にしている。また，ウェブ上で独自のサービス基盤を提供しているため「プラットフォーマー (platformer)」ともよばれている。

■図表 11-7-1　アップルコンピュータの
2人の創業者，スティーブ・ジョブズ
（右）とスティーブ・ウォズニアック
（左）

（出所）　dpa/時事通信フォト

■図表 11-7-2　IBM PC5150

（出所）　Wikimedia Commons

Column 11–3 ● アマゾンは範囲の経済性をフル活用している

　顧客にできるだけ早く届けるために物流倉庫への投資に余念がないアマゾンは，メーカーが納品した商品の保管，梱包，発送などの業務を代行する FBA（Fulfillment By Amazon）というサービスをアマゾンのサイトに出品しない企業にも提供している。アマゾンは自社の経営資源を広くシェアすることで範囲の経済性をフル活用している。当初はアマゾンサイト専用の受発注処理に使われていたサーバーも同様で，今や AWS（アマゾン・ウェブ・サービス）と形を変え広く一般に提供されており，アマゾンの大きな収益源となっている。

　ニューヨーク市スタテンアイランドにある 855,000 平方フィートの Amazon フルフィルメントセンター（2019 年 2 月撮影）

（出所）　AFP=時事

11.8　企業国家アメリカの変容

　イギリスからの独立の根底にビジネス的利害が存在したように，米国の歴史は常にビジネスとともにあった。カルテルやトラストを巧みに活用し企業合併を繰り返し，富を獲得していった米国の企業家は「泥棒貴族（robber baron）」と揶揄される時期もあったが，文化の発展にも貢献した。鉄鋼業の寡占体制を築き上げたカーネギーやモルガンは，大学や美術館の設立にも関わったのである。その後，企業規模の拡大とともに，所有と経営の分離が進み，企業家に代わって「専門経営者」が大企業の舵取りを行うようになった。

　巨大企業に象られた企業国家アメリカは「コーポレート・ステーツマン」の登場で一定の成熟をみた。1953 年に GM 社長のチャールズ・ウィルソンがアイゼンハワー政権の国防長官に任命されたことに代表されるように，産業界のリーダーは所属する企業と利害が一致する限りはコーポレート・ステーツマンとして進んで国家運営に協力した。1946 年雇用法の成立やマーシャルプラン実現の後ろ盾となった経済開発委員会（CED：The Committee for Economic Development）は，スチュードベイカー，ベントン＆ボウルズ，イーストマンコダックのトップによって組織されたものだった。こうした大企業がコーポレート・ステーツマンを輩出できた背景には，彼らの属する産業が寡占体制下にあり，価格競争に拘泥せずに済んだことがある。寡占体制により製品価格は高めに推移したが，そこから生じた果実は賃金および医療保険や年金など福利厚生に当てられ，分厚い中間層の基盤をなした。一方，そうした果実は品質改善やイノベーションへ向けられなかったので，1970 年代後半から大規模製造業の競争力は減退し，オールドエコノミーと揶揄されるほど，米国経済での影響力が低下していった。

　この過程で企業国家アメリカは 2 つの大きな変化を経験し，変容していった。第一に「米国市場と事業オペレーションのグローバル化」で，まず，外国企業が米国市場に参入したことにより消費者の選択肢が増え，長らく米国自動車市場を独占していたビッグスリーはトヨタ，日産，ホンダ，現代などアジア系企業と上位シェアを分け合うようになった。次に，ナイキなどの消費財メーカーは賃金の安いアジアに生産工場を移し，グローバルなサプライチェーンを構築，国内ではデザインと販売だけに特化するようになった。1990 年代にはアメリカの輸入の約 45％が，こうした米国企業の海外工場からのものであり，米国内で生産から販売までを一貫して行う従来型の大規模製造業の面影はなくなった。

　第二に，1960 年代からはじまった「株主反革命」によって，専門経営者よりも投資家の声が強くなり「株主資本主義」とよばれる状況が創出された。結果，国家と蜜月関係にあったコーポレート・ステーツマンよりも，ベンチャーキャピタルや株式市場から資金提供を受けた新興企業家がニュースを賑わすようになった。

Column 11-4 ● **政治の季節の到来か?**

　米国史家の古矢旬氏が指摘しているように,1980 年代のロナルド・レーガン政権以来,共和党と民主党の二大政党間で幾度も政権交代が繰り返されているが,その基層にあるグローバル化,新自由主義,多文化主義の進展という長期トレンドは意外にも変わっていない。

　グローバル化によって米国企業から上がる利益のアメリカ人への分配が減少し,規制緩和や減税による市場競争が進んだ先では,ニューエコノミー企業や富裕層に富が集中し,オールドエコノミー企業や労働者,中産階級に富が行き渡らなくなり,産業間・職種間の格差と相対的貧困が生じている。アメリカ中西部のラストベルト(錆びついた工業地帯)と言われる,かつて鉄鋼業,製造業のメッカだった産業衰退地域では,多文化主義への反発(白人民族主義)がみられ,長らく民主党支持だったブルーカラー労働者が反旗を翻している。そうした反動を背景に,国境の防備,経済ナショナリズム(関税引き上げ),アメリカ第一主義の外交を掲げる共和党のドナルド・トランプが 2017 年,大統領に就任した。

　トランプ政権は走り出しこそ,入国管理政策の見直し(不法移民対策),環太平洋パートナーシップ(TPP)からの離脱,エネルギー政策の見直し(パリ協定離脱)など公約通りに歩を進めた。しかし,2019 年 12 月に発生したコロナウイルスの蔓延により,その後 1 年で約 30 万人の死者を記録。2020 年 5 月にはアフリカ系アメリカ人のジョージ・フロイド氏が警官に殺される事件を発端に,BLM(ブラック・ライブズ・マター)運動が全米規模のデモや暴動に発展した。これらが 2020 年の大統領選の悪材料になり,民主党のジョー・バイデンにその座を譲ることになった。

　バイデン政権が地球温暖化対策(パリ協定復帰),平等な社会の実現(中間層の再構築),対中政策と同盟関係の強化を掲げるなか,アメリカのビジネスはどこに向かうのであろうか。貿易摩擦や人権問題における米中関係悪化,アフガニスタンからの米軍撤退によるアジアの不安定化など,アメリカを取り巻く環境は政治の季節の様相を呈しつつある。そのなかで,アップルやグーグルなどのビッグテックは 2020 年に脱炭素社会へ向けての取り組みを宣言し,取引先などのサプライチェーン企業に対してもカーボンフリーを徹底させ,人権問題に対する取り組みも合わせて強化している。

1993 年に企業家のビル・ゲイツ率いるマイクロソフトの株式時価総額が，売上規模で約 17 倍の IBM を上回ったのはそれを象徴する出来事だった。まさに，グローバル化のトレンドのなかで，アメリカの GDP や雇用に貢献してきた大規模製造業では特に，米国内で全てのオペレーションを完結させる企業は少なくなり，国内工場の海外移転にともなって，米国籍の企業が潤うことと，アメリカ人が潤うこと（高賃金を受け取ること）がますますリンクしなくなっている。つまり，米国籍の大企業がアメリカ人によってアメリカの利益のためにビジネスを行う制度から乖離し始めたのである。

Column 11-5 ● 企業と国家の関係はどうなっていくのか？

　アイゼンハワー政権の国防長官に任命されたチャールズ・ウィルソン GM 社長は，上院の公聴会で利益相反はないのかと問いただされたとき「アメリカ合衆国にとって良いことは GM にとっても良いことであり，その逆も然りである」と述べた。当時マスコミは「その逆も然り」の部分，つまり「GM にとって良いことはアメリカ合衆国にとっても良いことだ」と書き記したため「GM あってのアメリカである」という言説だけが独り歩きした。当時の GM が世界で最も多くの労働者を雇用していた民間企業であったし，米国で最初に 10 億ドル以上の法人税を納めた企業でもあったから無理もない。しかし，国防需要などを鑑みれば「アメリカあっての GM でもあった」に違いない。

　現在の米国企業にとって国家とはどのような位置づけなのだろうか。検索エンジンの雄，グーグルに関しては「ネットにとって良いことはグーグルにとっても良いことだ」と語られる。同社の収益源は検索連動広告にあるので，人々がネットを使ってくれるほど広告の閲覧回数が増え，自社の利益につながる。そのため，グーグルはネットという公共空間を使ってもらうための手間暇を惜しまない。昨今「プラットフォーマー」とよばれるアマゾン，フェイスブックなどの企業はグーグル同様，公共空間の利益最大化を目指しているが，そこに国家の姿をイメージすることはない。グーグルは国防需要からも益しているが，人々がグーグルのサービスに国家の姿を重ね，アメリカあってのグーグルだと考えることはほとんどないだろう。今や米国企業にとっての国家のイメージの大半は，ネットという公共空間に取って代わられているのである。

第 12 章

アジア（中国・台湾・韓国）

12.1 アジアの社会と経済 (経営風土)：東アジアを中心に

アジアは広大であり，多様性に富んだ社会である。国際連合による地理的区分では，西アジア (近東・中東諸国)，中央アジア (カザフスタンなど)，南アジア (インドなど)，東南アジア (ASEAN 諸国など)，東アジア (中国など)，北アジア (ロシアのアジア地域) に分けられ，それぞれ多様な社会から構成される。アジア全域にわたって理解することは困難なので，本章では日本が位置する東アジアを中心に学ぼう。

そもそもアジア経済が注目されたのは，第二次大戦後におけるその急速な経済成長に原因があった。「4 匹の龍」と称された NIEs 諸国・地域 (韓国・台湾・香港・シンガポール) の経済が日本経済を追いかけるように成長し，さらには，タイ・マレーシアなどといった東南アジア諸国の経済成長が続いた。こうしたアジア諸国・地域の連動した経済成長は「雁行形態」と称され (*Column* 12-1)，1994 年の世界銀行の報告書『東アジアの奇跡』では，所得格差の是正をともなった急速な経済成長が称賛された。

今世紀に入ると，近代以前のアジア経済に対しても世界の歴史学者から注目が集まるようになった。その契機は，2000 年に刊行されたポメランツの著作『大分岐』(*The Great Divergence*) である。この研究によれば，18 世紀における西欧 (イギリス) と東アジア (中国の長江デルタや日本の畿内・関東) の経済状況 (資本蓄積・技術水準・市場経済・消費水準など) に大きな差はなく，18 世紀末には両地域とも食糧・燃料や土地の不足という生態環境の制約に直面していた。そして，19 世紀以降，西欧のみが石炭の利用とアメリカ大陸との結合によって生態環境の制約を突破して工業化を可能にし，他地域とは異質な経済社会が生まれたとされる。この「大分岐」論によれば，18 世紀末まで東アジアの経済状況は西欧と同程度に発展していたことになる。そうだとすれば，最初に述べた東アジア経済の成長は，一時的に拡大した東アジア経済社会と欧米経済社会との間の差異性が希薄化していく過程といえる。具体的には，東アジアにおいても製造業を中心とする第二次産業が成長し (工業化の進展)，さらにはサービス業を中心とする第三次産業の成長がみられつつある。

当然ながら，その過程は複雑であった。第二次大戦前における東アジアは日本を除いて植民地であった地域が多く，完全な植民地化を免れても，不平等条約のもとで先進国企業との競争は不利であり，国内企業の育成を目的とする政策にも制約があった。第二次大戦後は冷戦が東アジアに及び，1950 年代に韓国・台湾は米国からの援助を受けつつ輸入代替工業化を展開し，1960 年代には輸出志向工業化を経験した。その一方で，中国が社会主義国となって国際分業から離脱し，再び深く国際分業にコミットするのは「改革開放」後の 1980 年代まで待たなければならなかった。

■図表 12-1-1　東アジア史略年表

1842 年	南京条約（上海・広州など開港，香港割譲）
1858 年	天津条約（台湾の淡水・台南など開港），日米修好通商条約（横浜，神戸開港）
1860 年	北京条約（天津開港）
1895 年	下関条約（台湾は日本の植民地に）
1910 年	日韓併合条約（朝鮮は日本の植民地に）
1914 年	第一次世界大戦勃発
1937 年	日中戦争勃発
1941 年	アジア太平洋戦争勃発
1945 年	日本敗戦，朝鮮半島分断，台湾は中華民国の統治下に
1948 年	大韓民国成立
1949 年	中華民国政府は台湾に逃れ，中華人民共和国成立
1950 年	朝鮮戦争勃発
1952 年	日華平和基本条約で中華民国（台湾）と国交回復
1953 年	朝鮮戦争休戦協定
1961 年	韓国で軍事クーデター，朴正煕が政権を掌握
1965 年	日韓基本条約で国交樹立，台湾で輸出加工区設置条例公布
1972 年	韓国政府が第 3 次経済 5 か年計画を発表
1972 年	日中共同声明で日中国交正常化，日華平和条約の失効
1973 年	台湾で十大建設を発表
1978 年	中国で「改革開放」はじまる
1989 年	中国で天安門事件
1992 年	「南巡講話」で中国は「改革開放」維持を表明
1997 年	香港返還

■図表 12-1-2　地図：アジア

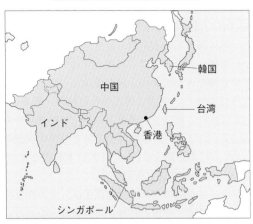

（出所）　日本国外務省 WEB ページ「国・地域―アジア」
https://www.mofa.go.jp/mofaj/area/asia.html

本章では，欧米経済社会との異質性を埋めていく過程で，先進的な欧米・日本の外資企業との関係に留意しつつ，後進的な東アジアの企業がどのように行動したのかについて学んでいこう。

12.2　中国市場と紡織企業間競争

東アジアは欧米列強との不平等条約による開港を契機とし，自由貿易体制に編入されたが，「西洋への開港」は「東洋への開港」でもあった。東アジア諸国・地域は対欧米諸国のみではなく，アジア諸国・地域とも自由貿易を展開し，アジア域内における高い貿易成長率は，アジアの対欧米貿易成長率を上回った。なかでも綿製品に関連する貿易が拡大した。先進国イギリスの機械製綿糸・綿布の輸入が全面的になったのではなく，アジア域内で分業関係が確立された。その背景として，東アジアにはイギリス紡織企業が手掛けない太糸・厚地綿布に対する根強い需要があった。アジアの紡織企業（章末 *Column* 12-4）はその市場を標的にして成長機会を得る。

まず日本とインドにおける綿紡績業が発展し，インド産棉花の需要が増加した。また，イギリス製細糸との競争を回避したインド紡績企業が生産する太糸は，土布（厚地の手織綿布）用として中国へ輸出され，中国の土布生産を華南から華中・華北・東北部へと拡大させた。やがて，日本紡績企業の国際競争力が強化され，第一次大戦期には中国の輸入綿糸量は，日本製がインド製を上回るようになった。

第一次大戦後の基本的趨勢は，中国における綿糸の輸入代替であった（図表12-2-1）。第一次大戦中に民族紡（章末 *Column* 12-4）とよばれる中国資本の紡績企業が多数設立され，彼らは成長を遂げて資本主義的な中国工業化の先陣を切った。その結果，厚地綿布用の太糸の自給化が進展し，日本からの対中国綿糸輸出量が減少した。その一方で，日本の紡績企業は対中国市場戦略を変換しつつあった。直接投資で上海や青島に紡績工場を建設し，輸出のみではなく現地生産も積極的に行うようになった。中国に建設された紡績・織布工場は在華紡（章末 *Column* 12-4）とよばれた。第一次大戦前から中国で紡績業を営んでいた内外綿と上海紡織（三井物産系）のほか，日本の賃金上昇と中国の保護関税への対策から上海製造絹糸（鐘紡系），日華紡織（富士紡系），大日本紡績などが加わり（図表12-2-2），計12社が日本の在華紡として活動した。

第一次大戦後における在華紡の相次ぐ操業開始は，太糸の供給増加をもたらし，中国綿製品市場をめぐる日本・中国の紡織企業間競争となった。日本の紡織企業にとって中国に工場を建設するメリットは，関税を免れ，日本よりも低賃金の労働力を雇用しうる点にあった。日本の工場管理システムを中国に移転した在華紡の生産性は高かった一方で，生産性の低い多くの民族紡が経営破綻に追い込まれ

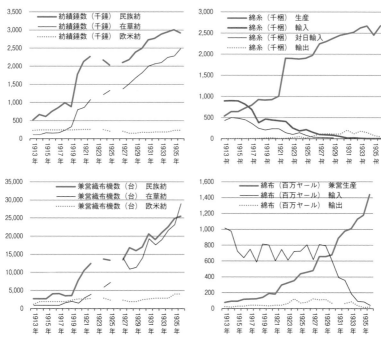

（出所）　高村直助『近代日本綿業と中国』（東京大学出版会，1982 年）98 頁より作成。

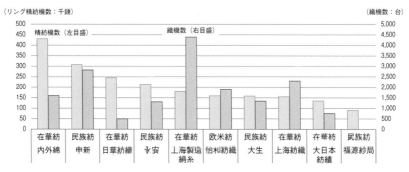

（注）　10 社合計でリング精紡機 2,072 千錘，織機 160,907 台。ほか 71 社の合計は各 2,003 千錘，13,843 台で全 81 社合計は 4,076 千錘，30,750 台。
（出所）　桑原哲也「在華紡の組織能力―両大戦間期の内外綿会社―」『龍谷大学経営学論集』44 巻 1 号 47 頁より作成。

た。しかし，1920年代後半から生産性を上昇させる民族紡もあらわれ，栄宗敬・栄徳生兄弟が創業した申新紡織などが大企業へと成長した。その一方で，同時期に在華紡は細糸・薄地綿布・加工綿布へと製品の高付加価値化を進めてイギリス産綿製品を駆逐し，中国市場でのこれら商品の輸入代替を進展させた。1930年代になると，申新紡織や永安紡織なども製品の高付加価値化をはかり，在華紡が独占する高付加価値綿製品市場に挑戦する民族紡もあらわれた。

12.3　輸入代替と紡織企業の成長

　第二次大戦および冷戦は，東アジアの国際分業に影響を与えた。1950年6月に勃発した朝鮮戦争に対する中国の参戦は，国際連合による対中国禁輸措置の直接的契機となり，東アジアの国際分業は第二次大戦前とは大きく異なる展開が決定的となった。

　前節で述べた在華紡・民族紡の生産設備は東アジアに分散した。旧在華紡の資産は，接収された後に国営の中国紡織建設公司に組み込まれた。上海を中心とする民族紡の一部は，国共内戦から逃れて香港・台湾へ移動した。例えば，申新紡織の工場長・副工場長の一部は香港にわたり，第一廠副工場長（王雲程）は南洋紡織を，第四廠工場長は九龍紡織を，第九廠工場長も緯綸紡織を設立し，紡績機械も香港へ移動した。第二次大戦期の香港では織布業者が増加しており，上海から移設された綿紡績工場を加えた香港紡織企業は，東南アジア・イギリスへ輸出を拡大して成長した。

　台湾においては，台湾の旧日本資産を接収して公営化された台湾工礦公司，旧在華紡資産を基礎とした中国紡織建設公司のほか，雍興実業・台北紡織といった政府系企業の生産能力が高かった（図表12-3-2）。一方で，民族紡の系譜を持つ紡織企業も成長した。香港で南洋紡織を設立した王雲程は，台湾で申一紡織を設立している。このほか，民族紡出身者の石鳳翔は台湾にわたって大秦紡織を設立し，上海のメリヤス業者であった徐有庠は台湾にニット工場を設立した後，遠東紡織を設立して綿紡績工場を建設した。その後，日本植民地下で育った台湾人資本も参入し，台南紡織や新光紡織が設立された。台湾の紡織企業は，米国援助の輸入棉花を利用して綿糸・綿布の生産量を増加させ（図表12-3-1），綿製品の輸入代替を進展させた。

　日本植民地下の朝鮮南部では，東洋紡・鐘紡など日本企業の直接投資や，京城紡織に代表される朝鮮人資本も担い手となり，綿製品の生産量は1930年代に急増していた。第二次大戦後に，旧日本企業の資産は韓国人資本に払い下げられた（図表12-3-2）。朝鮮戦争で被害を受けつつも，米国援助資金で機械設備を導入し，生産量を増加させた（図表12-3-1）。韓国の紡織企業も米国援助の棉花輸入を利

■図表 12-3-1　**1950 年代韓国・台湾の綿紡績・織布業の設備能力と生産量**

	韓　国				台　湾			
	紡機 （千錘）	織機 （台）	綿糸生産 (t)	綿布生産 （千 m²）	紡機 （千錘）	織機 （台）	綿糸生産 (t)	綿布生産 （千 m²）
1950 年	317	9,075	10,566	47,949	50	3,326	3,115	39,730
1951 年	79	1,883	5,925	2,514	99	5,205	7,454	56,543
1952 年	138	3,554	9,639	36,108	138	9,467	13,576	87,639
1953 年	177	3,882	13,307	50,507	169	11,288	19,546	133,618
1954 年	351	5,180	20,843	61,061	179	14,716	23,614	166,648
1955 年	371	6,742	26,593	73,433	207	14,600	25,111	167,244
1956 年	403	7,310	30,687	86,547	240	14,487	24,436	142,426
1957 年	422	9,920	41,442	116,041	240	14,600	27,899	155,453
1958 年	443	10,441	43,791	124,572	270	14,429	27,482	147,186
1959 年	453	10,300	48,526	133,207	280	17,719	30,720	156,101

（出所）　韓国は九州経済調査協会（1967），45 頁。台湾綿製品生産量の 1952 年と 1955 年以降は Taiwan Statistical Data Book 1991, p. 92, 1953–54 年は瞿宛文（2008），179 頁。台湾の 1950–51 年は黄東之（1954a），9–10 頁。台湾 1952–53 年の紡機は黄東之（1954b），21 頁。台湾 1954 年以降の紡機と 1952 年以降の織機は笹本武治・川野重人（1968），666 頁。

■図表 12-3-2　**1950 年代なかばにおける韓国・台湾の綿紡績・織布企業の設備能力**

【韓国（1956 年末）】

	前身	精紡機（千錘）	織機（台）
①第二次大戦前から操業している工場を継承			
朝鮮紡織	朝鮮紡織（釜山）	50	1,693
京城紡織	京城紡織	41	895
東洋紡織	東洋紡（仁川）	36	1,316
全南紡織	鐘紡（光州）	44	1,336
泰昌紡織	鐘紡（京城）	60	1,200
②第二次大戦後から朝鮮戦争勃発までに操業開始			
大田紡織	呉羽（大田）	29	
韓永紡織	大日本紡績（京城）	6	448
三　紡　織		32	300
内外紡績	朝鮮紡織（大邱）	15	
大韓紡織（大邱）	郡是（大邱）	33	516
金星紡織	朝鮮織物	30	916
③朝鮮戦争後に操業開始			
大韓紡織（水原）		10	
太平紡織		10	50
国安紡績		10	220
興韓紡績		10	
新興紡織		10	
大東紡織		10	
東亜紡織		11	
亜州紡織		18	

（出所）　福岡正章（2008）「朝鮮・韓国繊維産業の成立と展開―連続と断絶―」堀和生編『東アジア資本主義史論Ⅱ―構造と特質―』ミネルヴァ書房，212 頁。

【台湾（1954 年 3 月）】

	精紡機（千錘）
台湾工礦公司台北廠	10
台湾工礦公司烏日廠	16
中国紡織建設公司台湾廠	11
華南公司	5
大秦紡織	30
雍興公司台湾紡織廠	22
申一紡織公司	16
台北紡織公司	13
台元紡織公司	10
六和紡織公司	10
彰化紡織公司	6
台中紡織公司	10
遠東紡織公司	10
新台湾紡織公司	10
合　計	179

（出所）　黄東之（1956b）「台湾之棉紡工業」『台湾銀行季刊』第 7 巻 1 期，20 頁。

用して成長の機会をつかみ，綿製品の輸入代替を推進させた。

　一方，上海に残った紡織工場は，中国棉花を原料にして中国農村向けの太糸・厚地綿布生産を志向した。社会主義体制が確立された 1950 年代なかばには，華北を中心に紡織工場が増設され，旧在華紡の技術を基礎にした紡織機械が据えつけられた。その一方で，上海の旧在華紡設備の綿製品は東南アジア・香港へも輸出された。

　香港の紡織業が特別な優遇措置を受けずに成長したのに対し，台湾と韓国の紡織業は高率関税で保護されて成長した。韓国では，有望な企業を政府が選定して彼らに希少な資源を優先的に配分した。韓国の大企業は棉花などの米国援助物資を加工し，保護された国内市場で製品を販売して巨額の利益を得た。台湾でも収益性が高かった紡織企業は，多角化戦略を展開する契機をつかんだ (12.8 節)。

12.4　米国市場と紡織企業間競争

　東アジア紡織業の特徴は，綿製品から合成繊維 (ナイロン・ポリエステル・アクリル) 製品へ急速に高度化し，輸出拡大を長期間維持した点にある。1960 年代初頭，繊維製品の主要市場であった米国による綿製品輸入規制により，輸出品の綿製品から合繊製品への急速なシフトをはかられた東アジアの繊維製品業者は，日本から合繊糸輸入を拡大し，その加工輸出で対応した。その後も米国との繊維貿易摩擦は継続するが，1970 年代に入ると化合繊製品の基準クォータの設定でひとまず落ち着いた。また，円の切り上げを受け，台湾・韓国の合繊織布業者は日本製合繊糸から国産合繊糸への転換をはかり，台湾・韓国の合繊産業の確立につながる。当然ながら，合繊糸の製造には先進国企業からの技術導入が必要であった。東レがナイロン技術導入時にデュポン (Du Pont) に多額の特許料を支払った事例と比較すると，この時期には国際特許期限は切れており，韓国・台湾企業の合繊産業への参入コストはそれ以前よりも低くなっていた。

　韓国では第二次大戦前から絹・人絹織布業者が存在し，彼らが合繊フィラメント (長繊維) の織布業者となり，輸出の担い手となった。合繊製品輸出の増加は日本からの合繊糸輸入を拡大した。日本製合繊糸を輸入していた三慶物産は，米国ケムテックス (Chemtex) との合弁で 1963 年に韓国ナイロンを設立し，東レから技術ライセンスを得てナイロン製造へ参入した。その後，三慶物産は東レ・三井物産との合弁で韓国ポリエステルを設立した。その背景には，日米繊維貿易摩擦と日本合繊企業による直接投資の活発化があった。日本繊維製品の対米国輸出が貿易摩擦を生む一方で，日本のポリエステル長繊維市場では 1968 年に 5 社が新規参入して帝人・東レ・東洋紡の 3 社寡占が崩れ，既存メーカーは直接投資を活発化させた。例えば，東レ・三井物産はサムスン (三星) 財閥と第一合繊を設立

生産開始年	企業名	製品種類	技術導入先	形態	前身
1963	韓国ナイロン	ナイロンF	Chemtex（米）	合弁	商社
1964	韓一ナイロン	ナイロンF	Inventa（スイス）	ライセンス	毛紡*
1967	韓一合繊	アクリルS	旭カシミロン（日）	ライセンス	毛紡
1967	東洋合繊	アクリルS	日本 Exlan 社（日）	ライセンス	衣類・毛紡
1968	東洋ナイロン	ナイロンF	Zimmer（独）	ライセンス	商社
1968	大韓化繊	ポリエステルS	Chemtex（米）	合弁	綿紡・毛紡*
1969	三養社	ポリエステルF, S	日本レーヨン（日）	ライセンス	食品・毛紡・製糸
1969	鮮京合繊	ポリエステルF	帝人（日）	合弁	化合繊織物
1970	韓国ポリエステル	ポリエステルF	東レ（日）	合弁	（韓国ナイロン）
1974	第一合繊	ポリエステルS	東レ（日）	合弁	毛紡
1974	高麗合繊	ナイロンF	自主開発	—	ポリプロピレン繊維
1975	東洋ポリエステル	ポリエステルF	旭化成	合弁	（東洋ナイロン）

（注）　Fはフィラメント，Sはステープル。
　　「技術導入先」については，韓一ナイロンは第1次増設時の導入先，他は新設時の導入先。韓国ナイロン・韓国ポリエステルは
　　後のコーロン，鮮京合繊は後の鮮京インダストリー。「前身」は，設立時の当該企業もしくは母体企業の主要業種。＊は複数企
　　業の共同出資。
（原典）　『繊維年鑑』各年版／企劃調整室（1967）第1次経済開発5周年計劃評價報告書（評價教授團）より作成。
（出所）　安倍誠・川上桃子・佐藤幸人（1996）「産業の比較分析」服部民夫・佐藤幸人編『韓国・台湾の発展メカニズム』アジア
　　経済研究所，171頁，表6-1。

繊維	社名	日産能力（トン）F（長繊維）	日産能力（トン）S（短繊維）	技術提携先
ナイロン	聯合ナイロン	22.5		Chemtex
	良友工業	20.0		Dow Chemical
	国華化工	25.0		Zimmer
	正大ナイロン	24.0		東レ
	大明化繊	14.0		Inventa/Luigi
	太平洋実業	3.8		Zimmer
	三元興業	1.0		Shim Tsu
	計	110.3		
リアルク	台湾プラスチック		55.0	自社技術
	東華合繊		18.0	Monsanto/三菱レーヨン
	計		73.0	
ポリエステル	華隆	16.0	9.5	帝人
	国華化工	4.5	–	Inventa
	南亜プラスチック	11.0	30.0	Zimmer
	新光合繊	13.0	–	東レ
	裕和繊維	7.0	–	Didier
	亜東化繊	7.5	25.0	Inventa/Luigi
	宏洲化学	11.0	–	Hoechst
	太平洋実業	3.0	–	Zimmer
	計	73.0	64.5	
ヨンレー	中国人繊	10.0	18.0	帝人
	台湾化繊	0.5	100.0	Maurer
	計	10.5	118.0	

（出所）　「塑膠，人造繊維及石油化学工業」『自由中国之工業』第40巻4期，1973年10月。

し，帝人は合弁で鮮京合繊を設立した（図表12-4-1）。

　台湾では織布業者が原料自給のために合繊プラントを導入するケースが多かった。華隆や新光合繊が，帝人や東レからポリエステル製造技術を導入したが，聯合ナイロンがケムテックスからナイロン製造技術を導入し，南亜プラスチック（台湾プラスチックと同資本系列）が西独ジンマー（Zimmer）から，亜東化繊（遠東紡織と同資本系列）が西独ルイジ（Luigi）・スイスインベンタ（Inventa）からポリエステル製造技術を導入したように，全体的には欧米プラントメーカーからの技術導入が多数であった（図表12-4-2）。

　台湾では設備投資ラッシュに対して参入抑制的な政策はとられず，競争的市場構造が確立され，川下部門を大幅に上回る供給能力を抱え，1970年代なかば以降は供給過剰の状態が長期化し，東南アジアへの安値輸出が行われるようになった。その一方で，同時期の韓国政府は合繊産業に対して参入抑制的政策を採用したために寡占的市場構造がもたらされ，その担い手は財閥系大企業であった。上述した第一合繊はサムスン財閥の中核企業となり，韓国ナイロン・韓国ポリエステルは後にコーロングループを，鮮京合繊は後にSKグループをそれぞれ形成していく。

12.5　電子機器製造企業の成長

　1960年代以降になると，ラジオ・白黒テレビ・カラーテレビといった家電を中心とする電子機器製造業が発展した。1960年代後半以降になると，米国市場をめぐって日本・米国企業間の競争が激しくなり，彼らは低賃金労働力を求めて台湾・韓国に家電や電子部品の生産拠点を築いた。台湾・韓国の政府は輸出拡大期においても，産業によっては輸入代替政策を維持して国内市場を保護していた。電子機器製造業はその事例であり，輸入代替と輸出振興が同時に追求された。政府は国内市場に進出する外資企業には電子部品など中間財の国産化を望み，現地企業との技術提携か合弁を求めた。その一方で，輸出加工区に進出する外資企業には輸出義務と国内市場参入制限を課す代わりに，国産化率規制や中間財輸入関税を免除し，出資比率に関する規制も加えない措置がとられた。その結果，内需部門の担い手は現地企業と合弁企業となり，外需部門の担い手は全額出資型外資企業となる傾向が生じた。また，電子部品などの国産化率も，内需部門が高くなった一方で，外需部門が低くなる対照性が生じた。

　台湾では大同や台湾松下といった現地企業・合弁企業が内需部門の担い手となり，外需部門では台湾RCAをはじめとする全額出資型外資企業が担い手となった。地域的には米国と日本からの投資が大勢を占めた。輸出を志向する米国企業が全額単独出資する傾向にあったのに対し，現地市場への進出を目指す日本企業

　赤松要の「雁行形態論」は，経済先進国の日本が先頭に立ち，その後を NIEs 諸国・地域が追い，さらにその後を ASEAN 諸国が追いかけるというように，アジア諸国・地域が次々と工業化するイメージで通俗化している。しかし，赤松が唱えた「雁行形態論」は，上記のような単純で外見的なモデルではなく，後進国における特定産業の「輸入→国産化（輸入代替）→輸出→輸入」というパターンと，その特定産業（主要輸出産業）が交替していくプロセスを説明したものであった。

　例えば，かつて日本の主導産業であった紡績業も，当初は輸入代替からはじまり，輸出産業化した（下図ⅠのA）。その後は，輸入代替を完了させた後進国との競争に直面し，NIEs 諸国・地域からの輸入品に対抗できなくなる（下図ⅡのA）。しかし，その時点ですでに日本ではテレビなどの電子機器製造業が輸入代替を完了して主要な輸出産業となっており（下図ⅡのB），国際分業が形成される。

　国際分業は固定化されるわけではない。輸出産業化した NIEs 諸国・地域の紡績業も，やがては輸入代替を完了させた ASEAN 諸国との競争に直面し，紡績製品の輸入は増加する（下図ⅢのA）。しかし，その時点ですでに NIEs 諸国・地域では電子機器製造業が輸入代替を完了して主要な輸出産業となっており（下図ⅢのB），日本も鉄鋼業など新たな主要な輸出産業が確立され（下図ⅢのC），新たな国際分業が形成される。

　以上のように赤松の「雁行形態論」は，国際競争力を有する主要輸出産業の交替を通じて，先進国と後進国との国際分業のダイナミズムを説明したものである。

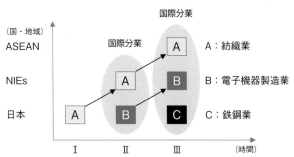

（出所）　大野健一・桜井宏二郎（1997）『東アジアの開発経済学』有斐閣，19 頁，末廣昭（2000）『キャッチアップ型工業化論：アジア経済の軌跡と展望』名古屋大学出版会，30–51 頁を参照して作成。

からの投資は現地企業との合弁形態が多かった。このことは技術提携件数の差にも影響し、電子機器製造業の技術提携件数のうち、日本企業との件数が最多であった。国産化率規制などの輸入代替策が外資・現地企業の合弁企業設立を促進して、技術導入を促したのだった。

1960年代の韓国では電子機器製造業が国内市場を基盤に成長し、輸入代替を進展させた後は輸出産業として成長した。1969年には外資による対韓国投資の条件が緩和され、全量輸出を条件として投資が多数許可され、日本企業も韓国に進出した。こうした状況で、サムスンと金星（くむそん）は電子機器製造業を基盤として財閥としての地位を固めていく（図表12-6-1）。1969年に三洋電機との合弁でサムスン三洋電機（サムスン電機に改称後、サムスン電子と合併）を設立し、1970年には日本電気との合弁でサムスンNEC工業（現サムスンSDI）を設立し、真空管の製造がはじまった。1973年には再び三洋電機との合弁でサムスン三洋パーツ（サムスン電子部品に改称後、サムスン電機に改称）を設立している。金星は積極的な外資との提携で電子機器製造部門を拡張していく。1962年に日立電線との提携で韓国電線ケーブル工業（後の金星電線工業）を設立し、1974年には富士電機と合弁で金星計電を設立し、1979年には西独ジーメンスとの合弁で金星通信を、日本電気と提携して金星電気を設立し、1979年には金星半導体を設立している。サムスン財閥企業の持ち合い比率が相対的に高い一方で、外資との提携が多いラッキー・金星（後のLGグループ）は、創業者一族の持株比率と財閥企業の持ち合い比率が相対的に低く、専門経営者の登用も相対的に早く進んだ。

12.6　重化学工業化への挑戦

資本集約的産業である重化学工業の発展は、東アジアにおいては政策との関連が強く、公営企業や政府の保護を受けた民営大企業が担い手となった。

韓国では第3次経済開発計画（1972-76年）で重化学工業化が推進され、海外借款を利用して鉄鋼、造船、機械、石油化学などの産業が育成された。その象徴は浦項（ぽはん）製鉄所の完成（1973年）である。海外借款による同製鉄所建設計画は一度頓挫していたが、日韓国交樹立時にもとづく「対日請求権資金」を利用しつつ新日鉄の協力を得て、銑鋼一貫の鉄鋼所が竣工した。鉄鋼業の場合は、浦項総合製鉄（現POSCO）という公営企業が担い手となったが、そのほかは大宇重工業、大宇造船、湖南精油、鮮京といった財閥系大企業であった。先行する財閥としてはサムスンと現代（ひゅんだい）があり、サムスンは1974年にサムスン石油化学を設立して三井石油化学と米国アモコから技術を導入し、石川島播磨との合弁でサムスン重工業を設立した。鄭周永（ちょんじゅよん）が率いる現代は建設業から出発し、1967年に自動車部門を分離し（米国フォードと提携）、1972年の現代重工業の設立、1974年の蔚山（うるさん）造船所の竣工

220　第12章　アジア（中国・台湾・韓国）

■図表12-6-1　韓国財閥の多角化（1985年以前）

	1930-1940年代	1950年代	1960年代	1970年代	1980年代
三星グループ	◎38 三星物産 （商会）	52 安国火災 53 第一製糖 54 第一毛織 57 三星生命保険 57 三星総合建設 　＊(79)	63 中央開発 65 中央日報 65 三星 　美術文化財団 69 三星電子	70 三星 　エンジニアリング 70 三星電管 72 第一合繊 73 三星電機 73 第一企画 74 三星重工業 74 三星石油化学 77 三星航空産業 77 韓国安全システム	83 三星時計 84 三星医療機器 84 三星HP 85 三星 　データシステム 85 三星 　ユナイテッド航空
現代グループ	◎47 現代建設	53 仁川製鐵＊(78) 55 現代海上火災保険	62 現代証券 67 現代自動車	70 江原銀行 71 金剛開発産業 72 鮮逸商船 73 現代重工業 73 大韓アルミ 74 現代 　エンジニアリング 75 現代尾浦工業 75 現代アルミ工業 76 高麗産業開発 76 現代総合金融 76 現代総合商事 77 現代産業開発 77 現代精工 77 現代総合木材産業 78 現代重電機	81 韓国アラスカ開発 82 現代テクシステム 83 韓国産業サービス 83 現代電子産業 84 現代エレベーター
大宇グループ	大宇重工業 　＊(76)	51 京南企業＊	64 世界物産＊(83) 65 オリオン電気＊ ◎67 大宇	70 大宇証券＊ 72 大宇自動車＊ 72 大宇電子＊(74) 73 京南金属 73 大宇電子部品＊(83) 76 大宇 　エンジニアリング 76 大宇通信 76 同宇開発 78 大宇造船工業	81 大宇精密工業 84 大宇経済研究所 84 大宇機電 85 大宇キャリア 85 コラム・ 　プラスチック
ラッキー金星グループ	36 ラッキー金属 43 大韓油槽船 ◎47 ラッキー 47 国際電線	53 ラッキー金星商事 57 金星社 59 ラッキー火災海上	62 金星電線 67 湖南精油 69 金星通信 69 ラッキー開発 69 ラッキー証券 69 星窯社	70 金星アルプス電子 70 世邦石油 71 金星機電 71 金星フォスター 71 三京石油 71 LG流通 72 盛湖企業 72 湖南タンカー 73 釜山投資金融 74 金星計電 74 金星産電 74 金星通信工事 74 喜星金属 76 金星精密 76 金星情報通信 78 ラッキー石油化学 78 ラッキー 　エンジニアリング 79 三宇特殊金属	83 金星 　マイクロニクス 83 ラッキー 　DCシリコン 83 LGスポーツ 84 金星光通信 84 金星医療器 84 金星ハネウェル 84 湖油エナジー 85 金星ソフトウエア

（注）　1. 設立企業は1985年以前に限った。
　　　　2. 社名に◎がついている企業は「母企業（親会社）」あるいは中核企業，また社名に＊がついている企業は買収した企業，横の括弧内の数字は買収年である（注記2は出典の本文をもとに作成）。

（原典）　毎日経済新聞社『會社年鑑1992年版』より作成。

（出所）　服部民夫（1996）「韓国における「財閥」的企業発展」服部民夫・佐藤幸人編『韓国・台湾の発展メカニズム』アジア経済研究所，326-329頁，表11-3（1）〜（4）にレイアウト上の変更を加えた。

に表されるように，積極的に重化学工業へ進出した（図表12-6-1）。現代は増加する資金需要に対して海外借款を利用することで創業者一族による株式所有をなるべく維持し，現代建設・現代重工業・現代自動車といった中核企業による株式所有を通じて，財閥としての封鎖的所有を維持した。

　台湾では1973年にスローガンとして掲げられ，1974-79年でほぼその目的が達成された十大建設事業が推進された。それは，重化学工業部門（銑鋼一貫製鉄所，大規模造船所，大規模石油化学コンビナート）の新規建設，原子力発電所建設，港湾（台中，蘇澳）整備，南北高速道路建設，鉄道電化，北回り鉄道敷設，国際空港建設という内容で，投資総額は53億ドルに達し，そのうち海外借款が38％を占め，残りの62％は政府投資や，中国鋼鉄，中国造船，中国石油，台湾電力などの公営企業が負担した。中国鋼鉄は，米国USスチールの技術協力で銑鋼一貫製鉄所を建設した。

　その後の重化学工業の展開は，韓国と台湾では大きく異なっている。韓国では鉄鋼業と輸送機械産業（自動車産業・造船業）とがともに発展する「フルセット型」の重化学工業化であった。その重化学工業化の担い手は財閥系大企業であり，それゆえに現代などは「フルセット型」の総合財閥と称された。一方で，台湾では政府が育成に力を入れつつも，輸送機械産業（自動車産業・造船業）の発展は挫折した。中国造船は中国鋼鉄の有力なユーザーとなることが期待されていたが，石油危機の影響もあって不振にあえいだ。台湾鉄鋼業は国内に有力な鉄鋼需要者を欠くなかでも，鋼板部門が輸出を伸ばし，種々の金属製品（ネジ・ナットなど）というユーザーの登場で成長した。韓国では財閥を担い手として政策が大きな役割を果たし，台湾では公営企業を担い手としつつも政策があまり功を奏さず，それぞれ異なった重化学工業化が進展したといえる。

12.7　世界市場と情報通信機器製造企業の成長

　労働集約的産業である紡織業や電子機器製造業は，賃金が高騰すると国際競争力を喪失してしまう。経済成長を持続させるためには，資本・技術集約的な産業の成長も欠かせない。1980年代以降は，資本・技術集約的な産業で，PCや携帯電話，その部品である半導体や液晶といった情報通信機器製造業が東アジアの経済成長を牽引する。その産業の代表的な担い手は，韓国のサムスン電子，台湾の台湾積体電路製造（TSMC）などであり，半導体製造企業の世界「Big3」のうち2企業が東アジアから出現した。

　韓国のサムスンは1980年代に半導体事業に参入し，米国インテルなどからの技術導入で1984年に64K・DRAM量産を開始し，1986年には256K・DRAMの量産を開始するとほぼ同時に1M開発に成功した。1980年代末には4Mおよび

Column 12-2 ● 中国の「改革開放」と EMS

　戦後東アジアの国際分業に大きなインパクトを与えたのは，1978 年よりはじまる中国の「改革開放」である。1979 年には深圳（香港の隣接地）・珠海（マカオの隣接地）・仙頭・厦門に経済特区を設置した。経済特区は外資企業からの投資を吸収し，輸出加工区として機能した。1984 年からは大連・天津・青島・上海・福州・広州などに経済技術特区が設置され，外資企業からの技術導入をはかった。1989 年の天安門事件（民主化デモに対する武力鎮圧）で「改革開放」は一時頓挫した。しかし，1992 年の鄧小平による「改革開放」路線の維持を表明した「南巡講話」により，再び外資企業による対中国投資が増加し，中国は「世界の工場」と称されるようになった。この間，重化学工業分野でも外資からの技術導入が進み，1977 年に新日鉄と川崎製鉄の技術援助を受けて上海宝山鋼鉄総廠が設立され，1985 年に高炉に火入れされた。

　以上のような中国の「改革開放」が前提となって，1990 年代以降に電子機器受託製造サービス（EMS）で急成長する東アジア企業が登場する。例えば，台湾企業の鴻海精密工業も中国に生産拠点を設けて米国に製品を大量輸出するビジネスモデルで急成長した。郭台銘による鴻海プラスチックの創業は，台湾経済の高成長期である 1974 年であり，白黒テレビの回転式チャンネル「つまみ」といった家電部品の製造からスタートした。1981 年には PC 基板のコネクタ部分の製造を開始し，1982 年には鴻海精密工業に社名を変更して，PC の電線やケーブルなどの製造を開始する。1990 年代には液晶パネルやマザーボードなど PC の主要部品の製造も開始し，1990 年代末に EMS 事業に参入した。2000 年代に入ってアップル社のスマートフォン「iPhone」の受託製造で世界的な企業に成長し，2000 年代なかばには売上高で EMS 世界一の企業となった。

　「改革開放」によるビジネスチャンスは外資企業のみにあったわけではなく，これを機にハイテク技術を習得して急成長する中国企業も登場する。華為技術も経済特区の深圳を拠点に事業活動し，世界的な企業へと羽ばたくことになる。

16M 開発に成功し，日本企業との技術格差を埋めていった。1990 年代に入って 64M 以降の開発では日本企業より先行するようになり，シェアにおいても先行する米国・日本企業を次々と追い抜いていった。日本の半導体企業が，汎用コンピュータ用に耐久性を備えたハイスペックな高品質 DRAM を PC メーカーに転売したのに対し，適正なスペックで安価な DRAM を大量生産することでサムスン電子は PC メーカーへの売上げを伸ばした。DRAM の生産には巨額の投資が必要であり，しかも技術革新の頻度が高く，継続的な投資が必要になる。こうした特徴を有する半導体産業で，サムスン電子は「総合財閥」の中核企業として豊富な資金力を活かし，日本企業が次々と脱落するなかで世界トップ企業の地位を得た。

半導体産業は，設計，ウェハー加工（前工程），組立て・テスト（後工程）の 3 工程から構成される。米国インテル社とサムスン電子は 3 工程全てを備えて「Big3」と称されるまで成長した。しかし，TSMC はウェハー加工の受託生産のみを行うという，世界に先例のないファウンドリ専業ビジネスモデルで成長した。その背景には，ファブレスとよばれる製造部門を持たない半導体設計専門企業があり，ファウンドリ企業とファブレス企業との分業関係が構築された。この分業関係は，スマートフォンやタブレットの世界的普及で効果を発揮した。例えば，ファブレスである米国クアルコムが設計したスマートフォン用半導体を，ファウンドリである TSMC が製造を請け負い，最終的には米国アップルに納入された。TSMC は技術者出身の経営者である張忠謀の強力なリーダーシップに率いられて成長し，ファウンドリ世界市場の約半分を占めるにいたった。TSMC には数千人の技術者が在籍し，彼らは顧客の設計を支援して，多品種大量受注を可能にする体制を構築している。

韓国のサムスン電子，台湾の TSMC はともに東アジアの後進国企業でありながら，先進国企業がたどった成長過程とは異なった戦略を選択することにより，世界「Big3」と称される地位を獲得したのだった。

12.8 コンビニエンスストアの普及

2000 年代以降の東アジアにおいては第三次産業の比重が高まるなかで，日本的なコンビニエンスストア（CVS）が普及し，東アジア消費者の生活に根付いていく。

台湾の人口当たり CVS 店舗数は世界一であり，台湾の CVS を牽引するのはセブン–イレブンとファミリーマートである。台湾セブン–イレブンを経営するのは統一超商であり，同社は台南紡織から出発した台南幇と称される企業集団の中核企業である。1950 年代に紡績・織布業で資本を蓄積した台南紡織は，1960 年代以降に多角化戦略を積極化し，環球セメントや統一企業を設立して，セメント製

1990 年		1995 年		2000 年		2005 年	
NEC	9.0	インテル	8.7	インテル	13.3	インテル	15.0
東芝	7.8	NEC	7.5	東芝	4.8	サムスン電子	7.3
日立製作所	6.7	東芝	6.7	NEC	4.7	テキサス・インスツルメンツ	4.5
インテル	6.6	日立製作所	6.0	サムスン電子	4.7	東芝	3.8
モトローラ	6.0	モトローラ	5.8	テキサス・インスツルメンツ	4.1	ST マイクロ	3.7
富士通	5.9	サムスン電子	5.5	ST マイクロ	3.5	インフィニオン	3.5
テキサス・インスツルメンツ	5.2	テキサス・インスツルメンツ	5.2	モトローラ	3.4	ルネサス	3.5
三菱電機	4.4	富士通	3.7	日立製作所	3.2	NEC エレクトロニクス	2.4
ナショナル・セミコンダクタ	3.5	三菱電機	3.5	インフィニオン	3.0	フィリップス	2.4
フィリップス	3.0	現代電子産業	2.7	マイクロン	2.8	フリースケール	2.3

（注）　白抜き文字は韓国，灰色の網掛けは日本，水色の網掛けは米国，青色文字は欧州の企業を示す。
（出所）　吉岡英美（2010）『韓国の工業化と半導体産業：世界市場におけるサムスン電子の発展』有斐閣，11 頁（一部省略）。

■図表 12-7-2　事業形態別に見た半導体売上高の国別シェア（2016 年）

【ファブレス企業】

（自社で製造工程を持たず，設計，マーケティング，販売のみを行うメーカー）

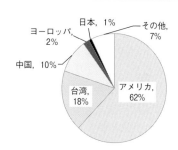

【ファウンドリ企業】

（前工程の受託製造を行うメーカー）

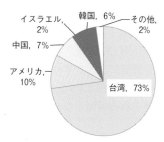

（出所）　内閣府「世界経済の潮流 2017 年 II」

造業のほか食品加工業へ参入した。1970年代には専門経営者として頭角を現した高清愿に率いられた統一企業が成長し，同社は1978年に統一超商を設立して小売業に参入した。1979年に統一超商は米国サウスランド社とのエリアライセンス契約を結び，1980年に台湾セブン-イレブン1号店を開店した。事業起ち上げ当初はターゲット層を主婦にして，立地も住宅地に設定したため，赤字が続いた。1980年代なかばに戦略は転換されて，ターゲット層は若年層に設定され，直営店方式による大都市への出店で利便性が強く意識されるようになった。1990年代に入るとフランチャイズ・システムを推進し，加盟店舗数は急増した。店舗数急増にともなって多頻度・小口配送が困難となったが，みずから物流会社を新設して解決した。また，加盟店オーナーに販売商品・店舗運営の方法などをアドバイスするオペレーション・フィールド・カウンセラー（OFC）が集まって経営陣と意見交換する会議を定期的に開くようになった。こうして台湾セブン-イレブンは日本的CVSの展開を軌道に乗せ，1995年にはPOSシステムを導入し，高度な情報システムも整備した。ファミリーマートは1988年に台湾へ進出し，全家便利商店という名でCVSを展開し始める。全家便利商店は参入当初からフランチャイズ・システムを導入することで店舗数を急増させた。日本的CVSの展開に必要な多頻度・小口配送については，伊藤忠商事が資本参加し，物流システムの構築を支援した。

　ファミリーマートは韓国にも進出しており，1990年に自動販売機運営などを手掛ける普光がファミリーマートとエリア・フランチャイズ契約を締結し，普光ファミリーマートが運営するファミリーマート1号店を開き，2010年には5000店舗開店を達成した。ファミリーマートにとって韓国は海外事業の重要な拠点となりつつあったが，2012年に普光ファミリーマートは社名をBGFリテールに変更し，店舗名をCUに変えて看板に「with Family Mart」を付記するようになり，脱ファミリーマート色を強くしていった。ファミリーマートはロイヤリティー収入を得てはいたが，商品や出店戦略は現地パートナー主導で進んでいた。2014年にはファミリーマートは25％の保有株式を売却し，約8000店の店舗を失うかたちで韓国から撤退するにいたった。CUの店舗数は1万店を超え，業界1位を維持しているが，旧LG財閥系のCVSであるGS25の店舗数も1万店を超え，単身世帯の増加を背景にシェア争いは激しくなっている。

　以上のように，日本的CVSシステムは台湾・韓国の消費者にも受け入れられたが，現地企業主導の展開となり，アジア企業間競争は小売業においても激しくなりつつある。

台湾 CVS 店舗数（2016 年 11 月）

セブン-イレブン	5,106
ファミリーマート	3,049
ハイライフ	1,281
ＯＫマート	880
台湾菸酒	95

韓国 CVS 店舗数（2017 年 7 月）

CU	11,949
GS25	11,911
セブン-イレブン	8,944
ミニストップ	2,401
emart24	2,247

（出所）台湾は，佐藤幸人（2017）「台湾のコンビニエンススストアの概況とそのソーシャルセイフティネットとしての可能性」佐藤寛編『日本型コンビニエンスストア途上国展開と貧困削減』アジア経済研究所，3 頁，韓国は「韓国はコンビニ王国」『ハンギョレ』2017 年 8 月 9 日（http://japan.hani.co.kr/arti/politics/28131.html）を参照して作成。

Column 12-3 ● 台湾の「宅急便」

　統一企業は日本で先行していた CVS と宅配便が連携したビジネスモデルを台湾へ移植することに意欲を持ち，ヤマト運輸との提携で統一速達を設立して，未経験の宅配業に参入した。注目すべきは，たんなる日本の既存ビジネスモデルの移植ではなかった点である。その第一は，クール便の初期導入である。冷凍車両の輸入などで生じる初期投資額の多さから，事業起ち上げ当初からクール便を展開することに躊躇するヤマト運輸に対し，統一企業は台湾ではクール便の需要が多いと判断し，損益転換が遅れるクール便の初期導入にあえて踏み切った。結果は，統一企業の見込み通りにクール便需要は大きく，業界 2 位の台湾宅配通の追い上げを許さないサービス供給体制の構築に成功した。第二は，日本でもまだ全面的に普及していなかった電子商取引（EC）の拡大に備えた多角化であったことである。統一企業の目論見通り，ネット通販の拡大で急激に B to C 貨物の需要が増し，統一速達は電子決済システムをいち早く導入してその需要を取り込むことに成功した。

Column 12-4 ● 民族紡と在華紡

　紡織という語は「紡ぐ」と「織る」から成り，綿工業の場合は，棉花から紡いだ糸を撚って綿糸を生産する紡績工程と，綿糸を織って綿布にする織布工程から成り立つ。戦略面からすれば，紡績専業企業が織布工程まで手掛けるようになる事を前方統合といい，織布専業企業が紡績工程まで手掛けるようになる事を後方統合という。12.2 節本文の中国市場で成長した企業は，統合戦略を展開して紡績・織布両工程を兼営する紡織一貫の大企業が多かった。

　民族紡は「工頭制」を採用し，経営者が労働者を直接管理することなく工場が運営されるケースが多かった。経営者は「工頭」とよばれる親方に製造を一任する一方で，棉花の廉価調達と綿糸の高値販売で利幅を確保する点に尽力した。また，「工頭」が工場内の機械設備の保全作業を行うことはまれであり，生産性も低かった。

　これに対して日本の在華紡は，日本の本社・工場から多数の工場管理者・技術者・熟練工を現地工場に派遣した。工場管理者には中国人補佐が配置され，中国人労働者とのコミュニケーションの円滑化がはかられた。こうして在華紡は，労働者を直接管理する生産性の高い日本の紡績工場のシステムを現地移転することに成功した。

　一般的には，生産性の高い日本の在華紡が生産性の低い民族紡よりも競争優位に立ったが，組織を革新して直接管理を採用する民族紡も登場した。その代表例は 1915 年設立の申新紡織で，1930 年代初頭には 9 つの工場を有し，高等教育機関出身者の技術者を雇用して，熟練工を企業内で養成した。こうした組織革新で成長軌道に乗った民族紡もあらわれ，1930 年時の紡績設備能力上位 10 社のうち，日本の在華紡が 5 社を占めつつも，民族紡が 4 社入った（図表 12-2-2）。

第3部
グローバル経営史と
経営史研究の展開

第 13 章

グローバル経営史

13.1 「横串」のグローバル経営史

　8章から12章では，経営史を，国や地域ごとに，いわば「縦割り」でみてきた。13章・14章では，視点を変えて，各国縦割りの歴史に横から串を刺すかたちで世界各地の経営史を整理する。というのも，①地球規模の構造や事象が各国の経営史にとっても重要であり，②各国を相互に比較したり各国間の関係をみることで各国の経営史をよりよく理解できるからであり，さらに，③経営史的に重要な企業は大国の企業に限られず，日欧米や東アジア以外の途上国・新興国にも重要な分析対象が多数存在するからである。

　歴史的な視角では，個々の具体的な事象を，それが生起した時代（時間）や場所（空間）のなかに位置づけて（＝「文脈化」して）理解し，その意味を考える。成長や発展といった概念を用いる経済史や経営史では，国や地域，それにそこでの個別事例による違いに関する解釈の多くは，「段階論」・「類型論」の二者に大別できる（図表13-1-1）。どの国も，ある段階からより高次の段階へ類似の経路をたどるならば，各国間の差異は発展段階の相違として説明できる（段階論）。しかしそうした共通・単一の経路を想定せず，各国間の差異を時の経過でも消えない本来的な差異（＝種差，類型差）とみるならば，これを類型論とよぶことができる。段階論も類型論も複雑な現実を単純化し理解するためのモデルであり，両者を折衷した解釈（例えば複数の経路を想定する等）も珍しくはない。

　段階論でも，時代やその他の事情によって段階の「辿り方」が変わるとする議論もある。「後発性」に着目したA.ガーシェンクロンは，1960年代の論文で，後発国では銀行や国家が経済発展においてより大きな役割を果たし，先発国よりも急速に工業化したと論じた。これを受け，地域研究や開発経済学では東南アジア，アジア新工業国（NIEs）の発展を「キャッチアップ型工業化」として捉え（末廣，2000），また産業論的・経営史的研究でも，台湾IT産業は「圧縮された産業発展」を遂げた事例と理解されている（川上，2012）。

　段階論であれ類型論であれ，各国・各地域間の比較が前提となる。経営史学でも，国際比較は学問の成立当初から重要な分析手法であった。国際比較には，①同一時点の各国（とその企業・経営）の比較（＝同時代国際比較）と，②異時点（異なる時代）間の同一事象・同一段階の比較（＝異時点間・同一段階比較）の二種がある（図表13-1-2）。多国籍企業の登場の時期が違うことを前提に，1930-1950年代の米国企業，1970-1980年代の日本企業，21世紀の中国企業を比較するような事例が後者に当たる。他方，「横串」のもう一つの重要な視点は，「関係」への着目である。ある国のモデルが他国で模倣され，あるいは各国間に競争や協調などの影響関係があるような場合には，これらを互いに独立したものとして比較するだけでは不十分である。例えば上述の「後発性」は，先行者の存在を前提としており，

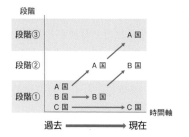
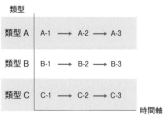

■図表 13-1-1　段階論的な解釈（左）と類型論的な解釈（右）

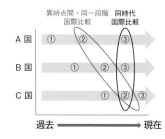
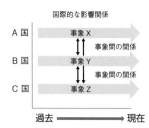

■図表 13-1-2　国際比較経営史（左）と国際関係経営史（右）

Column 13-1 ● 段階論的解釈を代表する W.ロストウの「経済発展の諸段階」

　W.W.ロストウがその著書『経済発展の諸段階』（原著は 1960 年刊）で示した経済社会像は，段階的な歴史解釈の代表といえる。彼は，全ての社会は，①「伝統的社会」，②「離陸のための先行的条件期」，③「離陸」，④「成熟への前進」，⑤「高度大衆消費社会」に分類できると主張した。右図は，この段階論をイギリスから中国・インドにいたる各国に具体的に当てはめたものである。

　冷戦下でアメリカの開発戦略立案に関与したロストウの単線的な段階論は，アメリカの発展モデルを国情の異なる国に押しつけるイデオロギー的な見方だとの批判にもさらされた。

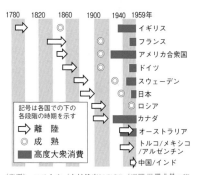

（出所）　ロストウ（木村健康ほか訳）『増補 経済成長の諸段階：一つの共産主義宣言』（ダイヤモンド社，1961 年）29 頁の図をもとに作成。

「関係」の要素を含んでいる。

13.2 「大分岐」とグローバル化，「中核=周辺」構造

　今日のグローバル経済や世界の経営史を理解するには，時代をどこまで遡るべきだろうか。多国籍企業を重視する経営史家はグローバル経済の起点を 19 世紀に求めるが（13.3 節参照），世界の諸地域間の経済的統合や，技術革新や成長率の面でのヨーロッパの他の地域に対する優位は，19 世紀よりもずっと以前にはじまっていた。

　他の大陸・地域にも文明や市場経済，商業社会は存在したが，土地生産性の限界が課す成長制約を打破して持続的な経済発展の軌道に乗り，近代的な諸制度を構築して世界全体を再編したのは，ヨーロッパであった。なぜ他の地域でなくヨーロッパだったのか（「ヨーロッパの奇跡」），なぜ，いつから他とは違う道をたどったのか（「大分岐」）が，論争となってきた（12.1 節も参照）。分岐点は中世の 14〜15 世紀にまで遡るとする説もあれば（ファン・ザンデン），ずっと遅く 18 世紀だとする見方もある（ポメランツ）。分岐の原因も，地理的環境（地形，気候，生態系，災害等），「制度」（所有権，市場機構，信頼），人類学/人口学的特質（家族型等），政治・国家体制（諸国家システム，法の支配），文化・思想・宗教等（プロテスタンティズム，市民的自由主義等），多様な要素に求められてきた。

　いずれにせよ，遅くとも 16 世紀末-17 世紀初頭には，北西ヨーロッパは，「最初の近代経済」となったオランダを筆頭に，近代的な企業活動の前提条件（市場経済，財産権の保護，身分制の弛緩，営利の肯定等）や，企業活動を直接に支える制度や知識（会社制度，複式簿記，為替制度等）を備えた地域となっていた。歴史家・社会学者の E.ウォーラーステインは，この頃から世界が「中核」地域と「周辺」あるいは「半周辺」に再編されたとする（図表 13-2-1）（川北，2016）。中核=周辺間の不等価交換を強調するこの「世界システム論」に批判的な経営史家も，ヨーロッパが非ヨーロッパ世界を影響下に入れるかたちでグローバル化が進んだと考えている。

　大航海時代（「地理上の発見」，15-17 世紀）から産業革命（8.3 節，13.3 節参照）にいたる流れは，ヨーロッパ内部の社会変動と，世界規模での商品史的な再編の両面で捉えられる。16 世紀の宗教改革はヨーロッパ世界の一元性を破壊し，宗教戦争のなかから近代的な国家と国際秩序が出現した。新興の商工業者の多くはカルヴァン派に改宗し，またルター派の信仰は北欧国家の統合の基礎となった。迫害から逃れるプロテスタント商工業者の流れは，スイスからドイツ，オランダ，イギリス，北米へと連なる商取引網を生み，経済の中心は地中海から北西ヨーロッパに移った。この取引網を通じて新商品・新技術が広まり，農村では「プロト工業化」（10.2）が進んだ。

ウォーラーステインは，各国単位に，かつ段階論的に経済発展を捉える見方を批判し，世界全体を「中核＝周辺」構造を持つ「世界システム」として捉えた。これは西ヨーロッパを中核地域に 16 世紀に成立したとされる。日本など，周辺ないし半周辺から中核へと移行した国・地域はあるものの，中核と周辺の間の不平等な関係は構造的であり，特定国の盛衰にかかわらず現代まで持続していると主張した。

（出所）　ウォーラーステイン（山下範久訳）『入門 世界システム分析』（藤原書店，2006 年）に基づき作図。

Column 13–2 ● オランダ東インド会社

オランダ東インド会社は，前年設立のイギリス東インド会社をはるかに上回る資本規模で，1602 年に世界初の公開株による株式会社として設立された。交戦権，条約締結権，植民地経営権を持つ特許会社であり，セイロン島，ジャワ島，台湾など世界各地に城塞都市を築いて貿易を行った。左図はバタヴィア（現在のジャカルタ）の 1780 年頃の様子を描いたものである。砂糖・香辛料貿易拠点であるジャワ，モルッカ諸島の支配権は，18 世紀末以降オランダ政府に引き継がれた。

（出所）Wikimedia Commons

■図表 13-2-2　「コロンブスの交換」

南北アメリカ大陸から ユーラシア，アフリカにわたった物産	ヨーロッパ，アジア，アフリカから 南北アメリカ大陸にわたった物産
ジャガイモ，トマト，カボチャ，サツマイモ，トウモロコシ，落花生（ピーナツ），インゲン豆，唐辛子，カカオ（チョコレート），パイナップル，バニラ，タバコ，ゴム	牛，豚，ニワトリ，羊，馬，バナナ，柑橘類，コーヒー豆，ブドウ，タマネギ，モモ，コメ，コムギ，ダイズ，サトウキビ

■図表 13-2-3　ヨーロッパへの「植民地物産」等の非ヨーロッパ物産の流入

アジア各地から	茶，香辛料，砂糖，藍，絹織物，綿・綿織物，醤油，陶磁器
南北アメリカ大陸・カリブ海から	金，銀，毛皮，砂糖，タバコ，カカオ，バニラ，他
プランテーション産品	綿花，香辛料，砂糖，天然ゴム，茶，コーヒー，パーム油

このヨーロッパ内部での再編は，新・旧大陸間の動植物（微生物やウイルス，害獣を含む）の移動（「コロンブスの交換」図表13-2-2）や，ヨーロッパ外からの新奇で高価な物産（「植民地物産」図表13-2-3）の流入，これらの物産にもとづく新産業（綿工業・絹工業他）の導入の産物でもあった。熱帯産品（綿・砂糖など）の安定確保のために，植民地にはプランテーションが作られた。産業革命も19世紀以降のグローバル化も，商品による世界各地の結合が前提であった（図表13-2-1）。

13.3 第一次グローバル経済（19世紀-1914年）と2つの産業革命

「グローバル化」の語は，世界的な統合の新段階を指す言葉として1990年代に登場し一般化した。しかし，世界の統合は数百年にわたるはるかに長い過程ともいえるため（13.2節），すぐにより広い意味でも用いられるようになった。こうしたなか，多国籍企業（14.2節）を重視する経営史研究者は，19世紀末以降を今日的な意味でのグローバル経済の時代と捉えたうえで，グローバル化を，20世紀半ばの後退・中断をともなう2つの波として捉えてきた（図表13-3-1）。今日の「新グローバル経済」は，この後退局面（図中の「分断の時代」）からの回復によって出現したものである。

第一次グローバル経済は，世界的な「中核=周辺」構造（13.2節）と18世紀末のイギリスにはじまる産業革命（8.3節）を前提に，19世紀末からの「第二次産業革命」（8.4節，8.5節，10.3節）のなかで登場した。（第一次）産業革命の主軸は綿工業であるが，綿は元来アジア産品である。欧州諸国にとって綿製品は当初輸入品であり，長い輸入代替の過程を経て，産業革命により初めて輸出競争力を獲得した。欧州製の綿糸・綿布はインドをはじめ伝統的な綿消費国の市場を席巻し，これらの地域の製造業を破壊した。他方，棉花は欧州では栽培できずその生産は労働集約的であるため，植民地にプランテーションを設け奴隷労働で行われた。エネルギー革命（石炭利用）だけでなく，域外土地資源のこうしたかたちでの利用により，欧州は土地生産性による制約から解放されたのである。この図式は，茶，コーヒー，タバコ，砂糖など，欧州人の消費生活に新たに登場した植民地物産や（8.2節），グアノ（肥料），鯨油（灯火油），パーム油（食用油・石鹸原料）等，海外から調達された各種の資源・商品にも該当する。

これら資源の開発や商品貿易を担ったのは，イギリスなど「中核」諸国に本拠を置き世界中に商館を構える多国籍的な貿易商会や，各地の海港都市の商人たちであり，これらに資金を供給する中核地域の都市（とりわけロンドン）の金融業者であった。

19世紀末にはじまる「第二次産業革命」は，その舞台である欧米先進工業国の他地域に対する優位をいっそう強めた。鉄鋼，化学，電機（電信電話，電灯，電熱

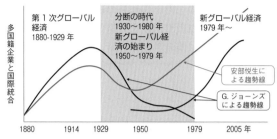

■図表 13-3-1　グローバル化の 2 つの波

縦軸：多国籍企業と国際統合

第 1 次グローバル経済　1880-1929 年

分断の時代 1930〜1980 年 新グローバル経済の始まり 1950〜1979 年

新グローバル経済 1979 年〜

安部悦生による趨勢線

G. ジョーンズによる趨勢線

1880　1914　1929　1950　1979　2005 年

第一次大戦前のグローバル化の水準を高く見積もった G. ジョーンズに対し，安部悦生は，これが第二次大戦前のイギリスによる対外投資の過大な部分を直接投資に分類した結果と考え，青線の軌跡を描いた。両者の見方は 20 世紀の半ばをグローバル化の後退期とする点では共通する。

（出所）　安部悦生『グローバル企業 国際化・グローバル化の歴史的展望』（文眞堂，2017 年）3 頁の図を一部変更し作成。

Column 13-3 ● 「第一次グローバル経済」での自由な通商，困難な知識移転

　第一次グローバル経済の時代，「中核」地域の商人や企業は，世界各地で自由に取引を行っていた。自由主義的な経済思想が支配的で，国家による経済への介入は限定的であり，関税はあったにせよ，中核諸国相互でも，また中核と（半）周辺の間でも，国境を跨ぐ企業活動に対する障害は少なかった。企業の国籍が問題にされることはなく，アジアやアフリカでの障害は，主に気候や風土病，航海の危険など，自然的な要因であった。砲艦外交と植民地化によって各地の市場の門戸が開かれると，拠点となった海港都市では自由に通商ができた。欧州の小国の企業も，欧米列強が築いた通商基盤をいわば国際的な公共財として利用しつつ，世界的な規模で事業を行っていた。他方，「周辺」「半周辺」地域の人々にとって，グローバル経済に対等な立場で参加する条件は乏しかった。社会制度の異質性，文化・言語間の隔たりや，渡航や通信に要する費用のために，先進地域からの知識・技術の移転は容易ではなかった。

■図表 13-3-2　産業革命以降の「中核」地域の優位と「新グローバル経済」での再逆転

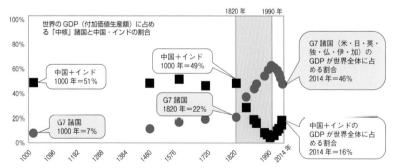

世界の GDP（付加価値生産額）に占める「中核」諸国と中国・インドの割合

中国＋インド 1000 年＝51%

中国＋インド 1000 年＝49%

G7 諸国 1000 年＝7%

G7 諸国 1820 年＝22%

G7 諸国（米・日・英・独・仏・伊・加）の GDP が世界全体に占める割合 2014 年＝46%

中国＋インドの GDP が世界全体に占める割合 2014 年＝16%

1820 年　1990 年

1000　1096　1192　1288　1384　1480　1576　1720　1820　1990　2014 年

（出所）　Baldwin, Richard E.（2016），*The great convergence : information technology and the new globalization*, Cambridge : The Belknap Press of Harvard University Press, p.81 をもとに表示形式を変更のうえ作成。

器，電動機），機械（ミシン，農機，自転車，内燃機関，自動車），食品（マーガリン，練乳，各種の缶詰，チョコレート）等，幅広い分野で新商品が登場し，また大量生産も実現して，生産・消費が劇的に拡大した。これらの産業・技術革新では，①科学的知識が必要で識字人口や近代的な教育制度を前提とし，②参入には多額の資本を必要とし，③輸送費や技術条件に規定されて生産工程間の分離は困難で，工場内での連続生産や関連産業の特定国・地域への地理的な集中が必要であり，他方，④海運（高速帆船，蒸気船，鉄船，大型船），陸運（鉄道），通信（電信，無線通信）での革新により，工業製品を世界中に輸出することができた。この①〜③の条件のために「（半）周辺」地域はこれら新商品の生産には容易に参入できず，他方，④の条件によって一次産品輸出・工業製品輸入地域として位置づけられた。

　こうして，第一次グローバル経済と2つの産業革命のもとで，中核と（半）周辺の間の非対称性は決定的になった。この構図は1980年代まで続く（図表13-3-2）。

13.4　ヨーロッパ小国の世界的企業と「分断の時代」

　ヨーロッパには，経済的に先進的な小国が多数ある。オランダ（13.2節）のみならず，北欧諸国やスイスも，高い識字率，強い自治原理と民主的な社会構造を持つ。近世以降，これらの国は順調な経済成長の軌道に乗り，19世紀には産業革命の成果を享受した。イギリスや第二次産業革命の中心国ドイツと地理的・文化的・言語的に近く，先端的な知識・技術を共有でき，しかも優れた工学教育機関を有していた。エンジニアが新製品・新技術を武器に創設した企業を多数有するこれら諸国は，第二次産業革命の主軸産業で国際的に優位に立った。スイスやノルウェーの水力は電機工業の，スウェーデンの鉄鉱石やベルギーの石炭は鉄鋼業の，北欧各国の森林はパルプ・製紙産業の基礎となった。

　これら小国では国内市場が狭く，競争力を持つ企業は輸出を軸に拡大し，関税障壁の回避や市場獲得を目的に外国に対して直接投資を行い，19世紀末−20世紀初には多国籍企業（14.1節，14.2節）となった。スイスのネスレ（1866年設立〔以下同様〕，乳製品），ロシュ（1896年，製薬），ブラウン・ボヴェリ（1891年，電機），スウェーデンのアセア（1883年，電機），SKF（1907年，ベアリング），デンマークのカールスバーグ（1847年，ビール），オランダのフィリップス（1891年，電機）はその代表である。また英・蘭の両国に本社を持つ世界的企業として，ユニリーバ（1930年，油脂），ロイヤル・ダッチ・シェル（1907年，石油）も挙げられる。

　第一次世界大戦（1914−1918年）と1929年の大恐慌により，第一次グローバル経済は致命的な打撃を受けた。二度の総力戦に挟まれた両大戦間期は，国家間の対立による「分断の時代」となった（図表13-4-1）。第一次大戦の開戦後，各国は

Column 13–4 ● 経済の組織化とカルテル

第二次産業革命の技術・市場条件を背景に，19世紀末以降，各国で巨大企業が出現し，「トラスト」と称される企業合同体が登場した。購入・生産・販売の価格・量・経路等の条件につき協調し競争を制限する「カルテル」も，この頃から目立つようになった。両大戦間期は流行語となった「合理化」を旗印に経済の組織化が進められた時代であり，経済のカルテル化が進んだ。一方では大企業が市場を支配し，他方では多数の零細・中小事業者が過剰な競争を行い，経済全体の効率性を損なっていると考えられた。そのため各国は，カルテル化をむしろ支援した。ヨーロッパの小国もその例外ではなかった。

独占的大企業や反トラスト法の運用では米国の，カルテルではドイツや日本の事例が挙げられることが多い。しかし，第二次大戦前にカルテルを違法化していたのは米国のみであり，戦後においても，1947年以降の日本（独占禁止法）や1958年以降のドイツ（競争制限禁止法）を除き，カルテルは一般的には合法であった。欧州では，カルテルの違法化や規制強化が進むのはEC/EUによる市場統合が進む1970年代以降のことである。

■図表13-4-1 世界の貿易量と国際輸送費

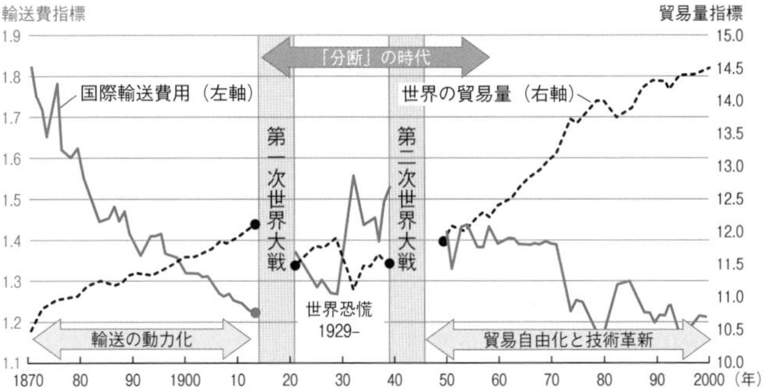

（注）「輸送費」は物理的な輸送費のみならず，各種の関税やその他の自国中心主義的な措置による追加費用を含む。
（出所）Baldwin（2013）にもとづき作成された猪俣哲史『グローバル・バリューチェーン』（日本経済新聞出版社，2019年）43頁の図をもとに一部表記を変更のうえ作成。

■図表13-4-2 「分断」の時代の貿易障壁と多国籍企業の現地化

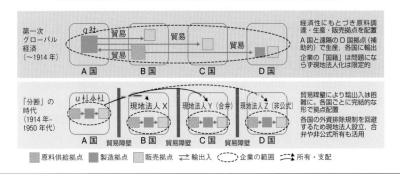

13.4　ヨーロッパ小国の世界的企業と「分断の時代」　239

金本位制から離脱し，交戦国間の通商や金融取引は途絶した。敵国資産の凍結・接収，戦時体制への動員，課税の強化が行われ，国家による経済への介入が一般化した。大戦の終結後も国際協調は長続きせず，かつての世界は復活しなかった。1929 年にはじまった世界恐慌のなかで，各国は復帰したばかりの金本位制から相次いで離脱，為替管理を行うなど経済への介入を強化した。自国中心主義を強めた各国は排他的保護関税により経済のブロック化を進めた。1930 年代なかばからの軍事的緊張のなかで，各国は政府主導で産業の組織化を進めた。1939 年には第二次大戦が勃発，翌 1940 年からは欧州の大部分がドイツの支配下に置かれた。

　総力戦と大恐慌によるこの困難な時代に，列強間の対立で相対的に地位を高めたのは，小国とその企業であった。敗戦国ドイツは全ての在外資産を喪失し，企業の知的財産や商標は外国のライバル企業の手にわたった。第一次大戦後，賠償の請求や再度の戦争への危惧から，ドイツ企業は資産や事業を周辺諸国，特に中立国（オランダ，スイス，スウェーデン）に移したが，これらは最終的にはドイツ資本としての性格を失った。戦時下・占領下においても各国で事業を継続した中立国・小国の企業は，二度の大戦の結果，国際的な地位を高めた。

13.5　大戦後・冷戦期の世界と企業（1945年–1980年代）

　第二次大戦後，国際経済秩序は大きく転換した。第一に，米国が世界経済の中心となり，「分断」から「第二次グローバル経済」への反転を主導した。西側先進国は 1950–1960 年代に空前の高度成長を実現した。1970 年代には成長率は低下したが，その後も先進国中心の成長が続いた。原動力は，GATT/IMF 体制での自由化と，先進国間貿易の拡大であった（図表 13-5-1）。米国発の新製品・新技術・生活様式が各国へと移植され，各国で「アメリカ化」が進展した。新産業でも，後発の国が「輸入代替」により国産化を実現し，さらに輸出国に転ずることは珍しくない（図表 13-5-2）。実際，「北」の諸国は強みを持つ特定の部門にある程度特化しつつ，他の先進工業国との間の工業製品の輸出入を「水平貿易」のかたちで拡大した。他方，金融や経済全体の自由化は限定的で，各国は自国の金融・産業秩序に対する影響力を維持していた（9.7 節参照）。

　第二に，「戦後」は，同時に東西冷戦の時代でもあった。東側諸国では私企業や外資は国有化され，市場原理は計画による配分に置き換えられた。ソ連・東欧諸国は「コメコン」体制のもとで国際分業体制を構築した。東西両陣営間の貿易も存在はしたが，世界貿易に占める東側諸国の割合はわずかであった。

　第三に，民族主義の高揚のなかで植民地の独立が進み，既存の独立国でも経済的な従属からの脱却が目指され，外国資本の国有化・現地化が行われた。国有化

■図表 13-5-1　1950 年代–1980 年代の世界貿易：南北・東西貿易の構図

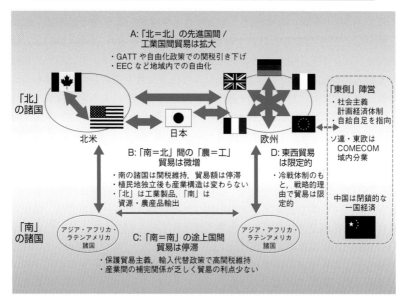

A:「北＝北」の先進国間／
　　工業国間貿易は拡大
・GATT や自由化政策での関税引き下げ
・EEC など地域内での自由化

「東側」陣営
・社会主義
　計画経済体制
・自給自足を指向

ソ連・東欧は
COMECOM
域内分業

「北」
の諸国

北米　　　日本　　　欧州

中国は閉鎖的な
一国経済

B:「南＝北」間の「農＝工」
　　貿易は微増
・南の諸国は関税維持、貿易額は停滞
・植民地独立後も産業構造は変わらない
・「北」は工業製品、「南」は
　資源・農産品輸出

D: 東西貿易
　　は限定的
・冷戦体制のも
　と、戦略的理
　由で貿易は限
　定的

「南」
の諸国

アジア・アフリカ・
ラテンアメリカ
諸国

C:「南＝南」の途上国間
　　貿易は停滞
・保護貿易主義、輸入代替政策で高関税維持
・産業間の補完関係が乏しく貿易の利点少ない

アジア・アフリカ・
ラテンアメリカ
諸国

■図表 13-5-2　産業発展と輸出入の段階

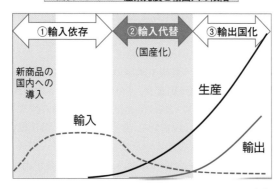

①輸入依存　　②輸入代替　　③輸出国化
　　　　　　　　（国産化）

新商品の
国内への
導入

輸入　　　　生産

輸出

新商品・新技術を国外から導入する後発国の視点で、当該
産業における輸入・生産・輸出の変化を示したもの

は，1960–1970年代に，石油，鉱産，公益（通信・電力等），プランテーション部門で世界的に行われた。1973年の石油危機はその一つの帰結である。多国籍企業は原燃料・農産物を自社所有ではなく購入・契約で調達するようになったが，精製・加工や販売など価値連鎖（14.8節）の大半を握り続け，支配力を維持した。

こうしたなか，「南」の諸国は，従属的な産業構造から脱却するため，輸入代替と輸出拡大の2つの方向のいずれかで工業化をはかった（図表13-5-3）。中南米諸国や，インド・中国など「非同盟路線」を掲げたアジア・アフリカ諸国は，総じて輸入代替政策を採用した。ブラジルは保護主義を採用しつつ，原料資源を持つ鉄・パルプでは，欧米企業を避けて新興の日本企業による直接投資を招致した。インドの国産化政策は，保護関税や外資排除からなっていた。中国では，1949年，共産党のもとで中華人民共和国が建国された。私企業や企業家は香港・台湾に逃れ，その他の産業・企業は国有化された。1956年には中ソ対立がはじまった。中国は「自力更生」路線をとり，世界の分業体制からみずからを切り離した。外国からの投資や知識・技術の移転は途絶し，経済は停滞した。

他方，韓国・台湾など東アジアの小国は初期の輸入代替化政策の後，輸出指向政策に転じ，米国発の技術や世界市場が提供する成長機会を生かして急成長を遂げた。1978/1990年以降の状況（13.6節）との対比は，「第二次グローバル経済」への対応がこれら諸国の経済発展の成否を大きく左右したことを示す。

13.6 体制転換と「第二次グローバル経済」(1978/1990-現在)

第二次大戦から今日にいたる戦後の時代は，冷戦終結（1989年）を境に前後2つに区分できる。その後半（1990年代以降）には，①新自由主義の浸透と市場化・金融化，②冷戦終結と体制転換，③地域統合，④直接投資と南北貿易の拡大，⑤新興国の台頭，⑥技術革新などの結果，「新グローバル経済」が登場した。

1980年代に英国のサッチャー首相や米国のレーガン大統領を旗手に台頭した新自由主義は，その後世界各地に広まり，「小さな政府」への動き（民営化，規制の緩和・撤廃，再配分機能の縮小，貿易・投資の自由化），市場原理の強まりと経済・経営の変化（金融化，株主資本主義化。13.7節参照）をもたらした。各国縦割りの規制産業であり，それまで多国籍化が限られていた公益事業や金融，交通・通信部門でも，民営化や各国企業の相互参入・合併等が進み，多国籍企業が出現した（図表13-6-1）。

冷戦終結とソ連・東欧圏の体制転換，またこれに先立って1978年にはじまっていた中国での「改革開放」政策の結果，計画経済体制諸国は市場経済へと移行した（12.6節）。東欧・ロシアは急激な改革・民営化による「ショック療法」を，対する中国やベトナムは漸進的な改革を採用した。対外的な開放により，これら

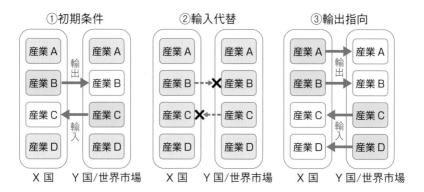

| ①初期条件 | ②輸入代替 | ③輸出指向 |

個々の産業をみた場合, 輸入代替は輸出国化の前提・前段階である（図表 13-5-2）。しかし経済全体をマクロ的にみれば, 各国間の相互主義や貿易均衡, 輸出産業にとっての生産コストは無視できず, 輸出拡大は通常, 他産業での輸入拡大をともなう。一国の産業構造全体をみれば, 輸入代替型工業化は自給自足への（上図②）, また輸出指向型工業化は国際的な相互依存への方向性（上図③）を持つ（上図での青字は X 国の視点でみた輸出・輸入の別）。

■図表 13-6-1　ヨーロッパでの民営化・市場統合により誕生した多国籍企業の事例

e-on	電力	世界最大の民営エネルギー供給事業者。ドイツにおける 1980 年代の国営（州立）電力会社の民営化, 1998 年の電力自由化後の再編で 2000 年に設立。欧州各国と米国で発電・送電・配電事業を展開。
テレフォニカ	通信	1924 年設立のスペイン国営企業が母体。1997 年に民営化。世界 7 位, スペイン・中南米諸国で最大の通信事業者。欧州・米国で通信事業。
ドイツポスト	郵便・物流	1995 年のドイツ連邦郵便の分割民営化により設立。2008 年に完全民営化。国際宅配会社の DHL を買収, 2002 年にこれを完全子会社化した。
エールフランス KLM	航空	2004 年, フランスのエールフランスとオランダの KLM の統合で誕生。いずれも旧国有企業だが, 民営化と統合により政府出資比率は 20% 未満に低下。

諸国は世界市場に再統合された。東欧では，旧国有企業の多くは民営化後に破綻するか外資の傘下に入り，ロシアでは政権と癒着した新興財閥が富を独占した。

　地域統合もグローバル化を促進した。1950年代から段階的に域内経済の統合を進めてきた欧州連合（EU，前身はECSC，EEC，EC）は1993年に域内関税を撤廃し，その後，入国管理（人の移動）や通貨，競争政策でも統合を進めた。域内企業の各国間相互参入や，日米など域外企業によるEU域内への直接投資が進んだ。東欧では，EUの東方拡大（1995年〜）後の対内直接投資（FDI）により製造業が急拡大した。北米では1994年発足の北米自由貿易協定（NAFTA）により域内貿易・FDIが急増し，米加・米墨国境地帯が製造業の拠点となった（図表13-6-2）。

　貿易や直接投資の拡大は，制度的な地域統合が進んだ地域に限られず，世界的現象であり，世界のGDP額に占める貿易額の比率は，1980年の18.9％から，2000年の26％，2017年の37％に増加した。また世界GDPに占める世界の直接投資残高は，1980年の5％から2017年の42％へ増加した。1980年代までとの比較で特筆に値するのは，中国を筆頭に，開発途上国に対する直接投資が急増し，これら諸国を生産拠点とするかたちでグローバルな価値連鎖が形成されたことである（図表13-6-3，14.8節）。これは13.8節にみる新興国の台頭をもたらした。

　これらの変化の背景には，技術革新があった。「コンテナ化」や船舶・港湾の大型化，「第三次産業革命」とよばれたME（マイクロ・エレクトロニクス）による情報通信技術の発展，そしてインターネットの登場は，輸送や通信，知識・技術移転の費用を劇的に低減した。この技術革新と国際的な市場統合の結合により，地球規模かつ多段階の企業間分業が支配的となった（14.8節）。

13.7　資本主義の多様性（20世紀末/21世紀初の類型論と時間軸）

　東西の冷戦時代（1940年代末-1980年代）には，社会主義国の計画経済と資本主義国の市場経済が対峙し，両者の間に「混合経済」（フランス等）や，非同盟諸国が掲げる社会主義的な経済（インド等）が位置していた。冷戦後にこの二分法が崩れると，資本主義や市場経済が持つ多様性への関心が高まった。

　フランスのM.アルベールは，市場原理主義的な「ネオ・アメリカ型資本主義」と，ドイツや日本等の「ライン資本主義」の二者を対立的に描き，後者を欧州や世界が目指すべきモデルとした（『資本主義対資本主義』）。またP.ホールとD.ソスキスは資本主義を「調整された市場経済」と「自由な市場経済」に二分した（『資本主義の多様性』）。それによれば，ドイツや日本は「調整された市場経済」であり，企業間の協調，人的資本への企業・産業内での投資，協調的な労使関係，長期金融を前提とした企業統治を特徴とする。他方，アメリカを代表とする「自由主義的市場経済」は，企業間の競争，企業・産業間の労働移動と一般的技能への投資，

■図表13-6-2　北米自由貿易協定によるメキシコ領米国国境地帯の生産基地化

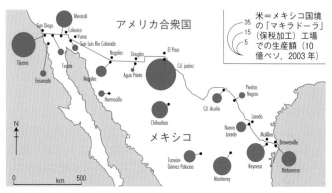

（出所）　https://www.chtcs.com/what-are-maquiladoras-and-why-are-they-so-common-along-the-us-mexican-border/

■図表13-6-3　外国直接投資（FDI）とグローバル価値連鎖（GVC）参加指数：1995年-2011年

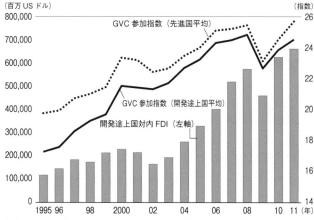

（注）　GVC参加指数は，中間投入財リバイス（付加価値）の国際取引を通し，各国がどれほど深く国際的な生産ネットワークに関わっているかを示す。「先進国」「開発途上国」の定義はUNTADにもとづく。

（出所）　猪俣哲史『グローバル・バリューチェーン』（日本経済新聞出版社，2019年）112頁。データはUNCTAD STAT, OECD-WTO TiVA Databaseから猪俣が作成。

労働関連規制の弱さ，柔軟性・短期志向の企業統治を特徴としている。

　これらの議論からは，株主価値の最大化を軸とする「株主資本主義」と，公益や各種の利害を重視する「ステイクホルダー資本主義」の対立が浮かび上がる。しかし B.アマーブルはこうした二分法を批判し，各国の 1）製品市場，2）労働市場，3）金融市場，4）社会保障，5）教育・訓練を比較分析して，資本主義を，① 「市場ベース型」，② 「社会民主主義型」，③ 「大陸欧州型」，④ 「地中海型」，⑤アジア型に類型化し（『五つの資本主義』），製品市場から教育・訓練に至る各側面は互いに補強関係にあり，類型は安定的であると論じた（図表 13-7-1）。

　これらの研究は，20 世紀後半，特に 1980-90 年代の状況にもとづいていた。各国の特徴は歴史の産物であるが，時とともに変化もする。アマーブルが「福祉国家」の対極に描いた日本も，その後の少子高齢化と福祉支出の増大で，今日では異なる位置にあるだろう。*Column* 13-5 の事例が示すように，世界的な趨勢がある場合でさえも，「収斂か多様性の存続か」の答えは単純ではない。

　ここでは北欧と地中海諸国の類型の特徴を確認しておこう。北欧は先進的な「小国開放経済」であり（13.4 節），製品市場は概して競争的である。ルター派の伝統（国教会＝国が救貧・福祉に責任を負う）や工業労働者比率の高さを背景に，社会民主主義が発展し，「強い企業と強い福祉」の組み合わせが登場した。福祉・安全網のコストは企業ではなく国家が負担し（高率の間接税と低率の法人税），それにより，柔軟性と安全性を両立した経済・企業社会を実現した。

　地中海諸国（南欧）ではこれとは対照的に，経済発展は遅れ，イベリア半島では 1970 年代まで独裁体制が続いた。EU 市場統合による外資の対内進出や民営化まで，大企業部門では国有企業が大きな割合を占めた。家族観は保守的で，労働市場は男性正規労働者を中心とし硬直的であり，若年者・女性の失業率が高い。

13.8　21 世紀の「グローバルシフト」と新興国の企業

　1990 年代以降，また特に 21 世紀に入ると，それまで停滞していた途上国や旧計画経済諸国は成長軌道に乗り，「新興国」とよばれるにいたった。人口や資源の豊富なブラジル，ロシア，インド，中国，南アフリカは BRICS（ブリックス）と一括されるが，世界の GDP に占めるその割合は，2000 年から 2018 年にかけ 8％から 23％へ増加した。対して G7（アメリカ，カナダ，ドイツ，フランス，イギリス，イタリア，日本）の割合は 62％から 41％に低下した。この時期に地位を高めた諸国の大半は，それまで「（半）周辺」に位置してきた新興国である（図表 13-8-1）。

　この「グローバルシフト」は，世界秩序の転換（13.6 節），価値連鎖の国際的な再編と南北貿易の拡大（14.8 節），新興国での国内市場拡大の産物であった。なかでも中国の成長は劇的であった。1978 年の改革開放政策の開始後（*Column* 12-

■図表13-7-1　B. アマーブル「五つの資本主義」（1990年代のデータでの類型化）

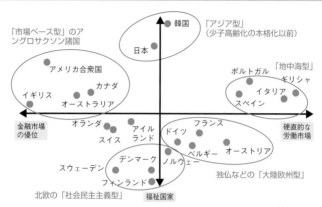

（出所）　ブルーノ・アマーブル（山田鋭夫・原田祐治ほか訳）『五つの資本主義——グローバリズム時代における社会経済システムの多様性』（藤原書店，2005年）204頁の図をもとに一部の説明を変更・追加し作成。

Column 13-5 ● 収斂か? 多様性の持続か? 日米企業の人事制度

　企業の人事制度を「市場志向」と「組織志向」に類型化すると，日本企業は組織志向が強く，米国企業は市場志向が強い。S. ジャコービィの研究によると，1980年から2004年の四半世紀の間に，両国とも，全体としてはより市場志向が強まった。しかし米国企業の変化は日本企業よりも大きく，日米の差はむしろ拡大した。

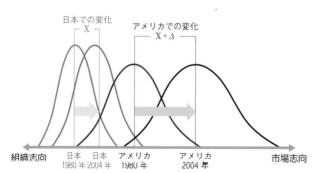

（出所）　サンフォード・ジャコービィ（鈴木良始ほか訳）『日本の人事部，アメリカの人事部』（東洋経済新報社，2005年）261頁の図をもとに表示方法を一部修正のうえ作成。

2），米欧日韓台の企業は，第三国向け輸出目的の生産拠点として，また世界一の人口大国での国内市場の拡大に期待して，競って中国に直接投資を行った。中国は「世界の工場」となり，その世界貿易シェアは1995年の3％から2017年の12.4％に上昇した。世界の大企業ランキングに登場する中国企業も激増した（図表13-8-2，図表14-1-2）。そのうち最大級のものは，①国内市場依存型の寡占的国有企業（エネルギー〔中国石油化工，国家電網他〕，建設〔中国鉄建他〕，銀行〔中国商工銀行他〕，自動車〔第一汽車，東風汽車，長安汽車〕，通信〔中国移動通信他〕，鉄鋼〔宝鋼他〕，商社〔中糧他〕，航空・兵器〔中国航空工業他〕，テンセント〔ITプラットフォーム〕）か，②内需依存型民営（政府出資50％以下）企業（中国平安〔保険〕，アリババ，京東商城〔ネット通販〕）である。これに，③大半は民営の，輸出を軸に世界市場で優位に立つ企業（華為/ファーウェイ〔通信機器〕，聯想/レノボ〔PC〕，小米/シャオミ〔携帯電話〕，海爾/ハイアール〔家電〕など），ないしは他国企業の買収で多国籍化を進める企業（吉利/ジーリー〔自動車〕，*Column* 14-2）が続く。その他，造船，車載電池，太陽電池，ドローン等，幅広い製造業で中国企業は高い国際競争力を持つ。

　インド，ブラジル，メキシコや，マレーシアなど経済・人口規模がそれよりも小さな新興国でも，エネルギー・通信など社会基盤部門などを中心に，大規模な内需型企業が目立つ。他方，資源国の有力企業（ヴァーレ〔ブラジル/鉱業〕，サウジアラムコ〔石油〕など）は全世界を販売先とし，またインドの後発薬やITサービスなど，少なからぬ産業で新興国が生産・供給国として地位を高め，世界的に有力な地元企業も生み出している。中東や東アフリカからは，世界中の都市と直行便で結びうる立地優位や巨大空港への公的投資を生かした航空会社（エミレーツ航空など）が登場した。

　新興国企業による「南→南」や「南→北」の直接投資（主に合併買収）も盛んとなった。南アフリカや中南米の紙パルプ企業の欧州進出，インドのタタ自動車による欧州・韓国メーカーの買収，フィリピン外食大手ジョリビーの対米進出，タイ食肉大手CPフーズの対北米・中国投資，インドネシアの配車企業ゴジェックの東南アジア全域展開等は，従来の「南＝北」関係の構図を塗り替えつつある。

■図表13-8-1　グローバル・シフト　世界の GDP に占める地域別シェアの変化

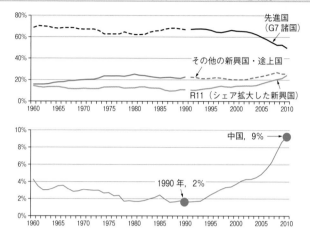

1990-2010 年に世界 GDP シェアが 0.3% ポイント以上上昇した国は，中国，インド，ブラジル，インドネシア，ナイジェリア，韓国，オーストラリア，メキシコ，ベネズエラ，ポーランド，トルコである。この 11 カ国を「R11」として集計。

(出所)　Baldwin, Richard E. (2016), *The great convergence : information technology and the new globalization*, Cambridge : The Belknap Press of Harvard University Press, p.92 をもとに一部修正のうえ作成。

■図表13-8-2　途上国・移行経済諸国の巨大企業（2016 年，金融部門除く）

企業	事業（ビジネス・グループ〔=BG〕持株会社も含む）	海外資産（百万ドル）	外国資産対総合資産（%）
長江和記実業（CK Hutchison Holdings：香港）	貿易・小売（BG 持株会社）	110,515	84.6
中国遠洋海運集団（China COSCO Shipping：中国）	海運・倉庫・物流・リース	73,362	77.4
鴻海（ホンハイ）精密（Foxconn 中核企業：台湾）	受託生産（EMS）	70,797	88.5
中国海洋石油（CNOOC：中国）	石油・鉱業	64,686	38.8
サムスン電子（Samsung Electronics：韓国）	通信機	63,704	29.3
ブロードコム（Broadcom：シンガポール）	電子部品	48,413	96.9
海航集団（HNA Group：中国）	運輸・倉庫（BG 持株会社）	47,520	33.0
ペトロナス（Petronas：マレーシア）	石油・天然ガス	39,341	29.3
ヴァーレ（Vale：ブラジル）	鉱業	37,413	37.7
アメリカ・モービル（América Móvil：メキシコ）	通信	37,158	50.7
中国五鉱集団公司（中国）	金属	35,621	32.6
タタ自動車（Tata Motors：インド）	自動車	32,975	78.2
ハンファ（Hanwha：韓国）	卸売（BG 持株会社）	31,456	24.5
中国建築股份有限公司（中国）	建設	30,764	15.3
シンガポールテレコム（シンガポール）	通信	28,056	78.1
ONGO（Oil and Natural Gas）［インド国営］	石油・天然ガス	27,696	48.6
ジャーディン・マセソン（Jardine Matheson：香港）	商社	27,352	33.0
復星国際（Fosun International：中国）	金属（BG 持株会社）	27,055	38.6
シュタインホフ（Steinhoff International：南アフリカ）	小売	26,853	75.2
セメックス（Cemex：メキシコ）	セメント	25,473	87.7

(注)　本表は欧米日以外の企業を対象とする。（データ出所）　UNCTAD

第 14 章

テーマから考える
世界の経営史

14.1 多国籍企業

　一国の経済主体が他国に対して行う投資（対外投資）のうち，利子・配当収益等を目的とする証券投資や貸付を間接投資とよぶのに対し，事業支配を目的に行う対外投資を（対外）直接投資（Foreign Direct Investment：FDI）とよぶ。

　また，複数の国にみずからが運営・管理する事業拠点や資産を有する国際的な企業のうち，販売に限らず研究開発（R&D）や生産など価値連鎖のより広い部分を複数国で行う企業一般，あるいは（論者によっては）それらのうちでも特に大規模な企業を，多国籍企業（Multinational Enterprise：MNE）という。

　異民族間交易や遠隔地間貿易は人類史とともに古いが，多国籍企業の語は，近代的な主権国家の成立以降に用いるべきであろう。その先駆は近世（17〜18世紀）の国策的な貿易会社であるが，今日的な意味での多国籍企業は，19世紀前半に，近隣国の鉱山に投資する事業会社や，植民地への投資を行う「海外」銀行として誕生した。19世紀なかばには，ドイツのシーメンス（電機），アメリカのシンガー（ミシン）が国外に工場を設け，製造業での最初の多国籍企業となった。1880年代から第一次大戦にかけての時期には，繊維（J.Pコーツ），石油（スタンダード，ロイヤル・ダッチ，シェル），化学（BASF，バイエル，ヘキスト），医薬（ロシュ），電機（GE，ウェスティングハウス，シーメンス，AEG），機械（オーチス，IBM），自動車（フォード，GM），食品・日用品（ユニリーバ，ネスレ），タバコ（ブリティッシュ・アメリカン・タバコ）の各分野で，巨大な多国籍企業が誕生した。これらは，当該産業部門で特定の商品に関する技術革新で首位に立って優位を築き，世界各地の市場を獲得した企業であり，その多くは今日なお，世界的大企業である。この時期には世界の対外直接投資残高の約半分が英国からの投資で，アメリカ，ドイツ，フランス，オランダがこれに続いた。投資先はラテンアメリカやアジアである。しかし20世紀後半ではアメリカから他国への直接投資が世界全体の4割近くを占め，受入国では先進国・工業国間の相互参入の拡大により西欧諸国が4割を占めた。1980年代からは日本企業の，また21世紀に入ると韓国企業や他の新興国の企業の多国籍化が進んだ。相対的に規模の小さな企業も含めれば新興国起源の多国籍企業の躍進はめざましいが，企業規模世界500位に入る巨大企業に限れば，その本拠は北米，欧州，東アジアに依然として偏っている（図表14-1-2）。

　図表14-1-3に明らかなように，日本では対内直接投資がその経済規模（2012年で世界第3位）や対外直接投資の額に比して小さい。対GDP比は，2000年には1.3％，2017年でも5.2％に過ぎない。しかしこれは世界的にみると例外的である。とりわけ新興国では，自国の財閥系企業（14.5節）や国有企業（14.6節）とともに，多国籍企業が大企業セクターで大きな割合を占めるのが一般的である。

地　域	1990 年	2015 年	本拠所在国	1990 年	2021 年
北　米	182	141	アメリカ合衆国	168	122
			カナダ	13	12
			メキシコ	1	3
ヨーロッパ	164	143	（東欧はランク入り企業なし）	164	123
東アジア	124	183	日本	111	53
			中国（香港含む）	0	135
			韓国	11	15
			台湾	1	8
			東南アジア	1	7
オセアニア	10	8	オーストラリア	10	4
その他新興国	20	25	インド	6	7
			ブラジル	3	6
			トルコ	3	1
			ロシア	0	4
			サウジアラビア	0	1

（データ出所）　Fortune Global 500, 1990 年版・2021 年版より作成。

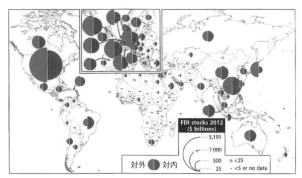

年々の投資額とは違い，長期にわたる過去の投資の累積額を現在価値に換算するのは容易ではなく，大まかな推計である。

（出所）　Dicken, Peter（2015）, *Global Shift: Mapping the Changing Contours of the World Economy*, Seventh Edition, p. 44. より作成。

14.2　多国籍企業と国際経営の理論

　多国籍企業による対外直接投資のうち一番わかりやすいのは，100％所有の子会社の設立であるが，実際には，出資比率でもその形式でも，非常に多様なかたちで投資が行われてきた。他社との共同事業は「合弁事業」とよばれるが，出資比率や協力の条件は様々である。資本出資（所有）なしに影響力を他社や国外に及ぼす方法として，「ライセンシング」（技術供与等）や，他社に対し特定の方法でビジネスを行う権利を付与する「フランチャイズ」，独立企業が相互に価格・量・事業地域等の協定を結ぶ「カルテル」（国・時代によりさまざまな規制を受ける），各種の協力関係を定める「戦略提携」がある（ジョーンズ，p.6）。

　多国籍企業を他の種類の企業と区別する理由の一つは，国境を越えたビジネスにともなう固有の困難（自国とは異質な政策，法体系，文化，言語，市場環境等）である。一般に，外国企業は「よそ者であることの不利益」（liability of foreignness）のもとにある。この「不利益」の大小は，多国籍企業の本国（home country）と受入国（host country）の間の政治的，地理的，経済的，文化的な距離によって決まる。

　S.ハイマーは，「外国企業であることの不利益」を克服して事業を行う多国籍企業は，地元企業を上回る何らかの「優位性」を持つとした。優位性の源泉は，技術的優位，組織的優位（例えば優れた管理能力や組織文化），資本へのアクセス，企業規模等であり，一般に「所有〔特殊的〕優位」とよばれる。

　直接投資をすることなく輸出によって所有優位を発揮できるなら，多国籍化は必然ではない。そのため多国籍化の要因として，受入国の内部に事業拠点を持つことによる「立地〔特殊的〕優位」も想定しうる。立地特殊的優位をもたらすのは，一般に，間税障壁や非関税障壁など輸出に対する障害，受入国の市場環境，資源や人材の調達条件などである。

　R.コースや O.ウィリアムソンによる「取引費用理論」は，別の視点を持つ。この理論では，「市場」と「企業」は生産を組織するための代替的な方法である。多国籍企業に適用すると，国境を跨ぐ取引が，市場価格にもとづく独立企業間の売買のかたちではなく，1つの企業内部で組織化されるのはなぜかという問題が焦点となる。J.ダニングは，その「折衷理論」（所有者 ownership，立地 location，内部化 internalization の頭文字から OLI パラダイムともいう）によりこれらを総合し，多国籍企業は，①所有優位，②他国での優位性を売却せず自社利用することで利益を得る「内部化優位」，③立地優位の3要素を持つ場合に成立するとした。

　組織能力や経営資源をコントロールするやり方が企業ごとに異なることを重視する「資源ベース理論」や「ダイナミック・ケイパビリティ」理論では，各社の競争優位が，簡単には他社に移転できない暗黙知や「組織ルーチン」にもとづくとする。この立場からすると，多国籍企業は，国境を超えた知識移転をきわめて

■図表 14-2-1　多国籍化の形式と段階（製造業企業の場合）

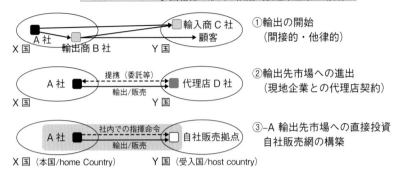

① 輸出の開始
（間接的・他律的）

② 輸出先市場への進出
（現地企業との代理店契約）

③-A 輸出先市場への直接投資
自社販売網の構築

④-A 輸出先市場への直接投資
工場設立での現地生産と販売
本国から部品・資本財等供給続く事例も

③-B, ④-B 現地法人（子会社等）設置
・上の③-A, ④-A と同様に販売・製造
・出資・支配形態は多様
（100% 子会社/現地企業との合弁/他）

　1980 年代頃まで多国籍化の中心であった製造業企業を念頭にモデル化したもの。①→④のステップは，スウェーデンの国際経営学者が定式化した「ウプサラ・モデル」と合致する。他方，最下段の③-B, ④-B は現地拠点の会社形態などに着目した類型である。グローバル化が後退した「分断の時代」（図表 13-3-1）には，戦争や関税引き上げ，外資排除政策などへの対応で，多くの多国籍企業が生産の現地化（③→④の移行）を進め，また現地法人への転換や現地企業との合弁（A→B），さらにはこれへの出資の一時的・形式的解消を余儀なくされた。貿易障壁の高まりに対応した企業組織の現地化の結果，逆説的に多国籍化が進んだのである。なお近年では，図のような段階的な過程を辿らず，設立直後から多国籍企業としての性格を持つ「ボーン・グローバル」（born global）企業の登場が，注目を集めている。

■図表 14-2-2　多国籍企業と社内貿易：企業組織を通じた知識移転

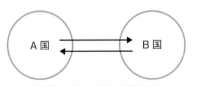

貿易を通じた複数国間関係

社内貿易による複数国関係
多国籍企業の社内組織による知識移転

効率的に実現できるがゆえに登場した，と解釈できる（図表14-2-2）。

14.3　行為主体としての企業家・政府とイノベーション

　経済学で生産要素とされる土地・労働・資本と，機能的な市場機構があったとしても，技術革新や経済成長が当然のように実現するわけではない。生産要素を組み合わせて実際に事業を行い，あるいは新しい商品・サービスを創出するためには，意思を持ち行動を起こす行為主体（アクター）が必要である。革新的な新事業は，明確なビジョンや強い意思・行動力を持つ者を必要とする。よって，事業環境条件（市場や技術）や制度的基盤，組織や事業を運営するための「管理者」「経営者」だけでなく，「企業家（者）」(entrepreneur) や「企業家（者）活動」(entrepreneurship,「企業家精神」とも訳される）が重要となる（15.1節参照）。また次に述べるように「革新」には様々なかたちがあり，その点では「企業家」の語を新企業や新事業の創始者（「起業家」）のみに限定する必要はなく，創業者に雇用され組織を率いる俸給経営者を含め，企業家の語は広く用いられる。

　経済における企業家の役割の重要性を主張したのは経済学者J.A.シュンペーターであった。彼は，経済発展の原動力を，企業家が「新結合」によって引き起こす「革新」(innovation)「創造的破壊」(creative destruction) に求め，これを以下の5つに分類した。①新製品や新品質製品の生産，②新生産方法の導入，③新市場の開拓，④原料/半製品の新供給源の獲得，⑤新組織の実現。

　企業家活動が十分でない場合，あるいは，企業家活動の前提となる最低限の生産要素や機能的な市場メカニズムが不十分な場合に，重要なアクターとなるのが，国家・政府である。一般に，また後発国では特に，国による社会基盤（例えば公教育）や市場機構の整備，国有企業（14.6節），政府による産業政策が，重要な役割を果たしてきた。企業家活動や市場機構と，国家・政府の役割の関係については，両者を対立的に捉える見方と両者の補完性を重視する見方があるが，いずれについても，根拠となる事例を経営史のなかに見出すことができる。

　「産業政策」は，一国・一地域において産業の育成・発展を図る政策の総称であり，その手法は，国や時代により，統制的・介入的なものから環境整備にとどまるものまで多様である。日本の商工省（1925-1949年）や通商産業省（1949-2001年，今日の経済産業省）の政策，台湾半導体産業成立期における工業技術院（政府機関）の関与，インターネット黎明期に果たした米国防総省の役割，エアバス社を誕生させたヨーロッパ各国による航空機産業支援策，20世紀末以降に世界中で採用されたクラスター（14.7節）育成策等，無数の事例は，国の関与の成否や望ましい政策手法が，国や時代など，環境次第で大きく異なることを示す。しかもそれは，当該社会が持つ企業家的能力や各種の資源，市場機能の状況，当該産業の国際環

Column 14-1 ● エスニック企業家論

　企業家の活躍は，特定の社会や時代に目立つ。そのため，「企業家精神の源泉は何か」という関心から，宗教・宗派や民族集団が注目されてきた。近世・近代の欧州の商業・金融業では，ユダヤ教徒，カルヴァン派信徒，アルメニア人，ギリシャ人の活動が目立った。社会学者 M.ウェーバーは，プロテスタント信仰にもとづく禁欲的・合理的生活態度が結果的に資本主義を生んだと論じた（『プロテスタントの倫理と資本主義の精神』）。東南アジアでは土着系民族集団に比し華僑/華人系の商業・企業家活動が活発であるし，中国では温州人（浙江省温州出身者）や「客家」が，またインドではラジャスターン州出身の「マールワーリ」が商業金融業に長け，近代的なビジネスでも支配的である。

　宗教や民族性（エスニシティ）を重視する見方には批判もある。ナチスから逃れたユダヤ人の経済活動は，亡命先によって大きく違っていた。高度成長期の日本では企業家精神が旺盛であったが，今日の日本はその姿から程遠い。アメリカは企業家精神の国であり，かつエスニック集団間で差が大きいが，集団の文化的特性自体よりも，新参者としてリスクを厭わず努力する「移民」としての立場が重要との見方も強い。

Column 14-2 ● グローバル化の時代の企業家活動：ラクシュミー・ミッタルと李書福

　2006 年に合併で誕生したアルセロール・ミッタルは世界最大（2020 年）の鉄鋼メーカーであり，また吉利自動車は中国の「民族系自動車メーカー」の代表である。両社はそれぞれ，ラクシュミー・ミッタル（1950 年生），李書福（1963 年生）のダイナミックな企業家活動から生まれた。

　家族経営の小規模製鉄所の創業社長を父に，インドのマールワーリ（**Column 14-1**）の家系に生まれたラクシュミーは，1977 年，インドネシアへの参入を断念した父に代わり，ジャワに小規模な製鋼所を設けた。彼は 1989 年，カリブ海の小国から破綻寸前の国有企業の経営を受託し経営を再建，のちにこれを買収した。冷戦終結後の 1990 年代，旧社会主義諸国を始め各国の製鉄所の多くが従来の政策的保護を失い破綻に瀕したが，ミッタル社はこれらを次々と

（出所）　Wikimedia Commons
（撮影：Ricardo Stuckert/PR Agência Brasil）

買収し，新技術や優れた管理方法を導入して経営を立て直し，世界各地に工場を持つ多国籍企業を構築した。欧州各国の企業合併で誕生したアルセロールの合併・買収は，その総仕上げであった（ブーケイ＆ウジー，2010）。

　中国でも企業家精神がとりわけ旺盛な浙江省で生まれた李書福は，カメラ 1 台を元手に 19 歳で路上記念撮影業を始めた後，金属分離業，冷蔵庫部品・本体製造，ジュラルミン板生産，二輪車生産と次々と業種を変えながら事業を拡大し，1997 年には乗用車生産に参入した。劇的な速度で市場化が進み新商品・新産業が登場した 1990 年代の中国では，国有の乗用車会社が外資合弁で外国モデルを生産していた。政府が企

（出所）　Imaginechina/時事通信フォト

業の乱立防止のため設けた参入規制が障害であったが，李は他社名義の流用や既成事実化などの機敏かつ大胆な行動で規制を突破し，市場機会を掴んだ。李が率いる吉利は外資合弁からの技術的波及効果の活用や低価格戦略で急成長を遂げ，買収した Volvo からも効果的に組織学習を行い，真の多国籍企業へと脱皮した（李澤建，2019）。

境のみならず，政策を立案・執行する政府の能力によっても変わる。よって一般的な「成功のレシピ」は存在しないが，だからこそ他国の事例・歴史からの不断の学習が，産業政策の成功の不可欠の前提となる。

14.4 多角的ビジネス・グループ（BG）

財閥，コンツェルン，企業集団（4, 5, 6章）等は，その他類似の企業間関係とともに，英語ではビジネス・グループ（以下BGと略）と総称される。そのうち，①法的に独立した企業間の結合で，②事業が非関連産業に多角化し，③グループ全体を調整する中心組織を持つもの（以下「多角的BG」と表記。図表14-4-1参照）は，経営史家A.チャンドラーが描いた近代的大企業の姿からほど遠く，注目を浴びてきた（Colpan, Hikino & Lincoln, 2018）。20世紀後半の米国においては事業部制組織にもとづく大企業（15.2節）が優位であったのに対し，後発工業国・新興国では多角的BGが支配的であることから，多角的BGは，「制度的空白」の産物とみなされてきた。後発工業国・新興国では市場制度が未熟で既存の大手企業しか新規事業に参入できず，そのために多角的BGが出現したのであって，市場制度の整備や経済の成熟とともに多角的BGは衰退するだろうと考えられたのである。

しかし実際には，先進国でも多角的BGは珍しくなく，既存の企業・事業の再編などで出現していた（図表14-4-2）。投資規模が拡大した第二次産業革命期（1880-1920年代）には，スウェーデンやドイツ等では不況期に独立企業の経営が悪化すると，銀行は貸付先企業を系列化し多角的BGを形成した。米国でもモルガン・グループは銀行中心の多角的BGである。イギリスやカナダ，オーストラリアでは商業銀行は長期の産業投資に及び腰で多角的BGは不在だが，ロンドンからの投資資金は植民地や海外市場で貿易商社中心のBGを生んだ。

1929年の大恐慌の後，米国では多角的BGは大恐慌の元凶の一つとされ，銀行と証券の分離政策が導入され，多角的BGは打撃を受けて衰退した。スウェーデン，ベルギー等でも銀行の産業支配が制限され，旧来の財閥銀行を軸とするBGは，家族支配下の持株会社の傘下に再編された。イタリア等では破綻した大企業や銀行の救済・再編に政府が乗り出し，国有の多角的BGが誕生した。

1960年代から1970年代の米国では既存大手企業による非関連部門への多角化（コングロマリット化）が急増した。金融市場の規制緩和が進み企業買収が盛んとなったイギリスも同様である。ピラミッド構造（図表14-4-1）が禁止されていた両国では傘下企業は完全子会社であるが，米国の影響下で同様の動きがあったオーストラリアではピラミッド構造が採用された。イタリアでは1970年代に同族支配企業が買収で多角化を進め，ピラミッド型の多角的BGを構築した。

1980年代以降は世界的に株主資本主義への転換が進み，多角的BGは「コング

■図表 14-4-1　ビジネス・グループの基本型

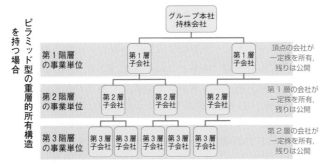

（出所）Asli M. Colpan, Takashi Hikino and James R. Lincoln（2012），*The Oxford Handbook of Business Groups*, Oxford University Press, p. 7, 8 の図を参考に作成。

■図表 14-4-2　欧米諸国でのビジネスグループの変遷

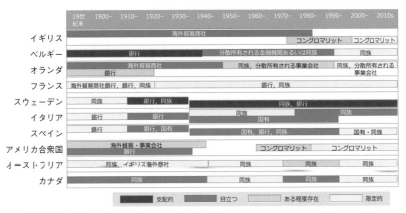

（出所）　Asli M. Colpan and Takashi Hikino（2018），*Business Groups in the West: Origins, Evolution, and Resilience*, Oxford University Press, p. 47, table2. 1. より作成。

14.4　多角的ビジネス・グループ（BG）　**259**

ロマリット・ディスカウント」（個別の構成企業の価値の総和よりもグループ全体の企業価値が低くなる）に直面し，事業の選択と集中を迫られ衰退した。欧州での市場統合と各国企業の相互参入も打撃となった。他方で，新種の多角的 BG が登場してきた。多角的に投資を行うプライベート・エクイティや，IT・ハイテク部門での多角的 BG（グーグル〔アルファベット〕，フェイスブック〔メタ〕，ソフトバンク等）は，その代表である。

■ 14.5　ファミリービジネス（家族・同族企業）と財閥

　ファミリー（family, 家族）の形態や相続慣習は世界的に多種多様であり，ファミリービジネス（家族・同族企業）にも単一の定義はないが，中小・零細企業の多くが多くの国で家族・同族企業であるなど，ほぼ全ての国で家族・同族企業は重要な存在である。バーリとミーンズにより個人所有から所有と経営の分離を経て経営者支配へといたる段階論（Berle & Means, 1933：森杲訳, 2014）が，またチャンドラーにより家族所有型企業による家族資本主義から経営者企業による経営者資本主義への移行（15.2節，15.3節）が想定されてきたが，しかし実際には，家族・同族により所有・支配される大企業は珍しくはない。英国を除く欧州諸国や日本を除くアジア諸国，今日の新興国では大企業でも家族・同族企業が支配的であり（図表14-5-1），これが少ない日本や米・英・オーストラリアなどが少数派なのである。

　これらの家族・同族企業でも最大級のものの大半は 14.4 節でみた多角的ビジネス・グループ（BG）であり，「中心的産業の複数部門における寡占企業を傘下に有する，家族を頂点とした多角的事業形態」（山崎広明, 1979）とされる日本の財閥とほぼ同義である。日本では財閥は占領期の改革で同族所有を欠く企業集団に再編されて消滅したが（5.1節，6.2節，6.3節），財閥解体が実行されたのは世界的には異例であり，特に新興国では，外資多国籍企業，国有企業とともに財閥は大企業部門の柱である。世界的富豪の国別構成（図表14-5-2）では新興国が目立つが，その大半は財閥家の構成員である（他方，米・中・日では新興の世界的大企業の創業者の割合が高い）。

　欧米先進国では多角的 BG は通常は既存企業の再編によって誕生したが，後発国の多角的 BG やその柱である財閥は，国内への新産業の導入過程で登場した。これら外来新産業では投資規模でも技術水準でも参入障壁が高く，資本や人的資源が限られる後発国では，既存産業で基盤を持つ既存大手企業が参入して各種の資源や事業機会（外資との合弁の機会を含む）を囲い込んだのである。

　民主主義や法の支配が脆弱な後発国では特に，財閥企業と政権の癒着が問題となる。1997 年のアジア通貨危機（1997年, 韓国や東南アジアの危機）では，財閥に象

■図表 14-4-3　世界の多角的ビジネス・グループ

順位	グループ名	所在国	売上高 100万米ドル	所有者	株式上場の有無 中核	株式上場の有無 事業会社	事業分野
1	Berkshire Hathaway	アメリカ	194,673	Warren Buffett	○	×	金融, 保険, エネルギー, 製造, 建設, 運送, 小売
2	Wallenberg Group	スウェーデン	182,000	Wallenberg 家	○	○	金融, 機械, 製薬, 電機, 航空・軍事
3	Exor Group	イタリア	148,043	Agnelli 家	○	○	金融, メディア, 自動車, 農機, 建機
4	Handelsbanken Group	スウェーデン	140,000	なし	○	○	金融 (BGの中核：投資先に輸送車両, 建設, 電機等)
5	Koch Industries	アメリカ	115,000	Koch 家	×	×	石油, エネルギー, 化学, パルプ, 金融, 畜産
6	Jardine Matheson	英国 / 香港	62,782	Keswick 家	○	○	金融, 海運, 建設, 不動産, 小売, ホテル, 自動車
7	Wesfarmers	オーストラリア	49,235	なし	○	×	金融, 保険, 鉱業, 化学, 肥料, 小売, 医療
8	Groupe Bouygues	フランス	40,131	Bouygues 家	○	○	建設, 不動産, メディア, 通信, エネルギー
9	Groupe Arnault	フランス	39,020	Arnault 家	×	○	ラグジュアリー・ブランド (ファッション, 酒類, 香水他)
10	Weston Group	カナダ	37,890	Weston 家	×	○	金融, 不動産, 小売, 食品

（出所）　Asli M. Colpan and Takashi Hikino (2018), *Business Groups in the West: Origins, Evolution, and Resilience*, Oxford University Press, p. 33 の表 2.1 に基づき，各種資料により「事業分野」の項目の情報を加えて作成。

■図表 14-5-1　新興国における財閥の概況と事例

国	財閥の形成史	代表的な財閥と新旧の事業分野
韓　国	第 12 章「アジア」図表 12-6-1 を参照	
香　港	特定家族への資産集中が顕著。1950 年代以降に創業, 1990 年代に多角化。	長江実業 (ハチソン・ワンポア)：不動産, 電力, 小売, 通信 新鴻基 (サンフンカイ)：金融, 不動産
マレーシア	国有企業はマレー系支配。民間部門は植民地時代の農民経営から独立後に多角化を進めた華人系財閥中心。	クォック：農園, 食品, 不動産, ホテル ホン・リョン：金融, 不動産, 半導体, 家電 クリシュナン (インド系)：石油, 通信, メディア
タ　イ	財閥系と外資系とで大企業部門を二分。タイ国籍を持つ華僑・華人などの政権と近い「政商」が多角化。	CP：農業/食品, 石油, 不動産, 二輪, 流通, 通信 サハ：食品, 日用品, アパレル, 外食, 医療, サービス サイアム：セメント, 建設, 製紙, 石油化学, 機械
インドネシア	財閥の 8 割は華人系。独立前に移住, 独立後に政権と密接な関係持ち拡大・多角化。外資対内 FDI の受け皿。	サリム：農園, 流通, 食品, 不動産, 金融, 化学 アストラ：貿易, 自動車, 機械, 電機, 金融, 通信 シナール・マス：農園, 油脂, 不動産, 製紙
フィリピン	政治権力との距離が財閥の栄枯盛衰を左右。多国籍企業 FDI の受け皿。	サン・ミゲル：食品, 飲料, 石油, 不動産, 金融 アヤラ：不動産, 金融, 通信, 水道, 小売, インフラ
インド	50 大企業中 8 割が同族支配, 6 割が多角的財閥。特定商人コミュニティーの商業者が 20 世紀の近代化で財閥化。	タタ：繊維, 鉄鋼, 電力, 金融, 不動産, 自動車, 食品, 化学, 通信, IT ビルラ：アルミ, セメント, 繊維, 化学 リライアンス：石油化学, 小売, 通信, 電力
パキスタン	ヒンドゥーとイスラムの両要素持つ改宗者/宗教的避難民等が目立つ。1940 年代以降に財閥化。外資 FDI での合弁の受け皿。	ハビーブ：貿易, 金融, 自動車, 建設, 化学, 電機, 繊維, メディア ダーウード：紡績・繊維, 食品, 化学 アトラス：二輪車・自動車, 金融・リース
トルコ	大企業部門は多角的 BG と国有企業。BG の大半は財閥的同族企業。1980 年代の自由化期に多角化。FDI の受け皿。	コチ：金融, 石油化学, 家電, 自動車, エネルギー, 食品 サバンジュ：繊維, 金融, 電力, 自動車, セメント ゾルル：金融, 電機, 繊維
アラブ首長国連邦	国有・政府系企業と並び財閥・同族企業が経済に占める比率大。	アル・グレア：建設, 不動産, 金融, 金属, IT, 石油 アル・フタイム：不動産, 金融, 物流, 小売, サービス
メキシコ	21 世紀初に 100 大企業の約 3 割が同族企業, その 1/3 が多角化的 BG。家族持株会社や信託を活用。FDI の受け皿。	カルロス・スリム：タバコ, 自動車部品, 小売, 通信, 不動産 フェムサ：飲料, 流通, 包装材料 アルファ：自動車部品, 化学, 鉄鋼, 食品
ブラジル	1960/70 年代の輸入代替政策期は多国籍企業と国営企業が支配的。その後は家族所有の多角的 BG も成長。	ブラデスコ：金融, 鉱業, 電機, IT, 通信 イタウー：金融, 不動産, 金属, 製材, 化学, 衣料 ヴォトランチン：金融, 繊維, 金属, セメント, パルプ
南アフリカ	1994 年の人種隔離廃止まで 6 大企業集団が圧倒的。うち 4 つは同族所有の財閥。その後の再編で財閥色は弱まる。	アングロ・アメリカン：鉱業, 製造, 鉄鋼, 製紙, 金融 レンブラント：タバコ, 鉱業, 食品, 繊維, 化学, 金属, 金融 アングロヴァール：鉱業, 金融, 建設, 鉄鋼, セメント

徴される「縁故資本主義」的な政府=企業関係が危機の元凶の一つとされた。財閥支配による特定の一族への経済力の集中は経済民主主義に反し，各産業部門での独占・寡占に繋がれば消費者にも損害が生じる。しかし多くの国で，財閥は国内企業を代表する存在である。優れた経営で近代化や経済発展の推進主体となることも珍しくなく，グローバル化や民主化によっても力を失っていない。

家族・同族企業でも，競争力の維持や規模の拡大のためには，家族の成員ではない専門経営者の登用や，株式公開による資金調達が必要となる。所有と経営の双方で外部資源を導入しつつ家族支配を維持するために，持株会社やピラミッド型の重層化した所有構造（図表 14-4-1）が利用される。透明な企業統治や，世代交代時のスムーズな相続・事業継承は，ファミリービジネスの普遍的な課題である。

14.6　世界の国有企業と政府=企業間関係

国有企業は日本では 1980 年代以降の民営化で特殊会社のみとなったが，世界の少なからぬ国では，今日なお重要である。19 世紀の欧州では，軍工廠や鉱山，社会基盤（鉄道・郵便・電信・ガス・上下水道），金融等で，国有・公有（自治体所有）企業が登場した。鉄道・ガス事業の大半は草創期には民間主体であったが，19世紀後半には独占・重複投資・乱脈経営の弊害や軍事的理由で国有化・公営化が進んだ。とはいえこの自由主義の時代には，国営企業は例外的であった。

20 世紀に入ると，二度の世界大戦による動員・接収や大恐慌，革命により，多くの国で国有企業の役割が拡大した。1929 年に始まる大恐慌での企業破綻では，イタリアでは政府出資の産業復興公社（IRI）が設立されて破綻企業を傘下に収め（図表 14-6-1），スペイン政府もこれにならった。フランスではルノーが占領下の対独協力を理由に国有化された。ロシア革命（1917 年）と第二次大戦後の社会主義国では，既存の民間企業は国有化され，計画経済体制に組み込まれた。

イギリスやフランスで第二次大戦後に登場した左派政権は，石炭，鉄道，通信，航空，電力，ガス，鉄鋼，金融などの基盤産業で国有化を進めた。右派に政権が渡ると民営化がなされたが，1980 年代の民営化や欧州統合の進展までは，「混合経済体制」のもと，西側資本主義国でも国有企業は珍しくなかった。

アジア，アフリカ，ラテンアメリカ（AALA）諸国では，国有企業は脱植民地化や経済的自立の手段とされた。1930 年代にメキシコやイランで外資が持つ油田の国有化が試みられ，前者は成功した。1956 年のスエズ運河国有化後，1960 年代には資源ナショナリズムにもとづく外国企業資産（油田や鉱山，プランテーション，公益事業等）の接収・国有化や現地化が各国で進んだ。1970 年代にはこの動きが頂点に達し，1973 年には石油危機が起こった。欧米への経済的従属からの脱却

■図表 14-5-2　世界の富豪：資産額上位 529 名 (495 位/33 億ドル以上) の国籍 (2017 年)

国　籍	人　数	国　籍	人　数	国　籍	人　数	国　籍	人　数
アメリカ合衆国	197	イギリス	15	オーストラリア	6	アイルランド	3
中国（＋香港）	62	スウェーデン	13	イスラエル	6	サウジアラビア	3
ドイツ	44	カナダ	11	韓　国	5	南アフリカ	3
中国（香港除く）	43	イタリア	10	マレーシア	5	台　湾	3
ロシア	25	日　本	9	スペイン	4	アイルランド	3
インド	19	ブラジル	9	フィリピン	4	デンマーク	3
香　港	19	スイス	9	インドネシア	4	タ　イ	3
フランス	16	メキシコ	7	シンガポール	4	他（各 1〜2 名）	21

（出所）　Forbes 誌（http://www.forbes.com/billionaires/list/7/#version:static）のデータを用いて作成。

■図表 14-6-1　イタリアの国有公社と傘下企業 (1950 年代-1980 年代の構造)

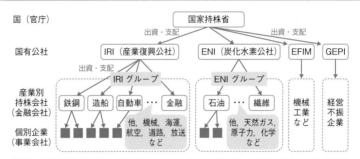

（出所）　安河内勢士・馬場康雄（1999 年）「公共部門と民営化」馬場康雄・岡沢憲芙編『イタリアの経済』
　　　　（早稲田大学出版部）54 頁の図をもとに，その他の情報を参考に作成。

■図表 14-6-2　中国における国有企業と民間企業の利益総額

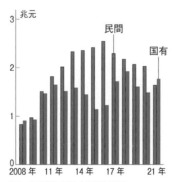

（注）　生産活動の収入から経費を除外。
（原典）　中国国家統計局，21 年は 1-8 月分。
（出所）『日本経済新聞』（2021 年 10 月 16 日）。

をはかる南米諸国は，多国籍企業に対し地元の国営企業との合弁を求めた。

1980年代に国有化へのこの趨勢は逆転した。中国での改革開放政策の開始（1978年），ロシア・東欧での体制転換（1990年代），西側先進国での民営化の動きにより，国有企業の重要性は縮小した。市場化・自由化・規制緩和の世界的な流れのなかで，まずは欧州や日本など先進国で，続いて途上国で，民営化が進んだ。EUの市場統合では，加盟国は自国市場開放と国有企業民営化を進めた。新興国でも，民間主導で成長を実現した東アジアNIEsと，国有企業を輸入代替化の柱として停滞した中南米の対照が鮮烈になり，民営化が主流となった。原油などの資源部門では国有が維持されたが，他の部門では民営化が進んだ。

しかし新興国では，21世紀に趨勢は再び転換した。産油国の国有石油会社を始め，国有企業の多国籍化や経営革新が進んだ。1978年以降の改革開放で民間企業部門が拡大し「国退民進」が進んでいた中国でも，2017年以降はこの動きが停滞し，近年では「国進民退」への逆転の動きが目立つ（図表14-6-2）。

14.7　中小企業と独立起業，クラスターと産業集積

中小企業の位置は，国や時代によって異なる。大企業体制が続くアメリカやイギリスに比し，日本，ドイツ，イタリア，台湾などでは，中小企業は歴史的により大きな役割を果たしてきた。日本では，大企業が外来の財・技術にもとづく大工業部門を担ったのに対し，在来産業や国産化過程で登場した「ハイブリッド型」産業は中小企業を主体とし，多くの雇用を生んだ。大企業と中小企業の間には賃金，生産性，技術水準などで格差があり（「二重構造」），1948年には中小企業庁が設立されて戦前から行われていた中小企業政策が体系化された。欧州諸国でも中小企業の合理化・組織化が政策課題となり，両大戦間期には日本と同様にカルテルの容認や組合化，合併促進による合理化・大規模化が推進された。

1970年代頃から，中小企業はより肯定的に評価されるようになった。ピオリとセーブルは，1984年に刊行した著書で，石油危機後の先進諸国の成長鈍化を大量生産体制や硬直的な大企業の限界を示すものと捉え，イタリア，ドイツ，日本の事例を挙げて，熟練やME（マイクロ・エレクトロニクス）技術にもとづく「柔軟な専門化」の時代の到来を予告した（山内訳，2016）。図表14-7-1のイタリアのアパレル産業は，その代表的事例である。1980年代からは，多品種少量生産を可能にした日本発の生産システム（「ジャスト・イン・タイム」で知られる）が世界的に注目され，各国に影響を及ぼしてゆく。これは，完成車メーカーを頂点に大小の系列企業によって構成される階層的サプライヤーシステムに立脚していた。

1970-1980年代には，独立起業・創業を通じた革新や，活発な参入・退出による経済の新陳代謝の担い手として中小企業を位置づける見方も強まった。アメリ

Column 14-3 ● マレーシアの政府系多国籍企業 J-Corp

　連邦国家マレーシアを構成するジョホール州の国有企業ジョホール（以下 J-Corp と表記）は，グローバル化の時代の多国籍的国有企業の一例である。1957 年の独立後もマレーシアは一次産品依存が著しく，事業経験や資金を持つ者の大半は華人系・インド系住民であった。J-Corp は，マレー系住民の経済的な地位改善，雇用創出，社会基盤整備を目的に，イギリス資本であったプランテーションや鉱山等の土着化の受け皿として創設された。1980 年代に入ると，J-Corp は企業家精神と経営能力に富む人材を経営のトップに据え，不動産業，食品・外食産業，医療，ホテル事業，物流，対企業サービス，金融・投資部門へと多角化を進め，東南アジアや湾岸諸国など，イスラム圏を中心に海外進出にも成功した。その姿は，政府保護下の自国市場を基盤に，硬直的な官僚支配のもとで非効率的経営を行う国有企業というイメージからは，かけ離れている（Osman, 2017）。

■図表 14-7-1　イタリアにおける分業・専門化，中小企業によるネットワーク

（出所）　稲垣京輔（1999）「産地と企業」馬場康雄・岡沢憲芙編『イタリアの経済』（早稲田大学出版）130 頁（表現・説明の一部を変更・補足）。

■図表 14-7-2　半導体産業草創期のスピンアウトの連鎖

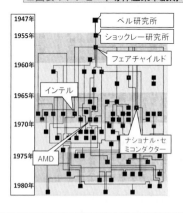

（出所）　Semiconductor Equipment and Material Institute 作成の図ならびに相田洋『電子立国 日本の自叙伝 第 3 巻』（日本放送出版協会，1995 年）184 頁を参考に作成。

カ西海岸のシリコンバレーでは，エンジニアなどが所属企業を飛び出し，ベンチャー・キャピタルの支援も得て新企業を設立する「スピンアウト」の連鎖から，世界的企業が誕生していた（図表14-7-2）。起業やスピンアウトに適したビジネス・エコシステムのなかで，1970年代にはマイクロソフトやアップルが，1990年代にはグーグルやアマゾンが，2000年代にはフェイスブックが小規模なスタートアップ企業として設立され，その後急激な成長を遂げた。

　1990年代初に国の競争優位を分析したM.ポーターは，各産業における各国の競争力の決定要因の一つを関連・支援産業に求めた（図表14-7-3）。需給関係や共通の技術で結ばれた関連・支援産業の多数の企業からなる「クラスター」の厚みが，企業・産業の競争力を左右するとの見方である（図表14-7-4）。クラスターのうち，図表14-7-1で示した事例のように特定地域に集中するものは産業集積とよばれる（広義の産業集積には企業城下町も含まれる）。他方，図表14-8-3でみる「深い国際分業」による価値連鎖の分節化と産業立地の再編は，クラスターの範囲を地球規模に拡大する動きといえる。こうしたなか，「国の競争優位」の分析枠組やクラスターの育成を目的とした産業政策は，再定義を迫られている。

14.8　企業間の分業・ネットワークと価値連鎖

　ある商品について，開発・企画にはじまり原材料・中間財（部品等・半製品）を経て最終需要にいたる流れを「価値連鎖」（value chain）とよぶ。その形態は産業ごとに，また時代や国によっても多様だが，①市場型，②モジュール型，③相互依存型，④従属型，⑤垂直統合型に類型化できる（図表14-8-1）。図中で，青色の四角は企業の境界線を示し，そのサイズは取引相手に対する交渉力を示す。

　①市場型では供給者と需要者は互いに独立で，取引は市場の価格機構で調整される。独占の要素がなければ，売り手と買い手は対等である。他方，反対の極にある⑤垂直統合型では，価値連鎖は一企業の内部で完結しており，各段階間の調整は企業組織内の指揮命令により行われる。

　産業革命の主役である綿工業は，原綿 →（紡績）→ 綿糸 →（織布）→ 綿布 → 消費者の連鎖を持つ。紡績・織布は各工場内で一貫して行われたが，原綿生産から綿布販売までの全体を企業内に統合する利点はなく，産業全体では①市場型であった。

　大量生産体制を複雑な機械製品で最初に実現したフォード自動車の場合，鉄鉱山やゴム園（タイヤ原料）から，製鉄，部品生産，組立，販売にいたる全過程を，⑤垂直統合型のかたちで自社で行った。当時の市場・技術条件のもとでの大量生産では，市場取引にともなう不確実性を排除して企業内の管理に置き換える必要があった。しかしGMや後の日系メーカーは，④従属型を軸に①市場型も組み合

■図表 14-7-3　国の競争優位の決定
要因（M. ポーターによる整理）

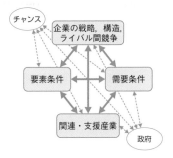

（出所）　Porter, M. E.（1990）, *The competitive advantage of nations,* New York : Free Press, p. 27. 表現を微修正のうえ転載。

■図表 14-7-4　デンマークにおける産業のクラスター化

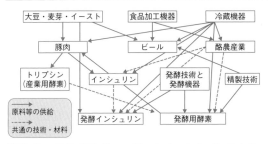

（出所）　Porter, M. E.（1990）, *The competitive advantage of nations,* New York : Free Press, p. 150 をもとに，表現を微修正のうえ転載。

■図表 14-8-1　価値連鎖と企業間関係・工程間関係の類型

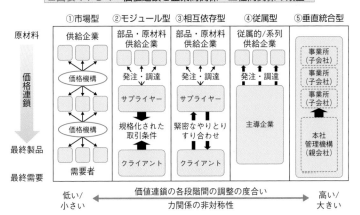

（出所）　猪俣哲史『グローバル・バリューチェーン』（日本経済新聞社，2019 年）図 6-1 をもとに，内容・表記を変更して作成。

わせて，多段階のサプライヤー網からなる生産システムを築いた。21世紀になると，マグナやボッシュなど大規模な総合部品メーカーが力をつけ，②モジュール型や③相互依存型の要素が自動車産業でも強まっている。

②モジュール型の代表は，1990年代に急拡大したPC産業である。PCを構成するデバイス間のインターフェースの標準化により，部品ごとの開発・改良が可能となり，工程間・部品間の分割，専業化と企業間分業が進展した。

今日の新グローバル経済は，価値連鎖と立地の再編で登場した。価値連鎖の各段階の付加価値を図示すると，多くの産業で「スマイルカーブ」を描く（図表14-8-2）。技術が成熟した製造工程は付加価値を生みにくく，資本・知識集約的な企画・設計や，高所得国に偏る最終需要地での販売等は，付加価値が大きい。

1990年代に中国をはじめ途上国の対外開放や経済基盤整備が進み，先進国企業がこれに生産拠点を移すと，知識・制度の移転が進んで地元企業も競争力を高め，広い産業基盤が形成された。価値連鎖を細かく分節化して最適地に移すこうした動きの結果，多数の国の多数の企業による「深い」国際分業が出現した（図表14-8-3）。最終製品と国（およびそこでの垂直統合企業）を単位とした国際分業・国際競争は，部分工程や部品を単位とした国際分業へと変化した。こうしたなか，有力ブランド企業や中核的デバイスを持つ企業，プラットフォームを握る企業など，各国を跨いで広がる価値連鎖を主導する企業が，付加価値の大きな部分を手に入れる状況が生じてきている。

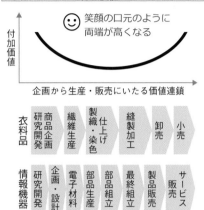

■図表 14-8-2　付加価値のスマイルカーブ

笑顔の口元のように
両端が高くなる

付加価値

企画から生産・販売にいたる価値連鎖

衣料品：研究開発／商品企画／繊維生産／製織・染色／仕上げ／縫製加工／卸売／小売

情報機器：研究開発／企画・設計／電子材料／部品生産／部品組立／最終組立／製品販売／サービス販売

■図表 14-8-3　新グローバル経済における国際分業と企業間分業

サプライチェーンの国際展開
によるスマイルカーブの深化

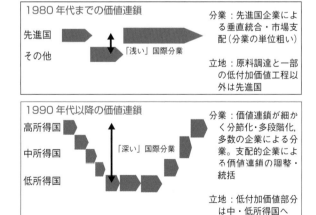

1980 年代までの価値連鎖

先進国

その他

「浅い」国際分業

分業：先進国企業による垂直統合・市場支配（分業の単位粗い）

立地：原料調達と一部の低付加価値工程以外は先進国

1990 年代以降の価値連鎖

高所得国

中所得国

低所得国

「深い」国際分業

分業：価値連鎖が細かく分節化・多段階化，多数の企業による分業。支配的企業による価値連鎖の調整・統括

立地：低付加価値部分は中・低所得国へ

第 15 章

経営史の方法

15.1　経営史の誕生と自立

　経営史は，20世紀初頭にアメリカで生まれた。同国の経済が発展し企業が大規模化すると，ハーバード大学は，経営のプロフェッショナルを育てる教育機関として1908年にビジネススクールを創設した。そこでは法律家を養成するロースクールにならって事例研究が用いられた。1927年にミネソタ大学からグラースが招かれて1930年から経営史講座を担当したが，その内容はドイツ歴史学派の影響を受けた企業と環境との発展段階を重視するものであった。グラースは，のちにラーソンとともにケースブックの作成で成果を上げたが，その経営史も個別企業の歴史を集めたものという限界があった（図表15-1-1）。

　一方，1948年にはコールやコクランが中心となって，ハーバード大学に企業者史研究センターが設置された。これは個別企業の経営史に対する反発から，シュンペーターの有名な企業者概念を理論的源泉として企業者史を研究しようとするものであった。シュンペーターは経済体系の内部から生じる「新結合」を中心に据え，経済発展のダイナミズムを説明しようとした。シュンペーターは，従来の経済学が前提としたようなホモ・エコノミクス（経済人）ではなく，新結合による創造的破壊を通じてイノベーションを実現していく企業家（Unternehmer）を経済発展の根本とみなした。この考え方を引き継いだコールは，革新を行う大企業の企業家チームも含めて研究を行った。しかしながらこの時代の企業者史は，一般化・類型化の決定的な視座を得られないでいた。

　この研究センターに参加した若き研究者の一人が，チャンドラーであった。チャンドラーは，経営史の課題を巨大規模の現代企業に定め，その出現の背景や主体的要因，それが長期にわたって安定的な地位を維持した理由を明らかにすることに成功した。チャンドラーは，企業が経営階層による複数の事業拠点の調整を通じて，財の資源配分を市場よりも効率的に行っているとも論じた。この視点は，従来の個別企業の歴史を越えた経営史の総合化・一般化を可能にするものであった。企業は市場と対置される存在であり，現代企業の内部では市場メカニズムとは異なる原理がはたらいている。そこではアダム・スミスの「見えざる手」ならぬ，経営者の「見える手」がはたらいており，原料が購買されてから製品として顧客に販売されるまで通量（throughput）が厳密に管理されている。それが単位当たりのコストを減少させ，企業に競争優位を生み出すのである。企業はより効率的な通量管理を求めて，前方・後方にビジネスを統合し，大規模化していく。こうした独自の理論によって，チャンドラーは経営史を自立した学問として世に広く認知させることに成功したのであった（図表15-1-2）。

■図表 15-1-1　ハーバードビジネススクールにおける経営史

1926	『ビジネスヒストリーソサエティ会報』の最初の巻が刊行される。
1927	グラースが経営史の最初の担当者（イジドー・ストラウス記念教授）となる。彼は退職する 1950 年までこの地位にあった。
1930	ラーソンが研究員に加わる。彼女は 1962 年に経営史教授を退職。
1954	『会報』が『ビジネスヒストリーレビュー』と改名される。
1978	チャンドラーが『経営者の時代』で歴史部門のピューリッツァー賞を獲得。

（出所）　ハーバードビジネススクール Web サイト（http://www.hbs.edu/businesshistory/index.html）より作成。

■図表 15-1-2　シュンペーターとチャンドラー

ヨーゼフ・アロイス・シュンペーター
（Joseph Alois Schumpeter，1883–1950 年）

（出所）　Wikipedia（Volkswirtschaftliches Institut,
　　　Universität Freiburg, Freiburg im Breisgau, Germany.）

アルノレット・デュポン・チャンドラー
（Alfred DuPont Chandler, Jr., 1918–2007 年）

（出所）　HBS Archives Photograph Collection.
　　　湯沢威先生のご厚意による。

15.2　経営戦略と組織

　『経営戦略と組織』はチャンドラーの主要3部作の1作目であり，事業部制組織の成立過程を解き明かしたものである。19世紀後半，多くの企業家は大量生産と大量流通を実現しようと，積極的な垂直統合戦略を進め，職能別組織を採用した。しかし，このやり方が急速な行き詰まりに直面したのは，1918年の第一次世界大戦終結後の急速な需要減少の際であった。先駆的なアメリカ企業は，この危機に事業部制を導入することで対応していったのである（図表15-2-1）。

　チャンドラーは1948年と1959年のアメリカ大企業70社をサンプル調査し，事業部制を取り入れた産業と取り入れていない産業を区分した後，前者の産業においてそれぞれ資産額第1位であった化学のデュポン，自動車のGM，石油のスタンダード石油ニュージャージー，小売販売業のシアーズ・ローバックを同書における4つの事例研究の対象とした。

　アメリカの化学メーカーであるデュポンは，第一次大戦時までは火薬を中心的な事業としていた。同社は，垂直統合と職能別組織でまたたく間に成長した。しかしながら，大戦が終われば，兵器に使う火薬の需要は減少することは自明だったため，同社は大戦中から塗料や染料への多角化を試みた。しかしながらその成果は，小規模の専業メーカーに負けるという無残なものであった。そこで同社は，多角化に適応するための組織改革に取り組んだ。旧世代のトップは同社の強みが職能別組織にあると信じ込んでいたが，そのトップの反対を押し切るかたちで導入されたものこそが事業部制であった。事業部制は，火薬，塗料，染料といった多様な製品の流れに対応できる組織イノベーションであった。この組織を採用した結果，同社は急速な業績の回復を遂げることに成功した。このようにデュポンは，塗料や染料のような新事業への多角化を始めた際に，火薬への過剰な集権を分権化する過程で事業部制に到達した（図表15-2-2）。

　一方で，全く反対の理由から事業部制にたどりついた企業もあった。それがGMである。GMはもともと創業者デュラントが，シボレーやキャデラックなどの会社を買い集めたことで成立した企業であった。スローンはこれらの企業を事業部として，それらを統括する本社を置くことによって，多様な車種を維持しつつ全社的な管理を可能にしたのであった。異なる方向からの組織改革が，奇しくも事業部制という同一の解答にたどりついたのである（図表15-2-1）。

　そのほかの2例は，必ずしも順調な道のりとはいえないものであった。スタンダード石油ニュージャージーの事例は，事業部制にいたるまでに混乱と迷走で長い時間を要したものであり，またシアーズ・ローバックの事例は職能別と事業別の指示命令系統をめぐって対立が生じたものであった。これらの4社のケースでは，各社いずれも米国において事業部制を早期に取り入れた企業でありながら，

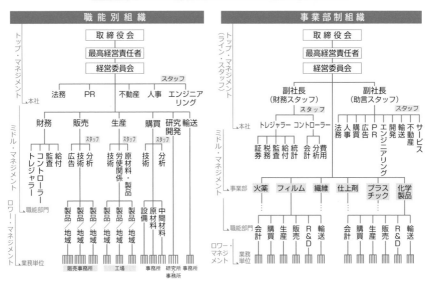

■図表15-2-1 職能別組織（左）と事業部制組織（右）

（出所）　Chandler, A. D., Jr.（1990）, *Scale and Scope*, Harvard University Press, p. 16, 44.（安部悦生・川辺信雄・工藤章・西牟田祐二・日高千景・山口一臣訳『スケール・アンド・スコープ』有斐閣，1993年，12, 31頁）より作成。

■図表15-2-2　デュポンの組織図

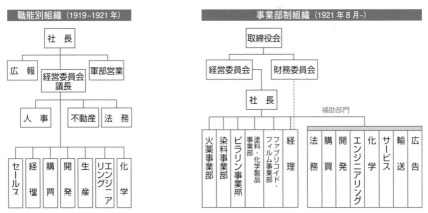

（出所）　Chandler, A. D., Jr.（1962）, *Strategy and Structure*, MIT Press, p. 74, 108, 109.（有賀裕子訳『組織は戦略に従う』ダイヤモンド社，2004年，93, 132, 133頁）より作成。

その採用の理由や実現までの過程は様々であった。同書では特殊な個別ケースが細かに描写されながらも，その背後に，産業の別を貫く一般性（事業部制の採用による大量・多様なものの流れの実現による成功）が見出されている。ここから得られた結論が，「組織（事業部制組織）は，戦略（多角化戦略）に従う」であった。

　事業部制は，チャンドラーにとって，大量のものの流れを可能な限り維持しつつ，多様なものの流れを実現することができる最小有効多様性を実現する組織であった。またそれは企業家や専門経営者による創造的な組織イノベーションの産物であった。

15.3　経営者の時代

　2作目の『経営者の時代』は，アメリカにおける現代企業成立史をテーマとしている。それはまず鉄道業で見出された。チャンドラーはそれ以外の現代企業の起源となりうるものとして3つの形態，（1）プランテーション，（2）織物工場，（3）兵器廠を挙げ，それらの可能性を消していく。プランテーションは大量の奴隷，織物工場では河川の水力エネルギー，兵器廠では，軍の安定した官需によって大規模化した特殊事例に過ぎず，それらは後の現代企業の管理の発展には影響を与えなかった。一方，鉄道業こそは，エネルギー（石炭の発展），労働力（移民労働力の拡大），市場（交通の発達によるアメリカの東部，西部，南部の広大な市場の連結）という条件を全て満たしており，現代企業の原形となった（図表15-3-1）。

　それでは，どのような産業で現代企業が出現したのであろうか。チャンドラーは，同書において各産業の歴史を比較している。巻末の付表には，産業別に1917年における資産2,000万ドル以上のアメリカの産業企業278社が挙げられており，それらの組織構造が，職能別組織であったか持株会社であったかが全て記されている。チャンドラーはここで当時の大企業全部を一望し，サンプルの偏りを廃して，なぜそこに産業による違いがあったのかを説明しようとする。現代企業は，資本集約的な産業，例えば機械による大量生産に適している包装済みパッケージ製品（タバコや石鹸）で生まれた。これらの産業では高速の加工処理こそが当該企業の競争力の源泉になったのである。その原理からすれば，農業や鉱業ではなく，石油産業でロックフェラー，鉄鋼業でカーネギーのような大実業家があらわれた理由も同様に明らかになる（図表15-3-2）。

　またチャンドラーは，当初，大量生産・大量流通の流れを作り出そうとして困難に直面していたタバコ製造業，精肉業，ミシン製造業を取り上げる。これらの産業には別々の深刻なボトルネックがあった。かつてタバコ製造業では手で巻くという労働集約的特性から，一日に製造できる量には限界があった。デュークは発明されたばかりの大量生産機械（ボンザック・マシン）を発明者から安価に借り受

■図表 15-3-1　現代企業の成立要件

	プランテーション	織物工場	兵器廠	鉄道企業
労働力	○奴隷	×	×	○石炭と蒸気機関
機械・エネルギー	×	○水力と機械	×	○移民労働力
市場	×	×	○官需の存在	○米国市場の結合
会計制度	簿記	簿記	簿記・検査	原価計算
内部組織	トレジャラー等	監督等	軍隊	経営階層組織

（出所） Chandler, A. D., Jr. (1977), *The Visible Hand*, Harvard University Press, Chapter 2.（鳥羽欽一郎・小林袈裟治訳『経営者の時代（上巻，第 2 章）』東洋経済新報社，1979 年）より作成。

■図表 15-3-2　流れの実現の難易度

	←困難						容易→
産業	農業	建築業 建設業 鉱山業	機械化産業 1（労働集約的）	機械化産業 2（連続工程的）	金属加工業	金属製造業（鉱炉業・鋳造業）	蒸留業 精製業
製品	とうもろこし 棉花 小麦	建設 鉱山	織物 皮革 木材 木工品	タバコ 穀物 缶詰 石鹸 フィルム	ミシン 電動機 自動車	鉄鋼 銅 ガラス	石油 化学製品 医薬品
代表的企業家	N/A	N/A	N/A	デューク スイフト	フォード シンガ	カーネギー	ロックフェラー

（出所） Chandler, A. D., Jr. (1977), *The Visible Hand*, Harvard University Press, Chapter 8.（鳥羽欽一郎・小林袈裟治訳『経営者の時代（上巻，第 8 章）』東洋経済新報社，1979 年）より作成。

けることに成功し，それによって1台で1日に12万本のタバコを生産し，手作業による生産というボトルネックを解消した。

　精肉業において，かつて牛は生きたまま貨車で運ばれていた。ここでは輸送がボトルネックであった。そこで，スイフトはシカゴで大量に牛を解体し，それをアメリカ全土に冷蔵貨車によって運ぶことを考えついた。その実現までには，牛を運ぶ仕事を失う鉄道会社による冷蔵貨車使用の拒否や，これまで地方で牛を解体していた地元卸売商の不買運動など幾多の困難もあった。しかし，最終的にはアウトサイダーの鉄道会社の協力があり，また低価格で高品質な肉が最終消費者の支持を受けたこともあって，スイフトの事業は成功を収めた。

　ミシン製造業において，シンガーは卸売業者の制御の難しさに直面していた。卸売業者は，当時あらわれたばかりのこの複雑な機械の販売に積極的ではなく，売り上げの送金等も遅かった。そこでシンガーは自社の販売網を作ることで前方統合に乗り出した。これには大きな投資が必要なものであったが，技術的に優れた能力を持つスタッフが雇用され，実演販売や，アフターサービス提供，クレジット販売が可能になった。同社は販売というボトルネックを解消しえたのである。

　いずれも独自の工夫によって高速の加工処理や新しい販売方法を実現したことが，これらの産業で現代企業の成立を可能にしたのである（図表15-3-3）。

15.4　スケール・アンド・スコープ

　3作目の『スケール・アンド・スコープ』は，現代企業成立史の国際比較をテーマとしている。本書においてチャンドラーは，前著で明らかにしたアメリカにおける現代企業の成立と発展のロジックが，イギリスやドイツといった他国においても適用できることを明らかにした。タイトルの「スケール」は「規模の経済（大量生産・販売のメリット）」を，「スコープ」は「範囲の経済（多品種生産・販売のメリット）」を指しており，これらの原理こそが現代企業を生み出すのである。

　チャンドラーは，第一次大戦の頃から第二次大戦後までの長期にわたって，資産や株式時価総額でみた各国の最大産業企業トップ200社を対象にして，その順位の変動を観察した結果，各国における現代企業の発展のパターンを導き出した（図表15-4-1，図表15-4-2）。現代企業は，主に第2次産業革命の主要技術を生かした化学，電機，石油などの資本集約的産業で発展した。こうした産業では，企業は規模の経済性や範囲の経済性が生み出すコスト上の優位性を活用できたからである。しかし，それを他社より早期に実現するためには，その優位性を確立するための投資が行われなければならなかった。そのためには生産設備や流通組織への投資が必要であった。また，生産と流通の活動をコントロールするためには，

■図表15-3-3　企業家のイノベーションによる流れのボトルネックの解消

	タバコ産業	精肉業	ミシン製造業
生産	×←ボンザック・マシン	○	○
輸送	○	×←冷蔵貨車	○
販売	○	○	×←マーケティング組織

(出所)　Chandler, A. D., Jr. (1977), *The Visible Hand*, Harvard University Press, Chapter 11. (鳥羽欽一郎・小林袈裟治訳『経営者の時代（下巻，第11章）』東洋経済新報社，1979年）より作成。

■図表15-4-1　世界工業生産における地域別・国別のシェア（％）

	欧州	イギリス	フランス	ドイツ	ロシア(ソ連)	ベルギー	スカンジナビア	イタリア	その他欧州	北米(合衆国含む)	カナダ
1820年	96	24	20	15					37	4	
1840年	94	21	18	17					38	5	
1860年	86	21	16	15					34	14	
1870年		32	10	13	4	3		2		24	1
1881–1885年		27	9	14	3	3	1	2		30	1
1896–1900年		20	7	17	5	2	1	3		31	1
1906–1910年		15	6	16	5	2	1	3		37	2
1913年		14	6	16	6	2	1	3		28	2
1926–29年		9	7	12	4	2	1	3		44	2
1936–38年		9	5	11	19	1	2	3		34	2
1963年	53	5	4	6*	19	1	2	2	14†	34	2
1968年		5	3	4*	16	1	2	2		37	3
1971年		4	3	5*	16	1	2	2		36	3

	中米	メキシコ	南米	ブラジル	アルゼンチン	アジア	中東	日本	インド	アフリカ	オセアニア	その他
1870年												11
1881–1885年												12
1896–1900年						2		1	1			12
1906–1910年						2		1	1			12
1913年						2		1	1			12
1926–29年						4		3	1			13
1936–38年						5		4	1			12
1963年	1	1	3	1		6		4	1	1	1	
1968年	2	1	1	1		8	1	4	2	2	1	15
1971年	2	1	1	1		9	1	5	1	2	1	15

(注)　＊印はドイツ連邦共和国（西ドイツ）のみ。†印は東欧10％，その他欧州4％。
(出所)　Rostow, W. W. (1978), *The World Economy, History, and Prospect*, Macmillan, p. 52, 53. (安藤良雄編『近代日本経済史要覧　第2版』東京大学出版会，1979年，12頁)

それを行う経営階層組織への投資が必要であった。通量管理を担うミドルおよびロワー・マネジメントや，さらには全社的な資源配分を行うトップ・マネジメントの活動が，規模や範囲の経済性の効果を企業にもたらすのである。このように早期に生産・流通・マネジメントへの三つ又投資 (three-pronged investment) を行った企業こそが，先行者優位を生かしてその産業の主導企業となった。また競争の過程で学習を進め，組織能力を高めた企業は，それをその後も持続的な競争優位の源泉として用いて発展することができた。

　アメリカでは，こうした生産・流通・マネジメントへの三つ又投資が行われた結果，大規模な経営者企業が出現した。しかしイギリスでは，個人的な創業者の影響力が残ったため，三つ又投資が十分になされず，経営階層組織は発達しなかった。ドイツでは，アメリカと同様に，早期に三つ又投資が行われ，生産財産業を中心に世界的な大企業が生まれたが，競争的なアメリカ企業とは異なり，カルテル等の企業間の取り決めによって，競争を抑制する協調的な経営者企業が出現した。チャンドラーはこうした各国の資本主義の特質について，イギリスを「個人資本主義」，アメリカを「競争的経営者資本主義」，ドイツを「協調的経営者資本主義」と名づけている。

　『スケール・アンド・スコープ』の特徴は，国際比較経営史として，個別の企業や産業，職能部門だけでなく，総合的・体系的な分析を行ったことである。そこからチャンドラーが引き出した結論は，生産・流通・マネジメントに対する三つ又投資が重要だというものであり，さらにはその背後にある企業の組織能力こそが国際競争力を決めるというものであった。

　同書は，主要先進国における現代企業の成立を体系的に解き明かし，国際比較経営史を確立した記念すべき作品であった。

15.5　「新しい経営史」：仮説検証型実証研究

　チャンドラーの経営史の特徴は，個別企業の歴史の解明を中心的な課題としていたそれ以前の経営史とは異なり，様々な事例を体系的に比較対照することによって，理論を発見しようとする方法論にあった。近年，この方向の延長線上に，そのほかの社会科学の分野で発達してきた手法を生かして，厳密な因果関係を特定しようとする新しい経営史のあり方が提唱されている。

　ヨング，ヒギンス，ドリエル (de Jong, Higgins and van Driel) (2015) による「新しい経営史 (new business history)」は，従来の事例分析中心の経営史から，科学的方法を明示的に用いたものへの転換を主張する。その考え方は，チャンドラーの説明方法を洗練し，さらに発展させていく方向を目指している。チャンドラーの研究方法は複数の事例を比較することによって，現象間の因果関係を明確にしよう

■図表15-4-2　各国における産業企業最大200社の産業別分布

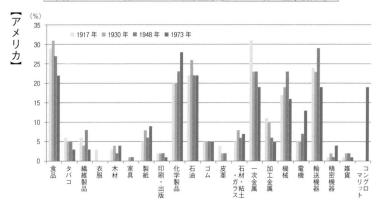

【アメリカ】

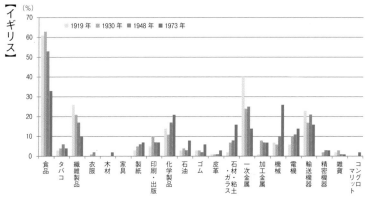

【イギリス】

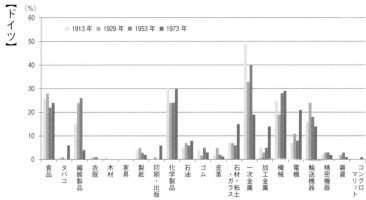

【ドイツ】

（出所）　Chandler, A. D., Jr. (1990), *Scale and Scope*, Harvard University Press, pp. 21–23.（安部悦生・川辺信雄・工藤章・西牟田祐二・日高千景・山口一臣訳『スケール・アンド・スコープ』有斐閣，1993年，15，16，18頁）より作成。

とするものであった。ヨングらは，経営史において理論構築と仮説検証を通じて，科学的説明を通じた因果性の追究を進める（図表 15-5-1）。その背後には，これまでのような著者の主観的な認識にもとづく事例記述ではなく，実証的証拠と実証的観察にもとづいて理論の構築を行うべきだという考え方がある。もちろん従来のような事例研究も重要であり，研究者はまずは予備作業としてオープンなスタンスで事例を観察する。証拠のなかには定量化が容易なものもあるだろう。そのため事例を観察して得られた認識は，その後，データ収集や仮説検証など別のタイプの研究手法で補完される。

単一の事例は因果関係の方向を決定する際に役立つとはいえ，それだけではある現象を一般化することはできない。複数の事例が比較対照され，構造的に利用されることで，より厳密な因果関係が明らかになり，仮説の検証が可能になる。このように実証的な事実や観察結果に照らし合わされるかたちで理論が構築されることで，より科学的な説明が保証されることになる。これは経営学，社会学，経済学等で確立したアプローチであり，経営史にも使用できるものである。経済史で検証に使われる回帰分析など，計量経済学や計量歴史学の諸手法も経営史に対して有益である。伝統的な事例研究と，変数をベースとする研究との間には相互に補い合う関係があるのである。

「新しい経営史」は，実証的かつ理論志向である。理論構築によってこそ科学的知識が発展する。そこでは理論構築と検証のバランスが大事である。理論は，既存の経営史以外にも，ほかの科学の分野のものや，実証的な観察や，論理的な推論や実証的な検証のフィードバックにもとづく。もちろん一般化の危険性や，理論の適応範囲の限界には注意しなければならない。こうした考え方にもとづくならば理論にとって唯一形式的に要求されることは，実証的に検証できるかということであり，検証不可能な仮説は，意味があるものではないということになる。

以上のように「新しい経営史」は，今後，チャンドラーが切り開いた理論発見的方法をベースとし，より厳密な因果関係を，事例の比較や変数システムの統計的関係性を援用しつつ，実証分析と仮説構築を通じて明らかにしていく方向に発展することが予測される（図表 15-5-2）。

15.6　経営史の方法の多様性

しかしながら，実は経営史の方法論に対してはそのほかにも様々な意見がある。デッカー，キッピング，ヴァドワーニ (Decker, Kipping & Wadhwani) (2015) は，定量的な変数システムに重きを置いた仮説検証型研究以外にも，解釈学的・定性的なアプローチの様々な方法の流れがあることを指摘し，経営史の方法論が多様であることのメリットを主張する。

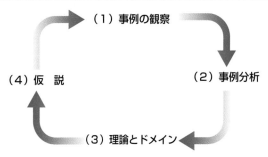

（出所）　de Jong, Abe, Higgins David, and van Driel Hugo（2015），Towards a new business history? *Business History*, 57:1, p. 13.

■図表 15-5-2　**1970 年/71 年と 2012 年に刊行された経営史論文における理論と方法論の使用**

特　徴	論文数 （1970 年/71 年）	論文数 （2012 年）	％ （1970 年/71 年） （N＝46）	（2012 年） （N＝81）
中心的なコンセプトのフォーマルな定義やディスカッション	8	31	17	38
理論のフォーマルな使用（メカニズムまたは因果的説明にもとづいて変数や概念を関連づけること）	9	28	20	35
仮説（またはそのように再定式化できる問い）	3	9	7	11
方法論の明示的な説明（比較の手順を含む）	5	26	11	32
変数の測定に関する明示的な文章	10	24	22	30
他のドメインや新しい理論構築への明示的一般化	5	8	11	10
図表における記述統計	15	49	33	60
時系列統計	13	40	28	49
統計の分析的使用（例，相関や回帰）	0	9	0	11

（注）　1970 年/71 年と 2012 年に刊行された『ビジネスヒストリー』，『ビジネスヒストリーレビュー』，『エンタープライズ・アンド・ソサエティ』（『エンタープライズ・アンド・ソサエティ』は 2012 年のみ）。
（出所）　de Jong, Abe, Higgins David, and van Driel Hugo（2015），Towards a new business history? *Business History*, 57:1, p. 10.

ある一つの歴史的な出来事は，仮説検証型研究では理論を裏付ける一つの事例に過ぎない。しかし歴史研究では，その出来事それ自身が重要である。一般に歴史家は，歴史上の証拠を扱う際に，過去の情報を，集計して分析できるようなものとしては取り扱わない。なぜならば，それが常に客観的に使用できるデータである保証はないからである。入手された証拠に対しては，それがなぜ記録・保存されてきたのかを問い，その理由や文脈を解釈するなど，まずは批判的に理解する必要がある。また歴史における多くの問いは本質的に，記述的・分析的というよりも解釈的である。しかも多くの場合，経営史家が関心を持つ問題が統計的に検証可能なものであることはまれであり，そのためのデータが入手できることはさらにまれである。そうであるがゆえに，歴史の方法論は複雑なのである。実際に，近年の経営史研究には，前節で紹介した（1）社会科学の主流にインスパイアされた新しい経営史だけではなく，（2）労働史や文化史から広がってきた資本主義史（history of capitalism）や（3）経営学・組織論の歴史研究（historical studies within management and organizational research）など多様な流れがある。

　資本主義史は，アメリカの大学の歴史の学部が文化史の境界を拡張して，近代社会・経済の諸問題に取り組もうとしたことから生まれた。資本主義史は，ビジネスパーソンや企業，産業のみに視野を絞る伝統的な経営史以上に，市場と文化の広範な相互作用に注目する。例えば，このアプローチは，企業やビジネスパーソンの権力が市場だけでなく政治や社会にも影響していることや，ビジネスの社会的影響が成長や富に関することだけでなく，その分配の側面にも及ぶことを指摘する。経営・経済における権力関係（人種，性別，階級，イデオロギー，制度，政策を含む）に注目することは，経営史に新しい解釈をもたらしてくれる。

　経営学・組織論の歴史研究では，これらの領域で定量的パラダイムが支配的になりつつあることに反対し，むしろ人文科学と結びつきを強めることで，哲学・歴史・文学・ナラティブ理論を体系的に取り入れることが主張されてきた。これらの領域では，歴史のアプローチがますます盛んになっており，今後，歴史的文脈とその固有性を，理論化の努力のなかに統合する研究が発展していくことが期待されている（図表15-6-1）。

　以上のように，資本主義史や経営学・組織論の歴史研究は，様々な認識論的・存在論的スタンスに立っている。「新しい経営史」が厳密な社会科学に近づこうとする一方で，経営学や組織論などは，反対に人文科学的な歴史研究に期待を寄せている。後者の考え方によれば仮説検証アプローチにのみ方法論の焦点を絞ることは，経営史の発展のダイナミズムを抑制してしまう恐れがある。多様な方法こそが経営史を発展させるのである。

■図表15-6-1　定性的・解釈的・プロセスベースの歴史研究の例

アントレプレナーシップと組織変化	Maclean, Mairi, Charles Harvey, and Robert Chia. "Sensemaking, Storytelling and the Legitimization of Elite Business Careers." *Human Relations* 65, no. 1 (2012): 17–40.（マックリーン他「エリートビジネスキャリアのセンスメーキング，ストーリーテリング，正統化」）
	Popp, Andrew, and R. Holt. "Entrepreneurship and the Organization of Being: The Case of the Shaws." *Entrepreneurship and Regional Development* 25, no. 1 (2013): 52–68.（ポップ他「企業家精神と存在の組織：ショーズのケース」）
制度，制度化，カテゴリー化	Jones, C., M. Maoret, F. G. Massa, and S. Svejenova. "Rebels With a Cause: Formation, Contestation, and Expansion of the De Novo Category 'Modern Architecture,' 1870–1975." *Organization Science* 23, no. 6 (2012): 1523–1545.（ジョーンズ他「理由ある反抗：『モダニズム建築』という新しい概念の成立，論争，拡大」）
	Khaire, M., and R. D. Wadhwani. "Changing Landscapes: The Construction of Meaning and Value in a New Market Category - Modern Indian Art." *Academy of Management Journal* 53, no. 6 (2010): 1281–1304.（ケア他「変わりゆく光景：新しい市場カテゴリーにおける意味と価値の創成–現代インド芸術」）
	Suddaby, Roy, William M. Foster, and Albert J. Mills. "Historical Institutionalism." In *Organizations in Time: History, Theory, Methods*, edited by M. Bucheli and R. D. Wadhwani, 100–123. Oxford: Oxford University Press, 2014.（サダビー他「歴史的制度主義」）
	Hargadon, A. B., and Y. Douglas. "When Innovations Meet Institutions: Edison and the Design of the Electric Light." *Administrative Science Quarterly* 46, no. 3 (2001): 476–501.（ハーガドン他「イノベーションが制度に出会うとき：エジソンと電球のデザイン」）
経営ディシプリン自体の（批判的）歴史	Bruce, Kyle, and C. Nyland. "Elton Mayo and the Deification of Human Relations." *Organization Studies* 32, no. 3 (2011): 383–405.（ブルース他「エルトン・メーヨーと人間関係論の神格化」）
	Hassard, John S. "Rethinking the Hawthorne Studies: The Western Electric Research in its Social, Political and Historical Context." *Human Relations* 65, no. 11 (2012): 1431–1461.（ハサード他「ホーソン研究再考：社会，政治，歴史的文脈におけるウェスタンエレクトリック実験」）
	O'Connor, Ellen S. "The Politics of Management Thought: A Case Study of the Harvard Business School and The Human Relations School." *Academy of Management Review* 24, no. 1–2 (1999): 117–131.（オコンネル他「経営思想の政治：ハーバードビジネススクールと人間関係学派の事例研究」）
企業による歴史や伝承の戦略的活用	Foster, William M., Roy Suddaby, A. Minkus, E. Wiebe. "History as Social Memory Assets: The Example of Tim Hortons." *Management & Organizational History* 6, no. 1 (2011): 101–120.（フォスター他「社会的記憶資産としての歴史：ティムホートンズの事例」） Suddaby, Roy, William M. Foster, and C. Q. Trank. "Rhetorical History as a Source of Competitive Advantage." *Advances in Strategic Management* 27 (2010): 147–173.（サダビー他「競争優位の源泉としてのレトリカルヒストリー」）
	Anteby, M., and V. Molnár. "Collective Memory Meets Organizational Identity: Remembering to Forget in a Firm's Rhetorical History." *Academy of Management Journal* 55, no. 3 (2012): 515–540.（アンティビー他「集合的記憶と組織アイデンティティの出会い：ある企業のレトリカルヒストリーにおける忘れるのを忘れないこと」）

15.7 経営史の再構想

　方法論の多様性の議論をさらにラディカルにしたものとして，ここではスクラントン，フリダンソン著『経営史の再構想』の主張を紹介する。同書では，世界的に著名なベテランの経営史家 2 人が，若手研究者に向けて経営史の興味深い研究テーマについてアドバイスを与えている。そこで推奨される教えは，体系的とは言えないが，歴史に思いもよらぬ意外な視点から光を当て，私たちの常識や思い込みを覆すというエキサイティングなものである（図表 15-7-1）。以下ではその内容をみてみよう。

　経営史の主題の領域について：【人工物】タイプライターが女性を職場に進出させたとよく言われるが，以前は男性の難しい仕事だったタイプ仕事がありきたりとされて後になって女性の仕事となった。【創造および創造性】Google は階層的経営組織を取り入れて失敗し，技術者に仕事時間の 20％を自分のアイデアに充てることを許して創造的な勢いを取り戻した。【複雑性】19 世紀のワイン交易は計り知れないほど複雑であり，製品の品質はよくわからずラベルの偽造もありえた。規制が複雑性を減じるのに数世代もの時間を要した。【即興】ゼロックスのコピー機の修理では手引書は無力であった。修理工たちは即興で処理し，朝のコーヒーを飲みながら洞察や診断を共有した。【極小ビジネス】バングラデシュの必需品の欠乏と戦うための独立後の計画が，グラミン銀行など貧困者のための銀行を生みだした。そのほかにも，軍隊と戦争，非営利団体と疑似企業，公と私の境界線，再帰性（双方向的関係），儀式的および象徴的行為，失敗，不確実性が主題として挙げられている。

　経営史の最新の文献にみられる，今後期待されるテーマについて：【所有権】19 世紀末の英米両軍では公的資金にもとづきながら民間が開発した兵器を誰が「所有」しているのか決定するという難問にぶつかった。【詐欺といかさま】18 世紀のアメリカの偽金作りに対して政府が無力でやる気がなかった理由は，当時のアメリカには拡張する経済や安定した紙幣を支えるのに十分な正貨がなかったからである。【帝国から新興国へ】本国国家は遠隔地で脅威にさらされた製造業設備のオーナーを見捨てる。なぜならひとたび企業のネットワークから切り離されたら工場の価値は急落するからである。【ジェンダー】資生堂が 2000 年に中国人女性向け化粧品を発売したときに，中国人男性もそれを個人用に使うことに驚き，男女双方をターゲットにした。そのほかには，専門的サービス，プロジェクト，古典的テーマ（成長，価値，福祉，市場）の再評価，規格，サバルタン（社会的に隅に追いやられた人たち），国境を越えた交流，信頼・協力・ネットワークが期待されるテーマに挙げられている。

　経営史であるからといって，いつもビジネスパーソンや企業，産業だけに注目

■図表 15-7-1　経営史家が避けるべきこと

間違った具体化を避けよう	会計指標は客観的に存在するのではなく，人間が作ったものである。誰が，いかに，なぜそれらの数字を作ったかを究明しよう。合理的市場や進歩といった諸概念についても，その起源や諸仮定を認識することなく用いるのは誤りである。
国家が常に「なかに」あることを認識するようにしよう	新自由主義のイデオロギーでは，市場は自己調整的であり，国家は経済的無秩序の原動力であるとされた。しかし法の支配や諸権利を擁護する国家のはたらきがなければ，取引相手は契約を遵守するであろうという期待を持ちえない。
（必要な）制約としての時代区分に注意しよう	時代区分は，文脈や状況をわかりやすく喚起してくれる一方，探究を行うのに先立って観察される事象の意義と因果関係を注入してしまうという罠があるので気をつけよう。
企業を特権化することを避けよう	経営史において，特定の企業の記録を研究に使いたくなるが，企業の枠を超えた広範な組織的エージェントやアクターたち（カルテル，クラブ，商業会議所，業界・職能団体，産業集積等々）に注目しよう。
後付けの合理化を避けよう	企業があることを進める際に抗争や不確実性，失敗があったとしても，歴史家は，それを成功に導いた論理的なステップの順調な一続きと報告しがちである。このような後付けの合理化を避けよう。
新しい支配的パラダイムを探究しよう	歴史家にとっては，チャンドラーに代わる主導的な主張や支配的な方法論を特定することよりも，今あらわれている展望や見通しの多様性を尊重するのが有益と思われる。多様な声が経営史に新しい視点をもたらす。
科学主義を避けよう	社会的・組織的諸関係やビジネスの実践は純粋に合理的なものではなく，複数の論理・感情・歴史の混合物である。数値に効率的に集約されず，単純な表記に還元されることはまれである。
言説を真に受けて，数字を当然のように受け取ることを避けよう	定性的・定量的いずれの言説もある特定の立場に立っている以上，その立場を見きわめ，その立ち位置を時間と空間のなかに位置づけることは意味ある歴史研究にとって重要である。
アメリカ合衆国（あるいは西洋）を基準・規範とみなすことを避けよう	チャンドラーの『スケール・アンド・スコープ』は，アメリカの基準をもって，イギリスやドイツの企業の達成度をはかるベンチマークとした。しかしそれはアメリカのビッグビジネスの盲点や，表面化しつつあった短所を見落としたものであった。
急いで現代に向かうことを避けよう	歴史をもっぱら現在のレンズから眺め，過去のなかに便利な対照・事例・教訓を見つけ出そうとする「現在主義」や「道具主義」に気をつけよう。

（出所）　Scranton, P., and P. Fridenson (2013), *Reimagining Business History*, Johns Hopkins University Press, Part1.（粕谷誠・矢後和彦訳『経営史の再構想』蒼天社出版，2017年，第1部）より作成。

しなければならないわけではない。新しい視点を持って，多くの人が予想しないような角度から歴史に迫ることによって，これまで見過ごされていた別の歴史の意味が浮かび上がってくる。それもまた，一つの経営史の醍醐味である。

15.8　主体性と構想力：世界を変えるために

　経営史の研究は幅広い領域にわたっており，その方法もバラエティに富んでいる。「新しい経営史」は，歴史に対して厳密な変数間の因果関係を特定することで，再現可能で有用な知識を蓄積することを提唱する。一方，『経営史の再構想』は，歴史における過去の人間の行為の意味やメカニズムを理解することで，人間が意図せずに陥っている罠（差別，抑圧，搾取など）から脱け出すことを訴えかける。なぜこれらの異なるアプローチが並立しているのであろうか。沼上幹『行為の経営学』では，変数システム記述と行為システム記述という概念を用いて，経営学研究における2つの環境記述様式を説明している。

　変数システム記述は，経営環境というシステムを諸々の変数とその変数間の関係として記述し，変数をより詳細な媒介変数に分解することを通じて一般性の高い法則に近づこうとする（図表15-8-1）。「新しい経営史」は，明確にこの立場をとっている。変数システム記述は，多くの事例に共通して観察された傾向として，現実の事例で実際に起こった複雑な因果関係のうち，再現性があり予測に役立つと考えられる部分を抽出したものである。確かにそれは個々人の意図とは独立して，一般に変化しにくい変数間の関係を示唆してくれるものであり，それを精緻に媒介変数に分解したり，複数の事例間で比較したりすることは，社会現象の因果関係を推論する際にヒントとなる。実際にチャンドラーの方法論の強みもこの点にあった。

　しかしながら社会科学においては，そもそも人々の意図にもとづく行為が社会現象を生み出しているために，ある変数間関係が世の中に知られてしまうと，人々の行為が変わり，その変数間関係そのものが変化してしまう可能性がある。そこで行為システム記述は，過去の現象の分析の際に，個々人の意図にもとづいて，なぜその行為がとられたのかを説明しつつ，人々の相互作用に注目して社会現象が生じるメカニズムを記述しようとする（図表15-8-2）。『経営史の再構想』は，人々の意味世界や文化の歴史に注目し，現代の人々が当たり前と思っていることに鋭い疑問を突きつける。

　さらに経営学の視点を強調するなら，経営史家には，企業家や経営者の意味世界や意思決定の理由を理解したうえで，経営上の原因と結果の錯綜した因果関係を解明し，読者に納得できる説明を与えることが期待されている。例えば，時代に先駆けたイノベーションを遂行した企業家や，困難な状況のなかで企業の業績

■図表 15-8-1　2つの環境記述様式のイメージ

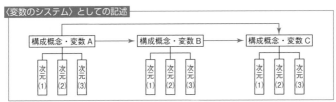

〈変数のシステム〉としての記述

構成概念・変数 A → 構成概念・変数 B → 構成概念・変数 C

次元(1) 次元(2) 次元(3)　次元(1) 次元(2) 次元(3)　次元(1) 次元(2) 次元(3)

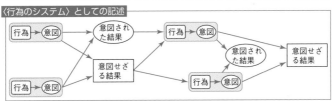

〈行為のシステム〉としての記述

行為 → 意図　意図された結果　行為 → 意図　意図された結果　意図せざる結果

行為 → 意図　意図せざる結果　行為 → 意図

(出所)　沼上幹『行為の経営学』(白桃書房，2000 年) 28 頁。

■図表 15-8-2　メカニズム解明に関する 2 つの解釈

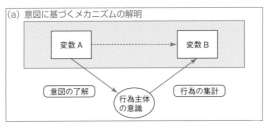

(a) 意図に基づくメカニズムの解明

変数 A → 変数 B

意図の了解　行為主体の意識　行為の集計

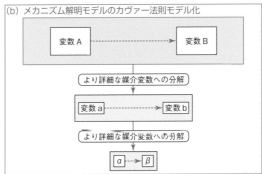

(b) メカニズム解明モデルのカヴァー法則モデル化

変数 A ----→ 変数 B

より詳細な媒介変数への分解

変数 a ----→ 変数 b

より詳細な媒介変数への分解

a ---→ β

(出所)　沼上幹『行為の経営学』(白桃書房，2000 年) 85 頁。

を向上させた経営者の行為は，多くの場合，普通の人間にとっては大きな謎である。こうした謎を明らかにするためには，変数システム記述が示してくれる成功事例に共通するパターンをヒントにしつつも，行為システム記述にもとづいて，当時の人間の意味世界をふまえ，実際に生じた歴史における相互作用と時間展開を，読者が理解できるかたちで説明することが重要になる。それはまた，企業家が再度それを手がかりに，新たな未来を構想する際にも役に立つ。

　経営史はもともとビジネススクールでの教育からはじまった。経営に当たる者は，全ての情報を事前に持っているわけではなく，またそもそも事前に客観的な正解が確実に存在しているわけではない。時間展開にともない複数の主体が生み出す相互作用は，個々人の意図を超えたきわめて複雑なものであり，企業家は簡単には意図通りにならない状況のなかで日々の意思決定をしている。企業家は，みずからの理想とするビジョンを思い描き，未来に向けて照射し，それを消費者・従業員・投資家等ステークホルダーを説得することで，経営資源を新結合させながらイノベーションを実現していく。そうした能力を身につけたいと望む者に対しても，経営史を学ぶことは大いに役立つのである。

参考文献

第 1 章　江戸時代

1.1

牧原成征 (2004)『近世の土地制度と在地社会』東京大学出版会。

吉田ゆり子 (2000)『兵農分離と地域社会』校倉書房。

本城正徳 (2012)『近世幕府農政史の研究』大阪大学出版会。

藤田達生 (2000)『日本中・近世移行期の地域構造』校倉書房。

脇田修 (1963)『近世封建社会の経済構造』御茶の水書房。

1.2

山口啓二 (1993)『鎖国と開国』岩波書店 (岩波現代文庫，2006)。

荒野泰典 (1988)『近世日本と東アジア』東京大学出版会。

中村質 (1988)『近世長崎貿易史の研究』吉川弘文館。

桜井英治・中西聡編 (2002)『新体系日本史 12　流通経済史』山川出版社。

田代和生 (2007)『日朝交易と対馬藩』創文社。

1.3

中井信彦 (1961)『幕藩社会と商品流通』塙書房。

中川すがね (2003)『大坂両替商の金融と社会』清文堂出版。

桜井英治・中西聡編 (2002)『新体系日本史 12　流通経済史』山川出版社。

宮本又郎 (1988)『近世日本の市場経済』有斐閣。

作道洋太郎 (1971)『近世封建社会の貨幣金融構造』塙書房。

1.4

三井文庫編 (1980)『三井事業史』本篇第 1・2 巻，三井文庫。

林玲子 (1967)『江戸問屋仲間の研究』御茶の水書房。

林董一 (1966)『名古屋商人史』中部経済新聞社。

大丸二百五十年史編集委員会編 (1967)『大丸二百五拾年史』株式会社大丸。

松坂屋百年史編集委員会編 (2010)『松坂屋百年史』株式会社松坂屋。

1.5

柚木學 (1979)『近世海運史の研究』法政大学出版局。

大石慎三郎 (1998)『享保改革の商業政策』吉川弘文館。

高槻泰郎 (2012)『近世米市場の形成と展開』名古屋大学出版会。

大石慎三郎 (1991)『田沼意次の時代』岩波書店。

籔田貫 (1992)『国訴と百姓一揆の研究』校倉書房。

1.6

中西聡 (1998)『近世・近代日本の市場構造』東京大学出版会。

長谷川彰 (1993)『近世特産物流通史論』柏書房。

林玲子編 (1990)『醤油醸造業史の研究』吉川弘文館。

公益財団法人髙梨本家監修／井奥成彦・中西聡編著 (2016)『醤油醸造業と地域の工業化』慶應義塾大学出版会。

宮本又次 (1970)『小野組の研究』全 4 巻，大原新生社。

江頭恒治 (1965)『近江商人中井家の研究』(復刻版 1992) 雄山閣出版。

1.7

本城正徳 (1994)『幕藩制社会の展開と米穀市場』大阪大学出版会。

天野雅敏 (1986)『阿波藍経済史研究』吉川弘文館。

吉永昭 (1973)『近世の専売制度』吉川弘文館。

中井信彦 (1971)『転換期幕藩制の研究』塙書房。

森本幾子（2021）『幕末・明治期の廻船経営と地域市場』清文堂出版。

1.8

中西聡（2009）『海の富豪の資本主義』名古屋大学出版会。

斎藤善之（1994）『内海船と幕藩制市場の解体』柏書房。

勝浦吉雄（1996）『〈生糸商〉原善三郎と富太郎（三溪）』文化書房博文社。

石井寛治（1984）『近代日本とイギリス資本』東京大学出版会。

横浜開港資料館編（1994）『横浜商人とその時代』（有隣新書）有隣堂。

Column1-1

岩橋勝（2019）『近世貨幣と経済発展』名古屋大学出版会。

中西聡（1998）『近世・近代日本の市場構造』東京大学出版会。

原喜覚（1977）『高田屋嘉兵衛と北方領土』ぎょうせい。

Column1-2

友部謙一・西坂靖（2009）「労働の管理と勤労観」（宮本又郎・粕谷誠編著『講座・日本経営史　第1巻　経営史・江戸の経験』ミネルヴァ書房）。

西坂靖（2006）『三井越後屋奉公人の研究』東京大学出版会。

第2章　明治前期

2.1

高村直助（1980）『日本資本主義史論』ミネルヴァ書房。

武田晴人（2005）「産業構造と金融構造」（歴史学研究会・日本史研究会編『日本史講座8　近代の成立』東京大学出版会）。

2.2

阿部武司（1992）「政商から財閥へ」（橋本寿朗・武田晴人編『日本経済の発展と企業集団』東京大学出版会）。

武田晴人（1995）『財閥の時代』新曜社。

宮本又郎（1999）『日本の近代11　企業家たちの挑戦』中央公論新社。

宮本又郎（1999）「近代移行期における商家・企業家の盛衰」（『同志社商学』50巻5・6号，1-47頁）。

谷本雅之（2009）「経営主体の連続と非連続」（宮本又郎・粕谷誠編『講座・日本経営史1　経営史・江戸の経験1600〜1882』ミネルヴァ書房）。

2.3

Vichian Chakepaichayon（1981-1982）「明治初期の会社企業（1）（2）−81社の定款分析−」（『大阪大学経済学』第31巻第1号，98-114頁，同誌32巻1号，大阪大学経済学会）。

宮本又郎・阿部武司（1995）「明治の資産家と会社制度」（宮本又郎・阿部武司編『日本経営史2　経営革新と工業化』岩波書店）。

高村直助（1996）『会社の誕生』吉川弘文館。

宮本又郎（1999）『日本の近代11　企業家たちの挑戦』中央公論新社。

2.4

後藤新一（1968）『本邦銀行合同史』金融財政事情研究会。

加藤俊彦編（1983）『日本金融論の史的研究』東京大学出版会。

石井寛治編（2001）『日本銀行金融政策史』東京大学出版会。

2.5

石塚裕道（1973）『日本資本主義成立史研究』吉川弘文館。

小林正彬（1977）『日本の工業化と官業払下げ』東洋経済新報社。

梅村又次・中村隆英編（1983）『松方財政と殖産興業政策』国際連合大学。

鈴木淳編（2002）『工部省とその時代』山川出版社。

2.6

高村直助（1971）『日本紡績業史序説　上』塙書房。

高村直助編（1992）『企業勃興』ミネルヴァ書房。

野田正穂ほか編（1986）『日本の鉄道』日本経済評論社。

中村尚史（2010）『地方からの産業革命』名古屋大学出版会。

老川慶喜（2014）『日本鉄道史 幕末・明治篇』（中公新書）中央公論新社。

2.7, 2.8

三島康雄編（1981）『三菱財閥』日本経済新聞社。

安岡重明編（1982）『三井財閥』日本経済新聞社。

作道洋太郎編（1982）『住友財閥』日本経済新聞社。

武田晴人（1992）「多角的事業部門の定着とコンツェルン組織の整備」（橋本寿朗・武田晴人編『日本経
　　済の発展と企業集団』東京大学出版会）。

武田晴人（1995）『財閥の時代』新曜社。

中村尚史（2010）「日本における近代企業の生成」（阿部武司・中村尚史編『講座・日本経営史2　産業
　　革命と企業経営　1882〜1914』ミネルヴァ書房）。

三井文庫編（2016）『史料が語る三井のあゆみ』三井文庫。

武田晴人（2020）『日本経済の発展と財閥本社』東京大学出版会。

第3章　明治後期

3.1

大川一司・高松信清・山本有造（1974）『長期経済統計1　国民所得』東洋経済新報社。

篠原三代平（1972）『長期経済統計10　鉱工業』東洋経済新報社。

3.2

宮本又郎・阿部武司・宇田川勝・沢井実・橘川武郎（2007）『日本経営史［新版］』有斐閣。

小林正彬・下川浩一・杉山和雄・栂井義雄・三島康雄・森川英正・安岡重明（1976）『日本経営史を学
　　ぶ』有斐閣。

森川英正（1996）『トップマネジメントの経営史』有斐閣。

3.3

沢井実・谷本雅之（2016）『日本経済史』有斐閣。

武田晴人（2019）『日本経済史』有斐閣。

3.4

沢井実・谷本雅之（2016）『日本経済史』有斐閣。

武田晴人（2019）『日本経済史』有斐閣。

宮本又郎・阿部武司・宇田川勝・沢井実・橘川武郎（2007）『日本経営史［新版］』有斐閣。

粕谷誠（2012）『ものづくり日本経営史』名古屋大学出版会。

3.5

小林正彬・下川浩一・杉山和雄・栂井義雄・三島康雄・森川英正・安岡重明（1976）『日本経営史を学
　　ぶ』有斐閣。

粕谷誠（2012）『ものづくり日本経営史』名古屋大学出版会。

宮本又郎・阿部武司・宇田川勝・沢井実・橘川武郎（2007）『日本経営史［新版］』有斐閣。

宮本又郎・岡部桂史・平野恭平（2014）『1からの経営史』碩学社。

3.6

阿部武司・中村尚史（2010）『講座・日本経営史2　産業革命と企業経営』ミネルヴァ書房。

深尾京司・中村尚史・中林真幸（2017）『日本経済の歴史　近代1』岩波書店。

深尾京司・中村尚史・中林真幸（2017）『日本経済の歴史　近代2』岩波書店。

3.7

廣田誠・山田雄久・木山実・長廣利崇・藤岡里圭（2017）『日本商業史』有斐閣。

宮本又郎・阿部武司・宇田川勝・沢井実・橘川武郎（2007）『日本経営史［新版］』有斐閣。

糖業協会監修・久保文克編著（2009）『近代製糖業の発展と糖業連合会』日本経済評論社。

佐々木聡（2008）『戦前日本の主要財界団体の系譜と日本工業倶楽部』日本工業倶楽部。

3.8

武田晴人（2019）『日本経済史』有斐閣。

石井里枝・橋口勝利（2017）『日本経済史』ミネルヴァ書房。

第4章　大正期

4.1

高橋亀吉（1954）『大正・昭和財界変動史　上』東洋経済新報社。

日本銀行統計局（1966）『明治以降本邦主要経済統計』。

宮本又郎・阿部武司・宇田川勝・沢井実・橘川武郎（1995）『日本経営史［新版］』有斐閣。

由井常彦・大東英祐編（1995）『日本経営史3　大企業時代の到来』岩波書店。

佐々木聡・中林真幸編（2010）『講座・日本経営史3　組織と戦略の時代』ミネルヴァ書房。

沢井実・谷本雅之（2016）『日本経済史　近世から現代まで』有斐閣。

4.2

東京電力株式会社編（2002）『関東の電気事業と東京電力』東京電力株式会社。

老川慶喜（2016）『日本鉄道史　大正・昭和戦前篇』（中公新書）中央公論新社。

沢井実・谷本雅之（2016）『日本経済史　近世から現代まで』有斐閣。

4.3

東京芝浦電気株式会社総合企画部社史編纂室編（1963）『東京芝浦電気株式会社八十五年史』東京芝浦電気株式会社。

株式会社日立製作所臨時五十周年事業部社史編纂部編（1949）『日立製作所史　1』株式会社日立製作所。

松下電器産業株式会社創業五十周年記念事業準備委員会編（1968）『松下電器五十年の略史』松下電器産業株式会社。

柴孝夫（2002）「小平浪平と松下幸之助－技術指向型事業展開と市場指向型成長－」（佐々木聡編『日本の企業家群像』丸善）。

4.4

日本電気社史編纂室編（2001）『日本電気株式会社百年史』日本電気株式会社。

日本電気社史編纂室編（2001）『日本電気株式会社百年史　資料編』日本電気株式会社。

佐々木聡（1998）『科学的管理法の日本的展開』有斐閣。

宇田川勝（1987）「戦前日本の企業経営と外資系企業（上・下）」（『経営志林』24巻1号，2号，法政大学経営学会）。

宇田川勝「外資系企業の進出」（1999）（宇田川勝・中村青志編『マテリアル日本経営史』有斐閣，66-67頁）。

4.5

隅谷三喜男編（1977）『日本労使関係史論』東京大学出版会。

森川英正（1981）『日本経営史』（日経文庫）日本経済新聞社。

内田星美（1988）「大正中期民間企業の技術者分布－重化学工業化の端緒における役割－」，経営史学会編『経営史学』23巻1号。

佐々木聡（1998）『科学的管理法の日本的展開』有斐閣。

天野郁夫（1989）『近代日本高等教育研究』玉川大学出版部。

伊藤彰浩（1993）「高等教育機関拡充と新中間層形成」（坂野潤治編『日本近現代史－構造と変動　3　現代社会への転形』岩波書店）。

宇田川勝（1999）「経営者企業の登場とホワイトカラーの形成」（宇田川勝・中村青志編『マテリアル日本経営史』有斐閣，56-57頁）。

菅山真次（1999）「経営家族主義の展開－三菱長崎造船所のケース－」（宇田川勝・中村青志編『マテリアル日本経営史』有斐閣，70-71頁）。

佐藤能丸（2000）「日本における近代高等教育制度」（川口浩編『大学の社会経済史』創文社）。

菅山真次（2011）『「就社」社会の誕生』名古屋大学出版会。

沢井実（2012）『近代大阪の工業教育』大阪大学出版会。

4.6

法政大学産業情報センター・橋本寿朗・武田晴人編（1992）『日本経済の発展と企業集団』東京大学出版会。

宇田川勝（1999）「財閥のコンツェルン形成活動」（宇田川勝・中村青志編『マテリアル日本経営史』有斐閣，52-53頁）。

安藤良雄編（1979）『近代日本経済史要覧　第2版』東京大学出版会。

4.7

宇田川勝（1982）『昭和史と新興財閥』教育社。

宇田川勝（1984）『日本財閥経営史　新興財閥』日本経済新聞社。

法政大学産業情報センター・橋本寿朗・武田晴人編（1992）『日本経済の発展と企業集団』東京大学出版会。

斎藤憲（1987）『新興コンツェルン理研の研究』時潮社。

大塩武（1989）『日窒コンツェルンの研究』日本経済評論社。

宇田川勝（1999）「財閥のコンツェルン形成活動」（宇田川勝・中村青志編『マテリアル日本経営史』有斐閣，52-53頁）。

4.8

坂井徳太郎編（1926）『英米訪問実業団誌』日本工業倶楽部内十一年会。

中村元督編（1943）『日本工業倶楽部二十五年史　上・下』日本工業倶楽部。

森田良雄（1958）『日本経営者団体発展史』日刊労働通信社。

堀越禎三編（1962）『経済団体連合会前史』経済団体連合会。

高城元監修・依田信太郎編（1966）『東京商工会議所八十五年史　上・下』東京商工会議所。

永田正臣（1967）『明治期経済団体の研究』日刊労働通信社。

日本工業倶楽部五十年史編纂委員会編（1972）『日本工業倶楽部五十年史　上・下』日本工業倶楽部。

東京商工会議所百年史編集委員会編（1979）『東京商工会議所百年史』東京商工会議所。

日経連三十年史刊行会編（1981）『日経連三十年史』日本経営者団体連盟。

間宏（1981）『日本の使用者団体と労使関係』日本労働協会。

第5章　昭和期1（戦前・戦中・復興期）

5.1

法政大学大原社会問題研究所編（1964）『太平洋戦争下の労働者状態』東洋経済新報社。

浜口晴彦（1976）「大日本産業報国会」（小林正彬・下川浩一・杉山和雄・梅井義雄・三島康雄・森川英正・安岡重明編『日本経営史を学ぶ2　大正・昭和経営史』有斐閣）。

桜林誠（1985）『産業報国会の組織と機能』御茶ノ水書房。

中村隆英編（1989）『日本経済史7　「計画化」と「民主化」』岩波書店。

下谷政弘・長島修（1992）『戦時日本経済の研究』晃洋書房。

原朗編（1995）『日本の戦時経済』東京大学出版会。

龍谷大学社会科学研究所編（2003）『戦時期日本の企業経営』文眞堂。

石井寛治・原朗・武田晴人編（2007）『日本経済史4　戦時・戦後期』東京大学出版会。

5.2

高橋亀吉（1955）『大正昭和財界変動史　中』東洋経済新報社。

佐高信（1995）『失言恐慌』（現代教養文庫）社会思想社。

大阪朝日新聞経済部（1999）『昭和金融恐慌秘話』（朝日文庫）朝日新聞社。

山崎廣明（2000）『昭和金融恐慌』東洋経済新報社。

5.3

中村隆英（1978）『昭和恐慌と経済政策』（日経新書）日本経済新聞社。

安藤良雄編（1979）『近代日本経済史要覧　第2版』東京大学出版会。

佐々木聡（1998）『科学的管理法の日本的展開』有斐閣。

沢井実・谷本雅之（2016）『日本経済史　近世から現代まで』有斐閣。

5.4

中村隆英（1978）『昭和恐慌と経済政策』（日経新書）日本経済新聞社。

栂井義雄（1978）『三井財閥史　大正・昭和編』（教育社歴史新書〈日本史〉）教育社。

三島康雄（1980）『三菱財閥史　大正・昭和編』（教育社歴史新書〈日本史〉）教育社。

宇田川勝（1999）「『ドル買い』事件と財閥の『転向』」（宇田川勝・中村青志編『マテリアル日本経営
　　史』有斐閣，54-55頁）。

5.5

富士重工業株式会社社史編纂委員会編（1984）『富士重工業三十年史』富士重工業株式会社。

株式会社ニコン75年史編纂委員会編（1993）『光とミクロと共に　ニコン75年史』株式会社ニコン。

中川靖造（1997）『海軍技術研究所』（光人社NF文庫）光人社。

柴孝夫（1999）「第2次世界大戦期の遺産」（宇田川勝・中村青志編『マテリアル日本経営史』有斐閣，
　　86-87頁）。

日本電気社史編纂室編（2001）『日本電気株式会社百年史』日本電気株式会社。

中岡哲郎編（2002）『戦後日本の技術形成』日本経済評論社。

龍谷大学社会科学研究所編（2003）『戦時期日本の企業経営』文眞堂。

宮本又郎・阿部武司・宇田川勝・沢井実・橘川武郎（2007）『日本経営史［新版］』有斐閣。

高橋団吉（2012）『新幹線をつくった男』（PHP文庫）PHP研究所。

沢井実（2013）『八木秀次』吉川弘文館。

平本厚（2014）『日本におけるイノベーション・システムとしての共同研究開発はいかに生まれたか』
　　ミネルヴァ書房。

5.6

栂井義雄（1976）「戦時経済と財閥」（小林正彬・下川浩一・杉山和雄・栂井義雄・三島康雄・森川英
　　正・安岡重明編『日本経営史を学ぶ　2』有斐閣）。

沢井実（1992）「戦時経済と財閥」（法政大学産業情報センター・橋本寿朗・武田晴人編『日本経済の発
　　展と企業集団』東京大学出版会）。

5.7

持株整理委員会調査部第二課編（1951）『日本財閥とその解体　資料』持株会社整理委員会。

持株整理委員会調査部第二課編（1951）『日本財閥とその解体』持株会社整理委員会。

E. M. ハードレー著，小原敬士・有賀美智子監訳（1973）『日本財閥の解体と再編成』東洋経済新報社。

柴垣和夫（1974）「財閥解体と集中排除」，東京大学社会科学研究所編『戦後改革7　経済改革』東京大
　　学出版会。

三和良一（1976）「財閥解体と独禁政策」（小林正彬・下川浩一・杉山和雄・栂井義雄・三島康雄・森川
　　英正・安岡重明編『日本経営史を学ぶ　2』有斐閣）。

5.8

小林正彬・下川浩一・杉山和雄・栂井義雄・三島康雄・森川英正・安岡重明編（1976）『日本経営史を
　　学ぶ　3』有斐閣。

中村隆英編（1989）『日本経済史7「計画化」と「民主化」』岩波書店。

原朗編（2002）『復興期の日本経済』東京大学出版会。

石井寛治・原朗・武田晴人編（2007）『日本経済史4　戦時・戦後期』東京大学出版会。

第6章　昭和期2（経済の自立と高度成長期からバブル景気）

6.1

橘川武郎（2004）「経済成長のエンジンとしての設備投資競争—高度成長期の日本経済—」（『社会科学
　　研究』55巻2号，東京大学出版会）。

橋本寿朗（2000）『現代日本経済史』岩波書店。

橋本寿朗・長谷川信・宮島英昭・齊藤直（2019）『現代日本経済　第4版』有斐閣。

三和良一（1993）『概説日本経済史　近現代』東京大学出版会。

三和良一・原朗編（2010）『近現代日本経済史要覧　補訂版』東京大学出版会。

6.2

橘川武郎（2007）「経済成長と日本型企業経営」（宮本又郎・阿部武司・宇田川勝・沢井実・橘川武郎『日本経営史［新版］』有斐閣）。

東洋経済新報社『会社四季報　各年版』東洋経済新報社。

日本経済新聞社『会社年鑑　各年版』日本経済新聞社。

橋本寿朗・長谷川信・宮島英昭・齊藤直（2019）『現代日本経済　第4版』有斐閣。

6.3

菊池浩之（2005）『企業集団の形成と解体』日本経済評論社。

橘川武郎（1996）『日本の企業集団』有斐閣。

橘川武郎（2016）『財閥と企業グループ　産業経営史シリーズ8』日本経営史研究所。

6.4

経済企画庁（1990）『年次経済財政報告　平成2年版』経済企画庁。

小池和男（1991）『仕事の経済学』東洋経済新報社。

橘川武郎（2007）「経済成長と日本型企業経営」（宮本又郎・阿部武司・宇田川勝・沢井実・橘川武郎『日本経営史［新版］』有斐閣）。

寺西重郎『歴史としての大衆消費社会』慶應義塾大学出版会。

橋本寿朗（1996）「長期相対取引の形成の歴史と論理」（橋本寿朗編『日本企業システムの戦後史』東京大学出版会）。

橋本寿朗・長谷川信・宮島英昭・齊藤直（2019）『現代日本経済　第4版』有斐閣。

6.5

橘川武郎（2007）「経済成長と日本型企業経営」（宮本又郎・阿部武司・宇田川勝・沢井実・橘川武郎『日本経営史［新版］』有斐閣）。

佐々木聡（1998）『科学的管理法の日本的展開』有斐閣。

佐々木聡・野中いずみ（1990）「日本における科学的管理法の導入」（原輝史編「科学的管理法の導入と展開」昭和堂）。

沢井実（2007）「戦前から戦後へ」（宮本又郎・阿部武司・宇田川勝・沢井実・橘川武郎『日本経営史［新版］』有斐閣）。

法政大学産業情報センター編（1995）『日本企業の品質管理』有斐閣。

6.6

金容度（2011）「鉄鋼業」（通商産業政策史編纂委員会編／山崎志郎編著『通商産業政策史6　基礎産業政策：1980-2000』経済産業研究所）。

経済企画庁（1976）『年次経済報告　昭和51年度版』経済企画庁。

鈴木恒夫（2010）「高度成長のエンジン」（下谷政弘・鈴木恒夫編『講座・日本経営史5』ミネルヴァ書房）。

日本エネルギー研究所編（1986）『戦後エネルギー産業史』東洋経済新報社。

橋本規之（2004）「石油危機と構造不況への対応」（経営史学会編『日本経営史の基礎知識』有斐閣，338-339頁）。

平本厚（1994）『日本のテレビ産業』ミネルヴァ書房。

6.7

安保哲夫・板垣博・上山邦雄・河村哲二・公文溥（1991）『アメリカに生きる日本的生産システム』東洋経済新報社。

板垣博（1995）「日本型生産システムの国際移転」（橋本寿朗編『20世紀資本主義I』東京大学出版会）。

日本自動車会議所・日刊自動車新聞社編『自動車年鑑　各年版』日刊自動車新聞社。

JETRO「日本の直接投資（報告・届出ベース）」（https://www.jetro.go.jp/world/japan/stats/fdi.html　2021年12月23日閲覧）。

6.8

石井晋「プラザ合意・内需拡大政策とバブル（1985～89年を中心に）」（内閣府経済社会総合研究所企画・編集／小峰隆夫編『バブル／デフレ期の日本経済と経済政策（歴史編）1　日本経済の記録

第 2 次石油危機への対応からバブル崩壊まで（1970 年代〜1996 年)』慶應義塾大学出版会）。

伊丹敬之・伊丹研究室（2009）『日本の自動車産業』NTT 出版。

祝迫得夫・岡田恵子（2009）「日本経済における消費と貯蓄」（内閣府経済社会総合研究所企画・編集／深尾京司編『バブル／デフレ期の日本経済と経済政策 1　マクロ経済と産業構造』慶應義塾大学出版会）。

経済企画庁（1989）『年次経済報告　平成元年版』経済企画庁。

経済企画庁編（1990）『国民生活白書　平成 2 年版』大蔵省印刷局。

橋本寿朗・長谷川信・宮島英昭・齊藤直（2019）『現代日本経済　第 4 版』有斐閣。

藤本隆宏（2003）『能力構築競争』（中公新書）中央公論新社。

三和良一・原朗編（2010）『近現代日本経済史要覧　補訂版』東京大学出版会。

Column6-1

板垣暁（2016）『日本経済はどのように歩んできたか』日本経済評論社。

大島久幸（2014）「商社」（橘川武郎・平野創・板垣暁編『日本の産業と企業』有斐閣）。

大島久幸（2014）「変貌する総合商社」（宮本又郎・岡部桂史・平野恭平編『1 からの経営史』碩学舎）。

三菱商事株式会社総務部社史担当編（2008）『三菱商事 50 年史』三菱商事株式会社。

Column6-2

青木昌彦・H. パトリック編（東銀リサーチインターナショナル訳）（1996）『日本のメインバンクシステム』東洋経済新報社。

岡崎哲二（1995）「戦後日本の金融システム」（森川英正・米倉誠一郎編『日本経営史 5　高度成長を超えて』岩波書店）。

橘川武郎（2010）「概観―「プラザ合意」以降の日本経済の変容と日本企業の動向」（橘川武郎・久保文克『講座日本経営史 6　グローバル化と日本型企業システムの変容』ミネルヴァ書房）。

橋本寿朗・長谷川信・宮島英昭・齊藤直（2019）『現代日本経済　第 4 版』有斐閣。

Column6-3

日本エネルギー研究所編（1986）『戦後エネルギー産業史』東洋経済新報社。

橘川武郎（2004）「エネルギー革命の進行」（経営史学会編『日本経営史の基礎知識』有斐閣，326-327 頁）。

Column6-4

板垣博（2004）「経済摩擦と対外直接投資」（経営史学会編『日本経営史の基礎知識』有斐閣，350-351 頁）。

トヨタグループ史編纂委員会（2005）『絆　豊田業団からトヨタグループへ』トヨタグループ史編纂委員会。

TOYOTA Global Newsroom「NUMMI 生産終了を受けて」2010 年 4 月 2 日。

第 7 章　平成期・令和期

7.1

板垣暁（2016）『日本経済はどのように歩んできたか』日本経済評論社。

内閣府『年次経済財政報告　各年度版』内閣府。

橋本寿朗・長谷川信・宮島英昭・齊藤直（2019）『現代日本経済　第 4 版』有斐閣。

7.2

禹宗杬（2010）「人事管理の変容」（橘川武郎・久保文克編著『グローバル化と日本型企業システムの変容』ミネルヴァ書房）。

厚生労働省（2005）『労働経済の分析　平成 17 年版』厚生労働省。

「日本経済新聞」2020 年 5 月 27 日，2021 年 6 月 24 日。

厚生労働省（2021）『「非正規雇用」の現状と課題』厚生労働省 HP（https://www.mhlw.go.jp/content/000830221.pdf　2021 年 12 月 23 日閲覧）。

橋本寿朗・長谷川信・宮島英昭・齊藤直（2019）『現代日本経済　第 4 版』有斐閣。

日立製作所（2021）『楠木建の「EFO ビジネスレビュー」』「対談 「ジョブ型雇用」とこれからの人財マ

ネジメントその1「ジョブ型雇用」の定義」日立製作所HP（https://www.foresight.ext.hitachi.co.jp/_ct/17419376　2021年12月23日閲覧）。

村上善紀（2007）「雇用構造改革」（伊丹敬之・田中一弘・加藤俊彦・中野誠『松下電器の経営改革』有斐閣）。

山本勲（2010）「賃金調整・雇用調整とフィリップス曲線の変化」（内閣府経済社会総合研究所企画・編集／樋口美雄編『バブル／デフレ期の日本経済と経済政策6　労働市場と所得分配』慶應義塾大学出版会。

労働政策研究・研修機構「早わかり　グラフでみる長期労働統計　平均勤続年数」労働政策研究・研修機構（https://www.jil.go.jp/kokunai/statistics/timeseries/html/g0213_01.html　2021年12月23日閲覧）。

7.3

秋吉史夫・柳川範之（2010）「コーポレート・ガバナンスに関する法制度改革の進展」（内閣府経済社会総合研究所企画・編集／寺西重郎編『バブル／デフレ期の日本経済と経済政策7　構造問題と規制緩和』慶應義塾大学出版会）。

橘川武郎（2010）「概観—「プラザ合意」以降の日本経済の変容と日本企業の動向」（橘川武郎・久保文克編著『グローバル化と日本型企業システムの変容』ミネルヴァ書房）。

土屋貴裕（2017）「国内勢の日本株保有比率上昇のために」大和総研（https://www.dir.co.jp/report/research/capital-mkt/securities/20171018_012379.pdf　2021年12月23日閲覧）。

西山賢吾（2014）「14年度の議決権行使の動向と15年度の注目点」（金融庁企業財務研究会『本年度の株主総会の動向　参考資料』野村證券 グローバル・リサーチ本部）（https://www.fsa.go.jp/frtc/kenkyu/gijiroku/20140709/01.pdf,　2021年12月23日閲覧）。

西山賢吾（2016）「日本の企業統治改革の進捗と今後の注目点」野村グループHP「財界観測」（https://www.nomuraholdings.com/jp/services/zaikai/journal/pdf/p_201604_01.pdf　2021/09/24閲覧）。

西山賢吾（2019）「我が国上場企業の株式持ち合い状況（2019年度）」野村グループHP（https://www.nomuraholdings.com/jp/sustainability/sustainable/finance/research/rs202012_06.html　2021/09/24閲覧）。

「日本経済新聞」（2017年12月4日，2018年7月29日，2019年5月22日，2021年4月2日，2021年6月17日）。

日本取引所グループ「改訂コーポレートガバナンス・コードの公表」「マーケットニュース2021年6月11日」（https://www.jpx.co.jp/news/1020/20210611-01.html　2021/09/24閲覧）。

橋本寿朗・長谷川信・宮島英昭・齊藤直（2019）『現代日本経済　第4版』有斐閣。

宮島英昭・河西卓弥（2010）「金融システムと企業統治—日本型企業システムの多元的進化—」（橘川武郎・久保文克『講座日本経営史6巻　グローバル化と日本型企業システムの変容』ミネルヴァ書房）。

7.4

秋吉史夫・柳川範之（2010）「コーポレート・ガバナンスに関する法制度改革の進展」（内閣府経済社会総合研究所企画・編集／寺西重郎編『バブル／デフレ期の日本経済と経済政策7　構造問題と規制緩和』慶應義塾大学出版会）。

江藤勝（2010）「構造改革における規制改革・民営化」（内閣府経済社会総合研究所企画・編集／寺西重郎編『バブル／デフレ期の日本経済と経済政策7　構造問題と規制緩和』慶應義塾大学出版会）。

経済産業省（2018）「平成27年純粋持株会社実態調査−平成26年度実績−」経済産業省。

首相官邸HP「規制改革推進会議」令和元年10月31日，令和3年8月23日（https://www.kantei.go.jp/jp/98_abe/actions/201910/31kiseikaikaku.html　2021年12月23日閲覧，https://www.kantei.go.jp/jp/99_suga/actions/202108/23kiseikaikaku.html　2021年12月23日閲覧）。

恒川惠一（2010）「規制緩和の政治過程」（内閣府経済社会総合研究所企画・編集／寺西重郎編『バブル／デフレ期の日本経済と経済政策7　構造問題と規制緩和』慶應義塾大学出版会）。

日本経済団体連合会（2018）「規制改革の成果と課題について聞く」『週刊経団連タイムス』No.3386　2018年11月22日（https://www.keidanren.or.jp/journal/times/2018/1122_08.html　2021年12月

23 日閲覧）。

「日本経済新聞」（2012 年 10 月 21 日，2016 年 5 月 29 日，2018 年 7 月 13 日）。

橋本寿朗・長谷川信・宮島英昭・齊藤直（2019）『現代日本経済　第 4 版』有斐閣。

松島茂（2010）「規制改革の進展」橘川武郎・久保文克『講座日本経営史 6 巻　グローバル化と日本型企業システムの変容』

7.5

池元有一（2011）「拡張と浸透」（武田晴人編『日本の情報通信産業史』有斐閣）。

経済産業省デジタルトランスフォーメーションに向けた研究会（2018）「DX レポート～IT システム『2005 年の崖』の克服と DX の本格的な展開」経済産業省（https://www.meti.go.jp/shingikai/mono_info_service/digital_transformation/pdf/20180907_03.pdf　2021 年 12 月 23 日閲覧）。

経済産業省デジタルトランスフォーメーションの加速に向けた研究会（2020）「DX レポート 2（中間とりまとめ）」経済産業省（https://www.meti.go.jp/press/2020/12/20201228004/20201228004-2.pdf　2021 年 12 月 23 日閲覧）。

建設経済研究所（2000）「日本経済と公共投資　No.35」財団法人建設経済研究所。

建設経済研究所（2001）「日本経済と公共投資　No.37」財団法人建設経済研究所。

新宅純二郎（2004）「規制緩和のインパクト」（経営史学会編『日本経営史の基礎知識』有斐閣，376-377 頁）。

総務省『情報通信白書　平成 15 年度版，令和 3 年度版』日経印刷。

東洋経済新報社『会社四季報　各年版』東洋経済新報社。

羽渕貴司（2004）「通信自由化のインパクト」（経営史学会編『日本経営史の基礎知識』有斐閣，356-357 頁）。

7.6

大蔵省（1998）「金融改革法について」財務省 HP（https://www.fsa.go.jp/p_mof/low/1f001.htm　2021 年 9 月 25 日閲覧）。

粕谷誠（2019）『コア・テキスト経営史』新世社。

齊藤直（2014）「銀行」（橘川武郎・平野創・板垣暁『日本の産業と企業』有斐閣）。

内閣府（2006）『年次経済財政報告　平成 18 年度』内閣府。

日本銀行「FinTech（フィンテック）とは何ですか？」日本銀行 HP（https://www.boj.or.jp/announcements/education/oshiete/kess/i25.htm　2021 年 9 月 25 日閲覧）。

橋本寿朗・長谷川信・宮島英昭・齊藤直（2019）『現代日本経済　第 4 版』有斐閣。

深尾光洋（2009）「銀行の経営悪化と破綻処理」（内閣府経済社会総合研究所企画・編集／池尾和人編『バブル／デフレ期の日本経済と経済政策 4　不良債権と金融危機』慶應義塾大学出版会。

野村総合研究所金融イノベーション研究部編（2019）『日本の金融ビジネス　2019 ／ 2020』野村総合研究所（https://www.nri.com/-/media/Corporate/jp/Files/PDF/knowledge/publication/jfb/JFB_2019_2020.pdf? la=ja-JP&hash=F43016217EA4A62DBB7DCA4083151B3A56A82858　2021 年 12 月 23 日閲覧）。

7.7

久保文克（2010）「グローバル化とアジア化」（橘川武郎・久保文克編著『グローバル化と日本型企業システムの変容』ミネルヴァ書房）。

「日本経済新聞」（2011 年 8 月 2 日，2011 年 11 月 4 日，2015 年 12 月 22 日，2017 年 1 月 20 日）。

ジェトロ海外ビジネス調査部（2020）「2020 年度日本企業の海外事業展開に関するアンケート調査報告書」日本貿易振興機構（https://www.jetro.go.jp/ext_images/_Reports/01/3f6c5dc298a628be/20200024.pdf　2021 年 9 月 26 日閲覧）。

レコフデータ「1985 年以降のマーケット別 M&A 件数の推移」マールオンライン（https://www.marr.jp/genre/graphdemiru，2021 年 12 月 23 日閲覧）。

JETRO『ジェトロ貿易投資白書　各年版』日本貿易振興機構。

JETRO『ジェトロ世界貿易投資報告　各年版』日本貿易振興機構。

橋本寿朗・長谷川信・宮島英昭・齊藤直（2019）『現代日本経済　第 4 版』有斐閣。

JETRO「直接投資統計」日本貿易振興機構 HP（https://www.jetro.go.jp/world/japan/stats/fdi.html　2021 年 9 月 26 日閲覧）。

7.8

橘川武郎（2007）「経済成長と日本型企業経営」（宮本又郎・阿部武司・宇田川勝・沢井実・橘川武郎『日本経営史［新版］』有斐閣）。

内閣府『年次経済財政報告　各年版』内閣府。

内閣府政策統括官（経済財政分析担当）（2020）「日本経済 2019-2020」（https://www5.cao.go.jp/keizai3/2019/0207nk/nk19.html　2021 年 12 月 23 日閲覧）。

内閣府政策統括官（経済財政分析担当）（2021）「日本経済 2020-2021」（https://www5.cao.go.jp/keizai3/2020/0331nk/nk20.html　2021 年 12 月 23 日閲覧）。

東京商工リサーチ（2019）「リーマンショック後の企業業績調査」東京商工リサーチ HP（https://www.tsr-net.co.jp/news/analysis/20191213_01.html　2021 年 12 月 23 日閲覧）。

Column7-1

矢作敏行（2004）「チェーンストア」（石原武政・矢作敏行編『日本の流通 100 年』有斐閣）。

「日本経済新聞」（2012 年 10 月 21 日，2018 年 7 月 13 日）。

満薗勇（2021）『日本流通史』有斐閣。

Column7-2

旭化成株式会社 HP（https://www.asahi-kasei.com/jp　2021 年 12 月 23 日閲覧）。

経済産業省（2019）「工業統計調査　平成 30 年確報　産業別統計表」経済産業省。

武田晴人（2007）「需要構造」（武田晴人編『日本経済の戦後復興』有斐閣）。

東レ株式会社 HP（https://www.toray.co.jp　2021 年 12 月 23 日閲覧）。

日本取引所グループ HP（https://www.jpx.co.jp　2021 年 12 月 23 日閲覧）。

Column7-3

キリンホールディングス（2011）「スキンカリオール社の子会社化について」2011 年 8 月 2 日（http://pdf.irpocket.com/C2503/pTWD/qWtQ/Hp8F.pdf　2021 年 12 月 23 日閲覧）。

キリンホールディングス（2011）「スキンカリオール・グループの株式の追加取得（100％子会社化）に関するお知らせ」2011 年 11 月 4 日（https://www.kirinholdings.com/jp/newsroom/release/2011/1104_01.html　2021 年 12 月 23 日閲覧）。

キリンホールディングス（2017）IR リリース「ブラジルキリン社の株式譲渡に関するお知らせ」2017 年 2 月 13 日（https://pdf.irpocket.com/C2503/Wc5N/C8lF/xwof.pdf　2021 年 12 月 23 日閲覧）。

「日本経済新聞」（2011 年 8 月 2 日，2011 年 11 月 4 日，2015 年 12 月 22 日，2017 年 1 月 20 日）。

Column7-4

出光興産「東京証券取引所市場第一部に株式上場」出光興産 HP（https://www.idemitsu.com/jp/enjoy/history/idemitsu/chronicle/47.html　2021 年 12 月 23 日閲覧）。

すかいらーくグループ「沿革」すかいらーくグループ HP（https://www.skylark.co.jp/company/skylark_history.html　2021 年 12 月 23 日閲覧）。

東洋経済新報社（2019）『会社四季報　未上場会社版　2020 年』東洋経済新報社。

第 8 章　イギリス

8.1

太田美和子（2012）『世界のチェーンストアに学ぶ　イギリス視察ハンドブック』商業界。

米川伸一（1977）「イギリス」（米川伸一編『経営史』（有斐閣双書）有斐閣）。

OECD (2018), *OECD Regions and Cities at a Glance 2018*, Paris: OECD Publishing.

8.2

浅田實（1989）『東インド会社』（講談社現代新書）講談社。

安部悦生（1987）「イギリスにおける現代企業の発達：1840 年代～1960 年代」（鈴木良隆・安部悦生・米倉誠一郎『経営史』有斐閣）。

川北稔（1993）『洒落者たちのイギリス史』（平凡社ライブラリー）平凡社。

川北稔（1996）『砂糖の世界史』（岩波ジュニア新書）岩波書店。

小松章（2000）『企業形態論　第2版』新世社。

J. サースク著，三好洋子訳（1984）『消費社会の誕生』東京大学出版会。

菅原歩（2018a）「世界システムの形成」（河﨑信樹・奥和義編『一般経済史』ミネルヴァ書房）。

角山栄（1980）『茶の世界史』（中公新書）中央公論社。

松井透（1991）『世界市場の形成』岩波書店。

Chaudhuri, N. K. (1965), *The English East India Company: the Study of an Early Joint-Stock Company 1600-1640*, London: Frank Cass.

Davis, Ralph (1962), "English Foreign Trade, 1700-1774", *Economic History Review*, 15-2, pp.285-303.

8.3

大野誠（2017）『ワットとスティーヴンソン』山川出版社。

S. D. チャップマン著，佐村明知訳（1990）『産業革命のなかの綿工業』晃洋書房。

F. マルカム・J. ギリンガム著，中村英勝・森岡敬一郎・石井麻耶子訳（1983）『イギリス歴史地図』東京書籍。

米倉誠一郎（1999）『経営革命の構造』（岩波新書）岩波書店。

湯沢威（2010）「イギリス」（小池滋・青木栄一・和久田康雄編『鉄道の世界史』悠書館）。

8.4

J. ジェフリー著，安室憲一・梅野巨利訳（2007）『国際経営講義：多国籍企業とグローバル資本主義』有斐閣。

菅原歩（2014）「国際資本移動と国際労働移動　1870 – 1913」（西村閑也・鈴木俊夫・赤川元章編『国際銀行とアジア　1870 – 1913』慶應義塾大学出版会）。

鈴木俊夫（2007）「国際銀行史」（上川孝夫・矢後和彦編『国際金融史』有斐閣）。

玉木俊明（2019）『逆転のイギリス史：衰退しない国家』日本経済新聞出版社。

L. ハンナ・和田一夫（2001）『見えざる手の反逆』有斐閣。

D. R. ヘッドリク著，横井勝彦・渡辺昭一監訳（2013）『インヴィジブル・ウェポン』日本経済評論社。

Barbour, Philippe A. and April Dougal Gasbarre, updated by David E. Salamie (1999), "De Beers Consolidated Mines Limited/De Beers Centenary AG," Jay P. Pederson (ed.), *International Directory of Company Histories*, Vol. 28, Detroit, St. James Press, pp.88-94.

Ferguson, Niall (2003), *Empire: How Britain Made the Modern World*, London: Penguin Books.

Harvey, Charles Edward, updated by Dorothy Kroll, Stacee Sledge, and Christina M. Stanell (2011), "Rio Tinto PLC," Tina Grant (ed.), *International Directory of Company Histories*, Vol. 120, Detroit, St. James Press, pp.361-368.

Jones, Geoffrey, updated by Shawna Brynildssen, and Jeffrey L. Covel (2010), "Royal Dutch Shell plc," Jay P. Pederson (ed.), *International Directory of Company Histories*, Vol. 108, Detroit, St. James Press, pp.426-432.

Jones, Geoffrey and Gillan Wolf, updated by April Dougal Gasbarre, Shawna Brynildssen, Paul R. Greenland (2017), "BP p. l. c.," Jay P. Pederson (ed.), *International Directory of Company Histories*, Vol. 189, Farmington, Mich., St. James Press, pp.81-89.

8.5

坂出健（2010）『イギリス航空機産業と「帝国の終焉」』有斐閣。

坂本悠志（1996）「戦間期のイギリス」（湯沢威編『イギリス経済史』有斐閣）。

P. N. アンドリュー著，横井勝彦・山本正訳（1996）『大英帝国歴史地図』東洋書林。

中本秀和（1996）「自動車産業の盛衰」（湯沢威編『イギリス経済史』有斐閣）。

Church, Roy and Michael Miller (1977), "The Big Three: Competition, Management, and Marketing in the British Motor Industry, 1922-1939," Barry Supple (ed.), *Essays in British Business History*, Oxford and New York: Clarendon Press, pp.163-186.

Davis, Ronald E.G. (1964), *A History of World's Airlines*, London: Oxford University Press.

Keith Hayward (1983), *Government and British Civil Aerospace: A Case Study in Post-War Technology Policy*,

Manchester, Manchester University Press.

Salamie, David E., Suzanna Selvaggi, and M. L. Caben (2010), "British Airways PLC," Jay P. Pederson (ed.), *International Directory of Company Histories*, Vol. 105, Detroit, St. James Press, pp.50-59.

Verzhbinsky, Moya, updated by April Dougal Gosbarre, M. L. Coben, and Cris Herzog (2017) "British Broadcasting Corporation Ltd.," Steven Long, Derek Jacques, and Paola Kepos (eds.), *International Directory of Company Histories*, Vol. 186, Farmington, Mich., St. James Press, pp.60-67.

8.6

J. オーウェン著，和田一夫監訳（2004）『帝国からヨーロッパへ』名古屋大学出版会。

坂出健（2010）『イギリス航空機産業と「帝国の終焉」』有斐閣。

日本原子力産業会議（1983）『原子力発電所一覧表　1983年12月31日現在』日本原子力産業会議。

吉岡斉（2011）『新版 原子力の社会史』朝日新聞出版。

8.7

J. オーウェン著，和田一夫監訳（2004）『帝国からヨーロッパへ』名古屋大学出版会。

菅原歩（2018b）「国際金融市場：世界の取引所再編」（国際銀行史研究会編『金融の世界現代史』一色出版。

鈴木均（2015）『サッチャーと日産英国工場』吉田書店。

D. ヤーギン，J. スタニスロー著，山岡洋一訳（2001）『市場対国家　上・下』（日経ビジネス人文庫）日本経済新聞出版社。

湯沢威（1996）「戦後イギリス経済の軌跡」（湯沢威編『イギリス経済史』有斐閣）。

Owen, Jeoffrey (1999), *From Empire to Europe: the Decline and Revival of British Industry since the Second World War*, London: Harper Collins.

8.8

太田美和子（2012）『世界のチェーンストアに学ぶ　イギリス視察ハンドブック』商業界。

近藤康史（2017）『分解するイギリス』（ちくま新書）筑摩書房。

西澤昭夫（2012）「地域エコシステム構築の現状と課題」（西澤昭夫・忽那憲治・樋原伸彦・佐分利応貴・若林直樹・金井一頼）『ハイテク産業を創る地域エコシステム』有斐閣）。

羽生善治，NHKスペシャル取材班（2017）『人工知能の核心』（NHK出版新書）NHK出版。

宮永博史（2018）『ダントツ企業：「超高収益」を生む，7つの物語』（NHK出版新書）NHK出版。

森川潤（2021）『グリーン・ジャイアント』（文春新書）文藝春秋。

「日本経済新聞」（2019年7月14日，2021年7月5日）。

"Financial Times" (June 11, 2021).

厚生労働省（2021）「コロナワクチンに関する状況（海外開発）」（https://www.mhlw.go.jp/stf/seisakunitsuite/bunya/0000121431_00223.html　2022年2月1日閲覧）。

自然エネルギー財団（2021）「洋上風力発電に関する世界の動向［第2版］」（https://www.renewable-ei.org/pdfdownload/activities/202106_OffshorewindInfo.pdf　2022年2月1日閲覧）。

BBC News Japan（2022年1月1日）「ブレグジットから1年，イギリス企業はどんな影響を受けたのか」（https://www.bbc.com/japanese/features-and-analysis-59778768　2022年2月1日閲覧）。

第9章　フランス

9.1

原輝中編（1980）『フランス経営史』有斐閣。

原輝史（1986）『フランス資本主義．成立と展開』日本経済評論社。

ピエール＝イヴ・ドンゼ（2018）「海外研究動向 フランスにおける経営史研究」（『経営史学』第54巻第3号，28-40頁，経営史学会）。

中川洋一郎（1994）『フランス金融史研究』中央大学出版部。

ミッシェル・マルゲラズ著，廣田功・権上康男訳（2004）『20世紀フランス資本主義史論』日本経済評論社。

Bonin, Hubert (2006), *Histoire de la Société générale*, Genève : Librairie Droz.

Cassis, Youssef (2003), "Business History in France," Franco Amatori and Geoffrey Jones, eds., *Business History around the World*, Cambridge: Cambridge University Press, pp. 192-214.

Daumas, Jean-Claude, ed. (2010), *Dictionnaire historique des patrons français*, Paris: Flammarion.

Joly, Hervé (2013), *Diriger une grande entreprise au XXe siècle : l'élite industrielle française*, Tours : Presses universitaires François-Rabelais.

Landes, David (1949), "French entrepreneurship and industrial growth in the nineteenth century," *The Journal of Economic History*, 9-1, pp. 45-61.

Lescure, Michel (1996), *PME et croissance économique. L'expérience française des années 1920*, Paris: Economica.

Marseille, Jacques (2000), *Créateurs et création d'entreprises de la révolution industrielle à nos jours*, Paris: Association pour le développement de l'histoire économique.

Woronoff, Denis (1994), *Histoire de l'industrie en France du XVIe siècle à nos jours*, Paris: Le Seuil.

9.2

遠藤輝明編（1982）『国家と経済：フランス・ディリジスムの研究』東京大学出版会。

9.3

内田日出海（2021）『アルザス社会経済史』刀水書房。

大森弘喜（1996）『フランス鉄鋼業史』ミネルヴァ書房。

作道潤（1995）『フランス化学工業史研究』有斐閣。

松坂浩史（1999）『フランス高等教育制度の概要』広島大学大学教育研究センター。

Briot, Eugénie (2011), "From industry to luxury: French perfume in the nineteenth century," *Business History Review*, 85-2, pp. 273-294.

9.4

Stoskopf, Nicolas (1994), Les patrons du Second Empire. Alsace. Paris: Picard.

9.5

Fridenson, Patrick (1999), "France: The Relatively Slow Development of Big Business in the Twentieth Century," Alfred D. Chandler Jr., Franco Amatori, and Takashi Hikino, ed., *Big Business and the Wealth of Nations*, Cambridge: Cambridge University Press, pp. 207-245.

Lévy-Leboyer, Maurice (1980), "The large corporation in modern France," Alfred Chandler and Herman Daems (eds.), *Managerial Hierarchies: comparative perspectives on the rise of the modern industrial enterprise*, Cambridge: Harvard University Press, pp. 117-160.

Loubet, Jean-Louis (2001), *Histoire de l'automobile française*, Paris: Le Seuil.

Moutet, Aimée (1997), *Les logiques de l'entreprise: La rationalisation dans l'industrie française de l'entre-deux-guerres*, Paris : EHESS.9.

9.6

ルイ・ベルジュロン著，内田日出海訳（2017）『フランスのラグジュアリー産業』文眞堂。

Brachet Champsaur, Florence (2010), "Madeleine Vionnet and Galeries Lafayette: The unlikely marriage of a Parisian couture house and a French department store, 1922-40," *Business History*, 54-1, pp. 48-66.

Pouillard, Véronique (2011), "Design piracy in the fashion industries of Paris and New York in the interwar years," *Business History Review*, 85-2, pp. 319-344.

9.7

堀田和宏（1974）『フランス公企業の成立』ミネルヴァ書房。

9.8

石山幸彦（2009）『ヨーロッパ統合とフランス鉄鋼業』日本経済評論社。

古賀和文（2000）『欧州統合とフランス産業』九州大学出版会。

Barjot, Dominique (2001), "Public utilities and private initiative: The French concession model in historical perspective," *Business History*, 53-5, pp. 782-800.

第10章 ドイツ

10.1

Kiesewetter, Hubert (1989), *Industrielle Revolution in Deutschland 1815-1914*, F. a. M: Suhrkamp.

Buchheim, Christoph (1997), *Einführung in die Wirtschaftsgeschichte*, München: C. H. Beck.

三ツ石郁夫（1997）『ドイツ地域経済の史的形成』勁草書房。

渡邉尚（2000）『ヨーロッパの発見』有斐閣。

経営史学会編（2005）『外国経営史の基礎知識』有斐閣。

10.2

高橋秀行（1986）『近代ドイツ工業政策史』神戸大学研究双書刊行会。

Kiesewetter, Hubert (1989), *Industrielle Revolution in Deutschland 1815-1914*, F. a. M: Suhrkamp.

Pierenkemper, Toni (1996), *Umstrittene Revolution: Die Industrialisierung im 19. Jahrhundert*, F. a. M.: Fischer Taschenbuch Verlag.

鳩澤歩（2006）『ドイツ工業化における鉄道業』有斐閣。

奥西孝至・鳩澤歩・堀田隆司・山本千映（2010）『西洋経済史』（有斐閣アルマ）有斐閣。

10.3

A. D. チャンドラー Jr.著，安部悦生・川辺信雄・工藤章・西牟田祐二・日高千景・山口一臣訳（1993）『スケールアンドスコープ』有斐閣。

奥西孝至・鳩澤歩・堀田隆司・山本千映（2010）『西洋経済史』（有斐閣アルマ）有斐閣。

工藤章（1999）『20世紀ドイツ　資本主義』東京大学出版会。

Torp, Cornelius (translated by Skinner, Alex) (2014), *The Challenges of Globalization:Economy and Politics in Germany, 1860-1914*, Berghahn.

S. コンラート著，小田原琳訳（2021）『グローバル・ヒストリー』岩波書店。

10.4

Kocka, Jürgen (translated by Weinberger, Barbara) (1984), *Facing Total War: German Society, 1914-1918*, Harvard University Press.

小野清美（1966）『テクノクラートの世界とナチズム』ミネルヴァ書房。

Torp, Cornelius (translated by Skinner, Alex) (2014), *The Challenges of Globalization:Economy and Politics in Germany, 1860-1914*, Berghahn.

小野塚知二編（2014）『第一次世界大戦開戦原因の再検討』岩波書店。

田嶋信雄・工藤章編（2017）『ドイツと東アジア　1891-1945』東京大学出版会。

竹中亨（2018）『ヴィルヘルム2世』（中公新書）中央公論社。

10.5

有沢廣巳（1994）『ワイマール共和国物語　上・下』東京大学出版会。

工藤章（1999）『現代ドイツ化学企業史』ミネルヴァ書房。

工藤章（1999）『20世紀ドイツ 資本主義』東京大学出版会。

雨宮昭彦（2005）『競争秩序のポリテイクス』東京大学出版会。

R. ゲルヴァルト著，小原淳訳（2018）『敗北者たち』みすず書房。

10.6

A. シュペーア著，品田豊治訳（2001/2020）『ナチス軍需相の証言　上・下』（中公文庫）中央公論社。

矢野久（2004）『ナチス・ドイツの外国人』現代書館。

雨宮昭彦・J. シュトレープ編（2009）『管理された市場経済の生成』日本経済評論社。

川瀬泰史（2017）『シャハト：ナチスドイツのテクノクラートの経済政策とその構想』三恵社。

鳩澤歩（2018）『鉄道人とナチス』国書刊行会。

A. トゥーズ（山形浩生・森本正史訳）（2019）『ナチス　破壊の経済 1923-1945　上・下』みすず書房。

10.7

出水宏一（1978）『戦後ドイツ経済史』東洋経済新報社。

W. R. スマイサー著，走尾正敬訳（1992）『入門現代ドイツ経済』日本経済新聞社。

W. アーベルスハウザー著，酒井昌美訳（1994）『現代ドイツ経済論』朝日出版社。

古内博行（2007）『現代ドイツ経済の歴史』東京大学出版会。

T. ジャット著，森本醇訳（2008）『ヨーロッパ戦後史（上）1945-1971』みすず書房。

H. ケルブレ著，永岑三千輝監訳（2014）『冷戦と福祉国家』日本経済評論社。

10.8

アンドレアス・レダー著，板橋拓己訳（2020）『ドイツ統一』（岩波新書）岩波書店。

鴋澤歩編（2011）『ドイツ現代史探訪』大阪大学出版会。

W. アーベルスハウザー著，雨宮昭彦・浅田進史訳（2009）『経済文化の闘争』東京大学出版会。

藤澤利治・工藤章編（2019）『ドイツ経済』ミネルヴァ書房。

W. グルーナー著，丸畠宏太・進藤修一・野田省吾訳『ヨーロッパのなかのドイツ 1800-2002』ミネルヴァ書房。

Column10-1

W. マンチェスター著，鈴木主税訳（1982）『クルップの歴史 1587〜1968　上・下』フジ出版社。

N. ムーレン著，江藤淳訳（1961）『クルップ五代記』新潮社。

Gall, Lothar（2000）, *Krupp. Der Aufstieg eines Industrieimperiums*, Berlin: Siedler Verlag.

田中洋子（2001）『ドイツ企業社会の形成と変容』ミネルヴァ書房。

Column10-2

有沢廣巳（1994）『ワイマール共和国物語　上・下』東京大学出版会。

A. ファーガソン（2011）（黒輪篤嗣・桐谷知未訳）『ハイパーインフレの悪夢』新潮社。

平井正（1981）『ベルリン　1923-1927：虚栄と倦怠の時代』せりか書房。

Column10-3

雨宮昭彦・J. シュトレープ編（2009）『管理された市場経済の生成：介入的自由主義の比較経済史』日本経済評論社。

川瀬泰史（2017）『シャハト：ナチスドイツのテクノクラートの経済政策とその構想』三恵社。

鴋澤歩（2021）『ナチスと鉄道：共和国の崩壊から独ソ戦，敗亡まで』（NHK 出版新書）NHK 出版。

Column10-4

須山光一（2014）「ドイツ企業共同決定制の過去・現在・未来」（『明星大学経済学研究紀要』46 巻 No. 1・2，明星大学経済学研究室）。

Column10-5

A. D. チャンドラー Jr.著，安部悦生・川辺信雄・工藤章・西牟田祐二・日高千景・山口一臣訳（1993）『スケールアンドスコープ』有斐閣。

W. アーベルスハウザー著，雨宮昭彦・浅田進史訳（2009）『経済文化の闘争』東京大学出版会。

藤澤利治・工藤章編（2019）『ドイツ経済』ミネルヴァ書房。

第 11 章　アメリカ

11.1

A. D. チャンドラー Jr.著，鳥羽欽一郎・小林袈裟治訳（1979）『経営者の時代　上・下』東洋経済新報社。

J. ショア著，森岡孝二監訳（2000）『消費するアメリカ人』岩波書店。

11.2

M. ブラックフォード，K. カー著，川辺信雄監訳（1988）『アメリカ経営史』ミネルヴァ書房。

H. クルース，C. ギルバート著，鳥羽欽一郎・山口一臣・厚東偉介・川辺信雄訳（1974）『アメリカ経営史　上・下』東洋経済新報社。

11.3

秋元英一（1995）『アメリカ経済の歴史　1492-1993』東京大学出版会。

M. ブラックフォード，K. カー著，川辺信雄監訳（1988）『アメリカ経営史』ミネルヴァ書房。

安部悦生・寿永欣三郎・山口一臣・宇田理・高橋清美・宮田憲一（2020）『ケースブック アメリカ経営史 [新版]』有斐閣。

11.4

A. D. チャンドラー Jr.著，鳥羽欽一郎・小林袈裟治訳（1979）『経営者の時代　上・下』東洋経済新報社。

Livesay, Harold（1975）, *Andrew Carnegie and the Rise of Big Business*, Little Brown.

鈴木良隆・大東英祐・武田晴人（2004）『ビジネスの歴史』有斐閣。

11.5

A. D. チャンドラー Jr.著，鳥羽欽一郎・小林袈裟治訳（1979）『経営者の時代　上・下』東洋経済新報社。

A. D. チャンドラー Jr.著，安部悦生・川辺信雄・工藤章・西牟田祐二・日高千景・山口一臣訳（1993）『スケールアンドスコープ』有斐閣。

11.6

H. スタイン著，鳥羽欽一郎訳（1986）『生き残る会社・消える会社』TBS ブリタニカ。

橋本輝彦（2005）「アメリカ大企業の長期存続と組織能力」（『立命館経営学』43 巻 5 号, 37-67 頁，立命館大学経営学会）。

Harris Corporation (1986), "Founding Dates of the 1994 *Fortune* 500 U. S. Companies," *Business History Review*, 70 (Spring).

N. Fligstein (1990), *The Transformation of Corporate Control*, Harvard University Press.

11.7

S. ギャロウェイ著，渡会圭子訳（2018）『GAFA』東洋経済新報社。

安部悦生・寿永欣三郎・山口一臣・宇田理・高橋清美・宮田憲一（2020）『ケースブック アメリカ経営史［新版］』有斐閣。

11.8

L. ギャランボス，J. プラット著，小林啓志訳（1990）『企業国家アメリカの興亡』新森書房。

J. フーブス著，小山久美子訳（2015）『格差社会とアメリカン・ドリームの復活』彩流社。

R. ライシュ著，雨宮寛・今井章子訳（2008）『暴走する資本主義』東洋経済新報社。

谷口明丈・須藤功編（2017）『現代アメリカ経済史』有斐閣。

Column11-2

A. D. チャンドラー Jr.著，有賀裕子訳（2004）『組織は戦略に従う』ダイヤモンド社。

A. P. スローン著，有賀裕子訳（2003）『GM とともに』ダイヤモンド社。

Column11-5

L. ケイニー著，堤沙織訳（2019）『ティム・クック』SB クリエイティブ。

古矢旬（2020）『グローバル時代のアメリカ』（岩波新書）岩波書店。

第 12 章　アジア

12.1

K. ポメランツ著，川北稔訳（2015）『大分岐』名古屋大学出版会。

世界銀行著，白鳥正喜監訳（1994）『東アジアの奇跡』東洋経済新報社。

12.2

桑原哲也（1990）『企業国際化の史的分析』森山書店。

桑原哲也（2004）「在華紡の組織能力」（『龍谷大学経営学論集』44 巻 1 号，龍谷大学経営学会）。

杉原薫（1996）『アジア間貿易の形成と構造』ミネルヴァ書房。

高村直助（1982）『近代日本綿業と中国』東京大学出版会。

12.3

九州経済調査協会（1967）『韓国の工業』アジア経済研究所。

久保亨（2013）「戦後東アジア綿業の複合的発展」（秋田茂編『アジアからみたグローバルヒストリー』ミネルヴァ書房）。

笹本武治・川野重人（1968）『台湾経済総合研究　下』アジア経済研究所。

富澤芳亜（2019）「中国の繊維産業—技術者養成からの視点—」（堀和生・萩原充編『"世界の工場"へ

の道』京都大学学術出版会）。

福岡正章（2008）「朝鮮・韓国繊維産業の成立と展開—連続と断絶—」（堀和生編『東アジア資本主義史論Ⅱ』ミネルヴァ書房）。

黄東之（1956a）「臺灣之紡織工業」（臺灣銀行經濟研究室編『臺灣銀行季刊』第7巻1期，台湾銀行）。

黄東之（1956b）「臺灣之棉紡工業」（『臺灣銀行季刊』第7巻1期，台湾銀行）。

瞿宛文（2008）「重看臺灣棉紡織業早期的發展」（『新史學』第19巻1期，新史學雜誌社）。

12.4

「韓国進出日本企業インタビュー・競争から共創へ 第13回〜東レ専務 小泉愼一氏〜」（『東洋経済日報』2007年12月22日）。

安部誠・川上桃子・佐藤幸人（1996）「産業の比較分析」（服部民夫・佐藤幸人編『韓国・台湾の発展メカニズム』アジア経済研究所）。

湊照宏（2019）「台湾合成繊維産業の発展と産業政策」（武田晴人・林采成編『歴史としての高成長：東アジアの経験』京都大学学術出版会）。

12.5

井上隆一郎編（1994）『アジアの財閥と企業［新版］』日本経済新聞社。

岩崎育夫編（2003）『アジアの企業家』東洋経済新報社。

大野健一・桜井宏二郎（1997）『東アジアの開発経済学』有斐閣。

末廣昭（2000）『キャッチアップ型工業化論』名古屋大学出版会。

谷浦孝雄（1992）「発展途上国のビジネス・グループ—7　韓国—ラッキー金星グループ」（『アジア経済』第33巻第6号，日本貿易振興機構アジア経済研究所学術情報センター）。

服部民夫編（1987）『韓国の工業化』アジア経済研究所。

Akamatsu, K. (1962), A Historical Pattern of Economic Growth in Developing Countries. *The Developing Economies*, 1, pp.3-25.

12.6

石崎菜生（2000）「韓国の重化学工業化政策と『財閥』」（東茂樹編『発展途上国の国家と経済』アジア経済研究所）。

佐藤幸人（2008）「台湾鉄鋼業の成長および高度化のメカニズム—自動車産業に依存しない発展のプロセスと可能性—」（佐藤創編『アジア諸国の鉄鋼業』アジア経済研究所）。

服部民夫（1996）「韓国における『財閥』的企業発展」（服部民夫・佐藤幸人編『韓国・台湾の発展メカニズム』アジア経済研究所）。

12.7

朝元照雄（2014）『台湾の企業戦略』勁草書房。

佐藤幸人（2007）『台湾ハイテク産業の生成と発展』岩波書店。

平井岳哉（2015）「サムスン電子の成長戦略—半導体および後発3事業の成長を中心に—」（橘川武郎・久保文克・佐々木聡・平井岳哉編『アジアの企業間競争』文眞堂）。

吉岡英美（2010）『韓国の工業化と半導体産業』有斐閣。

12.8

佐藤幸人（2017）「台湾のコンビニエンスストアの概況とそのソーシャルセイフティネットとしての可能性」（佐藤寛編『日本型コンビニエンスストア途上国展開と貧困削減』アジア経済研究所）。

鍾淑玲（2006）『製販統合型企業の誕生』白桃書房。

谷ヶ城秀吉（2015）「日本型コンビニエンスストア・チェーンのアジア市場展開」（橘川武郎・久保文克・佐々木聡・平井岳哉編『アジアの企業間競争』文眞堂）。

「日本経済新聞」2014年3月28日「ファミマ，韓国から撤退　全株式を市場で売却」。

謝国興（2005）『台南幫』交流協会。

第13章　グローバル経営史

13.1

A. ガーシェンクロン著，絵所秀紀・雨宮昭彦・峯陽一・鈴木義一訳（2005）『後発工業国の経済史』ミ

ネルヴァ書房。

末廣昭（2000）『キャッチアップ型工業化論』名古屋大学出版会。

川上桃子（2012）『圧縮された産業発展』名古屋大学出版会。

W. W. ロストウ著，木村健康・久保まち子・村上泰亮訳（1961）『増補　経済成長の諸段階』ダイヤモンド社。

13.2

ヤン・ライテン・ファン・ザンデン著，戸石七生・崔裕眞訳（2009）「中世における「ヨーロッパの軌跡」の起源についての仮説と推論」（『社会経済史学』74 巻 6 号，535-556 頁，社会経済史学会）。

E. L. ジョーンズ著，安元稔・脇村孝平訳（2000）『ヨーロッパの奇跡』名古屋大学出版会。

K. ポメランツ著，川北稔訳（2015）『大分岐』名古屋大学出版会。

桜田美津夫（2017）『物語 オランダの歴史』（中公新書）中央公論社。

I. ウォーラーステイン著，山下範久訳（2006）『入門 世界システム分析』藤原書店。

川北稔（2016）『世界システム論講義』筑摩書房。

C. マン著，布施由紀子訳（2016）『1493』紀伊國屋書店。

13.3

J. ジョーンズ著，安室憲一・梅野巨利訳（2007）『国際経営講義』有斐閣。

安部悦生編著（2017）『グローバル企業』文眞堂。

J. ジョーンズ著，坂本恒夫・鳥居陽介・正田繁訳（2018）『起業家精神と多国籍企業の歴史』中央経済社。

R. ボールドウィン著，遠藤真美訳（2018）『世界経済 大いなる収斂』日本経済新聞出版社。

13.4

黒澤隆文（2019）「多国籍企業と政治リスク，ナショナリズム―グローバル・ビジネス環境の長期動態−」（『経済学論究』73 巻 2 号，75-106 頁（http://hdl.handle.net/10236/00028376））。

黒澤隆文（2012）「第二次大戦・二重の封鎖と中立国スイスの多国籍企業 ─ロシュ社の組織構造と大西洋を跨ぐコミュニケーション」（『広島大学経済論叢』36 巻 2 号，45-62 頁，広島大学経済学会（https://ir.lib.hiroshima-u.ac.jp/ja/00034046））。

猪俣哲史（2019）『グローバル・バリューチェーン』日本経済新聞出版社。

13.5

猪木武徳（2009）『戦後世界経済史』（中公新書）中央公論社。

F. アマトーリ，A・コリー著，西村成弘・伊藤健市訳（2014）『ビジネス・ヒストリー』ミネルヴァ書房。

R. ボールドウィン著，遠藤真美訳（2018）『世界経済 大いなる収斂』日本経済新聞出版社。

13.6

猪俣哲史（2019）『グローバル・バリューチェーン』日本経済新聞出版社。

橘川武郎・黒澤隆文・西村成弘（2016）『グローバル経営史』名古屋大学出版会。

N. ワプショット著，久保恵美子訳（2014）『レーガンとサッチャー』（新潮選書）新潮社。

冨田浩司（2018）『マーガレット・サッチャー』（新潮選書）新潮社。

13.7

M. アルベール著，久水宏之監修，小池はるひ訳（2011）『資本主義対資本主義　改定新版』竹内書店新社。

P. ホール，D. ソスキス編，遠山弘徳・安孫子誠男・山田鋭夫・宇仁宏幸・藤田菜々子訳（2007）『資本主義の多様性』ナカニシヤ出版。

B. アマーブル著，山田鋭夫・原田裕治訳（2005）『五つの資本主義』藤原書店。

S. ジャコービィ著，鈴木良始・伊藤健市・堀龍二訳（2005）『日本の人事部・アメリカの人事部』東洋経済新報社。

J. アベグレン著，山岡洋一訳（2004）『新・日本の経営』日本経済新聞出版社。

F. アマトーリ，A・コリー著，西村成弘・伊藤健市訳（2014）『ビジネス・ヒストリー』ミネルヴァ書房。

13.8

R. ボールドウィン著，遠藤真美訳（2018）『世界経済 大いなる収斂』日本経済新聞出版社。

末廣昭（2000）『キャッチアップ型工業化論』名古屋大学出版会。

橘川武郎・黒澤隆文・西村成弘（2016）『グローバル経営史』名古屋大学出版会。

第 14 章　テーマからみる世界の経営史

14.1

Fortune Global 500（2015/2020）https://fortune.com/global500/2020/search/

Peter Dicken（2015）, *Global Shift: Mapping the Changing Contours of the World Economy*, Seventh Edition, The Guilford Press.

J. ジョーンズ著，坂本恒夫・鳥居陽介・正田繁訳（2018）『起業家精神と多国籍企業の歴史』中央経済社。

橘川武郎・黒澤隆文・西村成弘（2016）『グローバル経営史』名古屋大学出版会。

安部悦生（2017）『グローバル企業』文眞堂。

14.2

J.ジョーンズ著，安室憲一・梅野巨利訳（2007）『国際経営講義』有斐閣。

浅川和宏（2003）『グローバル経営入門』日本経済新聞出版社。

G.イエットギリエス著，井上博監訳，岸田未来・田村考司・藤本共一・十河利明（2012）『多国籍企業と国際生産』同文館出版。

14.3

宮本又郎・加護野忠男・企業家研究フォーラム（2014）『企業家学のすすめ』有斐閣。

清水洋（2019）『野生化するイノベーション』（新潮選書）新潮社。

大野健一（2013）『産業政策の作り方』有斐閣。

マックス・ウェーバー著，中山元訳（2010）『プロテスタントの倫理と資本主義の精神』日経 BP 社。

T. ブーケイ，B. ウジー著，中島美重子・田中健彦訳（2010）『インドの鉄人』産経新聞出版。

李澤建（2019）『新興国企業の成長戦略』晃洋書房。

14.4

Asli M. Colpan and Takashi Hikino (2018), *Business Groups in the West: Origins, Evolution, and Resilience*, Oxford University Press.

Asli M. Colpan, Takashi Hikino and James R. Lincoln (2012), *The Oxford Handbook of Business Groups*, Oxford University Press.

14.5

A. A. バーリ，G. C. ミーンズ著，森杲訳（2014）『現代株式会社と私有財産』北海道大学出版会。

末廣昭（2006）『ファミリービジネス論』名古屋大学出版会。

川満直樹（2017）『パキスタン財閥のファミリービジネス』ミネルヴァ書房。

須貝信一（2011）『インド財閥のすべて』（平凡社新書）平凡社。

14.6

PWC（2015）, "State-Owened Enterprises: Catalysts for public value creation?" https://www.pwc.com/gx/en/psrc/publications/assets/pwc-state-owned-enterprise-psrc.pdf.

安河内勢士・馬場康雄（1999）「公共部門と民営化」（馬場康雄・岡沢憲芙編『イタリアの経済』早稲田大学出版部）。

Alvaro Cuervo-Cazurra, et al. (2014), "Goverments as owners: State-owned multinational companies," *Journal of International Business Studies*, 45, pp.919-942.

Fary Akmal Osman (2017), *The Dynamics of State-Owened Enterprise (SOE): A Case Study of Johor Corporation Malaysia, 1970-2014*, Thesis or Dissertation, Kyoto University.

「日本経済新聞」2021 年 10 月 16 日。

14.7

P. スクラントン著，広田義人・森杲・沢井実・植田浩史訳（2004）『エンドレス・ノヴェルティ』有斐

閣。

M. ピオリ，C. セーブル著，山之内靖・永易浩一・石田あつみ訳（2016）『第二の産業分水嶺』（ちくま学芸文庫）筑摩書房。

M. E. ポーター著，土岐坤・中辻萬治・小野寺武夫・戸成富美子訳（1992）『国の競争優位』ダイヤモンド社。

相田洋（1991/1996）『電子立国　日本の自叙伝』（NHK ライブラリー）日本放送出版協会。

稲垣京輔（2003）『イタリアの起業家ネットワーク』白桃書房。

稲垣京輔（1999）「産地と企業」（馬場康雄・岡沢憲芙編『イタリアの経済』早稲田大学出版会）。

14.8
猪俣哲史（2019）『グローバル・バリューチェーン』日本経済新聞出版社。

R. ボールドウィン著，高遠裕子訳（2019）『GLOBOTICS（グロボティクス）』日本経済新聞出版社。

第 15 章　経営史の方法

15.1
経営史学会編・湯沢威編集代表（2005）『外国経営史の基礎知識』有斐閣。

15.2
Chandler, A. D., Jr. (1962), *Strategy and Structure*，MIT Press.（三菱経済研究所訳（1967）『経営戦略と組織』東洋経済新報社，有賀裕子訳（2004）『組織は戦略に従う』ダイヤモンド社）。

15.3
Chandler, A. D., Jr. (1977), *The Visible Hand*，Harvard University Press（鳥羽欽一郎・小林袈裟治訳（1979）『経営者の時代　上・下』東洋経済新報社）。

15.4
Chandler, A. D., Jr. (1990), *Scale and Scope*, Harvard University Press.（安部悦生・川辺信雄・工藤章・西牟田祐二・日高千景・山口一臣訳（1993）『スケールアンドスコープ』有斐閣）。

15.5
de Jong, Abe, Higgins David, and van Driel Hugo (2015), "Towards a new business history?" *Business History*, 57-1, pp. 5-29.

15.6
Stephanie Decker, M. Kipping and R. D. Wadhwani (2015), "New business histories! Plurality in business history research methods," *Business History*, 57-1, pp. 30-40.

15.7
Scranton, Philip and P. Fridenson (2013), *Reimagining Business History*, Johns Hopkins University Press（粕谷誠・矢後和彦訳（2017）『経営史の再構想』蒼天社出版）。

15.8
沼上幹（2000）『行為の経営学』白桃書房。

索　引

事項索引

執筆者紹介【担当章順】

第 1 章　中西　　聡（なかにし　さとる）　　　　　　慶應義塾大学経済学部教授

第 2 章　渡邉　恵一（わたなべ　けいいち）　　　　　駒澤大学経済学部教授

第 3 章　大島　久幸（おおしま　ひさゆき）　　　　　高千穂大学経営学部教授

第 4 章　佐々木　聡（ささき　さとし）　　　　　　　明治大学経営学部教授（編者）

第 5 章　佐々木　聡（ささき　さとし）　　　　　　　明治大学経営学部教授（編者）

第 6 章　板垣　　暁（いたがき　あきら）　　　　　　北海学園大学経済学部教授

第 7 章　板垣　　暁（いたがき　あきら）　　　　　　北海学園大学経済学部教授

第 8 章　菅原　　歩（すがわら　あゆむ）　　　　　　東北大学大学院経済学研究科准教授

第 9 章　ピエール=イヴ・ドンゼ（Pierre-Yves Donzé）　大阪大学大学院経済学研究科教授
　　　　　黒澤　隆文（くろさわ　たかふみ）　　　　　京都大学大学院経済学研究科教授

第 10 章　鳩澤　　歩（ばんざわ　あゆむ）　　　　　　大阪大学大学院経済学研究科教授

第 11 章　宇田　　理（うだ　おさむ）　　　　　　　　青山学院大学経営学部教授

第 12 章　湊　　照宏（みなと　てるひろ）　　　　　　立教大学経済学部教授

第 13 章　黒澤　隆文（くろさわ　たかふみ）　　　　　京都大学大学院経済学研究科教授
　　　　　ピエール=イヴ・ドンゼ（Pierre-Yves Donzé）　大阪大学大学院経済学研究科教授

第 14 章　黒澤　隆文（くろさわ　たかふみ）　　　　　京都大学大学院経済学研究科教授
　　　　　ピエール=イヴ・ドンゼ（Pierre-Yves Donzé）　大阪大学大学院経済学研究科教授

第 15 章　島本　　実（しまもと　みのる）　　　　　　一橋大学大学院経営管理研究科教授

編者紹介

佐々木 聡（ささき　さとし）

1957 年　青森市生まれ
1988 年　明治大学大学院経営学研究科博士後期課程単位取得退学
1995 年　博士（経営学）（明治大学）
現　在　明治大学経営学部教授

主要著書（単著書）

『中部地域有力卸売企業・伊藤伊の展開』（ミネルヴァ書房，2019 年）
『日本の企業家 9　丸田芳郎』（PHP 研究所，2017 年）
『産業経営史シリーズ 10　石鹸・洗剤産業』（日本経営史研究所，2016 年）
『地域卸売企業ダイカの展開』（ミネルヴァ書房，2015 年）
『シリーズ情熱の日本経営史⑨　暮らしを変えた美容と衛生』（芙蓉書房出版，2009 年）
『日本的流通の経営史』（有斐閣，2007 年）
『科学的管理法の日本的展開』（有斐閣，1998 年）

グラフィック経営学ライブラリ—6

グラフィック　経営史

2022 年 3 月 25 日 ©　　　　　　　　　初　版　発　行

編著者　佐々木　聡　　　　　発行者　森 平 敏 孝
　　　　　　　　　　　　　　印刷者　小宮山恒敏

【発行】　　　　　株式会社　新世社
〒151-0051　東京都渋谷区千駄ヶ谷1丁目3番25号
編集☎(03)5474-8818(代)　　サイエンスビル

【発売】　　　　　株式会社　サイエンス社
〒151-0051　東京都渋谷区千駄ヶ谷1丁目3番25号
営業☎(03)5474-8500(代)　　振替　00170-7-2387
FAX☎(03)5474-8900

印刷・製本　小宮山印刷工業(株)
《検印省略》

ISBN978-4-88384-342-8
PRINTED IN JAPAN

サイエンス社・新世社のホームページのご案内
https://www.saiensu.co.jp
ご意見・ご要望は
shin@saiensu.co.jp　まで.